시는 아무 것도 모른다

함돈균

시는 아무 것도 모른다

이상, 시적 주체의 윤리학

함돈균

2012

樹流山房

시는 아무 것도 모른다
이상, 시적 주체의 윤리학
ⓒ **함돈균** 지음
수류산방 樹流山房 펴냄
Published by Suryusanbang, 2012
초판 1쇄 2012년 01월 12일

수류산방 樹流山房 **Suryusanbang**
등록 | 2004년 11월 5일 (제300-2004-173호)
주소 | 서울 종로구 청운동 57-51
　　　| A. 57-51, Cheongun-dong, Jongno-ku, Seoul, KOREA
전화 | T. 02 735 1085
팩스 | F. 02 735 1089
mindmedia@nate.com

프로듀서 | 박상일
Producer | PARK Sangil

발행인 및 편집장 | 심세중
Publisher & Editor in Chief | SHIM Sejoong

크리에이티브 디렉터 | 朴宰成
Creative Director | PARK Jasohn

편집팀 | 김희선
Editing Team | KIM Heesun

디자인팀 | 이숙기
Design Team | LEE Sookkie

출력·인쇄 | 화신문화주식회사 (**T. 02 2277 0624**)
Processing & Printing | Hwasin Munhwa Co.,Ltd

이 저서는 2007년도 정부(교육과학기술부)의 재원으로 한국연구재단의 지원을 받아 연구되었습니다. (NRF-2007-361-AL0013)

값 25,000원
ISBN 978-89-91555-28-0　03810
Printed in Korea, 2012

시는 아무 것도 모른다
|
이상, 시적 주체의 윤리학

프롤로그.

이상이라는 시적 증상

이상은 1910년 경성부 북부 순화방 반정동에서 태어났다. 1910년이라면 경술국치가 있던 해이니, 그의 육체는 식민지의 탄생과 더불어 세상에 나온 셈이다. 그는 일본 제국주의 대륙 침략의 상징 기지였던 식민지 경성, 그 중에서도 조선총독부를 곁에 둔 동네에서 태어나 유년기부터 줄곧 사방 몇 리 내 근방에서 학교를 다녔으며, 교우 관계 역시 대부분 사대문 안의 좁은 동선 안에서 이루어졌다. 서른 살도 살지 못한 짧은 생애였으나, 그 극히 좁은 생의 동선은 시사하는 바가 크다. 그가 태어날 때부터 죽을 때까지 도시인이었다는 사실이 그것이다. 그가 자신의 고향인 경성을 벗어났던 짧은 생애의 몇 순간은 오히려 이 사실을 더욱 강렬하게 상기시켜 주는 계기가 될 뿐이라는 점에서 역설적이다. 예컨대 성천 여행에서 그가 겪었던 핵심적 사건은 초록(草綠)에 대한 '공포'와 '권태' 체험이었다. 시선이 닿는 그 모든 자연 사물들에서 그는 도시의 오브제를 연상한다. 자연 사물들을 보자마자 이를 즉각적으로 도시의 오브제로 바꾸어 놓는 그의 비유는 즉자적이라는 점에서 일반적인 비유가 아니다. 도시는 그에게 이미 세계를 지각하는 감각과 인식의 지평으로 기능하고 있다. 그런 점에서 그의 육체는 그 자체로 도시의 효과다. 한국 문학사에서 온전한 의미의 도시적 육체를 소유한 최초의 '모던 보이'는 이런 점에서 이상이었다고 해야 할 것이다.

경성에서 태어난 이상이 동경(東京)에서 죽는 그 생애의 극적인 동선은 또 어떠한가. 경성보다 더 도시적인 곳, '진짜 도시'인 동경을 찾아갔다가, 결국 살아서 자신의 고향 경성으로 귀환하지 못한 이상의 죽음은 그가 얼마나 도시적인 세계에 매혹을 느꼈던 도시의 아이였던가 하는 점을 잘 보여 준다. 비극은 정확히 이 지점에서 증후적으로 그 자신의 모습을 드러낸다. 동경의 한 거리에서 그가 일본 경찰에 체포될 때의 죄목은 '불령선인(不逞鮮人)'이었다. 당대 세계의 최전선에서 '미래'의 어떤 것을 찾아나선 이상이었지만, 제국의 수도에서 그는 고작 거주지가 불분명한 수상쩍은 한 식민지 백성에 불과했던 것이다. 이 도시적 개인이 체포의 순간에 무엇을 자각하게 되었는지는 알 수 없다. 그러나 자각했다 하더라도 그 자각은 이상의 짧은 생애에서 너무 늦게 찾아왔다고 해야 할 것이다. 도시적 감각을 육체 그 자체의 지평으로 소유한 이 진정한 '모던 보이'에게 도시는 현대성의 매혹적 기표였지만, 그는 그 자신이 태어난 경성과 그가 죽음을 맞이한 동경이 제국주의 파시즘의 한 영토 내에 존재한다는 사실을 끝내 분명히 자각하지 못했다. 이상은 도시와 과학과 성(性)과 병(病)이라는 현대성(모더니티)의 문제를 본격적으로 자기 문학의 주요 모티프로 흡수한 최초의 한국 작가였으나, 이 현대성이라는 프레임 속에 제 나라가 처해 있던 절박한 정치 현실인 제국주의와 계급 투쟁의 문제는 들어 있지 않았다. 1931년에 《조선과 건축(朝鮮と建築)》에 최초의 시 「異常이상한 可逆反應가역반응」을 발표하면서 문단에 등장한 이래 그의 목숨이 다하는 순간까지, 그의 시에는 제국주의와 계급 투쟁의 문제를 직접적으로 의식하거나 거론한 시가 단 한 편도 존재하지 않는다.

주목할 점은 제국주의와의 전면전, 계급 투쟁의 선동 수단이

되는 것 자체를 당대 문학의 우선적 존립 이유라고 생각했던 임화(林和)조차도 황군작가위문단의 실행 위원으로 참여하는 (1938년) 절대적 정치 위기 국면에서 문학 활동을 했던 이상이 단 한 편의 친일 작품도 남기지 않았다는 점이다. 더욱 기이한 일은 짧은 생애였지만 죽을 때까지 도시와 과학, 이른바 현대성을 떠받치는 핵심 기제들에 의해 훈련받고 그 때문에 현대 세계로 불려나온—이상이 건축 기사였다는 사실을 상기해 보라—이상이라는 개인의 텍스트에서 도시에 대한 매혹은 언제나 공포와 불안, 부패와 병든 것의 이미지들과 더불어 나타난다는 사실이다. 오히려 그의 텍스트에서 도시에 대한 매혹은 공포와 불안, 부패와 병증의 이미지로 뒤덮인 거리의 풍경 속에서 가까스로나 추측해 낼 수 있는 어떤 것에 가깝다. 중요한 지점은 바로 여기다. 그의 텍스트는 자신의 세계가 지닌 문제성에 대한 논리적이고 체계적인 자각이 부재한 상태에서 공포와 불안과 부패와 어떤 병적인 것을 감지하고 있는 텍스트인 동시에, 그럼에도 불구하고 거기에서는 불명확한 대로 자신의 세계에 대한 주체의 어떤 매혹이 감지되기도 한다는 사실 말이다. 이는 그의 텍스트가 자신의 세계가 지닌 실체를 적어도 '의식적인' 차원에서는 분명히 알지 못하는 텍스트였다는 사실을 의미하며, 따라서 자기 앞에 놓인 세계에 대해 어떠한 입장도 명확히 취할 수 없는 텍스트였다는 사실을 의미한다.

이상은 주체가 처한 이 난처한 상황에서 자신의 세계가 어떠한 것이라고 명확히 선언하는 독단적인 주체의 입장을 취하는 대신, 주체의 이 모호한 인식론적 상태를 완강하게 견지하면서 부동(浮動)하는 주관적 정념을 정직하게 표현하는 데에 몰두하였다. 그리고 주체의 이 모호한 인식론적 상태, 부동하는 주관적 정념 속에서 이상 시 특유의 언술 형식인 '물음의 시'가 탄생한다. 통상 문학 이론에서 아이러니(irony)라 불리는 이 언술 형식은 이상의 시에서 좀 더 특이한 존재론적 성격을 부여받는다. '물음의 시' 속에서 이상의 시적 주체는 '모르는 주체(unknowing subject)'의 유형을 띤다. 하지만 세계의 실체를 알지 못하는 이 주체는, 세계에 대해 아예 알지 못하는 것은 아니며, 모호한 인식론적 상태는 주관적 정념의 형식을 띠지만 기이한 방식으로 세계의 실재(the real)에 근접함으로써 모종의 '진리'와 조우한다. 매혹과 공포, 욕망과 불안, 무지와 희미한 인지 상태가 중첩되고 교체하는 이 주체의 유형은, 그러나 죽을 때까지 이 물음을 멈출 수 없다. 그는 세계에 대해 알고 싶으나 결코 알 수 없으며, 만족할 만한 답이 주어지지 않는 한 물음은 계속될 것이기 때문이다.

이러한 계속되는 물음은 그가 '욕망하는 주체'라는 사실을 암시한다. 그러나 정신 분석의 통찰은 그의 질문이 완결되지 않는 까닭이 결코 그가 '모르는 주체'라는 주체의 무능력 때문만은 아니라는 사실을 우리에게 가르쳐 준다. 완결되지 않는 주체의 질문은 주체가 속한 세계 자체가 그에게 만족할 만한 답을 주지 못하고 있다는 사실을 환기시키기도 하기 때문이다. 그러므로 이 질문하는 주체의 형식은 그 자체로 세계가 답을 가지고 있지 못하다는 세계의 결핍에 대한 증상적 표지가 된다. 이런 관점에서 보면 도시에 대한 매혹과 공포·불안·병적 이미지가 포개어져 있는 이상의 시는 당대성(현대성)의 실패를 보여주는 미적 증상이다. 사회적이고 이데올로기적인 차원에서 주체의 문제를 해석하는 최근의 정신 분석의 한 관점을 참조한다면, 이러한 주체의 질문은 단지 주체와 세계 양자 모두의 실패

(무능력)를 보여 주는 것일 뿐만 아니라, 세계에 대한 '저항'을 뜻하는 것이기도 하다. 이 책이 각별히 주목하고자 하는 대목은 '모르는 주체'의 무능력과 실패 자체가 '저항'이 되는 이 지점이다. 다만 이 저항은 주체 스스로도 의도하지 않은 것이기에, 이 저항의 의미 또는 효과가 무엇인지는 그에게조차 알려져 있지 않다. 그는 진정 '모르는 주체'가 아닌가.

라캉(J. lacan)은 프로이트(S. Freud)의 유명한 명제인 'Wo Es war, soll Ich werden'이라는 말을 해석하면서, '나(Ich)'가 가야 하는 그 자리에 세계의 진실이 있다고 강조한 바 있다. 오직 '(모르는) 나'만이 그 자리에 이를 수 있다는 '진리'에 관한 명제를, 그는 윤리적인 명제('가야 한다')로 전환시키려고 애썼다. 물론 다음과 같은 질문이 즉각적으로 제기될 수 있을 것이다. 어떻게 당위(Sollen)의 영역이 존재(Sein)의 중심에서 출현할 수 있는가? 그것은 어떤 '목숨을 건 도박'으로서나 설명될 수 있는 거의 시적인 신비에 가까운 설명이 아닌가? 그러나 라캉은 이 자리에서만이 기지(旣知)—실은 '알고 있다고 믿는'—의 '현실'에 대한 인식이 비틀리고 그 틈새로 균열과 모순으로 가득 찬 세계의 실재가 제 모습을 드러낼 수 있다는 믿음을 잃지 않았다. 그렇다면 세계에 대해서 질문만을 거듭하면서, 그 질문에 철저한 육체성을 부여하려고 했던 이상의 주체야말로 그 자리에 이를 수 있는 주체의 한 유형이라고 할 수 있지 않을까. 그리고 실용적 관점에서 체계에 대해 어떤 잉여 가치도 생산하지 못하는 무용한 시가 무력한 주체 형식을 통해 세계의 실재에 근접할 수 있는 이 자리를 우리는 '시적 주체'의 자리라고 얘기할 수 있지 않을까. 눈여겨볼 점은 이 자리에서 이상의 '시적 주체'는 항상 개인적 실존으로부터 출발하지만, 끝내 세계 자체의 존재 형식에 대한 모종의 증상(symptôme)이 되고 만다는 사실이다. 어떤 분명한 이념도 지식도 전제하지 않은 그 질문 속에서, 시적 주체 개인의 육체적 병증은 자주 당대(현대성)의 부패·병증에 대한 암시와 포개지며, 연애와 성(性)의 일관된 실패는 타자와의 온전한 만남이란 애초에 불가능하다는 사실을 환기함으로써 유기적 전체로서의 세계의 불가능성을 암시하는 증상적 표지가 된다.

이상은 스스로의 육체가 세계의 증상적 표지가 되는 이 '시적인' 자리를 죽는 순간까지 일관되게 견지하려고 애썼다. 그것은 그 텍스트 속의 주체가 한국 문학사상 가장 내심(內心)에 충실한 주체였다는 사실을 뜻한다. 그가 이 시대 전위를 자처하는 상당수 한국 시인들에게 여전히 문학사의 가장 강력한 압력으로 작용하고 있는 것도 이 때문이다. 이상은 우리 시대의 시인들에게 시에서 전위(前衛, avant-garde)가 지닌 진정한 의미가 무엇인지에 대해 최소 두 가지를 가르쳐 주었다. 첫째 전위의 자리가 지시하는 '앞(前, avant)'이란 '그것(Es)', 즉 '모르는 나'의 자리라는 사실이다. 둘째 진정한 전위의 운명이란, 세계에 대해 승리하는 것이 아니라 '실패'하는 자리에 있다는 사실이다. 이런 점에서 이상의 시에 대한 오랜 풍문 중 가장 강력한 것인 소위 '난해성'이라는 비평적 딱지는 단지 풍문이라고 할 수 없다. 역설적으로 말해, 그것은 이상의 시적 주체가 우리가 알지 못하는 그 자리에 그 누구보다도 깊숙이 도달한 주체라는 사실에 대한 인정의 한 방식일 수 있기 때문이다. 이상의 시에서 상투적 도덕성을 넘어선 다른 차원의 윤리적 가능성이 솟아나고, 나아가 모종의 증후적 정치성을 목격하게 되는 자리도 바로 이 자리다. 어쩌면 '시는 아무 것도 모른다'라는 이 책의 제목은, 이 책이 이 자리에 대한 탐구에 집중하고 있는 책이라는 사실 외에 아무 것도 의미하지 않을지도 모르겠다.

2012년 초입, 안암동 연구실에서

함돈균

시는 아무 것도 모른다
이상, 시적 주체의 윤리학

007　프롤로그. | **이상이라는 시적 증상**

023　하나. | **서론**
|
025　1. 이상 시는 지금까지 어떻게 읽혀 왔을까?
035　2. 이상 시 독법에 대한 몇 가지 물음들
041　3. 이 책을 통해 드러내고자 한 것들

053　둘. | **모더니티, 미적 모더니티, 아이러니**
|
055　1. 두 개의 모던 : 모더니티와 미적 모더니티
063　2. 미적 이념으로서의 현대시의 아이러니
071　3. 모더니티의 증상으로서 아이러니

085　셋. | **시적 아이러니와 정신 분석적 주체·담론의 해석학**
|
087　1. 인식론으로서의 현대시의 아이러니
091　2. 정신 분석적 주체와 이데올로기적 주체
109　3. 히스테리적 주체의 담론과 시적 아이러니

125　넷. | **거울 ; 주체라는 이름의 증상**
|
127　1. 들어가며

133　2. 타자로서의 이미지와 실패하는 변증법
143　3. 반영의 실패와 존재하지 않는 책으로서의 거울
153　4. 죄의식과 물음 형식으로서의 시적 아이러니
163　5. 나오며

169　**다섯. | 절단된 신체 ; 환상의 실패로서의 환각**

171　1. 들어가며
173　2. 실패하는 환상과 회귀하는 환각
183　3. 주체-주어를 대체하는 부분 대상
195　4. 절단된 신체와 마주하기
207　5. 나오며

211　**여섯. | 환상을 가로지르기**

213　1. 들어가며
215　2. 환상이라는 드라마의 실패
227　3. 사물의 공백 또는 대상 주위를 선회하기
241　4. 증상과 동일시하기
249　5. 외상(trauma)을 객관화하기
263　6. 나오며

269　**일곱. | 이데올로기적 호명의 실패와 히스테리적 질문으로서의 시적 아이러니**

271　1. 들어가며
273　2. 히스테리적 질문의 회귀와 실패하는 변증법

283   3. '아버지'의 결여와 이데올로기적 호명의 실패
297   4. 역사의 실패와 비전체의 증후로서의 시적 아이러니
309   5. 나오며

315 **여덟. | 이상, 식민지 모더니티의 시적 증상**

317   1. 들어가며
319   2. 히스테리적 담론으로서의 미적 모더니티와 이상 시의 아이러니
329   3. 이상한 시계와 일치하지 않는 시간
329   1) 모조 시계와 살해하는 시계
341   2) 태양의 시간 운동과 주체의 하강 운동 : 비전체로서의 모더니티
359   4. 백화점이라는 이름의 도시
359   1) 식민지 경성의 스펙터클과 이데올로기적 환상으로서의 백화점
367   2) 하쿠라이〔舶來박래〕 ; '모조'라는 텅 빈 기표들
385   3) 무한 사각형의 모더니티와 증후로서의 시적 아이러니
403   4) 군중 속의 시적 화자와 미적 증후의 윤리학
413   5. 나오며

421 **부록. | 시의 정치화와 시적인 것의 정치성**

421   임화 시의 확실성의 주체(the subject of certainty)와 이상 시의 모르는 주체(unknowing subject)에 관하여

423 1. 문학적 현실과 현실의 묘사
427 2. 임화의 정치시와 시적 현실의 추상성
439 3. 전지적 화자와 확실성의 주체
447 4. 이상 시의 아이러니와 히스테리적 주체
455 5. 앓는 몸의 주체와 '거리-신체'라는 증후로서의 현실
467 6. 나가며

473 **참고 문헌.**

489 에필로그. | **텍스트로서의 이상과 해석이라는 운명**

019쪽. 1935년 구본웅(具本雄, 1906~1953)이 그린 〈친구의 초상〉(캔버스에 유화, 65×53cm, 국립현대미술관 소장) 부분. 제목의 '친구'가 이상(李箱)이다.
020쪽. 총독부 기수 시절의 이상. 부분.
021쪽. 구본웅이 그린 이상의 초상. 부분.
022쪽. 총독부 기수 시절의 이상. 부분.

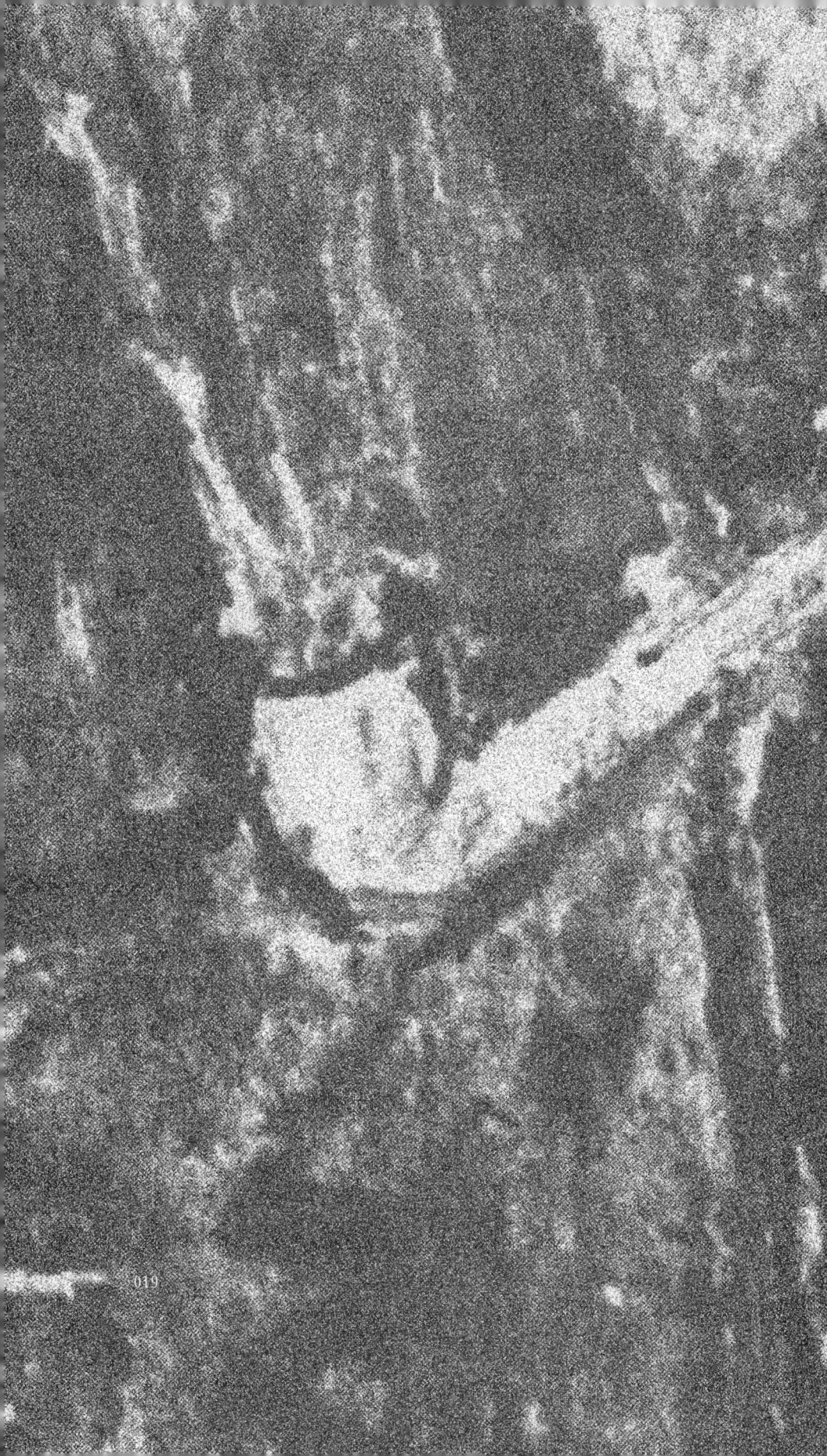

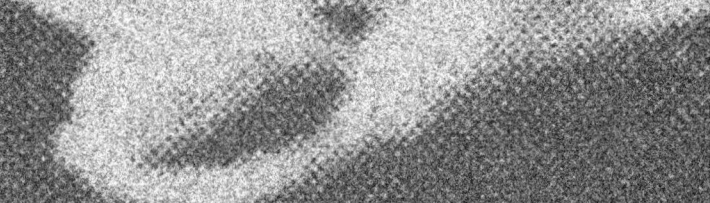

020

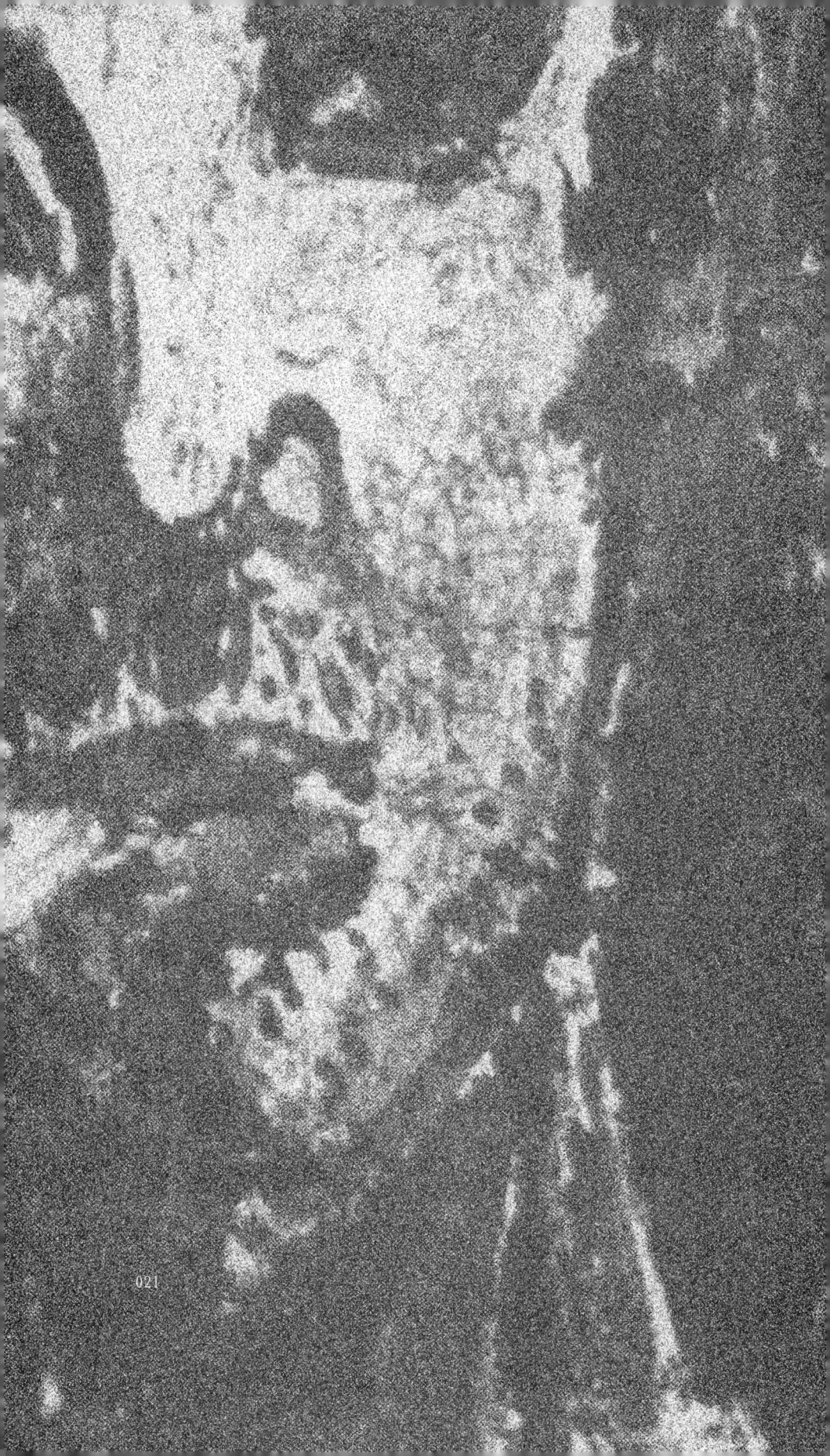

하나.

서론

1. 이상 시는 지금까지 어떻게 읽혀 왔을까?
2. 이상 시 독법에 대한 몇 가지 물음들
3. 이 책을 통해 드러내고자 한 것들

하나.

서론

1. 이상 시는 지금까지 어떻게 읽혀 왔을까?

《**조선과 건축**(朝鮮と建築)》1931년 7월호에 일문시「異常^{이상}한 可逆反應^{가역반응}」을 비롯한 6편의 시가 발표된 이래, 이상의 시들은 당대뿐만 아니라 지금까지 한국 문학사에서 가장 격렬한 비평의 논쟁을 불러일으켰으며 가장 방대한 연구사가 축적되어 온 문제적 텍스트 중 하나다. 200여 편이 훨씬 넘는 연구 논문과 본격적인 전집 기획만 해도 모두 다섯 차례가 이루어졌다는 점에서, 이상의 시 텍스트를 한국 현대 문학사에서 이루어진 거의 모든 연구 방법론이 집결되어 있는 문학 연구사의 표본이라고 한들 이를 과장이라고 할 수는 없으리라. 그의 텍스트에 대한 연구 목록은 일일이 거론하는 것 자체가 불가능할 정도라고 할 수 있는데, 기억할 만한 중요한 연구사를 언급한다면 대략 다음과 같다.

무엇보다도 이상 시 연구사에서 기억해야 할 가장 중요한 목록의 우선 순위에는 많은 논란을 야기해 온 그의 정본 텍스트 확정을 위한, 총 5회에 걸친 본격적인 전집 출간 작업을 올려 놓아야 할 것이다. 최초의 전집 작업인 임종국 판『이상 전집』[1] 1) 임종국 편,『이상 전집』2. 태성사, 1956 ;『이상 전집』개정판, 문성사, 1966. 은 여러 군데 흩어져 있던 그의 원고를 모으고 미발표 유고를 발굴하였으며, 최초 발표 지면을 원전으로 삼고 편자 자신과 동료들의 도움을 빌어 이상의 일문 시들을 우리 말로 번역하여 수

록함으로써, 이상 시의 전모를 독자 대중들에게 보여 주는 데에 매우 중요한 구실을 하였다. 이상의 사후 40년이 지나서 발간된 두 번째 전집인 이어령 편 『이상 시 전작집』²⁾ 2) 이어령 편, 『이상 시 전작집』, 갑인출판사, 1977. 은 꼼꼼한 텍스트 대조와 원고 발굴, 편자의 해석이 들어간 비평적 주석을 통해 이상 시의 내적 구조를 해명하는 데에 일정한 몫을 하였다. 특히 정확성을 기한 원본 대조·자료 발굴 작업 덕택에 이 전집은 이상 전문 연구자들의 학문적 접근 가능성을 크게 열어 놓았다고 평가되고 있다. 세 번째 전집은 문학사상사 판으로 이 중 시 전집의 간행은 이승훈에 의해 수행되었다.³⁾ 3) 이승훈 편, 『이상 문학 전집 1』, 문학사상사, 1989. 이 전집은 한글 가로쓰기 시대의 요구에 부응한 전집으로서, 각 텍스트마다 편자의 시각과 기존 연구사의 시각을 아우른 주석을 붙여 놓음으로써 이상 텍스트에 대한 다양한 접근 가능성을 환기시켜 주었다. 네 번째 전집은 김주현의 노력으로 소명출판에 의해 간행되었다.⁴⁾ 4) 김주현 편, 『이상 문학 전집 1』, 소명출판, 2005 ; 『증보 정본 이상 문학 전집 1』, 소명출판, 2009. 이 전집의 특징은 정본 텍스트 확정에 대한 이상 연구자 내부의 줄기찬 문제 의식을 적극 수용해서 텍스트를 발표 당시의 원문으로 확정하였다는 점에 있다. 그러므로 이 전집의 의의는 전문 연구자들에게 정확한 원전 자료를 확정하여 제공했다는 데에 있다고 할 수 있다. 가장 최근에 나온 다섯 번째 전집은 권영민에 의해 발간되었다.⁵⁾ 5) 권영민 편, 『이상 전집』 1, 뿔, 2009. 이 전집의 특징은 발표 당시의 원문 텍스트를 그대로 싣는 한편, 일문 시의 경우에는 번역 시가 실린 최초의 해당 지면의 번역 시를 재수록하였다는 사실이다. 또 지나치게 한자가 많은 이상 시의 특성과 그로 인해 발생하는 한글 세대 독자의 텍스트 접근의 어려움을 고려하여 현재 맞춤법 규정에 근거한 한글본 텍스트를 동시에 수록하였다. 매 편의 텍스트마다 편자의 연구 시각을 반영한 주석을 덧붙였다는 사실도 눈에 띈다. 전집 간행 작업과 관련하여 기억할 만한 또 다른 작업으로는, 한글 세대 독자를 위해 가독성을 높인 최초의 한글판 시 전집 간행을 시도한 오규원의 시 전집이다.6) 6) 오규원 편, 『거울 속의 나는 외출중―이상 시 전집』, 문장사, 1981. 텍스트 확정을 위한 전집 작업 외에 기억할 만한 이상 시 연구사의 대체적인 흐름은 크게 보아 다음과 같은 방향으로 흘러왔다고 할 수 있다. 이 흐름은 앞서 언급했듯이 한국 현대 문학사 100년의 연구 방법론의 일정한 흐름을 반영하고 있다는 점에서 한국 현대 문학의 이론 수용사와 관련하여서도 그 자체로 주목할 만하다.

이상 시의 연구사에서 우선 눈에 띄는 것은 전기적 사실과 관련한 연구 및 글들이다.7) 7) 임종국, 「이상의 생애와 일화」, 『이상 전집』, 임종국 편, 문성사, 1966 ; 윤태영, 「이상의 생애」, 송민호·윤태영 공저, 『절망은 기교를 낳고』, 교학사, 1968 ; 고은, 『이상 평전』, 민음사, 1974 ; 오규원, 「이상의 생애·이상의 일화·이상의 연인들」, 『날자, 한 번만 더 날자꾸나』, 오규원 편, 문장사, 1980 ; 오규원, 「이상 시와 그의 생애와의 관계」, 『거울 속의 나는 외출중―이상 시 전집』, 오규원 편, 문장사, 1981 ; 김승희, 「이상 평전」, 『이상』, 김승희 편, 문학세계사, 1982 ; 김윤식, 『이상 연구』, 문학사상사, 1987 ; 류광우, 『이상 문학 연구』, 충남대출판부, 1993 ; 이승훈, 『이상―식민지 시대의 모더니스트』, 건국대출판부, 1997 ; 이보영, 『이상의 세계』, 금문서적, 1998 ; 이경훈, 『이상, 철천의 수사학』, 소명출판, 2000. 이 중에서 임종국의 글과 고은의 평전은 이상의 짧은 생애 전체를 이상 문학사에서는 비교적 이른 시점에 소상하게 기록하고 그 텍스트들과의 상관 관계 속에서 논평함으로써 이상의 텍스트가 그의 삶과 얼마나 밀접하게 이어져 있는가를 창작 모티프의 차원에서 이해하는 데에 도움을 주었다는 점에서 평가할 만하다. 여기에서 임종국은 이상의 생애와 텍스트 간의 상관 관계와 관련하여 이상의 여성 체험에 특히 주목하였고, 고은은 이상 시의 특징을 그 생애와 관련하여 나르시시즘적인 것으로 규정하고 있다는 사실이 특기할 만하다. 역시 시와 소설을 아우르는 김윤식의 전기적 텍스트 연구는 폐병을 앓던 시인의 병 체험과 관련하여, 그 시에 나타나는 강박증과 공포의 숨은 의미를 해명하고 있다. 오규원의 글은 이상의 삶의 전기적 이해를 이상 시 텍스트 생산의 기본 원리를 규명하는 데에 이용함으로써 그 시에 나타난 이미지를 읽는 한 독법을 제시했다는 점에서 의의를 지닌다.

작가 개인의 전기적 사실을 바탕으로 하여 그 무의식을 심리학적(psychology) 시각으로 규명해 보려는 연구는 1980년대 이전 이상 연구의 주된 방법론이었다.[8] 8) 김우종,「이상론」,《현대문학》, 1958. 5 ; 정귀영,「이상 문학의 초의식 심리학」,《현대문학》, 1973. 7. 8. 9 ; 김종은,「이상의 이상(理想)과 이상(異常)」,《문학사상》, 1973. 9 ; 김영수,「진단서로 표출된 이상 문학」,《현대문학》, 1975. 7 ; 조두영,「이상 초기 작품의 정신 분석」,《신경정신의학》 38, 1977. 2 ; 이승훈,『이상 시 연구—자아의 시적 변용』, 연세대대학원 박사학위 논문, 1983 ; 이규동,「이상의 정신 세계와 작품」,《월간조선》, 1981. 6 ; 고석규,「시인의 역설」,『여백의 존재성』, 지평, 1990 ; 박진환,『정신 분석으로 심층 해부한 이상 문학 연구』, 조선문화사, 1998 ; 박선경,「의식·자의식의 이원적 담론」,《한국언어문학》 46집, 2001 ; 조두영,「정신 의학에서 바라본 이상」,『이상 문학 연구 60년』, 문학사상사, 권영민 편, 2001.

 이러한 종류의 연구들은 이상의 병 체험과 여성 체험, 양자(養子) 체험 등의 전기적 사실과 관련하여 이상 시에 나타난 공포·불안·자아 분열의 이미지들을 분석하고자 했으며, 특히 이 때 심리 분석의 도구로 주로 사용된 것은 프로이트의 이론이었다. 프로이트 이론에 기대는 심리 분석 방법론은 문학 내적 논리를 해명하기 위한 이론 도구가 많지 않던 1980년대 이전의 한국 문학 연구 풍토에서, 이상 시의 무의식을 해명하기 위한 중요한 방법론 구실을 했다. 하지만 이러한 연구들의 경우 중층의 의미론 구조를 지닌 이상 텍스트 내부의 이미지나 언술 논리를 정치하게 해명하기보다는 이를 전기적 사실이나 자의적 차원의 심리학적 개념으로 환원시키는 일이 빈번했으며, 심리학 개념으로 환원된 이미지들이 시 전체에 대한 유기적 해석과는 분리되는 연구 사례도 많았다는 점을 부정하기 어렵다.

프로이트의 이론을 원용한 이러한 심리학적 방법론에서 한 발 더 나아가서 1990년대 이후에는 라캉과 크리스테바(J. Kristeva), 들뢰즈(G. Deleuze) · 가타리(F. Guattari) 등의 이론을 적용한 정신 분석적(psychoanalysis) 연구들이 방법론의 한 흐름을 이루었다.[9)] 9) 신범순, 「이상 문학에 있어서의 분열증적 욕망과 우화」, 《국어국문학》 103집, 1988. 5 ; 김승희, 『이상 시 연구—말하는 주체와 기호성의 의미 작용을 중심으로』, 서강대 대학원 박사 학위 논문, 1991 ; 김수이, 「'거울'에 대한 방법론적 고찰」, 《고봉논집》 제16집, 경희대 대학원, 1995 ; 우정권, 「이상의 글쓰기 양상」, 서울대 대학원 석사 학위 논문, 1996 ; 이강수, 「이상 텍스트 생산 과정 연구」, 서울대 대학원 석사 학위 논문, 1996 ; 우재학, 『이상 시 연구—탈근대성을 중심으로』, 전남대 대학원 박사 학위 논문, 1998 ; 이혜원, 「이상과 윤동주 시에 나타나는 주체 형성의 양상」, 《우리어문연구》 16, 우리어문학회, 2001 ; 이정호, 「〈오감도〉에 나타난 기호의 질주—라캉의 정신 분석을 원용한 〈오감도〉 읽기」, 『이상 문학 연구 60년』, 문학사상사, 권영민 편, 2001 ; 임명숙, 「이상 시에 드러난 여성의 이미지, 혹은 '몸' 읽기」, 《겨레어문학》 29집, 2002 ; 김승구, 『이상, 욕망의 기호』, 월인, 2004 ; 이화경, 『이상 문학에 나타난 주체와 욕망에 관한 연구』, 한국학술정보, 2007 ; 신형철, 「이상 시에 나타난 시선의 정치학과 거울의 주체론」, 『이상 문학 연구의 새로운 지평』, 역락, 2006 ; 오주리, 「이상 시의 '사랑의 진실' 연구」, 『이상의 사상과 예술』, 신구문화사, 2007.

이러한 연구들이 지닌 의의는 텍스트의 무의식을 해명하되 이전의 심리학적 분석이 텍스트의 시의식을 주로 시인의 전기적 사실과 결부시키는 경향을 보였던 것과는 달리, 언술 상의 화자 또는 시적 주체와 시인을 분리하여 텍스트 내부의 언술 구조와 이미지 분석에 정치하게 접근했다는 사실이다. 또 종래의 심리 분석이 주로 자아(ego)의 문제에 집중했던 것과는 달리, 이상 텍스트의 무의식을 사회적 맥락에서 해석할 수 있는 가능성을 제기했다. 결과적으로 볼 때 종래의 심리 분석이 행한 이미지 분석의 자의성이 이 방법론에 의해 상당 정도 해소되는 모습을 보여 주었다는 점은 평가할 만하다. 그러나 문학 분석 방법론으로서 정신 분석의 이론적 지위와 관련한 논란이 여전히 일부에서 제기되고 있으며, 개별 연구자의 해석 태도나 연구 역량에 따라서 문학 텍스트로서 이상의 시가 정신 분석 이론의 가능성을 역으로 확인시켜 주는 이론적 사례의 하나로 비춰는 모습이 적잖게 나타나기도 하였다. 또 연구 방법론이 된 정신 분석 이론의 제대로 된 국내 소개(번역) 과정이 지연됨으로써[10] 2000년대 이후 기존의 연구 시각을 뛰어넘는 창의적 연구가 잘 나오지 못하는 점도 문제라고 할 수 있다.[11]

[10] 국내에 〈라캉정신분석학회〉가 만들어지고 정신 분석 학계의 지배 이론이라고 할 수 있는 라캉의 이론이 소개된 지 20년이 넘었으나, 2012년 현재 국내에는 라캉의 저서(세미나) 중 단 한 권만(세미나 제11권)이 번역된 상태다.

[11] 이 연구들의 구체적인 시각에 대해서는 〈넷. | 거울 ; 주체라는 이름의 증상 | 1. 들어가며〉에서 자세히 다루기로 한다.

현대성의 문제와 관련하여 이상의 시의식을 모더니티, 모더니즘, 미적 근대(미적 현대, 미적 모더니티) 또는 탈근대주의 (포스트모던)적 시각으로 분석한 연구들은, 특히 1990년대 이후 이상 시 연구사의 주된 흐름 중 하나였다.[12]

[12] 박인기, 『한국 현대시의 모더니즘 수용 연구』, 서울대학원 박사학위 논문, 1987 ; 이복숙, 『이상 시의 모더니티 연구』, 경희대대학원 박사학위 논문, 1988 ; 박진임, 「이상 시의 페미니즘적 연구」, 서울대대학원 석사학위 논문, 1991 ; 김현호, 「이상 시 연구—이상의 해체 의식과 그의

시에 나타난 포스트 모더니즘적 특성을 중심으로」, 중앙대 대학원 석사 학위 논문, 1992 ; 김유중, 『1930년대 후반기 한국 모더니즘 문학의 세계관 연구』, 서울대 대학원 박사 학위 논문, 1994 ; 조영복, 『1930년대 문학에 나타난 근대성의 담론 연구』, 서울대 대학원 박사 학위 논문, 1995 ; 이성혁, 「이상 시문학의 미적 근대성 연구」, 한국외국어대 대학원 석사 학위 논문, 1996 ; 한상규, 「1930년대 모더니즘 문학의 미적 자의식」, 『이상 문학 전집 4』, 김윤식 편, 문학사상사, 1996 ; 김주현, 「이상 시의 상호 텍스트적 분석」, 《관악어문연구》 제21집, 관악어문학회, 1996 ; 김은영, 「이상 시에 나타난 아이러니와 자의식의 분열 양상」, 《사림어문연구》 제11집, 사림어문학회, 1998 ; 황현산, 「모국어와 시간의 깊이」, 『현대 한국 문학 100년』, 민음사, 1999 ; 김인환, 「이상 시의 계보」, 『기억의 계단』, 민음사, 2001 ; 하재연, 「이상의 연작시 〈위독〉과 조선어 실험」, 《어문논집》 54호, 민족어문학회, 2006 ; 박현수, 「이상의 아방가르드 시학과 백화점의 문화 기호학」, 『이상 문학 연구의 새로운 지평』, 역락, 2006 ; 신범순, 「실낙원의 산보로 혹은 산책의 지형도」, 앞의 책 ; 신범순, 『이상의 무한 정원 삼차각 나비』, 현암사, 2007 ; 정주아, 「평면으로부터의 탈주와 반원근법의 설계도」, 『이상의 사상과 예술』, 신구문화사, 2007 ; 조은주, 「이상의 〈獚〉 연작시와 '개' 이미지」, 앞의 책 ; 조규갑, 「이상 문학에 나타난 '반지'와 '원시성의 힘'의 의미」, 앞의 책 ; 김초희, 「이상 시에 나타난 고고학적 사유 연구」 ; 최진옥, 「이상 문학에 나타난 성천 체험의 의미」, 앞의 책 ; 송민호, 「〈선에관한각서〉에 나타난 시공간 차원과 분신의 주제」, 앞의 책 ; 박슬기, 「'질주'의 이중적 계보학」, 앞의 책 ; 정하늬, 「이상 문학에 나타난 '길'의 의미 고찰」, 앞의 책 ; 조윤정, 「이상 문학에 나타난 '모조' 이미지 연구」, 앞의 책 ; 최현희, 「이상과 아방가르드」, 앞의 책 ; 김수이, 「모더니즘 글쓰기 주체의 시각 중심주의 고찰」, 《한국문예창작》 제6권 제1호(통권 11호), 한국문예창작학회, 2006 ; 이원도, 『이상 문학의 해체성 연구』, 동의대 대학원 박사 학위 논문, 2007 ; 주현진, 「이상 문학의 근대성 : '의학-육체-개인'」, 『한국시학연구』, 2008. 이러한 연구들은 이상 연구사의 초기에 그 텍스트를 주로 개인적 실존의 차원에서 다루어왔던 것과는 달리, 1930년대라고 하는 당대성의 맥락에서 한편으로는 현재의 탈근대적 시각을 소급하여 그 시의식에 나타난 시대성을 집중적으로 탐구해 왔다. 이러한 연구들에서는 이상의 시에 나타난 식민지 특수성의 문제에서부터 성(性), 매춘, 여성과 연애, 자본주의적 현대(근대), 과학과 도시, 근대 국가 초기의 모국어 실험의 문제와 모더니즘의 자의식적 글쓰기 양상에 이르기까지 모더니티를 둘러싼 다양한 논의들이 광범위하게 이루어짐으로써, 이상의 텍스트가 내포하고 있는 시의식을 다양한 시각으로 해명하는 데에 기여했다. 이러한 연구 시각은 이상이라는 텍스트를 매개로 하여 궁극적으로는 한국적 모더니티의 특수성과 보편성 탐구에도 일정한 기여를 했다고 평가할 만하다.

이상의 시를 시적 구조나 수사학적 차원의 언술 형식의 특이성에 주목하여 해명하고자 한 내재 분석 역시 상당한 연구사를 축적해 왔다.[13)]13) 오생근, 「동물의 이미지를 통한 이상의 상상적 세계」, 《신동아》1970. 2 ; 원명수, 「이상 시의 형식에 대한 재검토」, 《한국학논집》13호, 중앙대, 1978. 12 ; 김정은, 「〈오감도〉의 시적 구조—이상 시의 기호 문체적 연구 서설」, 서강대 대학원 석사 학위 논문, 1981 ; 박의상, 「만해 시와 이상 시의 아이러니 연구」, 인하대 대학원 석사 학위 논문, 1985 ; 김창원, 「한국 현대시에 나타난 아이러니에 관한 연구—이상 시와 김수영 시를 중심으로」, 서울대 대학원 석사 학위 논문, 1987 ; 이승훈, 「이상 시의 기법 분석」, 《한국학논집》13호, 한양대 한국학연구소, 1989 ; 김옥순, 『은유 구조론—이상의 작품을 모형으로』, 서울대 대학원 박사 학위 논문, 1989 ; 유원춘, 「이상 시의 은유 연구」, 서울대 대학원 석사 학위 논문, 1991 ; 김용직, 「극렬 시학의 세계—이상론」, 《현대시》, 1992. 6, 7, 8 ; 고석규, 「반어에 대하여」, 『이상문학전집』4, 김윤식 편, 문학사상사, 1996 ; 이태동, 「이상의 시와 반어적 의미」, 《문학사상》, 1997. 10 ; 김정란, 「몽환적 실존—이상 시 다시 읽기」, 『이상 문학 연구 60년』, 2001 ; 임명섭, 「이상 문학에 나타난 책과 독서의 은유」, 『이상 문학 전집』5, 김윤식 편, 문학사상사, 2001 ; 박현수, 「이상 시학과 〈전원수첩〉의 시학」, 앞의 책 ; 김종훈, 「이상 시에 나타난 '나'의 유형 연구」, 고려대 대학원 석사 학위 논문, 2001 ; 김면수, 「결핵의 수사와 임상적 상상력—이상 시 소고」, 《민족문학사연구》, 민족문학사학회, 2001 ; 박현순, 『이상 시의 수사학적 연구』, 서울대 대학원 박사 학위 논문, 2002 ; 이윤경, 「이상 시의 변형 세계 연구」, 국민대 대학원 석사 학위 논문, 2003 ; 신주철, 『이상 시와 김수영 시의 아이러니』, 박이정, 2003 ; 김지녀, 「이상 시의 아이러니 연구」, 고려대 대학원 석사 학위 논문, 2004 ; 최미숙, 「이상 시의 심미성에 관한 연구」, 《국어교육》119집, 2006 ; 석연경, 「이상 시의 환상성 연구」, 전남대 대학원 석사 학위 논문, 2008 ; 권영민, 『이상 텍스트 연구』, 뿔, 2009. 이러한 연구들은 특별한 이론적 시각에 입각하기보다는 이상의 시에 나타난 이미지의 특이성이나 수사학적 특질, 언술 구조 등을 정치하게 분석함으로써 이상 시의 내적 구조를 이해하는 데에 기여

했다. 이밖에도 이상 시의 텍스트 확정 문제와 관련한 연구,[14]

14) 김주현, 「이상 문학의 텍스트 확정을 위한 고찰―일문시의 한글 번역본을 중심으로」, 『이상문학전집』 5, 김윤식 편, 2001 ; 이건제, 『이상 시의 텍스트와 시의식 연구』, 고려대대학원 박사학위 논문, 2002.

숫자, 기호, 도상, 건축학적 개념 등이 이용된 이상 시의 성격과 관련한 상호 매체성 연구[15]

15) 김용운, 「이상 문학에 있어서의 수학」, 『이상 문학 전집』 4, 김윤식 편, 문학사상사, 1995 ; 김명환, 「이상의 시에 나타나는 수학 기호와 수식의 의미」, 『이상 문학 연구 60년』, 권영민 편, 문학사상사, 1998 ; 김민수, 「시각 예술의 관점에서 본 이상 시의 혁명성」, 앞의 책 ; 김태화, 「2분법 사고에서 3분법으로」, 《이상리뷰》, 이상문학회 편, 2001 ; 김용섭, 「이상 시의 건축 공간화」, 앞의 책 ; 윤수하, 『이상 시의 상호 매체성 연구』, 전북대 대학원 박사 학위 논문, 2009.

등 다양한 연구들이 존재해 왔다는 점에서, 이상 시는 한국 문학사에서 수행되었던 거의 모든 연구 방법론들이 적용되었던 특별한 텍스트였다고 할 만하다. 이 책은 기본적으로 이 연구사들이 축적해 온 방대한 성과 위에서 쓰였다. 그럼에도 불구하고 이 책의 작업은 기존 연구사에 대해 다음과 같은 물음을 던지면서 출발하지 않을 수 없었다.

하나.

서론

2. 이상 시 독법에 대한 몇 가지 물음들

한국 문학 텍스트에서 가장 많은 연구사가 축적되고 가장 다양한 방법론이 적용되었던 텍스트 중 하나였음에도 불구하고, 이상의 시가 여전히 풀리지 않는 수수께끼처럼 남아 있는 것은 세간의 지적처럼 이른바 텍스트 자체의 '난해성' 때문인가? 문학 연구의 목적은 텍스트의 내적 논리를 해명함으로써 궁극적으로는 독자들로 하여금 작품과 온전히 만날 수 있는 통로를 열어 주기 위한 것이라고 할 수 있다. 그러나 탄생 100년이 지나도록 이상의 시는 여전히 독자들에게 쉽게 접근을 허용하지 않는 불가해한 텍스트로 남아 있다. 이러한 상황은 전문 연구자들에게도 마찬가지다. 하지만 이러한 문제 상황이 단지 텍스트 자체의 난해성에서 비롯하는 것만은 아니라고 보인다. 그 적지 않은 시간 동안 진행되어 온 이상 문학 연구사는 결국 그 텍스트의 난해성을 조금이라도 더 이해 가능한 방식으로 풀어내야만 하는 해석의 역사였을 텐데 여전히 1930년대와 똑같이 그 텍스트가 '난해하다'는 사실만을 반복하는 것은 이상 연구사에 문제가 있다는 사실을 스스로 인정하는 일은 아닌가.

먼저 이 문제가 이상 연구사에 내재한 어떤 연구 공백 때문에 발생했을 수도 있다고 생각한다. 그것은 이상 시 연구에 다양한 연구 방법론이 적용되긴 했지만, 정작 그 주요 텍스트들 하나하나가 한 해석자의 일관된 시각에 따라 처음부터 끝까지 꼼꼼하게 분석된 바가 별로 없다는 조금은 특이한 사실과 관련된 것이다. 더불어 이상 시 연구의 어려움은 그 텍스트에 표층적으로 드러난 언술의 논리가 모순과 역설을 내포하는 경우가 대부분이어서, 하나의 개별 텍스트의 첫 언술과 마지막 언술이 일관된 해석의 논리로 잘 꿰어지지 않는다는 사실에도 있다. 다시 말해서 이상의 시는 특정한 연구 시각에 초점을 맞추어 비유나 언술 형식의 일부가 부분적으로 또는 표층적으로 해석되었다 하더라도, 텍스트 전체를 보면 그러한 해석의 논리가 일관되게 관철되기가 쉽지 않은 모순적 언술 구조로 이루어진 경우가 대부분인 것이다. 대개의 연구들이 이상의 개별 시 텍스트에서 드러나는 언술의 전체 구조를 자세히 따지는 분석 방법을 추구하기보다는, 텍스트의 일부만을 연구자의 방법론에 맞추어 임의로 전유하는 상황에서, 방대한 연구사의 축적에도 불구하고 개별 텍스트의 분석이 '완결'되지 못한 채 여전히 수수께끼 같은 상태로 남아 있는 것은 이런 이유 때문이다(물론 시에서 해석의 '완결'이란 미망이라는 사실을 전제한 표현이다). 이 책의 기본적인 문제 의식은 바로 여기에서 출발한다. 이 책이 나름의 전체적인 문제 의식 안에서 이상의 주요 텍스트들을 선별하되, 해당 텍스트의 내적 논리를 처음부터 끝까지 꼼꼼하게 해명하는 일종의 주석적 방식을 택함으로써, 개별 텍스트에 대해 해석적 충실성을 높이려고 애쓴 것도 이런 문제 의식 때문이다.

둘째, 이러한 관점에서 주목한 것이 바로 이상 시의 표층에서 목격되는 언술 형식의 비일관성이다. 이는 이상의 시의식이 담고 있는 모순과 분열의 표지인 바, 이를 필자는 이상의 시와 소설 전체를 관통하는 창작 모티프이자 세계 인식의 미적 방법론인 '아이러니(irony)'로 이해하였다. 이상 시 연구사에서 이러한 문제 의식을 일정 정도 공유하는 연구가 없는 것은 아니다. 그러나 대개 연구들에서 아이러니의 문제는 수사학적 차원에 머무르는 경우가 많아서, 미적 형식 고유의 표지로서 아이러니가 지닌 인식론적 함의가 탐구되는 데에는 한계가 있는 것으로 보인다. 또 아이러니에 대한 일정한 이론적 문제 의식이 있는 경우에도, 실제 작품 분석에서 이론적 문제 의식이 텍스트 전체에 일관된 해석의 관점으로 적용된 실례가 많지 않다. 한편 아이러니의 형식이 지닌 미적 함의가 미학사의 구체적인 맥락에서 심도 있게 천착된 경우 역시 찾아보기가 쉽지 않다. 이러한 문제 의식의 연장선상에서 아이러니의 개념과 관련한 기존 연구사를 두고 제기할 수 있는 문제점은, 기존의 아이러니에 관한 논의들이 현대시의 아이러니가 지닌 미적 함의를 모더니티의 문제와 관련하여 충분히 천착하지 못하고 있다는 사실이다. 일군의 철학적·미학적 견해들에 따르면 아이러니는 모더니티의 주요한 '증상'으로서 미적 모더니티의 핵심을 이루는 것으로 이해되기도 한다. 다시 말해 현대시에서 아이러니는 현대시의 가장 중요한 속성을 이룰 뿐만 아니라, 모더니티 자체에 대한 철학적 탐색에도 중요한 의미를 지닌다. 이상 시 연구사에서 아이러니의 관점으로 접근한 몇몇 연구들이 일정한 의의에도 불구하고 한계를 노출하는 공통된 지점이 특히 이런 부분과 관련된다.

예컨대, 고석규의 글은 이상 텍스트 전체에 나타나는 언술 상의 중요한 특징을 아이러니('반어')로 이해한 선구적 연구이지만,[16)] 16) 고석규, 「반어에 대하여」, 『이상문학전집』 4, 김윤식 편, 문학사상사, 1996. 그 아이러니의 개념이 모호하여 텍스트 해석에 오히려 혼란을 초래하는 듯 보인다. 이태동은 이상 시의 아이러니가 세계의 모순된 존재 형식에 대한 남다른 인식과 관련된다고 해석하고, 그 시 특유의 난해함을 아이러니와 등가의 것으로 연결시킨다.17) 17) 이태동,「이상의 시와 반어적 의미」,《문학사상》, 1997. 10. 이러한 시각은 이상 시의 아이러니를 수사학 차원을 넘어 인식론과 관련시킨다는 의의를 지니는 반면, 현대시의 중요한 미적 형식 중 하나인 아이러니를 '난해성'으로 등치시킴으로써 이상 시에 대한 불필요한 선입견을 오히려 강화하는 면이 있다. 신주철의 연구는 이상 시를 아이러니의 시각으로 비교적 폭넓게 다루고 있다는 점에서 의의를 지닌다. 또 아이러니의 개념을 가능한 정확하게 규정하기 위해 고전적 아이러니 개념과 낭만적 아이러니의 개념, 그리고 모더니즘 또는 신비평에서 사용하고 있는 수사학적 차원의 아이러니 개념을 언급하고 있다.18) 18) 신주철,『이상 시와 김수영 시의 아이러니』, 박이정, 2003. 그러나 슐레겔(F. Schlegel)에 한정된 낭만적 아이러니 개념은 근대 유럽 미학사에서 하나의 미적 이념이었던 아이러니의 역사적 함의와 인식론적·존재론적 의미가 무엇인지에 대한 입체적 시각이 생략되어 있다는 한계를 지닌다. 그리고 실제 작품을 분석할 때 현대시의 아이러니를 모더니티 또는 미적 모더니티의 전체 판도 속에서 이해하기보다는 그 일부를 이루는, 영미 신비평(모더니즘)의 수사학적 개념으로 한정하였으므로, 이러한 관점에서 포섭된 이상의 시는 '모더니즘' 문학으로 간주되어 그 텍스트가 지닌 역사성이나 정치성이 상당히 축소된다는 문제점을 지적할 수 있다. 김창원의 연구는 아이러니 개념의 특성에 무게를 두고 이를 문학의 일반 논리로 확장하려는 논문이다.19) 19) 김창원,「한국 현대시에 나타난 아이러니에 관한 연구—이상 시와 김수영 시를 중심으로」, 서울대 대학원 석사 학위 논문, 1987.

그러나 이 논문은 실제 작품을 아이러니의 관점으로 구체적으로 분석하고 있지는 못하며, 이상의 시를 일정하게 분류하는 수준에 머무르고 있다. 이상의 시 전체를 아이러니의 시각으로 이해하고 구체적인 작품 분석을 시도한 가장 최근의 연구로는 김지녀의 것이 있다.[20] 20) 김지녀, 「이상 시의 아이러니 연구」, 고려대 대학원 석사 학위 논문, 2004. 김지녀의 연구는 이상 시 텍스트에 나타나는 아이러니를 단어/구문/언술의 차원으로 분류하고, 구체적인 작품 분석에 연결지었다는 점에서 의미를 지닌다. 그러나 이 연구는 이상 시의 아이러니를 주로 표현 형식과 관련하여 분석한 형식 분석이기 때문에, 아이러니의 인식론적·존재론적 함의나 아이러니의 문제를 통해 추론해 볼 수 있는 이상 시의 중요한 시대적 함의, 예컨대 모더니티의 문제 등에는 상대적으로 무심한 연구라는 한계를 지니고 있다.

셋째, 이러한 연구 상황은 근대성(현대성) 또는 미적 근대성 등의 개념으로 이상의 시를 해석해 온 연구들의 일정한 한계를 노출하는 일이기도 하다. 왜냐하면 이는 이러한 시각을 견지한 연구들이 텍스트의 표층적 언술이 지시하는 내용을 통해 이상 시의 모더니티 문제를 해명하는 데에 기여하긴 했지만, 그 텍스트의 '미적 형식'과 관련하여 모더니티의 문제를 해명하는 데에는 소홀했다는 지적이 가능하기도 하기 때문이다. 형식에 대한 연구는 문학 연구의 핵심이다. 특히 이상의 시의식에 대한 해명은 언표가 지시하는 내용은 물론 그 시의 고유한 미적 형식에 대한 동시적 이해가 필수적이라고 보인다. 모더니티의 문제를 통해 이상 시에 접근한 여러 연구들이 적잖은 성과를 축적해 왔음에도 불구하고, 일정한 한계를 보여 준 부분이 바로 이러한 미적 형식과 시의식이 맺는 긴밀한 상관성에 관한 해명의 부분이다.

넷째, 한국 문학 연구에서 텍스트 해석을 위한 서구 이론의 수입·적용은 지속적이고 주기적으로 이루어지는 반면, 수입된 이론을 확장·심화·변용시킴으로써 새로운 이론 모델의 가능성을 모색하고 제안하는 연구가 드물다는 사실을 지적할 수 있다. 이 책이 이상 문학의 내적 논리를 해명할 수 있는 열쇠로 아이러니를 지목하면서도, 이를 기존의 아이러니 개념에 기대어 해석하기보다는 정신 분석의 개념적 도구들과 아이러니의 개념을 결부시켜 이론적 변형을 꾀하는 것은 이런 문제 의식 때문이다. 이 책은 아이러니 개념을 단지 이상 텍스트 해석의 도구로서 차용하려는 것을 넘어, 정신 분석의 이론 개념을 적극 수용하여 그 개념의 확장·변용을 꾀함으로써, 새로운 시학(미학) 모델의 가능성을 탐색해 보려는 이론적 문제 의식을 가지고 출발한다.

하나.
|
서론
|
3. 이 책을 통해 드러내고자 한 것들
|

이 책은 이상 시에서 일관된 시적 형식으로 나타나는 아이러니의 문제를 수사학 차원을 넘어서 세계에 대한 시적 주체의 인식론적 태도를 드러내는 표지이자, 존재론적 의미를 담고 있는 표지로 보고 이를 심도 있게 분석하고자 하는 목적을 지닌다. 특히 이 책은 이상 시 연구 역사가 방대하게 축적되었음에도, 주요 개별 텍스트의 내적 논리가 전체적으로 꼼꼼히 해석되어 온 바가 별로 없다는 사실에 주목하고, 시적 아이러니라는 테마에 초점을 맞추되 주요 개별 텍스트의 내적 논리를 정치하게 따져보는 주석적인 방식을 택하고 있다. 이 책이 의도하는 또 다른 연구 목적은 문학 창작의 중요한 내적 기제 중 하나인 아이러니를 이론의 차원에서 해명하고자 하는 것이다. 한국 문학 연구의 축적에도 불구하고 아직까지 한국 문학사에서 시적 아이러니가 지닌 광범위한 차원의 이론적 가능성을 해석하고자 시도한 연구가 많지 않다는 사실을 상기하면서, 우선 이 책은 유럽의 문예사와 현대성(모더니티)과 관련한 철학적 탐색 속에서 아이러니가 지니는 함의를 살펴보고자 한다. 여기에서 더 나아가 이 책은 기존의 아이러니론을 확장하는 새로운 모델을 실험적으로 제안해 보고자 하는 의도로 씌였다. 한편 시적 아이러니라는 문학 내적 기제를 통해 미적 형식이 그 고유한 존재 형식을 유지하면서도, 세계와의 윤리적·정치적 함의를 지닐 수도 있는 매개의 가능성이 무엇인지를 탐구해 보는 것 또

한 이 책의 중요한 문제 의식 중 하나이다.

이를 위해 이 책은 〈**둘.** | 모더니티, 미적 모더니티, 아이러니〉에서 시적 아이러니의 개념 규정을 위해 주로 모더니티와 미적 모더니티와의 상관 관계 속에서 아이러니의 미적·인식론적 함의를 살피는 한편, 〈**셋.** | 시적 아이러니와 정신 분석적 주체·담론의 해석학〉에서는 정신 분석의 개념을 이용하여 시적 아이러니의 개념을 확장하고 새롭게 규정하는 이론 모델을 제안해 보고자 한다. 〈**넷.** | 거울 ; 주체라는 이름의 증상〉〈**다섯.** | 절단된 신체 ; 환상의 실패로서의 환각〉〈**여섯.** | 환상을 가로지르기〉〈**일곱.** | 이데올로기적 호명의 실패와 히스테리적 질문으로서의 시적 아이러니〉〈**여덟.** | 이상, 식민지 모더니티의 시적 증상〉에서는 이상의 주요 텍스트를 아이러니라는 관점에 초점을 맞추어 하나하나 분석하는 한편, 연구 방법론에서 새롭게 제안된 이론적 관점에 따라 그 텍스트의 인식론적·윤리적(정치적) 함의를 적극적으로 해석해 보고자 한다. 본론에서 주로 이루어질 연구 범위 및 방법론을 간략하게 제시하면 다음과 같다.

〈**둘.** | 모더니티, 미적 모더니티, 아이러니〉에서 살펴보려는 것은 (시적) 아이러니의 개념 규정에 관한 것이다. 이 책은 아이러니의 의미를 사전적 정의로 파악하는 것은 무의미하다고 보고, 그것이 미학사에서 실제로 어떤 의미와 효과를 낳았는가를 다양한 해석 시각들을 예로 들어 통시적으로 살펴보려고 한다. 이는 특히 유럽 미학사에서 아이러니가 지닌 개념이 현대성(모더니티), 그리고 현대시의 탄생·전개 과정과 밀접히 관련되어 있다는 사실을 상기할 때 반드시 필요한 방법론이라고 여겨진

다. 이를 통해 이 책이 부각하고자 하는 것은 모더니티 또는 미적 모더니티와의 상관 관계 속에서 미적 형식으로서 아이러니가 지닌 특기할 만한 위상에 관한 문제 의식이다.

〈**셋.**│시적 아이러니와 정신 분석적 주체·담론의 해석학〉에서는 〈**둘.**│모더니티, 미적 모더니티, 아이러니〉에서 살펴보았던 시적 아이러니의 역사적 개념 또는 이론적 근거들을 바탕으로 하여, 시적 아이러니에 대한, 확장되고 심화된 개념 규정을 시도해 보고자 한다. 이를 위해 시적 아이러니가 보유하고 있는 인식론적·존재론적 의미와 유사성을 띠고 있는 것으로 보이는 철학적 개념에 대한 탐구를 시도하고, 이를 시적 아이러니의 한 모델로 전유하고자 한다. 이 장에서 이러한 철학적 개념 모델로 선택된 것은 정신 분석이다. 이 장에서는 아이러니 개념으로 전유될 수 있다고 판단되는 정신 분석의 개념으로서 실재(le réel), 주체, 환상(fantasy), 비전체(전체는 없다, pas-tout / not whole), 시선과 응시, 담론 공식 등에 대한 라캉의 생각을 살펴볼 것이다. 한편 라캉의 정신 분석을 사회적이고 이데올로기적인 문제 의식과 결부지어 전유하는 지젝(S. Žižek)의 관점을 특별히 주목하고자 한다. 여기에서 중요한 개념은 라캉의 유명한 욕망 그래프에 대한 그의 해석과 관련한 것으로서, 히스테리적 주체, 사회적이고 이데올로기적인 환상(호명), 증상(symptôme)과 증후(sinthome), 정신 분석의 윤리와 관련된 '증상과 동일시하기', '환상을 가로지르기' 등의 개념이다.

〈**넷.**〉에서 〈**여덟.**〉까지는 이 확장된 개념을 이용한 개별 텍스트의 내재 분석이다.

〈넷. | 거울 ; 주체라는 이름의 증상〉에서는 '거울'을 모티프로 한 이상의 시들을 분석하고자 한다. 이 시들을 주체의 '분열'이라는 시각으로 해석해 온 종래의 관점과는 달리, 이 책은 생득적 차원의 주체를 상정하지 않으면서 주체를 타자(대상/세계)에 매개되는 변증법의 효과라고 보는 정신 분석의 관점을 통해 이상의 시적 주체를 재해석한다. 이런 관점에서 이상의 거울 모티프 시들에 나타나는 주체는 '분열'된 주체라기보다는, 타자를 매개로 한 주체의 동일성 획득, 즉 변증법이 실패하는 순간에 관련된 주체라고 보는 게 이 글의 관점이다. 라캉과 지젝 등의 관점을 차용한다면 이러한 주체의 변증법의 실패는 주체와 타자뿐만 아니라 세계 자체의 결여를 환기한다. 이 책은 이러한 해석을 통해 이상의 시 텍스트 전체에 나타나는 아이러니의 문제를, 타자를 매개로 한 주체의 변증법의 실패라는 관점으로 일관되게 해석할 수 있는 실마리를 찾을 수 있다고 본다.

〈다섯. | 절단된 신체 ; 환상의 실패로서의 환각〉에서는 이상의 시 중에서 이른바 환각(hallucination) 이미지로 분류할 수 있는 시들의 분석을 시도하였다. 정신 분석의 관점에서 환상(fantasy)이 주체와 세계의 결여를 가리는 스크린이라면, 환각은 주로 충동(drive)과 관련된다는 점에서 '실재'와 관련된다. 궁극적으로 그것은 주체의 실패와 연관된다. 이상의 시에는 인격화된 통일체로 전제되는 시적 주체(화자)의 의지에 반하는 파편적이고 자율적인 신체들이 등장하곤 한다. 이는 오인(méconnaissance)의 메커니즘을 통해 구성되는, 유기적이고 통일된 의식의 담지체로서의 주체의 불가능성을 드러내는 존재론적 표지이자, 라캉적 의미에서 이른바 '비전체(pas-tout)'에 대응하는 표지라고 해석할 수 있다. 시적 아이러니의 관점에서 이

는 주체와 세계 모두에 내재한 존재론적 결여·모순 때문에 발생하는 시적 주체의 극단적 긴장과 갈등을 드러내는 증상이 된다. 그러나 이를 다른 차원에서 해석하면 이상의 시에서 일관되게 나타나는 이러한 증상은, 오히려 주체란 본래 '실패한 전체(총체성)'에 붙은 이름이라는 새로운 주체의 해석학을 가능하게 하는 시적 표지로 해석될 수 있다. 이 장에서는 이러한 관점으로 아이러니를 담보한 시적 주체의 윤리적 가능성을 탐색해 보고자 한다.

〈**여섯.** | 환상을 가로지르기〉에서는 이상의 텍스트들에 나타나는 아이러니를 '환상의 실패'라는 관점에서 해석해 보려고 한다. 이상의 시에서 드러나는 아이러니를 '시적 증상'으로 이해할 때, 그의 텍스트가 일관되게 환상이라는 드라마에 실패하는 모습을 연출한다는 사실은 의미심장하다. 정신 분석에서 환상은 주체의 실패를 보상해 주는 드라마이기 때문이다. 그러므로 이상의 시적 아이러니가 일관되게 주체에 실패하는 드라마와 관련된다고 말할 때, 그것은 그 시적 주체가 일관되게 환상에 실패한다는 뜻이기도 하다. 이 장에서는 이상 시에서 환상의 실패와 자기 객관화가 지니는 아이러니적 의미를 종래 해석과는 다른 각도에서 살펴보고자 한다. 특히 이 장에서 종래에 제기되지 않았던 차원에서 관심을 갖는 것은 이러한 아이러니의 문제를 정신 분석 윤리를 통해 조명해 보는 것과, 여기에서 이상의 특이한 시적 주체가 드러내는 윤리적 주체의 가능성에 대한 실마리다.

〈**일곱.** | 이데올로기적 호명의 실패와 히스테리적 질문으로서의 시적 아이러니〉에서는 주체의 변증법의 실패와 관련한 이

상 시의 아이러니를 사회적이고 이데올로기적인 차원에서 해석해 보고자 한다. 이러한 해석 역시 그 동안의 이상 연구사에서는 이루어져 온 바가 없었던 시각으로서, 문학의 정치성 문제에 관한 한 극히 무심했다고 얘기되는 이상 시의 정치적 효과를 아이러니라는 시적 자질을 통해 새롭게 이해해 보려는 시도다. 그것은 한국 문학사에서 문학의 정치성 논의를 사실상 오랫동안 독점해 온 이른바 '리얼리즘'의 정치성 논의와는 전혀 다른 차원에서, 이상 시에 내재한 독특한 형식적 자질이 발생시키는 정치적 효과에 주목하려는 시도이다. 이 책은 일관되게 아이러니를 담지하고 있는 이상의 시적 주체(화자)를 사회적 대타자(l'Autre / the Other)의 이데올로기적 호명에 응답하는 데에 실패하는 '히스테리적 주체'의 유형으로 해석한다. 이 장에서 다룬 텍스트들에서 이상의 시적 주체는 '아버지'와 '역사' 등의 기표를 사회적 대타자로서 마주하지만, 이 기표와의 동일시에 실패하며 이에 대해 히스테리적 질문을 제기하는 주체 유형을 보여 주기 때문이다.

여기에서 이데올로기적 호명의 실패가 히스테리적 물음의 형식으로 출현한다는 사실은 이중의 의미에서 해석될 필요가 있다. 우선 이는 주체가 대타자의 요구에 대해 적절한 답을 지니고 있지 않다는 뜻인 동시에, 그가 마주하고 있는 사회(시대) 역시 답을 가지고 있지 않다는 뜻이다. 즉 호명의 실패는 주체의 실패인 동시에 사회 자체의 실패를 현시함으로써, 유기적 전체로서의 사회란 불가능하다는 사실을 드러내는 증후다. 이 장에서는 일련의 정치 철학적 관점을 전유하여, 이상 시의 히스테리적 주체 유형에서 엿보이는 특이한 시적 자질을 종래 리얼리즘론과는 확연히 변별되는 유형의 '시적(문학적) 주체'라는 관점에서 상정해 보고, 이를 '시적인 것의 정치성'에 대한 새로운 사색의 실마리로 삼아 보려고 한다.

〈**여덟.** | 이상, 식민지 모더니티의 시적 증상〉은 이상 시의 아이러니를 사회적이고 이데올로기적인 차원에서 살피고, 이를 '시적인 것'이 배태하는 특이한 정치성(정치적 효과)의 실마리로 삼으려고 하는 〈**일곱.** | 이데올로기적 호명의 실패와 히스테리적 질문으로서의 시적 아이러니〉의 논의를 이어받아, 이 문제를 1930년대 식민지 경성이라고 하는 역사 공간 속에서 좀 더 구체적으로 이해해 보고자 한다. 이상 시의 아이러니를 히스테리적 주체의 출현이라는 관점으로 이해할 때, 이는 주체를 이데올로기적으로 호명하는 사회와 시적 주체 간에 난 모종의 균열(crack)을 암시한다고 볼 수 있다. 라캉의 담론 체계(히스테리 담론) 속에서 이것은 사회 체계 내의 주인 기표(헤게모니적 지식과 환상의 대상)에 대해 분열된 주체($)가 회의적 질문을 제기함으로써 주인 기표를 위태롭게 만드는 상황이다. 식민지적 특수성 속에 존재했던 1930년대의 경성에서 이상의 텍스트가 드러내는 미적 증상으로서의 시적 아이러니는, 그 시적 주체가 당대 사회를 유기적인 것으로 전체화하는 이데올로기적 기제인 (식민지) 모더니티를 제 자신의 살아 있는 현실로 받아들일 수 없음을 드러내는 것으로 볼 여지가 있다. 즉 이상의 시적 주체는 헤게모니적 기표로서 (식민지) 모더니티 자체의 균열을 드러내는 비전체의 정치적 증후이기도 한 것이다. 이 단락에서는 이상의 텍스트 중에서 모더니티의 환상적 기표들이 전면화 되는 드문 실례인 「建築無限六面角體건축무한육면각체 ; AU MAGASIN DE NOUVEAUTES」라는 시와 당대성(현대성)에 대한 그의 태도를 증후적으로 읽어 낼 수 있는 일련의 '시계' 모

티프 시들을 통해 이 문제를 적극적으로 살펴보고자 한다.

049쪽. 박태원의 신문 연재 소설 「소설가 구보 씨의 일일」에 이상이 그린 삽화(《조선중앙일보》 1934년 8월 2일자). 부분.
050~051쪽. 박태원의 신문 연재 소설 「소설가 구보 씨의 일일」에 이상이 그린 삽화(《조선중앙일보》 1934년 8월 7일자). 부분.
052쪽. 박태원의 신문 연재 소설 「소설가 구보 씨의 일일」에 이상이 그린 삽화(《조선중앙일보》 1934년 8월 7일자). 부분.

둘.

모더니티, 미적 모더니티, 아이러니

1. 두 개의 모던 ; 모더니티와 미적 모더니티
2. 미적 이념으로서의 현대시의 아이러니
3. 모더니티의 증상으로서의 아이러니

둘.

모더니티, 미적 모더니티, 아이러니

1. 두 개의 모던 ; 모더니티와 미적 모더니티

현대시에서 아이러니(irony)는 단지 수사학 차원의 문제가 아니라 미적 형식으로 이루어진 세계에 대한 인식론이자 존재론으로서 폭넓게 이해될 필요가 있다. 특히 현대시의 아이러니는 부르주아가 주도해 온 현대 세계의 형성 과정에서 세계의 총체성, 직선적 시간관에 기초한 역사의 진보에 대한 믿음, 합리적·공리주의적 가치 체계 등 모더니티 개념 일반을 구축하는 부르주아적 이념들과 대립·갈등해 왔던 미적 모더니티의 핵심 기제로서 존재해 왔다. 아이러니는 모순과 균열을 내포하고 있는 모더니티의 자기 지시적 인식론으로서 기능하기도 한다. 이는 현대시의 아이러니를 사전적으로 규정하는 일은 큰 의미가 없으며, 문예사의 역사적 과정 속에서 드러났던 미적·철학적 함의를 구체적으로 살펴볼 필요가 있음을 뜻한다. 세계에 대한 비동화(非同化)의 미적 표지인 이상 시의 아이러니를 개인 실존 차원의 주체 균열의 표지로서뿐만 아니라, 그가 살았던 시대(식민지 모더니티)에 대한 미적 인식론이자 정치적 증후로서 해석하고자 하는 이 책의 관점을 두고 이 장에서 이론적 전제로서 살펴보려는 것은, 모더니티 또는 미적 모더니티의 개념과 관련하여 아이러니의 개념이 지니는 위상에 관한 다양한 시각들이다.

숱한 논란에도 불구하고 모더니티의 개념 규정과 관련하여 광범위한 합의를 얻어 온 것은, 모더니티란 직선적 시간관에 기초한 역사에 대한 낙관주의, 이성과 합리성에 기초한 공리주의적·기술주의적 관점 등에 의해 뒷받침되어 온 일종의 세계관이기도 하다는 사실이다. 옥타비오 파스(O. Paz)는 이 모든 것이 새로움과 이질성이라는 측면으로 수렴될 수 있다고 해석하고,[21] 21) O. Paz, 『흙의 자식들』, 김은중 역, 솔, 2003, 15-20쪽. '비판'을 통한 단절이야말로 모더니티의 가장 뚜렷한 특징으로서 탐구와 창조, 행동의 방법론을 이루었으며, 그것의 탄생의 신호였다고 본다. 그에 따르면 모더니티의 핵심 개념인 진보, 진화, 혁명, 자유, 민주, 과학, 기술 등이 모두 '비판'의 산물이다. 여기서 유의해야 할 점은 이러한 비판 정신이 그 이전과는 전혀 다른 차원의 시간관에 의해 지지되고 있다는 사실이다. 그의 논의를 따르자면 격렬한 비판 정신에 의해 과거의 모든 유산과 단절되고 파괴되어 남은 폐허에는 거의 언제나 유토피아적인 건설이 뒤따른다. 유토피아는 이성의 꿈이요, 혁명과 개혁으로 구현되는 적극적인 꿈이다. 이러한 유토피아 사상의 밑바닥에는 미래가 아직 우리에게 이상향이라는 관념이 깔려 있다. 적어도 서구의 역사 경험 속에서 그것은 고대 그리스·로마의 순환적 시간관에 대항하여 나타난 기독교의 유한한 시간관, 즉 예수의 재림으로 마무리되는 구원과 영원성의 시간관이 폐기되고, 직선적이고 무한한 미래를 향해 열려 있는 낙관적 시간관의 출현을 의미한다.[22] 22) O. Paz, 『흙의 자식들』, 241-244쪽. 벨쉬는 이러한 모더니티 사유의 특징이 근본적으로 새롭게 시작하고자 하는 욕구에 비례하여 단일화와 보편화 그리고 총체화의 성향을 강하게 보인다고 해석한다. 다시 말해 모더니티의 특징은 '근본적으로 새로운 시작의 열정'과 '보편성에 대한 요구'로 요약될 수 있으며, 이 두 가지 특징은 명백히 '기술적' 정신 성향을 지닌다.[23]

23) W. Welsch,『우리의 포스트모던적 모던 1』, 박민수 역, 책세상, 2001, 190쪽.

미적 모더니티는 이러한 모더니티를 마주한 모더니티 내부의 또 다른 프로그램이다. 칼리니스쿠(M. Calinescu)의 표현에 따른다면 모던은 두 개의 모더니티를 가지고 있는 셈이다.[24] 24) M. Calinescu,『모더니티의 다섯 얼굴』, 이영욱 외 역, 시각과언어, 1994, 53쪽. 전술한 모더니티와는 대조적으로 전위가 될 운명에 처한 이 또 다른 모더니티는 자신의 낭만적 시초에서부터 근본적으로 반부르주아 태도로 기울어졌다. 이것은 교환 가치, 이성에 의해 주도되는 진보의 프로그램 등 부르주아 가치 척도를 혐오했으며 다양한 형식을 이용해 자신의 역겨움을 표현했다. 이런 차원에서 보자면 미적 모더니티를 규정하는 것은 적극적인 형태이거나 생산적 열망이라기보다는 부르주아 모더니티에 대한 철저한 거부 및 소멸의 경향을 띤 부정적 열정이라고 할 수 있을 것이다.[25] 25) M. Calinescu,『모더니티의 다섯 얼굴』, 54쪽. 낭만주의에서 초현실주의에 이르기까지 미적 모더니티의 핵심 예제를 이루는 가장 강렬하고 특징적인 '현대시'들 속에서 문학 밖의 대상인 부르주아 사회와 그 가치를 비판하는 방식으로 이루어지는 모더니티에 대한 열렬한 부정을 발견하는 일은 따라서 어려운 일이 아니다.[26] 26) O. Paz,『흙의 자식들』, 51쪽. 극단의 탐미주의조차 저속한 세계관과 공리주의적 선입관, 비열한 순응성 그리고 천박한 취미를 지닌 부르주아 모더니티의 확장에 맞선 격렬한 반동으로 파악할 때에서야 그것의 본질이 이해될 것이라는 칼리니스쿠의 견해는 이런 맥락에 서 있다.[27] 27) M. Calinescu,『모더니티의 다섯 얼굴』, 56-57쪽. 예컨대 미적 모더니티의 중요한 국면을 이루는 1830년 전후의 프랑스에서 부르주아적 삶에 대해 가진 보들레르(Ch. Baudelaire)의 적대감은 널리 알려져 있으며, 이는 미적으로나 정치적으로나 전위적이었던 어린 랭보(A. Rimbaud)의 출현을 암시하는 일이기도 했다. '예술을 위한 예술'이라는 개념이 일반화된 1830년대 프랑스에서 고티에(Th. Gautier)가 남긴 "진정으로 아름다운 것들은 아무 데에도 쓸모가 없는 것들뿐이다"라는 전언은, 당대에 널리 퍼져나가고 있던 진보적 역사관과 공리주의 이념에 대한 반발이었다.[28] 28) Th. Gautier, 『모팽 양』, 권유현 역, 열림원, 2006, 35-48쪽. 이는 당시 '예술을 위한 예술'의 개념이 칸트(I. Kant)의 미적 기획처럼 '무목적성'의 가치가 아니라, 예술의 전적인 '무상성(gratuitousness, 無償性)'이라는 공격적 개념을 통해 전유된 것을 의미하며, 이는 진보적 역사관과 공리주의 신념의 담지자였던 부르주아적 모더니티에 대한 반발이라는 차원에서 이해될 수 있는 것이었다.[29] 29) M. Calinescu, 『모더니티의 다섯 얼굴』, 57쪽.

그러나 미적 모더니티를 모더니티 일반의 지배적 이념과의 단절이 아니라 상보적 차원에서 이해하는 관점도 있다. 유명한 문학사가 야우스(H. R. Jauß)는 모더니티의 균열이 야기된 세계사의 '세 번의 문턱'을 1800년 전후의 독일 고전주의와 낭만주의 사이에 있는 '미적 혁명', 1850년경의 보들레르의 '순간의 미'와 플로베르(G. Flaubert)의 파편적 지각의 시학과 더불어 개시된 미적 모더니티, 1912년경 아폴리네르(G. Apollinaire)를 중심으로 포진한 예술가 집단의 아방가르드 선언 등으로 규정한다. 야우스는 이 중에서 미적 자율성 이념이 탄생하는 가장 중요한 순간이었던 첫 번째 관문이, 실은 루소(J. Rousseau)의 계몽주의 프로그램에 대한 독일식 응답이었다는 해석을 내놓는다. 동시에 그것은 프랑스 혁명의 열렬한 지지자였던 독일 낭만주의자들이 이후 혁명의 타락과 좌절을 목격하면서 내놓았던 정치 프로그램의 미적 변용태이기도 하다. 예컨대 1795년에서 1798년 사이에 있었던 고전주의자 실러(F. Schiller)와 낭만주의자 슐레겔의 미적 혁명(미적 자율성)의 이념은 1789년 정치 혁명에 대한 미학적 비판이자 정정의 성격을 띤다. 야우스는 미적 교육에 관한 실러의 저 유명한 편지들이 순수한 미의 왕국을 가리키는 것이 아니라, "시민들에게 헌법을 제공하기에 앞서 그 헌법에 맞는 시민을 창출"하기 위한 의도 속에서 작성된 것이며, 이는 프랑스 혁명의 정치적 이상인 자유·평등·박애가 제대로 실현되기 위한 전제로서 감수성 교육의 일환이었다고 지적한다. 특히 '관심(interessante)'으로 알려진 슐레겔의 미적 자율성의 이념 중 하나는 모더니티 일반에 대한 함축성 있는 비판 원리로 등장한 것이었으며,30) 30) H. R. Jauß, 『도전으로의 문학사』, 장영태 역, 문학과지성사, 1983. 89쪽. 미적 혁명의 첫 번째 '기관'으로 요구되었던 이른바 '미적 입법' 역시 삶으로부터 고립된 권위적 정언 명령이 아니라 '민주적인' 것으로 의도되었다는 게 야우스의 해석이다. 따라서 야우스의 관점에서 실러와 슐레겔의 미적 혁명은 모두 인간과 사회의 자기 소외라는 루소의 진단을 미적 방식으로 해결하려는 시도로 이해된다.31) 31) H. R. Jauß, 『미적 현대와 그 이후』, 김경식 역, 문학동네, 1999. 104-108쪽.

에른스트 벨러(E. Behler) 역시 그와 비슷한 견해를 내놓는다. 그는 낭만주의 시들에 공통되게 나타나는 '무한한 완전의 가능성'이라는 개념이 프랑스 혁명에 대한 반응과 관련이 있다고 한다. 혁명의 왜곡과 좌절 속에서 그 대의 명분이 비록 사라졌다 하더라도, 혁명을 보편적이고 철학적인 인간성으로 변형시키는 일이 당시 유럽 낭만주의자 모두의 주된 관심거리였다는 사실을 상기시킨다. 따라서 그는 주로 감성적인 것으로 표출된 이들 시의 상실감이나 우울, 아이러니를 계몽적 모더니티의 다른 얼굴로 이해해야 한다고 본다. 그에 따르면 낭만주의의 서정성과 미적 자율성의 이념은 인간성의 보편적 구원의 희망을 유지한다는 점에서, 혁명의 성공 여부와는 별도로 계몽적 모더니티와 분리될 수 없는 하나의 프로그램이며 동시에 고전주의적 이상과도 분리될 수 없다. 인간과 자연의 전반적 개선에 대한 기대가 깨어진 뒤에 시인들은 잃어버린 혁명의 보물을 우주적 재생의 희망으로 바꾸어 계속 보존하고자 했던 것이다. 그런 차원에서 "시는 살아 있는 것, 사회적인 것이 되고, 삶과 사회는 시적인 것"이 되어야 한다고 함으로써 시적 아이러니를 통해 작가의 예술 창조와 그의 비판적·이론적 담론을 통합하고자 한 슐레겔의 시도는, 미적 모더니티의 역사적 성격을 이해하는 데에 중요한 시사점을 제공한다.[32] 32) E. Behler, 『아이러니와 모더니티 담론』, 이강훈 역, 동문선, 2005, 64-74쪽. 미친가지로 프랑스혁명을 열렬히 지지했던 워즈워스(W. Wordsworth)가 이른바 '역사의 몰락' 이후 쓴 그의 가장 환상적이고 비의적인 서정시에 나타난 타자의 시간은 역사의 시간이라고 하기는 어려워도, 환상이 아니라 구체적인 지상의 시간을 염두에 둔 시였다고 할 수 있으며, '역사의 몰락'을 통해서나 비로소 가능했던 '현실 그대로의 세계'에 대한 각성의 일환이었다.[33] 33) O. Paz, 『흙의 자식들』, 60-62쪽.; 낭만주의와 사드(M. Sade)의 문학을 '현대(근대)'의 전도된 형식이라고 폄하하는 벨쉬(W. Welsch)의 견해는 이 점에서 시사적이다. 벨쉬는 '모던'을 '현대―현대적 모던―근본적 모던'의 층위로 구분하는데, 이 관점에 따르면 '현대'에 대한 주요한 비판 프로그램인 사드와 낭만주의, 실러와 마르크스주의와 같은 '모던'은 '현대적 모던'이다. '현대적 모던'은 표층의 차원에서 '현대'에 격렬한 비판을 가하지만, 단일성과 보편성이라는 '현대'의 척도를 고스란히 공유한다는 점에서 '근본적으로 모던'하지 않다. W. Welsch, 『우리의 포스트모던적 모던 1』, 175-217쪽(역자의 번역 '근대'를 '현대'로 수정했다); 한편 낭만주의에 대해 이와는 다른 관점을 취하지만, 역시 사드에 대한 옥타비오 파스의 지적은 이 글의 취지와 관련하여 흥미로운 시사점을 준다. 파스에 따르면 사드는 육체의 자태에 대해서는 흥분하지 않지만, 육체의 변증법적 엄격성과 총명성에 대해서는 흥분한다. 육체에 대한 그의 환희는 지적이고 그의 실제상의 정념은 비판을 위한 것이다. 대체로 이러한 종류의 에로티즘은 철학이지 정념이 아니다. O. Paz, 『흙의 자식들』, 51쪽.

여기에서 '현대시'의 개념을 모더니티의 시간관과 결부지어 사유하는 옥타비오 파스의 관점은 이 논문의 논지와 관련하여 좀 더 부연될 필요가 있어 보인다.

파스는 미적 모더니티의 문제를 '현대시'의 출현과 관련하여 해석하면서, 이 표현이 두 기간을 의미한다고 본다. 좁은 의미로 그것은 보들레르의 상징주의에서 시작되어 전위주의(아방가르드 운동, 미래파)로 완결되는 기간이고, 넓은 의미로는 최초의 낭만주의자들과 18세기 말엽에 곧바로 이들의 뒤를 이은 계승자들에 의해 탄생되어 19세기를 가로지르고 꾸준한 변환을 거쳐 20세기에 이르는 기간이다.[34] 34) O. Paz, 『흙의 자식들』, 153쪽. 어느 층위를 따르건 그것의 정신적 근간은 모더니티에 대한 총체적이고 거대한 비판과 이어진다. 비판과 변화의 열정으로 가득 차 있다는 점에서 현대시는 비판 시대의 산물이며, 단지 하나의 문예 사조가 아니라 정치 현실을 포함한 세계와 시를 일치시키려는 삶의 원리 그 자체였다. 특히 미적 모더니티의 출현을 모더니티에 대한 비판이라는 역설 속에서 이해할 때, 이러한 역설을 온몸으로 구현하고 있는 루소와 그의 계승자들의 경우, 새로움과 역사적 시간성(직선적 시간관)에 대항하여 그들이 제시한 감성은 역사 이전의 원형의 것이다. 그리고 대부분의 '현대 시인'들에게서 현대시는 역사 이전의 태초의 목소리이며 세계를 창조한 말의 현현으로서, 원초적 계약, 불평등 이전으로의 복귀라는 면에서 사회적이고, 원초적 순수성을 되찾아 준다는 면에서 개인적이다. 이렇게 볼 때 독일과 영국의 낭만주의로 대표되는 미적 모더니티가 비판적 이성이 수행하는 '혁명'이라는 역사의 건설 작업에 매혹당했다가 거기에 격렬하게 반발하여 반진보주의로 돌아선다는 사실은 성찰의 대상이 될 만하다. 혁명에 대한 현대 시인들의 최초의 열광은 현대시와 혁명이 모두 현재의 불평등한 역사의 시간을 부수고 '다른 시간'을 세우려는 단절적 시도를 한다는 데서 일어난다. 그러나 시의 시간과 혁명의 시간은 다르다. 혁명의 시간은 비판 이성에 의하여 기록되는 시간, 즉 사실상 부르주아에 의해 주도된 과학주의/기술주의 시간관, 모더니티의 지배 이념이 투영된 유토피아적 미래인 데에 반해, 현대시의 시간은 역사적 시간이라기보다는 원형적 시간을 지향하기 때문이다. 유럽과 라틴아메리카의 혁명적 전위주의와 영미 모더니스트들의 차이가 크다 하더라도, 낭만주의자들과 상징주의자들처럼 직선적 시간 인식에 토대를 둔 미래라는 가치, 즉 모더니티 일반의 비전을 철저히 부정한다는 측면에서 그들은 같은 자리에서 만난다.[35] 35) O. Paz, 『흙의 자식들』, 55-63쪽.

둘.

모더니티, 미적 모더니티, 아이러니

2. 미적 이념으로서 현대시의 아이러니

야우스에 따르면 현대에 예술이 미적 자율성으로 해방되는 것은 사회적으로 어떠한 작용도 거부하는 것을 전제하며, 그러한 해방은 가상의 미적 왕국을 시민적 삶의 모든 실천과 분리시킴으로써 제도 예술을 학문·경제·법·도덕 등과 마찬가지로 자립된 가치 영역들에 대응시킨다. 그러나 그가 보기에는 이렇게 절대화된 자율적 예술 개념은 이데올로기적이다. 그리고 계몽주의의 기획을 완수하려 했던 실러와 슐레겔의 '미적 혁명'의 이념이 지닌 역사적 성격을 은폐하는 것이다. 미적 모더니티의 역사에서 미적 자율성의 이념이 하나의 강령적 단수화를 추구함으로써 자족적 제도 예술로 정초되었던 일은 역사 속에 실재하지 않기 때문이다. 오히려 예술의 자기 자신을 향한 놀라운 자족적 방향 전환은 시민적 계몽주의의 절정기에 있던 예술의 '자기 입법성'(슐레겔)에 의해서가 아니라 '예술을 위한 예술'이 소멸되는 시점에 산업 예술과의 치열한 각축 속에서 이루어졌다.[36)] 36) H. R. Jauß, 『미적 현대와 그 이후』, 196쪽. 미적 모더니티의 역사에 아이러니가 하나의 미적 이념으로 등장하는 것도 이런 맥락에서다.

미적 모더니티 또는 현대시의 미적 이념의 형성 과정에서 가장 중요한 국면의 하나를 이루는 낭만주의의 이념과 관련하여 18세기 말의 슐레겔은 서로 모순되면서도 수렴되는 상상력과 아이러니의 작용을 통해 삶과 시의 융합을 모색해야 한다고 선언한다. 이에 따라 낭만주의는 사회와의 절연이 아니라 오히려 시의 사회화를 모색한다. 현대의 정치 혁명을 평등한 사람들 사이의 원초적 계약으로 돌리려는 사회 운동으로 이해하고, 이에 낭만주의 시인들이 열광된 지지를 보낸 것도 이 때문이다. 언어 자체를 하나의 숭배물로 여기는 듯한 '예술을 위한 예술'조차도 그들에게는 단순한 미학이 되지 않고 실천 윤리로 존재했으며 나아가 종종 정치와 종교가 되기까지 하였다. 이론과 실천, 시와 시학의 결합은 태초와 직선적 시간 개념의 모더니티, 상상력과 아이러니의 양극단의 결합이라는 관점 속에서 이루어진다.37) 37) O. Paz,『흙의 자식들』, 78-79쪽. 여기에서 아이러니는 수사학적 의미를 넘어서 삶과 세계 전체를 이해하는 미적 세계관이자 미적 이념을 담보하는 핵심 형식이 된다.

벨러의 연구에 따르면 슐레겔 이전에 아이러니는 수사학의 일종에 불과했다. 아이러니(ειρωνεια)라는 단어를 라틴 세계에 전한 키케로(Cicero)나 퀸틸리아누스(Quintillianus) 같은 수사학자들에게 아이러니의 대가(ειρων)로 불린 소크라테스(Socrates)의 어법은 비하의 대상이었다. 아리스토파네스(Aristophanes)의 희극에서 아이러니스트는 거짓말쟁이, 사기꾼, 협잡꾼, 허풍쟁이들 사이에 위치하며, 소크라테스식 아이러니가 분명하게 나타나 있는 플라톤(Platon)의 대화편에서도 그것은 진실에 대한 은폐를 의미하는 것으로서 가치 비하적으로 쓰인다. 현대 이전에 이 단어를 긍정적 의미로 사용한 것은 아리스토텔레스(Aristoteles)가 유일하다.38) 38) E. Behler,『아이러니와 모더니티 담론』, 87-97쪽. 그러나 슐레겔은 수사적이고 부정적인 것으로 이해되던 고전적 아이러니의 개념을 비판하면서 오히려 철학을 아이러니의 본거지로 규정하고.[39] [39] F. Schlegel, 「Critical Fragments」, 『Philosophical Fragments』, translation by P. Firchow, University of Minnesota Press, 1991, p5.

소크라테스적 아이러니를 '시에 대한 시', 철학적인 것과 미적인 것이 하나로 수렴되는 철학적-미적 기획으로 바꾸어 놓음으로써, 아이러니를 자의식적이고 자아반영적인 '현대시'의 중요한 개념 형성의 장으로 끌어온다. 슐레겔에 따르면 고전적 개념의 수사적 아이러니는 화자의 의도와 그가 실제로 하는 말이 상반되는 반어(反語)의 형태를 띤다 할지라도 우리는 그 의도된 의미를 이해할 수 있다. 이 때의 아이러니는 완전한 동의, 화자와 청자 간의 완전한 이해, 진리에 대한 절대적 개념에 근거하기 때문이다.[40] [40] E. Behler, 『아이러니와 모더니티 담론』, 96쪽. 그러나 슐레겔에게 있어 '현대시'는 "영원히 생성되며, 결코 완결되지 않는다". 이 때 이해 가능한 원리로 환원할 수 없는 "무한한 생성"은 슐레겔의 아이러니 개념을 가장 명료하게 표현한다. 그에게 이 개념은 성취된 지식이나 잠시 결핍되었으므로 극복되어야 할 일시적인 것이 아니라 지식의 실제적 상태, 지식의 영원한 형식을 지칭하는 것이다.[41] [41] E. Behler, 『아이러니와 모더니티 담론』, 74-75쪽. 여기에서 주체의 상태는 확정되어 있지 않고 늘 유동적이다. 이 상태는 필연적으로 합일되고 동시에 필연적으로 분리되어야 하는 극단 사이의 부동(浮動) 상태다. 아이러니는 한계를 설정하는 동시에 무한한 것을 동경하는 자아의 모순 속에서 자아가 "무한히 충만한 혼돈"을 분명히 인식하는 행위이며, 이 때 혼돈은 부정성을 의미하는 것이 아니라 오히려 이 과정을 통해 무한히 주체를 형성해 나간다.[42] [42] 노희직, 「키에르케고르에 있어서의 아이러니 개념」, 『독일문학』 제88집, 한국독어독문학회, 2003, 204-205쪽.

슐레겔에게 아이러니는 "절대적인 것과 상대적인 것, 완벽한 소통의 불가능성과 필연성 사이의 해소될 수 없는 모순의 감정"에서부터 출발할 뿐만 아니라, 그 어떤 절대적 주체에 의한 합일이 목적이 아닌 운동 과정 자체에 초점이 맞추어져 있다.[43]

43) F. Schlegel, 「Critical Fragments」, 『Philosophical Fragments』, p13. 이러한

아이러니의 개념 속에서 작가는 스스로를 비판하고 성찰하는 자세로 작품을 통해 독자와 대화를 나누고, 변증법적 방법으로 문학의 서술 형식을 다루어 나가면서 서사적 도정을 계속해 나간다. 여기에서 부각되는 것은 아이러니의 절대적 심급 기관이라고 할 수 있는 작가의 성찰적 주관성이다. 이 때 작가의 성찰적 주관성은 절대적인 것과 상대적인 것 사이의 모순을 파악하고 그것을 끝까지 의식하면서 그 긴장의 끈을 놓지 않고 양자 사이에 균형을 유지하고자 한다. 즉 예술적 충동을 자유로이 펼침과 동시에 일정한 거리를 갖고 객관적 시선으로 대상을 바라봄으로써 성찰적 주관성은 그 충동을 억제하고자 한다.[44] 44) 박현용, 「낭만적 아이러니 개념의 현재적 의미」, 『독일문학』 제92집, 한국독어독문학회, 2004, 171쪽. "절대적 모순의 절대적 종합, 충돌하는 두 사고들 간의 끊임없는 자발적 교차"라는 사고와 반사고의 무한한 운동성은[45] 45) F. Schlegel, 「Athenaeum Fragments」, 『Philosophical Fragments』, p33. 끊임없는 긍정과 부정의 연속, 자신에 대한 적극적인 개진에서 자신으로의 자아 비판적 후퇴, 세기말 이전부터 부분적으로 나타나던 열광과 회의 등을 드러낸다.[46] 46) E. Behler, 『아이러니와 모더니티 담론』, 98쪽. 자기 창조와 자기 파괴를 오가는 끊임없는 운동을 통해 성찰적 주관성과 인식의 무한한 가능성을 추구하는 것으로 요약되는 슐레겔의 이러한 아이러니 개념은, 아이러니를 수사적 차원을 넘어 철학적 함의를 지닌 미적 이념

의 한 기제로 승격시켰다.47) 47) F. Schlegel,「Athenaeum Fragments」, 『Philosophical Fragments』, p21.

이런 차원에서 슐레겔의 아이러니가 보여 주는 긍정과 부정, 의견과 반론, 자기 회의를 통한 무한한 내적 부정성, 자기 창조와 자기 파괴의 모습을 낭만주의의 미적 이념에 국한된 것으로 보지 않고, 모더니티의 정신적 지주라고 할 만한 헤겔(F. Hegel)의 변증법적 운동과 유사한 것이라고 해석한 키에르케고르(S. Kierkegaard)의 관점은 주목할 만하다. 본래 진리를 모순의 지양이라는 관점에서 파악했던 헤겔에게 아이러니, 특히 슐레겔의 아이러니는 공허하고 절대적인 주관성의 원리로 여겨졌다. 조야한 속임수로서 그의 여러 강의들에서 극단적인 비난의 대상이 되었다. 헤겔의 관점에서 아이러니는 본질과 윤리 등으로부터 주체를 자의적으로 이탈시켜 진리를 무(無)로 와해시키는 파괴의 원리다.48) 48) 벨러는 헤겔의 『정신현상학』에 대한 히르시(S. Hirsch)의 연구를 언급하면서, 이 책에서 헤겔이 "공언된 악"이라고 명한 것이 슐레겔의 아이러니에 대한 암시적이면서도 극단적인 적대감을 표현한 것이라고 지적한다. 그러나 헤겔 철학 내에서 악한 의식이란 다른 형태의 의식들에 비해 자기 인식 능력을 가진 의식 형태라는 점에서, 벨러는 이것이 헤겔의 의도와 달리 낭만적 아이러니에 대해 지극히 높은 평가를 하는 결과를 낳는다고 해석한다. E. Behler, 『아이러니와 모더니티 담론』, 102-103쪽.

그러나 키에르케고르는 아이러니의 본질을 '무한한 절대적 부정성(infinite absolute negativity)'으로 파악하고, 이러한 부정적 운동성이 오히려 헤겔 철학의 본질에 가까운 것이라고 해석한다. 그에 따르면 아이러니는 어떤 사태를 부정함으로써 진리에 무한히 접근하는 수단이 되기 때문이다. 과정 없는 진리의 소유는 허위라고 생각한 키에르케고르에게 아이러니는 진리의 소유를 뜻하는 것이 아니라 다만 무한한 부정을 통해 허위를 배제하는 방법이다. 거기에서 주체는 부정적으로(negatively) 자유롭다.[49] 49) S. Kierkegaard, 『The Concept of Irony』, translation by Lee M.Capel, Indiana University Press, 1965, pp241-288. 그러므로 헤겔의 강의에 참석했던 키에르케고르와 하이네(H. Heine)가 헤겔의 강의에서 이중의 아이러니를 발견했던 사실, 즉 헤겔의 『역사철학』 강의의 중심적 주제가 슐레겔의 아이러니에 대한 헌사라고 생각한 것은 전적으로 그릇된 것이라고 할 수 없을 것이다.[50] 50) E. Behler, 『아이러니와 모더니티 담론』, 105쪽.

그렇다 하더라도 미적 모더니티의 역사에서 나타난 아이러니, 특히 낭만적 아이러니의 무한한 나선형 운동 구조를 헤겔의 변증법 운동에 그대로 등치시킬 수는 없을 것으로 보인다. 헤겔의 부정성 개념이 부단히 상승하는 운동성을 지니고 있는 것이 사실일지라도, 헤겔 식 사고의 전체 구조가 모종의 완결된 철학, 완전한 법칙, 완전한 사회와 총체적 본질에 기반하는 체계 지향적 성격을 지닌다는 사실을 전적으로 부정할 수는 없기 때문이다. 헤겔 식의 지식은 유한한 것이든 무한한 것이든 간에 대상을 해석하고자 할 때 완전한 지적 이해를 요구하며 어쨌든 그것을 향한 종국의 운동을 열정적으로 지속한다. 이러한 헤겔의 충만한 해석적 운동은 그 자체로 이성적 프로그램으로 기획된 모더니티의 본질을 보여 주는 한 양태이기도 하다. 설령 미적 모더니티의 개념을 계몽 프로그램과 상보적으로 이어진 형태로 이해하는 관점을 취한다 하더라도, 아이러니는 지식 유형들의 관계가 결코 유한한 지식에 의해 이해 가능한 구조나 변증법으로 환원되지 않으며, 무한한 과정 속에서 오직 부분적 양상들만을 파악할 수밖에 없다는 인식론적 한계를 전제하고 있다는 점에서 헤겔 식의 모더니티의 프로그램과는 근본적으로 구분되는 것일 수밖에 없다.[51] 51) E. Behler, 『아이러니와 모더니티 담론』, 104쪽.

아이러니의 개념을 현대시 발생의 역사와 관련하여 해석하면서 옥타비오 파스는 이 개념이 현대시의 시간과 무관할 수 없다고 지적한다. 그에 따르면 현대시(미적 모더니티)의 출발이었던 낭만주의는 단지 문체와 언어의 변화에 한정된 문예 운동이 아니라 현대시의 조건을 이루는 근원적 믿음의 변화라는 관점을 가져야만 제대로 이해할 수 있다. 낭만주의는 전통의 시적 리듬을 발굴하면서 세계와 인간에 대한 아날로지적 비전을 부활시킨다. 모든 것은 운율이고 리듬이기 때문에 서로 상응한다. 우주는 반복되고 결합되는 리듬에 의해 지배되는 무대다. 그것은 인간을 포함한 모든 예외적인 존재들이 자신의 닮은꼴과 상응을 발견하는 조화와 화합의 무대다. 은유는 언어적 가교를 통해 사물들의 대립상을 제거하지 않으면서 서로 화해시킨다. 작품들 또한 서로를 비추면서 해석되고 해독되는 커다란 책의 목록을 이룬다. 은유는 아날로지의 시학 속에서 현대시가 직선의 시간과 무한한 분열로 이루어진 현대의 시간관에 대립하여 내세우는 신화적 무기이다. 그러나 현대시는 스스로가 현대성(모더니티)이라는 역사적 시간 속에 편입되어 있으며 그의 의식 자체가 현대성이라는 역사적 의식의 산물임을 안다. 아이러니는 현대의 직선적/역사적/연속적/불가역적 시간 의식의 산물로서, 아날로지의 신화적 비전이 가능하지 않다는 수난 의식을 보여 준다. 아이러니는 현대시의 시간이 우주적 상응과 교감, 문자의 해독과 해석은 불가능한 시간대에 존재하며, 단어의 뒷면과 의사 불통 상태임을 괴롭게 직시하는 의식이다. 아이러니는 세계가 이제 읽을 수도 없고, 해답을 줄 책도 존재하지 않으며, 단일성(총체성)이 깨어졌다고 느낀다는 점에서 불행한 의식이지만, 그것 역시 하나의 앎이라는 점에서 지적 인식이다. 지적 인식으로서 아이러니의 궁극에는 죽음과 무에 대한 의식이 존재한다.[52] 52) O. Paz, 『흙의 자식들』, 83-100쪽.

둘.

모더니티, 미적 모더니티, 아이러니

3. 모더니티의 증상으로서 아이러니

하지만 르페브르(H. Lefevre)는 아이러니를 슐레겔이 정초한 낭만적 아이러니의 역사적 기점으로부터 분리하여, 그것이 지닌 철학적 성격을 그 자체로 주시하는 것만으로도 모더니티에 대한 근원적 안티테제가 된다고 주장한다. 르페브르는 미적 모더니티의 역사적 형성 과정 속에서, 특히 낭만적 아이러니가 우주적 아날로지에 대한 동경을 끝내 버리지 못했다고 지적한다. 그러한 아날로지적 비전과 철저히 결별하는 것이야말로 소크라테스적 아이러니에 대한 가장 충실한 복원이며, 이것이 모더니티의 지배 이념이 지닌 폭력성에 대한 대안 프로그램이 될 수 있다고 보는 것이다.

르페브르는 도시 국가의 한 복판에서 영원한 방외인이 될 수밖에 없었던 소크라테스의 아이러니를 통해 모더니티의 문제를 사유한다. 르페브르에 따르면 소크라테스는 어느 한 편의 입장도 지지하지 못하는 난처함에 빠져 있다. 이 난처함의 본질은 이러한 애매모호한 지적 입장 자체가 진실일 수 있다는 역설에서 비롯된다. 사물의 운동과 부동(不動)을 한 눈에 관찰하고 있는 그의 주도면밀함은, 정적인 형이상학자인 엘레아 학파의 파르메니데스(Parmenides)에게 가서는 운동의 창조성과 무한한 아름다움을 주장하게 하는 한편, 만물 유전의 철학자 헤라클레이토스(Heracleitos)에게 가서는 운동이 언제나 아름다운 디오

니소스의 원환으로만 귀환하는 것이 아님을 주장하게 한다. 즉 그는 부동하는 영원성에서 부패와 응고의 악취를 맡으며, 운동하는 생성에서 파괴의 전율을 느낀다. 그는 진실을 직시하고 있으나, 그 진실은 언제나 소극적인 혹은 부정적인 방식으로밖에 전할 수 없는 어처구니없는 것이다. 그는 무언가가 옳다고 말하는 사람들에게 '당신이 알지 못하는 것이 있다는 사실을 알라' 즉, '너 자신(의 무지)을 알라'고밖에 말할 수 없다. 오직 불확실성만을 진실로 승인하는 그에게, '너 자신을 알라'라는 명제는 그래서 자신은 '아무 것도 모른다(는 사실을 나는 안다)'는 명제와 동치가 된다. 르페브르는 이러한 소크라테스의 지적 난처함을 아이러니라고 해석한다. 이것은 삶과 역사의 우연성을 긍정하는 태도이기도 하다. 그러나 르페브르에게 소크라테스적 아이러니는 세계에 대한 초월을 의지하는 태도가 아니라, 세계의 모순을 일정한 거리를 두고 초지일관 긴장된 태도로 직시하려는 고통스러운 지적 태도로 간주된다.

앞선 논자들의 관점과는 달리 르페브르는 낭만주의의 아이러니가 이 세계 어딘가에 숨겨진 진리를 찾지 못한다는 사실에서 오는 좌절감의 표현인데 반해, 소크라테스의 아이러니는 세계에 대한 불가지론을 인간의 불가피한 인식론의 조건으로 받아들인다고 본다. 르페브르는 이런 관점에서 키에르케고르와는 달리 헤겔의 변증법이 아이러니를 모른다고 해석한다. 헤겔의 지적 운동은 모종의 텔로스적 여정을 진행하고 있으며 사물의 모순이 최고조에 이르는 순간, 이 모순 혹은 이 적대적 관계들이 지양을 통해 종합되고 완성됨으로써 모순의 죽음을 선포하고 만다는 것이다. 그리고 이러한 헤겔적인 논리의 역사적 기획이야말로 모더니티의 본질이다. 그러므로 모더니티의 본질이란 부정어로 표현하자면 '아이러니의 결여태'로 정의될 수 있다.[53] 53) H. Lefebvre,『모더니티 입문』, 이종민 역, 동문선, 1999, 9-76쪽. 바꿔 말해 아이러니는 역사에 대한 믿음과 부르주아적 합리성에 기반한 공리주의, 총체성의 이념 등으로 수렴되는 모더니티 기획의 한계와 불가능성을 노출시키는 파열의 표지이자 인식 주체의 지적 응전 방식이다.

이에 반해 마샬 버먼(M. Berman)은 아이러니야말로 모더니티의 본질적 속성이자 기본 조건이라고 해석한다. 르페브르의 관점에서 아이러니가 모더니티 일반의 기획에 대해 주체의 인식론적 난처함을 드러내는 소극적 형태의 지적 대응 방식이라고 한다면, 버먼에게 아이러니는 현대라는 시대성(모더니티)을 그 자체의 균열 형식으로 드러내는 증후이다. 버먼에게 모더니티는 복합된 모순들을 그 자체의 자기 동력으로 삼아 운동하고 확장하는 기이한 시대성 외에 다른 것이 아니기 때문이다. 따라서 모더니티를 인식하는 일은 모더니티의 아이러니를 인식하는 일과 다르지 않다. 그에게 이러한 준거점을 제시해 주는 텍스트는 마르크스(K. Marx)와 보들레르다.

버먼은 마르크스의『공산당 선언』에 나오는 '견고한 모든 것은 대기 속에 녹아 버린다'는 유명한 명제를 여러 차원으로 분석한다. 이 명제가 그 자체로 모더니티의 본질이기도 한 현대성의 아이러니를 잘 드러낸다는 것이다. 마르크스의 선언적 비전을 담은 텍스트라고 할『공산당 선언』을 비롯한 그의 전체 텍스트는 신성한 모든 것들이 세속화되고, 삶 전체가 자본주의 시장의 교환 프로그램으로 흡수되는 상황을 시적으로 압축하고 있다. 여기에서 중요한 것은 자본주의 시장의 교환 프로그램에 대한 마르크스의 비판이 아니라, 오히려 마르크스의 정념이 실은 현대를 창출한 부르주아적 가치·비전과 교묘하게 섞여 있다는 아이러니이며, 이 아이러니는 현대적 삶 속에서는 헤게모니적 가치를 창출하는 계층과 그에 대한 관조자 또는 비판자의 욕망이 구분되지 않는다는 사실을 암시한다. 자본주의가 현대적 삶에 부여하는 필사적인 속도와 리듬 속에서, 모든 사람들은 현대적 삶의 일부가 되는 것이다. 버먼의 해석에 따르면 마르크스의 텍스트는 숨겨진 정념을 통해 현대 시인들과 지성인들의 꿈이 결국 현대라는 시간을 창출한 부르주아의 꿈과 다르지 않다는 사실을 드러낸다. 한편 마르크스의 텍스트는 부르주아적 가치들에 대한 은밀한 매료의 반대편에서 이와 철저히 대비되는 파국과 니힐리즘의 증후를 함께 드러내는 아이러니 역시 보여 준다. 버먼은 이것이야말로 가장 창조적인 모더니스트들이 모더니티에 매료되면서도 그것에 대해 회한과 공포를 느끼고 끊임없이 휩쓸리고 요동치는 이유가 된다고 본다. 그런 점에서 모더니티는 현대적 삶에 대한 매료와 공포가 긴장 속에 교차하는 아이러니적 현장 그 자체라고 할 수 있다.

버먼은 보들레르의 초기 텍스트를 분석하면서 부르주아적 가치에 대한 보들레르의 양가적 정념을 독해해 낸다. 몽상적이고 마술적인 것으로 이미지화되곤 하는 도시에 대한 그의 매료는, 버먼의 관점에서는 부르주아 세계에 대한 매혹과 구별되는 것이 아니다. 그러나 보들레르 시의 모티프를 구성하는 원장면들은 그 결정적인 장면에서 억압된 사회 현실에 대한 폭로로 이어진다. 가장 매혹적인 풍경은 언제나 가장 억압적이다. 그의 시에 나타난 도시적 우울과 우수는 전적으로 이러한 모더니티의 아이러니가 산출한 산물이다.[54)] 54) 물론 이에 대한 여러 다른 해석이 가능하다. 예컨대 야우스는 다른 해석을 내놓는다. 그에 따르면 보들레르 시에 나타나는 대도시 문명에 대한 우울은 자아와 자연의 낭만주의적 조화, 영혼과 풍경의 교감에 대한 작별을 의미하며, 이는 낭만주의적 주체의 내면성을 탈주술화함으로써 새로운 미적 경험의 지평을 여는 순간이기도 하다. H. R. Jauß, 『미적 현대와 그 이후』, 116쪽 ; 다소 복잡한 논지이기는 하지만 칼리니스쿠의 경우는 대체로 버먼의 관점과 유사한 관점을 취한다. M. Calinescu, 『모더니티의 다섯 얼굴』, 70쪽 ; 한편 보들레르의 우울을 철저히 아이러니의 관점에서 파악하는 르페브르의 견해는 훨씬 더 변증법적이다. 르페브르에 따르면 보들레르의 반자연주의는 순수한 인공성과 동일한 의미를 지니는 예술적 창조성에 대한 갈망을 표현한다. 그러나 그의 앞에 놓인 세계는 속물적인 세계, 화류적인 세계, 상류 사회로서만 존재하며, 이것이 세계의 유일한 현실이라는 점에서 그의 당디즘은 힘겨운 투쟁이 될 수밖에 없다. 파리의 유행과 풍속에 대한 그의 시는 이 세계를 그가 유일한 현실로서 받아들이고 있음을 의미한다. 그렇게 함으로써만 그러한 세계를 조롱할 수 있었기 때문이다. 르페브르의 관점에서 보들레르의 모더니티는 총체적 실천이라는 마르크스적 모더니티의 부재와 실패, 허위의 가능성을 폭로한다. H. Lefebvre, 『모더니티 입문』, 245-258쪽.

한편 보들레르는 그의 시에 나타난 군중의 모티프 속에서 '움직이는 대혼란'으로 명명할 수 있는 현대의 대규모 무정부적 흐름을 감지하고 있다. 이 흐름에서 빠져나올 수는 없다. 이 흐름을 건너가기 위해서는 오히려 필사적으로 이 흐름을 따라잡아야 하며, 그러한 움직임에 순응해야 하고 나아가 한 발 더 앞서 나가야만 한다. 보들레르에게 아이러니의 절정은 '현대시'가 바로 이러한 '움직이는 대혼란' 속에서만 가능하다는 사실이다. 현대성을 지닌 시인일수록 이 대혼란 속에 자신을 내던짐으로써, 그리하여 일상인이 되어 감으로써만이 '현대적 삶'을 자신의 예술 체험의 근거로 이용할 수 있기 때문이다. 시인의 고전적 아우라가 사라진 자리에서 시인은 점점 더 일상인이 되어가지만, '현대시인'은 바로 그 자리에서 탄생한다.[55] 55) "새가 공중에서 날아다니고, 물고기가 물 속에서 노는 것처럼 그의 활동 영역은 군중이다. 그의 정열, 그리고 그의 직업은 군중과 한 몸이 되는 것이다". Ch. Baudelaire, 「현대적 삶의 화가」, 《세계의 문학》 2002 봄호, 박기현 역, 31쪽 ; 모더니티에 대한 이러한 보들레르의 모티프를, 삶을 역사의 대립물로 파악하는 니체(F. Nietzsche)의 과격한 논의와 연관시키는 폴 드만(Paul de Man)의 견해는, 표면적으로 칼리니스쿠와 유사하면서도 훨씬 더 복잡한 논의 구조를 띤다. 폴 드 만에게서 이러힌 보들레르적 모티프는 미적 모더니티와 대립 관계에 있는 것인 동시에 미적 모더니티의 조건이기도 하다. 결론적으로 볼 때 보들레르의 모티프는 과거와 현재가 교차하는 시간의 모순성에 대한 역설적 성찰이 된다. Paul de Man, 『Literary History and Literary Modernity』, Methuen & Co. LTD, 1983, pp142-165.

버먼에 따르면 모더니티에 내재한 이러한 아이러니야말로 모더니티 자체이며, 따라서 모더니티에 대한 인식은 바로 이러한 모더니티의 아이러니를 인식하는 일과 다르지 않다.[56] 56) M. Berman, 『현대성의 경험』, 윤호병·이만식 역, 현대미학사, 2004, 136-257쪽.

이러한 사실은 현대 시인이 처한 이중적 아이러니 상황을 드러낸다. 현대성, 즉 모더니티의 조건에 의해 규정지어지는 '현대 시인'이란 결국 현대성의 아이러니를 인식하고 그것을 대상화하는 시인이다. 그러나 현대 시인은 '견고한 모든 것이 대기 속으로 녹아내리는' 모더니티의 내적 상황과 연루되어 있으며 조건지어져 있다. 모더니티에 대한 매료와 그것에 대한 거리감 사이에서 그는 끊임없이 요동친다. 예술에 대한 전통적 아우라가 사라지는 상황 속에서 현대 시인은 거대한 혼란의 흐름 한가운데에서 내적 긴장과 거리감, 죄의식과 강력한 압박감을 견뎌 내야 하는 자리에 서 있다.

보들레르의 모티프들에 집중했던 벤야민(W. Benjamin)이 파리의 도시 풍경들을 알레고리의 관점으로 해석했다는 사실은 이런 점에서 의미심장하다.[57] 57) W. Benjamin, 「보들레르의 작품에 나타난 제2제정기의 파리」, 「보들레르의 몇 가지 모티프에 관하여」, 『발터 벤야민 선집 4』, 김영옥·황현산 역, 길, 2010 참조. ; "전통적 알레고리가 한 사물의 속성을 다른 사물의 외피에 의지하여 '다르게 말하는 것'에 불과한 반면 보들레르의 알레고리는 벤야민이 보기에 모든 환상에 대한 파괴적인 힘을 내면화하고 있"다. "방법적 파괴를 시도하는 알레고리적 시선은 신화의 해독제라는 점에 그 일차적인 의의가 있다. 벤야민은 유기적 총체로서의 예술, 아름다운 외관으로서의 예술을 신화에 결부시킴으로써 예술품을 윤리적 차원에서 비판한다. 비평적 해체를 거치지 않은 예술품은 늘 세계가 아름답다고 말한다. 그것이 행복의 약속인 것은 사실이지만, 그러나 환상적 화해를 통해서만 실현된 약속이다. 유기적 총체로서의 예술품은 근본적으로 악한 세계를 왜곡하고, 부지불식간에, 인간을 짓누르는 신화적 힘을 강화하는 한편, 신화와 억압받는 인간 사이에 거짓된 그만큼 변할 줄 모르는 조화를 끌어들인다". 황현산, 옮긴이 해제, 『발터 벤야민 선집 4』, 33-34쪽. 벤야민에게서 알레고리적 관점에서 해석된 파리의 오브제들은 태초의 신화적 열망과 몰락의 묵시론적 표징이 포개져 있는 모호한 것이었다. 모더니티의 오브제들은 깨어진 총체성과 그것에 대한 열망이 수수께끼처럼 남아 있는 역사의 잔해와 같다.[58] 58) "알레고리는 예술과 마찬가지로 삶도 파편화와 잔해의 징후 속에서 바라본다." (J56a, 6) "진보를 저주하고 금세기의 산업 문명을 증오하지만 동시에 이 문명이 인간의 삶에 가져온 독특한 생동감을 즐긴다. 바로 이것이 보들레르주의가 본질적으로 전념하는 것이라고 나는 생각한다. 즉 항상 상반되는 두 계열의 감정을."(J15a, 1) ; 벤야민은 보들레르가 알레고리적 인식에 집착하면서 '예술을 위한 예술'에 몰두하기 시작했다고 해석한다. 벤야민에 따르면 알레고리와 예술을 위한 예술은 세계의 총체성이 깨어졌다고 본다는 점에서 동일한 인식론적 지평위에 서 있다. W. Benjamin, 〈보들레르〉, 『아케이드 프로젝트』, 조형준 역, 새물결, 2005 참조. 벤야민의 이러한 태도는 버먼의 지적대로라면 모더니티에 대한 매료와 유물론적 비판 의식이 동시에 드러내는 모순적 태도일 수 있다.[59] 59) M. Berman, 『현대성의 경험』, 221쪽. 버먼의 관점에서라면 벤야민의 알레고리적 시선 역시 모더니티의 본질이기도 한 아이러니적 태도와 관련되어 해석될 여지가 있는 것이다.

아이러니가 모더니티와 맺는 관계에 대한 르페브르와 버먼의 관점이 서로 다른 관점을 취한다 하더라도 여기에서 눈여겨볼 점은, 이들에게서 아이러니는 공히 모더니티가 총체성으로 수

렴될 수 없다는 사실을 드러내는 파열의 표지라는 점이다. 역사를 진보의 도정으로 규정하는 발전론적 시간관, 총체성에 대한 신념, 이성으로 구축된 지식의 완결성에 대한 믿음 등 모더니티 일반의 지배적 가치들로 간주되는 것들은 이들에게서는 존재론적으로나 인식론적으로나 가능하지 않은 것으로 판단된다. 그런 점에서 아이러니는 모더니티의 균열을 드러내는 증상이며, 이 균열 자체를 자신의 내적 동력으로 삼아 운동해 왔던 것이 또한 모더니티라고 할 때, 아이러니는 모더니티 그 자체의 본질이 드러나는 한 양태라고도 할 수 있는 것이다. 그렇다면 아이러니를 매개로 진행되어 왔던 지금까지의 모더니티에 대한 논의는 크게 보아서 세 가지 갈래로 나누어지는 셈이다.

첫째, 야우스와 벨러로 대표되는 견해로 아이러니와의 밀접한 관계 속에서 탄생한 미적 모더니티를 모더니티 이념의 상보적 프로그램으로 이해하는 방식이다. 이 관점에서 아이러니는 모더니티의 계몽 프로그램에 대해 미적 주체의 반성적 거리두기를 통해 모더니티의 가능성을 수정·보충하는 구실을 하는 것으로 해석된다. **둘째**, 아이러니의 부재를 통해 모더니티를 부정적으로 정의하는 르페브르의 방식이다. 이에 따르면 미적 모더니티의 대표적인 역사적 실례였던 유럽의 낭만적 아이러니는 존재론적 분열과 인식론적 불가지성, 역사의 우연성이라는 아이러니의 본질에 도달하지 못했으며, 따라서 모더니티에 대한 향수를 버리지 못했다고 판단된다. 그러므로 오히려 아이러니에 대한 철저한 인식이야말로 균열과 한계가 노출되고 있는 모더니티의 지배 이념에 대한 대안이 된다. **셋째**, 버먼의 관점에서 이해되는 아이러니로서, 이 때 아이러니는 모더니티 자체에 내재한 모순이 노출되는 증상으로서 모더니티의 자기 지시적 양태이다. 여기에서 아이러니는 모더니티와 그 자체로 개념적 등가를 이루며, 현대 예술(현대시)의 존재 형식 자체가 모더니티의 모순적 존재 방식을 드러내는 아이러니의 탁월한 양상이 된다.

벨쉬(W. Welsh)의 관점은 이 모든 논의들을 전제하고 있는 관점이라는 점에서 시사적이다. 그에 따르면 역사적으로 존재해 왔던 미적 모더니티의 구체적 실례들은 '근본적으로' 모던하지 않다. 다만 그것은 '현대적으로만' 모던하다. 모더니티에 대한 미적 모더니티의 외견상의 격렬한 반발에도 불구하고, 그것은 '미학'이었거나 '미적 혁명'의 형식을 띰으로써 현대적 합리성에 자기 교정의 효과를 발휘한다. 내용적으로 모더니티와 대립하나 그것은 새로운 시작과 근본성, 배타성과 보편성이라는 모더니티의 전형적인 욕망들과 근본적으로 결별하지 못한다. 결과적으로 이들 덕분에 모더니티는 자신 내부에 합리화와 반합리화의 치료법을 동시에 가짐으로써 양적 의미의 진보뿐만 아니라 변형과 향상이라는 질적 의미의 진보까지 추구할 수 있게 된다.[60] 60) W. Welsch, 『우리의 포스트모던적 모던 1』, 191-199쪽. 벨쉬에 의하면 이러한 상황에 대한 근본적 갱신은 20세기의 포스트모던에 이르러서야 이루어진다. 벨쉬에 따르면 포스트모던에 이르러서야 모던(모더니티)은 '모던 이후(post-modern)'가 아니라 '근본적인 모던(radikal-modern)'이 되기 때문이다.[61] 61) W. Welsch, 『우리의 포스트모던적 모던 1』, 200-217쪽.

리처드 로티(R. Rotty)가 자신의 자유주의 철학을 사유하는 데 데리다를 현대 최고의 아이러니스트로 전유하는 일이나, 벨러가 슐레겔로부터 출발한 낭만주의의 아이러니를 문학적 글쓰기 특유의 성격과 연관지으면서 궁극적으로 니체-데리다와 연결짓는 것도 그들 모두가 아이러니를 '근본적인 모던'의 지점에까지 놓고 사유하기 때문이다. 로티에 따르면 (현대의 자유주의적) 아이러니스트는 사람들이 스스로의 삶에 의미를 부여하는 능력을 위협함으로써, 자신들의 자아와 세계가 쓸모없고 진부하며 무기력하다는 암시를 준다. 그것은 간혹 굴욕을 안겨 주는데, 이는 지식인의 한 태생적 특징이기도 하다. 아이러니는 형이상학과 같이 진리나 신, 역사나 총체성을 소유하지 못한다는 차원에서 무기력하지만, 사람들이 자신 스스로의 삶에 굴욕감을 느낄 수 있는 기회들을 '재서술(재인식)'의 방식을 통해 돌아보게 만듦으로써 삶의 실재와 대면하게 하는 효과를 가지고 있다.

로티에 따르면 이러한 아이러니의 유용성은 의외로 윤리적 차원의 새로운 가능성을 열어 준다. 현대의 자유주의적 아이러니는 윤리적 주체를 '굴욕받을 가능성이 있는 어떤 것'으로 정의하며, 이러한 '가능성'과의 대면, 굴욕에 대한 공통된 감수성이야말로 유일한 사회적 유대라고 생각하기 때문이다. 로티는 아이러니의 이같은 전략이 무력하긴 하지만, 인간의 보편적 윤리나 희망, 역사와 이성의 보편성을 묻는 식으로 사회와 개인을 결합시키려는 허무맹랑한 형이상학이나 계몽주의보다는 유용하다고 본다. 로티에게 이런 계몽 철학의 종말을 고하는 정점이 데리다. 데리다는 철학(형이상학)이 제시하는 인과론적 필연성, 자아, 목적론, 총체성, 진리, 즉 '눈먼 각인'과의 철저한 결별을 의미하며, 궁극적으로 세계의 우연성과 대면하려는 시도라는 점에서 니체의 적자다.[62] 62) R. Rotty, 『우연성, 아이러니, 연대성』, 김동식·이유선 역, 민음사, 1996, 145-254쪽 참조.

데리다는 우연성과 환원되지 않는 특수성 자체에 모든 것을 허비하는 아이러니적 글쓰기를 보여 준다는 점에서 시, 문학적 글쓰기 그 자체를 닮았다.[63]

[63] R. Rorty, 『우연성, 아이러니, 연대성』, 63-74쪽 참조.

083쪽. 박태원의 신문 연재 소설 「소설가 구보 씨의 일일」에 이상이 그린 삽화(《조선중앙일보》 1934년 9월 15일자). 부분.
084쪽. 박태원의 신문 연재 소설 「소설가 구보 씨의 일일」에 이상이 그린 삽화(《조선중앙일보》 1934년 9월 15일자). 부분.

셋.

시적 아이러니와 정신 분석적 주체·담론의 해석학

1. 인식론으로서의 현대시의 아이러니
2. 정신 분석적 주체와 이데올로기적 주체
3. 히스테리적 주체의 담론과 시적 아이러니

셋.

시적 아이러니와 정신 분석적 주체/담론의 해석학

1. 인식론으로서의 현대시의 아이러니

지금까지의 논의를 통해 우리는 아이러니의 개념이 미적 모더니티의 일부를 이루는 '현대시'의 개념 형성과 분리되기 어려울 뿐만 아니라, 모더니티 그 자체에 대한 이해와도 밀접히 관련되어 있다는 사실을 확인하였다. 아이러니의 개념을 다른 분야의 논의를 통해 이론적으로 확대해 보고자 하는 이 장의 의도와 관련하여 확인해야 할 지금까지의 논의들을 간략히 정리하면 다음과 같다.

첫째, 현대시에서 아이러니는 깨어진 총체성, 즉 아날로지적 비전에 대한 동경과 불가능성에 대한 불행한 인식이 교차하는 미적 표지다. **둘째**, 현대시의 아이러니는 모더니티 일반의 지배적 속성이자 세계관에 대한 반성적 인식론의 구실을 수행했던 미적 모더니티의 핵심 기제로 존재해 왔다. 그것은 부르주아적 가치가 주도해 온 모더니티 일반의 이념 프로그램과는 달리, 현대성을 내적 모순과 파편성, 우연성 등으로 파악한다. 특히, 미적 모더니티의 중요한 국면을 이루는 슐레겔을 비롯한 낭만주의의 역사에서 아이러니는 자아의 성찰 기능을 강조하고 삶과 시의 융합을 꾀하면서 '시의 사회화'를 모색했던 것과 긴밀히 관련된다. **셋째**, 아이러니는 모순을 본질로 하는 모더니티의 속성을 그 자체로 현시하는 증후다. 최근의 포스트모던적 상황을 제외한다면, 모더니티의 증상으로서 표출되는 아이러니에는 모더니티의 지배 가치들을 향한 욕망이 일정 정도 공존하고 있다. 이는 현대시(미적 모더니티)도 마찬가지여서, 현대시의 아이러니가 모더니티 일반의 이념·가치에 대한 전면 부정자로서 존재한다기보다는 그 모순과 한계를 괴롭게 직시하는 인식론이라는 의미를 지닌다. 이 이면에 숨겨진 욕망을 이해하는 것이야말로 아이러니를 담지한 현대시가 모순적 형상으로 드러나는 까닭과 대답이 끝없이 지연되는 물음의 형식으로 존재하는 까닭을 이해하는 열쇠가 된다. 슐레겔의 아이러니가 무한한 부정성을 통해 강력한 추동력을 얻을 수 있는 이유나, 파스가 아이러니를 아날로지와 연계해서 봐야 한다고 주장하는 이유, 혹은 버먼이 보들레르의 텍스트에서 읽은 모순된 욕망은 이런 관점에서 해석될 수 있다.

다시 말해, 현대시의 아이러니는 자신의 형상 내부에 자신이 속한 세계의 지배적 욕망을 은밀히 간직하고 있지만, 그렇다고 그 시대의 욕망에 동화되지도 못함으로써 현대성의 모순과 한계를 드러내는 미적 증상이라고 할 수 있다. 현대시 속에서 아이러니를 담지한 시적 주체는 자신이 속한 세계·역사와 불화하며, 사회에서 유통되는 갖가지 지배적 욕망의 기표들에 동화되지 못한다. 그런 차원에서 아이러니의 주체가 행하는 의심은 자신의 세계·역사와 화해하지 못하는 주체의 비동화 양상을 드러내는 미적 형식이다. 시적 주체의 이러한 비동화의 양상은 하나의 세계에 속한 주체가 '정상적인 주체'로 존재하지 못함을 드러내는 '증상'인 동시에 그 증상 자체로 한 체계의 자기 균열을 현시한다. 주체가 동화되지 못하는 세계란 주체의 관점에서 보면 일종의 결여로 파악된 세계라고 할 수 있다. 또한 세계(사회)로서는 자신에게 속한 주체를 '하나의 세계'라는 유기적 전체로서 통합하지 못함으로써 '하나의 세계'란 불가능하다는 사실을 스스로 드러내기 때문이다.

현대시의 이러한 아이러니는 모더니티 일반의 이념으로 제시되었던 이른바 총체성의 불가능함을 드러내는 탁월한 미적 인식론으로 풀이할 수 있다. 그러므로 현대시의 아이러니는 모더니티의 헤게모니적 기표들에 대해 대립했던 미적 모더니티의 핵심 기제로 해석될 수 있을 뿐만 아니라, 아이러니 그 자체가 '시적(미적) 주체'의 탁월한 존재 양태 중 하나로 해석될 만하다. 시적 주체란 언어를 매개로 해서 탁월한 방식으로 한 세계가 제시하는 지배적 관점들을 문제시하고 통상의 시각을 전복하면서 세계의 '실재'를 드러내고 표현하는 주체라고 할 수 있기 때문이다. 예술과 철학의 공동 과제를 진리의 문제와 매개하고, 예술을 대중의 의견(doxa)과 구별되는 '진리'의 현시라는 차원에서 규정하는 알랭 바디우의 관점은 이런 점에서 시사적이다.64)

> 64) A. Badiou,「Art and Philosophy」,《Lacanian Ink》17, 2000 Fall, pp66-67.

그렇다면 이것은 혹시 주체와 세계를 분열과 결여의 관점에서 파악하고, 상상적인 것과 상징적인 것이 교차하는 그 결여의 자리에서 세계의 '실재(le réel)'가 드러난다고 보는 정신 분석의 기본 관점과 일정한 문제 의식을 공유하는 것은 아닌가. 이러한 가설적 관점 하에서 이번 장에서 살펴보려는 것은 정신 분석의 주체가 보여 주는 변증법적 드라마와 환상(fantasy)의 문제, 사회적이고 이데올로기적인 환상의 문제다. 아이러니를 담지한 시적 주체의 존재 형식과 이 논의들을 이어 봄으로써 시적 아이러니와 시적 주체의 개념에 대한 새로운 아이디어를 제안해 보려는 것이다.

셋.

시적 아이러니와 정신 분석적 주체/담론의 해석학

2. 정신 분석적 주체와 이데올로기적 주체

프로이트의 문제 의식을 자신의 방법론으로 전유한 자크 라캉에 의해 주체의 문제는 새로운 인식론적 지평 위에 서게 되었다. 라캉에게 주체는 타자를 경유하여 구성된 변증법적 종합의 효과이며, 이러한 변증법에는 오인(méconnaissance)의 메커니즘이 개입해 있다. 주체 구성의 한 국면을 보여 주는 거울 단계(stade du mirror)에서나 오이디푸스기를 거쳐 이른바 '아버지의 이름(Nom du Père)'이라는 상징적인 법(法)으로 한 개체가 수렴되어 '(정상적인) 주체'로 탄생할 때까지, 주체의 문제는 언제나 타자를 경유하며, 거기에는 상상적 또는 상징적 동일시의 메커니즘이 개입한다. 예컨대 아이가 거울 단계에서 거울을 통해 자신의 이미지를 발견하고, 최초의 자아(ego)를 확립하는 순간을 보자. 아직 자신의 신체를 통일체로 감각하지 못하는 아이에게 거울 표면에 제공된 이미지는, 아이로 하여금 이미지에 대한 매혹-동일시를 거쳐 자신의 몸을 하나의 통일체로서 받아들이게 한다. 그것은 아이의 실제 상황과 다르지만, 이러한 동일시를 통해서만이 아이는 통일된 신체로서 자기를 지각할 수 있으며, 이러한 오인이야말로 주체 구성의 필수 조건을 이룬다. 라캉에 따르면 자기를 대체한 이러한 이미지는 타자에 의한 자기 소외를 의미한다.[65]

[65] J. Lacan, 「The Mirror Stage as Formative of the I Function」, 『Écrits』, translation by B. Fink, W. W. Norton & Company, 2006, pp75-81.

그러나 이러한 소외는 아이가 '아버지의 법'을 받아들이고 상징계로 진입하며 주체로 탄생하는 과정에서 다시 일어난다. 그것은 엄마-아이라고 하는 상상적인 이자 관계를 '아버지의 이름(금지)'이라는 상징적인 법으로 대체하는 과정이다. 엄마의 욕망의 대상이 되고자 했던 아이는, 아버지가 엄마의 욕망을 만족시켜 주는 존재로서 엄마가 원하는 것, 팔루스(Phallus)를 소유한 사람이라고 추측한다. 여기에서 팔루스는 상징화 과정의 최초이자 그것을 조직하며 운동시키는 중심 기표를 뜻한다. 아이는 엄마의 욕망을 만족시키는 것이 자신에게 없다는 사실을 인식하면서, 엄마와의 이자 관계를 포기하는 '거세'의 과정을 거친다. 역설적으로 팔루스는 절대적으로 행복했던 아이-엄마의 상상적 결합을 분리하게 하는 거세를 의미한다는 차원에서, 주체의 근원적 균열과 결핍을 대표하는 표지이기도 하다. 어머니의 욕망을 충족시킬 것으로 아이가 추측하는 팔루스는 상실된 것이며, 주체는 상징계의 진입 후에 그것을 찾아 헤매지만 상실된 그것은 영원히 찾을 수 없다. 그것은 부재(不在) 형식으로만 존재하는 기표이다. 그런 차원에서 팔루스는 상징계의 결여와 부재를 그 자체로 현시하면서도 상징계를 구조화 하고 추동시키는 순수 기표/주인 기표(le signifiant pur/le signifiant maître)인 셈이다. 이 상징계는 기표 사슬 속에서 부유하는 기표를 일시적으로 정박시키는 의미의 고정점들에 의해 가까스로 봉합되는 유동하는 차이 체계로서, 궁극적으로는 균열을 현시하는 운동체라고 할 수 있다. 주체의 욕망은 바로 이러한 차이 체계로서의 상징계의 근본적 결여(manque-à-être)에서 기인한다. 욕망은 상징계의 근본적 결여에 대한 무의식적 운동으로서 결코 채워질 수 없는 것이다. 주체-욕망의 변증법이 (대)타자 자체의 결여와 관련되어 있기 때문이다.[66] 66) 이에 대한 간명한 정리는 A. Lemaire의 『자크 라캉』(문예출판사, 이미선 역, 1998, 74-150쪽) 참조.

|

소쉬르(F. Saussuer)의 구조언어학을 전유한 라캉에게서 이러한 동일성의 불가능성, 주체·대타자의 결여는 그의 세미나 곳곳에서 광범위하고 지속적으로 거듭되어 언급된다. 예컨대 남성의 도착적 시각으로 파악된 '대문자 여성(Woman) 같은 것은 존재하지 않는다'는 말도 하나다. 라캉에 따르면, 대문자 여성은 팔루스적 위치에 자리한 남성적 시선의 결과로서 하나(One)에 대한 오인에 기인한다. 그러나 대문자 여성(Woman)으로 표시될 수 있는 '보편적 여성' 같은 것은 존재하지 않는다. 여성 자체가 비전체(pas-tout / not whole)에 붙은 이름이기 때문이다. 여성은 오직 빗금쳐진 존재(W̶o̶m̶a̶n̶)로서만 정의될 수 있다.[67] 67) J. Lacan, 「God and Woman's Jouissance」, 『The Seminar XX』, translation by B. Fink, W. W. Norton & Company, 1998, pp66-73.

|

주체의 오인의 메커니즘과 관련하여 환상(fantasy)의 문제를 눈과 응시(regard)의 분열로 해석하는 라캉의 관점은 이런 차원에서 의미심장하다. 욕망을 타자의 욕망으로 해석하는 라캉에 따르면, 주체의 시선에는 타자를 매개로 이루어지는 상상적 응시가 이미 깃들어 있다. 시각장(視角場)은 은폐된 스크린을 매개로 나의 시선과 타자의 응시가 변증법적으로 교차되는 운동의 장이다.[68] 68) J. Lacan, 「왜상」, 『정신 분석의 네 가지 근본 개념 : 세미나 XI』, 맹정현·이수련 역, 새물결, 2008, 130-134쪽. 내가 보고 싶어하는(내가 그렇게 되고 싶은) 이미지를 결정하고 지배하는 것은, 타자에 의해 내가 관찰당하는 시점이다. 상상적 동일시는 상징적 동일시에 이미 포획되어 있기 때문이다.[69] 69)

S. Žižek,『이데올로기라는 숭고한 대상』, 이수련 역, 인간사랑, 2002, 184-190쪽. 즉 내가 보는 사물의 외양 너머에는 사물 자체가 아니라 (타자의) 응시가 있다. 그런 점에서 시각장의 구조에서 사물을 바라보는 나는 이미 응시되는 나가 됨으로써, 오히려 그림의 한 부분이 되는 방식으로 주체로 구성된다.[70] 70) J. Lacan,「그림이란 무엇인가?」,『세미나 XI』, 164-165쪽. 이런 차원에서 시각장은 "나는 내가 나를 보고 있는 것을 보았다"는 1인칭과 3인칭의 시점 통합의 변증법으로 이루어진다.[71] 71) J. Lacan,「왜상」,『세미나 XI』, 127쪽. 지젝에 따르면 이러한 시점 통합에 의해 시점의 전능함이 이루어진다는 것은 불가능한 일이다. 응시와 시선은 분열되어 있기 때문이다. 세계의 광경을 훔쳐보는 자처럼 보는 플라톤적 전망은 절대적 시선에 대한 환상(fantasy) 안에서나 가능하다.[72] 72) J. Lacan,「눈과 응시의 분열」,『세미나 XI』, 116-121쪽. 그러나 타인의 현존 자체인 응시는 '이미-항상' 주체의 시선 안에 내재해 있다는 점에서, 응시는 사라질 수 있는 것도 아니고 그것이 주체를 무화시키는 것도 아니다. 응시는 시각장 내에 이미 투사된 욕망과 관계하며, 주체는 타자의 욕망과 상관적으로 존재하는 '이미-항상' 욕망하는 주체이기 때문이다.[73] 73) J. Lacan,「왜상」,『세미나 XI』, 84-85쪽.

이러한 시각장의 구조는 시각장이 주체를 구성하는 환상의 영역에 속한다는 사실을 보여 준다. 환상은 하나의 무대로서 주체가 자신의 욕망을 구조화하고 조직하는 방식이다. 주체는 환상을 통해 어떻게 욕망하는가를 배우며 스스로 욕망하는 주체들로 구성된다.[74] 74) S. Homer,『라캉 읽기』, 김서영 역, 은행나무, 2005, 159-162쪽. 환상은 시선과 응시의 변증법을 통해 실재를 가리는 스크린으로서 실재를 보호하는 비어 있는 표면이다.[75] 75) S.

Žižek, 『이데올로기라는 숭고한 대상』, 206쪽. 욕망은 상실된 것에 대한 탐색을 뜻하므로 결여로부터 출발하지만 상실된 것은 근원적으로 결여되어 찾을 수 없으므로 욕망은 결코 채워질 수 없다. '대상a'가 출현하는 것은 이 순간이다. 환상을 통해 도래한 대상 a로 인해 주체는 타자와 하나가 되었다는 착각을 지속한다. 여기에서 대상a는 환상의 공간을 구성하는 주체의 표적물로서 $\sqrt{-1}$처럼 부재하는 방식으로 존재하는 팔루스에 대응한다. 그런 차원에서 대상a는 특정한 대상이라기보다는 (대)타자의 결여 자체를 표시한다. 유동하는 기표 체계 속에서 주체는 대상a에서 일시적인 욕망의 정박점을 찾음으로써 대타자와 주체 자신의 균열을 외면하려고 하지만, 충족될 수 없는 요구의 절대성으로 인해 욕망은 다시 작동한다. 〈라캉의 욕망 그래프 III〉에서 $\$ \diamond a$[76)] 76) 여기에서 ◇는 '크다, 작다'를 뜻하는 수학 기호 '〈'와 '〉' 가 결합된 형태라고 볼 수도 있고, 교집합과 합집합 내지는 논리학 기호로서 '또는'과 '그리고'를 의미하는 ∧과 ∨를 합쳐 놓은 기호로 볼 수도 있다. 결론적으로 이것은 주체와 대상의 빗나간 만남을 의미한다. 라캉에 따르면 주체는 대상a보다 크거나 작거나 합집합이거나 교집합이다. 달리 말해 주체와 대상은 결코 1:1의 대응 관계로 만날 수 없다. P. Widmer, 『욕망의 전복』, 홍준기·이승미 역, 한울아카데미, 2000, 87쪽, 역자 주석 19 참조. 라는 표현은 상징계에서 소외된 주체(빗금쳐진 주체)가 타자와 완전한 합일을 이룸으로써 존재의 완전성을 추구하려고 하지만 이것이 실패로 돌아갈 수밖에 없음을 표현한 것이다.[77)] 77) J. Lacan, 「The Subversion of the subject and the Dialectic of desire」, 『Écrits』, pp690-700. 눈속임을 통해 환상을 무대화하는 욕망의 대상-원인이자 욕망의 잔여인 대상a를,[78)] 78) J. Lacan, 「그림이란 무엇인가?」, 『세미나 XI』, 173쪽. 라캉은 상징계의 공백이자 간극이라고 말한다. 그에 따르면 궁극적으로 그것은 무(無)다.[79)] 79) J. Lacan, 「선과 빛」, 『세미나 XI』, 161쪽. 그런 점에서 궁극적으로 대상a는 비전체(pas-tout)로서의

상징계, 즉 총체성이라는 이름으로 상징계가 실현되는 것의 불가능성을 표현한다.

주체와 세계에 대한 정신 분석의 이러한 관점은 주체를 이데올로기의 효과라는 차원에서 해석하는 알튀세(L. Althusser)의 관점을 상기시킨다. 알튀세에 따르면 "이데올로기는 개인들이 자신들의 현실적 존재 조건들과 맺고 있는 상상적 관계를 표상한다."[80] 80) L. Althusser, 「이데올로기와 이데올로기적 국가 장치」, 『재생산에 관하여』, 김웅권 역, 동문선, 2007, 384쪽. 그리고 "우리가 이데올로기에서 발견하는 표상, 즉 세계에 대한 상상적 표상 속에 반영되어 있는 것이 인간들의 존재 조건들이고, 따라서 그들의 현실적 세계다."[81] 81) L. Althusser, 『재생산에 관하여』, 386쪽. 이는 상상적 관계인 이데올로기가 의식적 효과를 산출한다는 것을 의미한다. 주체는 이러한 상상적 인지 관계의 산출자인 동시에 남지자이며 효과로서, 이데올로기에 의해 구성된 주체의 동일성은 허구적이고 가상적이다. "구체적인 주체들을 '구성해 주는' 기능"[82] 82) L. Althusser, 『재생산에 관하여』, 394쪽. 인 이데올로기의 메커니즘은 상상뿐인 동일성을 본질적인 것, 선험적인 것으로 전위(轉位)시키고, 주체로 하여금 상상적이고 허구적인 것을 현실적인 것으로, 즉 비이데올로기적인 것으로 전환시키는 것이다.[83] 83) 진태원, 「라캉과 알튀세르」, 『라캉의 재탄생』, 창작과비평사, 2002, 380쪽. 한편 알튀세의 이데올로기 제2테제에 따르면 "이데올로기는 물질적 존재가 있다."[84] 84) L. Althusser, 『재생산에 관하여』, 387쪽. 다시 말해 이데올로기는 주체의 '물질적 실천 행위'와 관계한다.[85] 85) L. Althusser, 『재생산에 관하여』, 390쪽. 이러한 논리는 알튀세의 호명(interpellation) 이론으로 이어진다.

그에 따르면 "모든 이데올로기는 주체라는 범주의 작동을 통해서 구체적 개인들을 구체적 주체로 호명한다."[86)] 86) L. Althusser, 『재생산에 관하여』, 397쪽. 여기에서 중요한 것은 이러한 호명 행위가 자신의 동일성에 대한 오인(méconnaissance)에 기초하고 있는 동시에, 주체는 이미 "언제나 주체이고 이데올로기적 인정의 관례를 끊임없이 주체로서 실천하고 있다는 사실이다."[87)] 87) L. Althusser, 『재생산에 관하여』, 396쪽. 호명은 주체가 이데올로기적으로 구성되는 국면의 드라마일 뿐만 아니라, 이름을 가지고 있는 "언제나 이미-주체"인 주체의 자기 인정을 뜻한다. 호명된 개인은 이미 호명의 당사자가 자신이라는 사실을 알고서 그에 응답하기 때문이다. 이런 차원에서 이데올로기는 바깥을 가지고 있지 않다.[88)] 88) L. Althusser, 『재생산에 관하여』, 393-400쪽. 상상적인 오인의 메커니즘인 이데올로기에 의해 구성되는 주체가 '이미-주체', 다시 말해 '이미-이데올로기적 주체'라는 관점은 정신 분석의 주체 이론과 상당한 연관성을 보여 준다.[89)]

89) 이에 대해서는 진태원(「라캉과 알튀세르」, 『라캉의 재탄생』 ; 「개념들」, 『웹진 민연(www.riks.korea.ac.kr)』), 홍준기(「라캉과 알튀세르」, 『라캉과 현대 철학』, 문학과지성사, 2003), 박찬부(「상상계, 이데올로기, 그리고 주체의 문제」, 『라캉 : 재현과 그 불만』, 문학과지성사, 2006) 참조.

알튀세의 이데올로기론에 따르면 주체가 호명에 불응할 수 있는 다른 방법은 없다. 그는 '이미-주체'이므로 그가 호명에 불응한다면, 그는 비주체가 되는 것이 아니라, 다만 '나쁜 주체'가 될 수 있을 뿐이다. 이는 라캉의 상징계에서 주체가 비주체가 될 수 있는 가능성은 정신병 밖에 없는 것과 마찬가지다. 그런데 주체가 주체가 아닐 수 있는 가능성이 없다면, 왜 호명은 강제되는가? 왜 불가능한 것을 금지하는가? 지젝은 이를 라캉적인 방식으로 답변한다. 그것은 바로 상징계, 대타자 자체의 균열 때문이다. 불가능한 것에 대한 금지는 역설적으로 상징계의 완전성, 더불어 상상적인 것으로의 주체의 동일성의 불가능성을 은폐하는 원초적 결핍의 증상적 표현이다.[90] [90] 진태원,「라캉과 알튀세르」,『라캉의 재탄생』, 393-394쪽 ; 진태원,「개념들」,『웹진민연(www.riks.korea.ac.kr)』) ; S. Žižek,『그들은 자기가 하는 일을 알지 못하나이다』, 인간사랑, 박정수 역, 2007, 155-157쪽.

|

지젝은 라캉의 욕망 그래프에서 누빔점(point du capiton)을 알튀세의 이데올로기적 호명의 순간으로 해석한다. 라캉의 그래프에서 누빔점은 기표의 연쇄 속에서 고정적 지시자로 작용하면서 기의의 환유적인 미끄러짐을 멈추게 함으로써 이데올로기를 전체화한다. 주체의 입장에서 누빔점은 주체가 기표에 의해 꿰매어지는 자리다. 그 자리에서 누빔점은 주인 기표('자유', '신', '국가' 등)의 호출과 함께 개인에게 말을 걸면서 개인을 주체로 호명한다. 그러나 그것은 일종의 착시 효과다. 누빔점은 기표망에 고정된 참조점으로서 기능할 만한 보증물, 의미가 최상으로 응축되어 있는 지점이 아니기 때문이다. 다른 모든 것에 의미를 부여하고 이데올로기적 의미의 장을 총체화하는 이 지점은 결여를 구현하는 것에 불과한 어떤 요소를 최상의 충만함을 가진 것으로 간주하게 한다. 이 지점에서 그런 요소는 균열적인 상호 작용으로부터 면제되어 그것 자체의 동일성을 보장할 수 있는 것으로 간주된다. 라캉의 그래프는 팔루스적 발기의 보증물로서 제시한 대상a와 그것을 둘러싼 주체와 욕망의 변증법이 실은 이데올로기적 호명의 방식과 동일한 것임을 보여 준다.[91] [91] S. Žižek,『이데올로기라는 숭고한 대상』, 175-180쪽 ; 여기에서 언급하고 있는 라캉의 욕망 그래프들은 모두「The Subversion of the Subject and the Dialectic of Desire」(J. Lacan,『Écrits』, p681, p684, p690, p692)에 실려 있다.

|

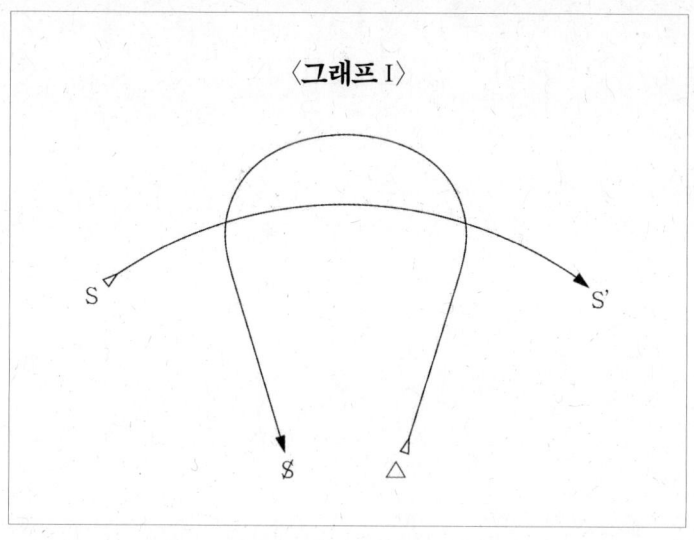

〈그래프 I〉에서 △로부터 시작된 기표의 운동은 S-S'라고 표시되는 기표 연쇄를 '누빈다'. 이 누빔의 산물이 그래프 왼쪽 아래의 $였다. $는 분열되고 쪼개진 주체인 동시에 지워진 기표, 기표의 결여, 기표의 네트워크 속 빈 공간, 공백 등이라는 의미를 지닌 수학소(matheme)로 표기되는 주체다. 여기에서 기표 연쇄 S-S'의 선과 기표 운동의 다른 벡터를 지시하는 오른쪽 하단으로부터 출발한 △의 선이 만나는 지점이 누빔점이다. 지젝에 따르면 이 지점이 기표 연쇄를 주체화하는 지점이자 이데올로기적 호명의 지점이다.[93] 93) S. Žižek, 『이데올로기라는 숭고한 대상』, 178-180쪽.

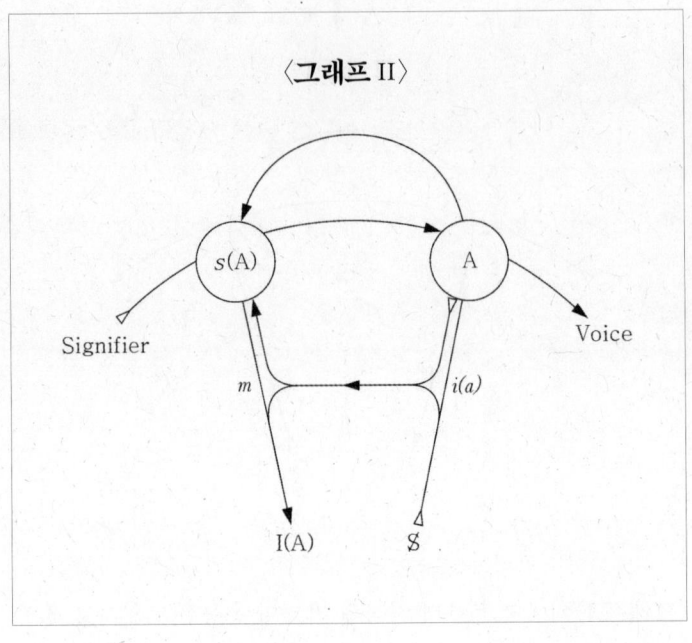

〈그래프 II〉에서 이러한 누빔점의 자리는 A라고 하는 대타자-상징계의 자리임이 드러난다. 이것은 라캉의 고유한 생각을 잘 드러낸다. 그것은 모든 의미는 최초의 중핵, 선험의 자리로부터 내재적이거나 필연적인 방식으로 전개되는 것이 아니라, 대타자를 경유하면서 소급적으로 창출되는 우연적 과정에 있다는 생각이다. 여기에서 s(A)는 대타자의 기능이라고 할 의미, 즉 기의를 뜻하며, 이 과정에서 산출된 I(A)는 주체의 상징적 동일시를 뜻한다. 즉 주체가 스스로를 상징적 질서인 대타자 속의 어떤 기표적 특질과 동일시한다는 것이다. 이러한 주체의 상징적 동일시는 오른쪽 하단에서 출발한 빗금쳐진 주체의 산물이기도 하다. m과 i(a)를 잇는 축은 상상적 에고와 상상적 타자와의 관계를 표시하는데, 상징적 동일시와 구별되는 상상적 동일시 역시 주체의 동일성을 자신의 분신의 이미지, 상상적 타자와의 동일시 속에서 형성함으로써 자신을 소외시킨다는 사실을 의미한다. 그런데 여기에서 주목되는 것은 i(a)가 항상, 이미 I(A)에 종속되어 있다는 사실이다. 우리가 그렇게 되고 싶어하는 이미지(우리 자신의 사랑스러움을 발견하는 이미지)를 결정하고 지배하는 것은 우리가 대타자에 의해 관찰되는 시점에 종속된다. 그런 점에서 이것은 1인칭과 3인칭 사이에 이루어지는 변증법이라고 할 수 있다.[93] 93) S. Žižek, 『이데올로기라는 숭고한 대상』, 181-193쪽.

상징적 동일시의 지배 아래에서 이루어지는 상상적 동일시와 상징적 동일시 사이의 이러한 상호 작용은 주체를 일정한 사회적-상징적 영역 속에 통합시키는 메커니즘을 구축한다. 라캉의 그래프가 알튀세의 이데올로기 메커니즘에 부합한다고 한 것은 이런 점에서다. 그런데 이러한 '호명'의 원환은 그 과정에서 반드시 일정한 잔여물을 남긴다는 사실에 주목해야 한다. 소급적으로 의미를 고정시키는 기표 연쇄의 '누빔'이 모두 일어난 후의 그래프인 세 번째 그래프에서 라캉은 '케보이(Chè vuoi)?'라는 질문이 발생하는 순간을 보여 준다. 즉 '너는 대체 내게 왜 이것을 말하는가?' 하는 의문은 호명의 과정 속에 발생하는 어떤 간극, 구멍, 균열의 표지다. 이를 〈그래프 III〉을 보며 이해해 보자.

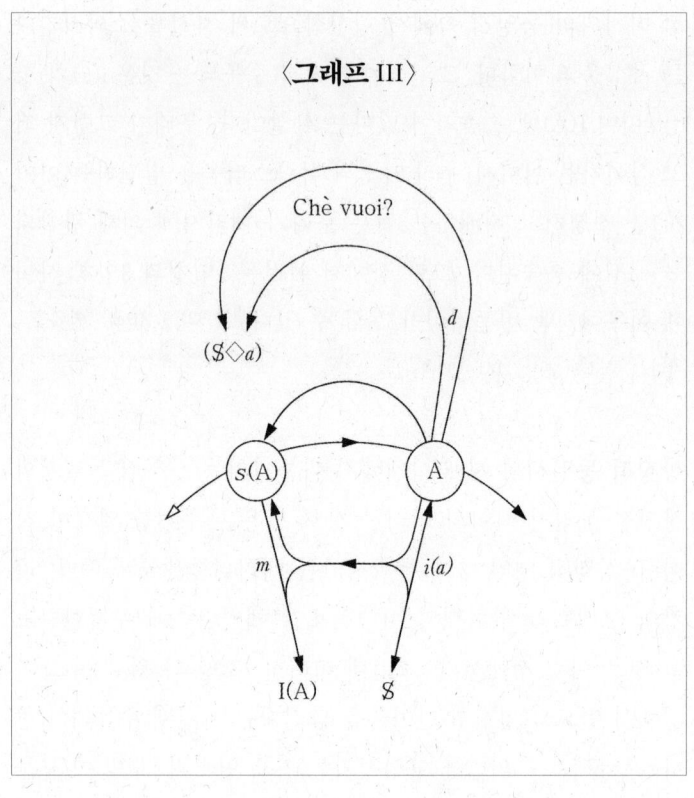

〈그래프 III〉

누빔의 곡선 위에 질문이 생긴 것은 언표와 언표 행위 사이에 간극이 지속되기 때문이다. 그것은 대타자를 통해 정신 분석적 의미의 요구(demande)의 절대성이 실현될 수 없음으로 인해 출현하는 욕망(desire)의 위치, 즉 요구와 욕망의 균열을 드러낸다. 상상적 동일시와 상징적 동일시 간의 상호 작용에 따라 출현하는 대타자 속의 주체는, 대타자의 호명에도 불구하고 '네가 나에게 원하는 것은 진정으로 무엇인가?'라는 질문에 직면한다. 이 질문은 호명 체계의 균열을 현시하는 것으로 이런 균열이야말로 '히스테리적 주체'의 위치를 규정한다. 호명의 과정에서 타자는 주체에게 마치 주체가 왜 자신이 그렇게 호명되었는지를 알고 있지 않냐는 듯이 묻지만, 히스테리적인 주체는 그에 대해 답할 수가 없다. 주체는 상징의 네트워크 속에서 자신이 왜 그 호명의 자리를 차지했는지(위임 받았는지)를 알 수 없기 때문이다. 따라서 히스테리 주체는 오직 '왜 나는 사람들이 가정하는 그것인가?' '왜 나는 타자가 나라고 말하는 바가 되는 것일까?' '타자가 원하는 것은 진정 무엇인가?' 라는 질문의 형식으로밖에 말할 수 없다. 이런 차원에서 히스테리란 실패한 호명의 효과와 증언이다. 상징적 동일시를 완수할 수 없는 주체의 무능력, 상징적 위임을 완전하고 거리낌 없이 수행할 수 없는 무능력의 표현이야말로 히스테리적 질문의 핵심이기 때문이다.[94] 94) S. Žižek, 『이데올로기라는 숭고한 대상』, 194-199쪽.

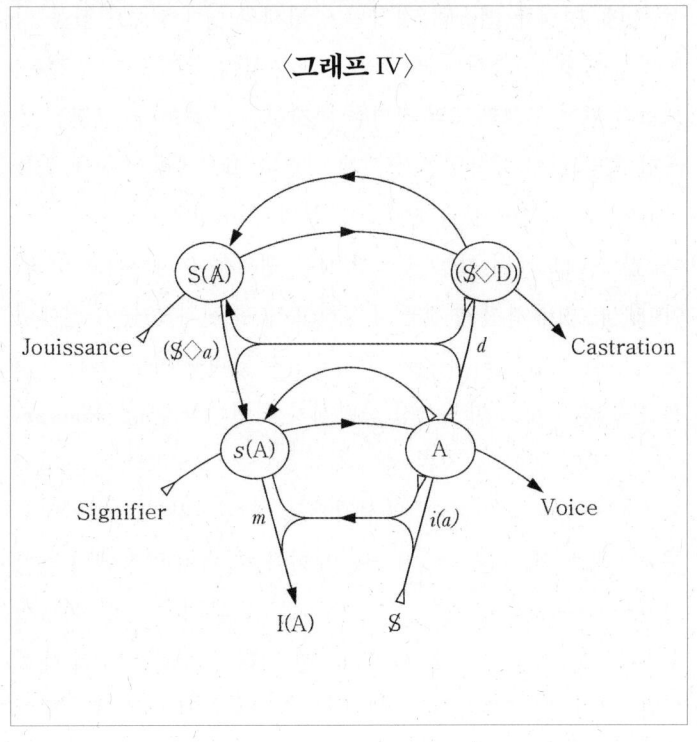

〈그래프 IV〉

환상(fantasy)은 바로 이러한 질문(Chè vuoi?) 또는 히스테리적 주체의 출현에 대한 주체 내부의 응답이다. 여기에서 환상의 문제는 역설적으로 이해될 수 있다. 환상의 시나리오는 욕망을 충족시키는 게 아니라 욕망을 구성한다. 다시 말해 주체는 환상을 통해 욕망하는 법을 배운다. 동시에 환상은 '케보이(Chè vuoi)?'라는 질문에 대한 방어, 다시 말해 타자의 균열을 은폐하는 스크린이다. 히스테리적 질문의 출현에 대해 환상은 그 질문이 야기한, 그리고 그 질문으로 현시된 체계의 간극을 메운다. 라캉의 완성된 〈그래프 IV〉가 두 개의 차원으로 분류되는 것은 이 때문이다. 하단의 그래프는 호명의 방식, 대타자가 어떻게 의미를 창출하고 그 안에서 주체가 구성되는가를 보여 준다. 이것은 전술한 것처럼 알튀세의 이데올로기 작동 방식에 부합한다. 그러나 라캉의 정신 분석에서 더 중요한 것은, 오히려 완성된 그래프의 상단을 차지하는 부분이다. 그것은 이러한 호명 체계가 사실은 상징계 이전의 실제적인 흐름에 관통당하며, 그 때문에 상징계에 어떤 일이 일어나는가에 관한 것이다. 이 그래프에서 가장 중요한 것은 맨왼쪽에 나타나는 S($\cancel{A}$)이다. 즉, 빗금쳐진 주체를 구성하고 그 주체의 운동이 일어나는 욕망의 장인 대타자 자체가 빗금쳐져 있다는 사실이다. 그것은 기표의 연쇄로 이루어진 상징계가 어떤왜상(歪像, anamorphosis)적인 중핵, 중심의 결여 자체를 스스로 구조화하는 방식으로 작동함을 의미한다. 역설적으로 이 대타자의 결여야말로 주체에게 열려 있는 유일한 가능성이다. 주체의 입장에서 라캉이 '분리(separation)'라고 부르는 '탈-소외'의 가능성이 열릴 수 있는 것은 바로 타자 속에 내재한 이러한 근원적 결여 때문이다. 여기에서 '분리'는 주체가 언어적 장벽에 의해 분리되어 있다는 것이 아니라, '대상이 타자 자신으로부터도 분리되어 있다는 것', 타자 자신도 그것을 가질 수 없으며, 대타자 스스로도 최종적인 대답을 가질 수 없다는 것을 뜻한다. 타자 속의 이러한 결여는 주체로 하여금 기표 안에서 완전히 소외당하는 것을 모면하게 해준다. 타자의 결여로 인해 주체는 자신의 결여를 상상적으로 메움으로써가 아니라 자신을, 자신의 결여를 타자의 결여와 동일시할 수 있는 가능성이 열리기 때문이다.[95]

95) S. Žižek, 『이데올로기라는 숭고한 대상』, 212-214쪽.

사회적이고 이데올로기적인 환상의 목적은 이런 차원에서 이해될 수 있다. 에르네스토 라클라우(E. Laclau)는 전통적인 마르크스주의의 허위 의식 개념을 라캉의 오인(méconnaissance) 개념을 통해 복기하면서, 이데올로기는 일종의 환상이라고 말한다. 주체의 정체성 및 사회의 자기 동일성에 대한 오인을 통해 유기적 사회란 불가능하다('사회는 존재하지 않는다')는 사실을 은폐하려는 시도라는 것이다. 그에 따르면 이데올기적인 것을 구성하는 것은 사회 자체를 폐쇄성의 기반 위에 구축하려고 시도하는 담론의 형태들, 의미의 고정화, 무한한 차이들의 놀이에 대한 비인정이며, 총체성을 향한 의지 그 자체이다.[96]

96) E. Laclau, 「The Im-possibility of Society」, 『New Reflection on the Revolution of Our Time』, Verso, 1990, pp89-92.

라클라우의 견해를 수용하는 지젝의 표현에 따르면, 이데올로기 차원의 환상이 작동하는 궁극적인 목적은 대타자의 이러한 결여, 주체의 다른 가능성을 봉쇄하려는 것이다. 그것은 대타자 내부의 근원적 결여를 환상의 대상으로 메우고 주체에게 그것을 제시함으로써, 사회에 대한 총체적이고 완결된 비전을 구축하려고 한다. 마르크스 식으로 말해 각 부분들 사이의 관계가 적대 관계, 즉 모순에 의해 분할되지 않은 유기적이고 상보적인 사회로 비춰질 수 있는 상상적 비전을 구축하는 것이다. 그러므로 환상은 사회의 적대적 균열을 은폐한다. 이러한 지적은 사회적-상징적 동일성을 부과하는 모든 동일시 작업이 궁극적으로는 실패할 수밖에 없는 운명임을 함축한다.[97] 97) S. Žižek,『이데올로기라는 숭고한 대상』, 220-221쪽.

라캉이 강조한 '전체는 없다(비전체, pas-tout)'라는 명제는 주체들로 하여금 이렇게 '환상을 가로지르기(going through fantasy)' 하게 하는 일과 관련된다. 상징계 또는 사회에서 결여는 내재적이고 근원적 현상이다. '환상을 가로지르기'는 상징계와 그것의 일부인 주체의 균열을 은폐하려는 환상의 대상과의 동일시가 아니라, 균열을 담보하는 '증상과의 동일시(identify with a symptom)'를 통해 균열 자체를 직시하려는 주체의 태도와 관련된다. 라캉에 따르면 증상이란 체계의 '진리'라고 할 수 있는, 체계에 내재해 있는 갈등의 특성이 돌출되는 지점이고, 따라서 '실재'에 근접한다.[98] 98) S. Žižek,『이데올로기라는 숭고한 대상』, 223쪽. 히스테리가 고장난 주체의 형식임에도 불구하고 여전히 상징적 행위로서 타자에게 말을 걺으로써 '진리'에 의해 조정되는 행위 표출과 관련된다면, '증상과의 동일시'는 행위가 '실재'와 관련됨으로써 체계의 '진리' 자체를 정지시키는 행위 이행(acting out)과 관련된다.[99] 99) S. Žižek,『삐딱하게 보기』, 김소희·유재희 역, 시각과 언어, 1995, 275-276쪽. 이 지점에서 증상은 '체계의 증상'이 아니라 체계 자체가 증상임을 드러내는 '증후(sinthome)'가 된다. 라캉에 대한 지젝의 독법은 체계 자체의 결여를 노출하는 증상을 체계의 정상적 이름에 붙은 증후(sinthome)로 읽음으로써, '증상에서 증후로(from symptom to sinthome)'라는 정신 분석적 주체의 윤리를 실천해야 한다는 것이다.[100] 100) 라캉에 대한 지젝의 독법에 따르면, 라캉이 일련의 연상 과정(인조-인간 synthetic-artificial man, 증상과 환상의 종합, 성 토마스 Sain Thomas, 성인 the saint)을 통해 만든 신조어인 '증후(증환, sinthome)'로서의 증상(symptôme)은 향유(jouissance)가 스며 있는 기표적 형성물이다. 그것은 jouis-sense, 즉 의미 속에 향유를 간직하고 있는 기표인 것이다. 지젝은 우리의 유일한 실체, 우리 존재의 유일한 실제적 지탱물, 주체에 일관성을 부여할 수 있는 유일한 지점으로서 증후로서의 증상이 지닌 존재론적 위상을 강조한다. 그것은 광기를 피할 수 있는 방법, 근본적인 정신병적 자폐증이자 상징의 와해를 뜻하는 무(無) 대신에 유(有)를 선택할 수 있는 방법이다. 정신 분석의 최종 과정에 대한 라캉의 정의가 증상과 자신을 동일시하기(identify with a symptom)로 귀결되는 것은 이 때문이다. 분석은 환자가 자기 존재의 유일한 지탱물인 증상을 인정할 수 있는 순간에 종결된다. 라캉(지젝)에 따르면 프로이트가 말한 'Wo Es war, soll Ich werden(그것이 있는 곳으로 나/당신은 가야 한다)'라는 말의 뜻은, 바로 주체인 나/당신은 나/당신의 증상이 이미 있던 그 자리와 자신을 동일시해야 한다는 뜻이다. 즉, 나/당신은 그 병리적인 특수성(증상) 속에서 나/당신 존재에 일관성을 부여하는 어떤 요소를 인정해야 한다. 라캉에 대한 지젝의 이런 독법은 결론적으로 증상을 존재의 본질을 드러내는 증후로 인정해야 한다는 뜻이다. S. Žižek, 『이데올로기라는 숭고한 대상』, 130-136쪽 ; 그러므로 지젝의 역설적 화법에 따르면, '비전체(pas-tout)'라는 증상이야말로 오히려 보편적인 것이다. '아버지의 이름'이라는 상징적 질서에 내재한 결여와 비일관성이라는 증상(symptôme)은, 그러므로 아버지 자체가 증상이라는 '증후(sinthome)'로 읽어야 한다. 즉 '아버지(상징계)의 증상'에서 '아버지라는 증상'으로 나아가야 한다. 이런 관점에서 '주체'는 그 자체가 불완전함의 다른 이름이며, 실체가 스스로를 온전히 실현하거나 혹은 완전한 자기 동일성에 이르는 것은 불가능하다는 사실에 붙여진 이름이다. S. Žižek, 『그들은 자기가 하는 일을 알지 못하나이다』, 275-335쪽.

그런 점에서 히스테리적 주체는 여전히 상징적 교착 상태에 대한 돌파구를 찾으려는 무의식을 견지함으로써 주체의 빚(죄)을 탕감하려고 애쓴다. 정신 분석의 윤리는 궁극적으로 행위 이행으로까지 나아가기 때문에, 히스테리적 주체는 윤리적 가능성의 경계에 서 있다고 할 수 있다.

셋.

시적 아이러니와 정신 분석적 주체/담론의 해석학

3. 히스테리적 주체의 담론과 시적 아이러니

체계에 내재해 있는 갈등의 특성이 노출되는 지점, 비전체(pas-tout)로서의 체계의 결여가 현시되는 이 지점, 주체를 이데올로기적으로 호명하는 일이 실패하는 이 증상에 관여하는 것이 '케보이(Chè vuoi)?'라는 히스테리적 질문이다. 호명에 대한 저항 또는 호명이 제공하는 상징적 정체성에 대한 저항이라고 할 수 있는 이 질문을 하는 주체는, 모든 주체가 어느 정도 가지고 있는 주체의 한 형식이다.[101] 101) S. Žižek(E. Laclau·J. Buter), 『우연성, 헤게모니, 보편성』, 박대진·박미선 역, 도서출판b, 2009, 169쪽. 지젝은 주체란 특수한 역사적 내용과의 부정적 관계성을 내포하는 불가해한 보편자라고 지적하면서, 역사적으로 구체화된 지배적 호명 형식 또는 상징적 동일화에 저항하는 방식이 실패한 호명으로서의 히스테리라고 강조한다.[102] 102) S. Žižek, 『그들은 자기가 하는 일을 알지 못하나이다』, 281-282쪽. 라캉이 가장 숭고한 히스테리 환자로 헤겔을 지목할 때, 지젝이 이에 전적으로 찬성한 것도 이 때문이다. 통상적 헤겔 해석에 반하는 지젝의 라캉적 헤겔 해석에 따르면, 헤겔의 변증법적 운동이 보여 주는 것은 종국에 구성되는 총체성이 아니라, 오히려 합리적 총체화를 위한 모든 시도는 끝내 실패한다는 사실의 확인이다.[103] 103) S. Žižek, 『그들은 자기가 하는 일을 알지 못하나이다』, 280쪽. 후기에 라캉은 히스테리 또는 히스테리적 주체의 출현을 병적 징후로 보기보다는 그 담론 유형이

'진리'의 문제와 관계하는 방식, 즉 담론의 효과와 관련하여 주목하였다. '담론(discour)'이란 '돌아다닌다'는 의미의 라틴어 'dicurrre'로부터 나온 말이다. 담론이 (대)타자와 관계 맺으며, 즉 그것이 돌아다니면서 하나의 질문과 그 질문이 추구하는 대답, '진리'의 발견에 관계한 뜻에서 라캉이 선호한 용어다.[104]

104) P. Widmer, 『욕망의 전복』, 179쪽. 라캉은 자신이 제시한 유명한 네 가지 담론 유형에 히스테리 담론을 집어넣었는데, '진리'의 문제와 대응시킴으로써 이 유형의 담론에 상대적인 우위를 부과하였다. 네 가지 담론이란 주인의 담론, 대학의 담론, 히스테리 담론, 분석자의 담론이다. 이 담론을 구성하는 요소는 주인 기표(S_1), 지식(S_2), 분열된 주체($\$$), 잉여 향유 또는 욕망의 대상이라는 네 가지 요소다. 각 요소들이 행위자/대상(타자)/생산/진리의 자리에 분배되고 이것이 시계 방향으로 돌아가면서 담론의 유형들이 결정된다. 그 유형을 제시하면 다음과 같다.[105]

105) J. Lacan, 「To Jakobson」, 『The Seminar XX』, pp16-17.

자리:	행위자	타자
	진리	생산물
담론:	주인의 담론	대학의 담론
	히스토리의 담론	정신 분석학의 담론

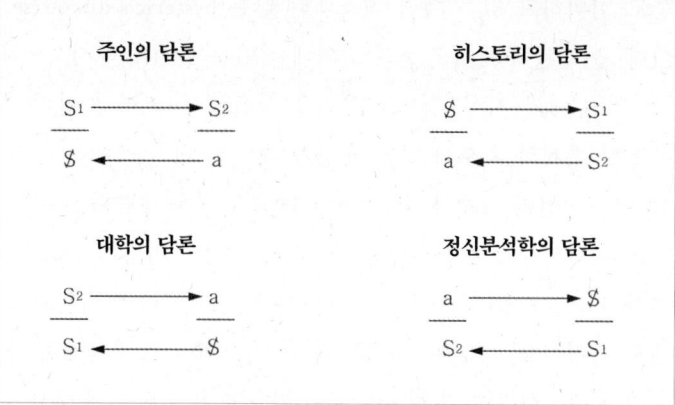

'주인의 담론(master's discourse)'은 이 담론의 가장 기본 유형을 차지한다. 행위자의 자리에 주인(S_1, 팔루스·아버지·지배자·카리스마·권위) 기표가 있고, 타자(대상)의 자리에 지식 또는 기표(S_2)가 있다. 이는 하나의 중심에서부터 새로운 질서와 지식이 성립하는 운동으로 읽을 수 있다. 그러나 그 배후가 되는 진리의 자리에는 분열된 주체($\$$)가 있다. 한편 지식이 생산하는 것은 욕망의 대상이자 원인인 대상a로서, 이는 주인 기표에 종속된 질서와 기표가 실은 환상을 추동시키는 대상a이며, 이를 통해 주인 기표는 분열된 주체가 된다는 것을 뜻한다. 이는 욕망의 완성된 그래프의 하단과 구조적으로 유사하다. '대학의 담론(university discourse)'은 주인의 담론이 확장·계승되는 2세대 담론을 암시한다. 행위자의 위치를 차지한 지식 또는 기표의 배후는 (사라진) 주인 기표이다.

이 장에서 주목하는 것은 '히스테리 담론'이다. 행위자의 자리에 분열된 주체가 있고, 이 분열된 주체가 기존의 지배적 지식이나 기표, 헤게모니적 질서를 대상으로 삼아 그것의 근거를 되

묻고 회의하고 있는 것이 히스테리 담론(hysteric's discourse)이다. 분열된 주체의 질문과 회의에 직면하여 지배적 지식·기표·질서는 답(지식·설명·진단)을 생산한다. 그러나 이 답은 분열된 주체의 배후에 있는 욕망과 환상 앞에서 무력하다. 지식·기술·언어 자체가 무의미해지거나 환멸을 낳는다. 따라서 질문과 회의는 오히려 계속된다. 주체는 어떤 비합리적이거나 왜상하는 효과를 일으키는 원인을 다시 발견하거나 세계의 존재론적 결여를 직감하고는 끊임없는 회의의 나락에 떨어진다. 그러나 이러한 환멸과 회의는 주인 기표 혹은 팔루스에 대한 사랑과 열망이 그만큼 크다는 것을 알려 준다. 히스테리 담론에서 행위자의 질문은 역설적인 것, 합리적 질서의 잔여, 어떤 불가능성에 기인하는 불가지론적인 것으로부터 비롯된다. 행위자의 자리에 대상a를 두고 반대편 대상에 분열된 주체를 놓는 분석자 담론은, 주인 기표를 분열된 주체의 생산물로 만든다.[106]

106) 김상환, 「라캉과 데리다」, 『라캉의 재탄생』, 545-546쪽.

주인의 담론은 주인 기표(질서)에서 출발하고 대학의 담론이 이 기표의 권위를 무한히 확장하기 때문에 앞으로 향하는 담론이다. 반면 히스테리 담론은 주인 기표의 권위에 대해 질문하고 분석자 담론이 이 기표를 사유하도록 유도한다는 의미에서 뒤로 가는 담론이다. 라캉은 독단적 형이상학을 주인 담론의 사례로, 모순과 불일치를 중시하는 개방적 형태의 이론적 담론(헤겔)을 히스테리 담론의 사례로 들었다. 라캉에게서 대학의 담론이 변칙적이고 기준 일탈적 현상을 기존 패러다임의 기본 규칙으로 환원하려는 경향을 보여 준다면, 히스테리 담론은 그 정반대편에 서 있다. 히스테리 담론은 그 비정상적인 현상을 근거로 기본 규칙 자체에 물음을 던진다. 회의론적 절차 안에서 다시 태어나는 것이 히스테리 담론이다.[107] 107) 김상환, 「라캉과 데리다」, 『라캉의 재탄생』, 548쪽. 주체의 차원에서 이 담론은 '당신이 나라고 말하는 것이 왜 나인가?'라는 질문의 출현을 의미하며 이는 이데올로기적 호명의 실패를 뜻한다. 그것은 균열의 경험, 즉 나를 재현하는 기표(사회적 그물망 속에 내 장소를 결정하는 상징적 위임)와 거기에서 내 존재의 상징화되지 않은 잉여 간의 환원할 수 없는 간극의 경험을 표현한다.[108] 108) S. Žižek, 『삐딱하게 보기』, 김소희·유재희 역, 시각과 언어, 1995, 263쪽. 라캉의 네 담론에 영향을 받은 알랭 바디우의 담론 분석 틀에 따르면, 히스테리 담론 속에서 히스테리적 주체는 비일관적 도발의 형태로 분출하는 '진리'와 마주하지만, 주체 자신은 그런 우연한 조우의 의미를 알지는 못한다.[109] 109) 알랭 바디우는 라캉의 담론을 수정하여 주인의 담론/히스테리 담론/도착증자의 담론/신비주의자의 담론으로 담론을 나눈다. S. Žižek, 『그들은 자기가 하는 일을 알지 못하나이다』, 112쪽.

그렇다면 이러한 정신 분석의 논의를 전유하여 시적 아이러니의 의미를 재규정·확장해 보는 것은 불가능한 것일까? 대상에 대한 비동화의 표시인 아이러니는 대상에 대한 주체의 동일시, 즉 환상이 작동되지 않는 방식이라고 해석해 볼 수 있기 때문이다. 타자를 매개로 해서만이 가능한 주체의 변증법이라는 차원에서 보면, 시적 주체가 대상과의 동일시에 실패하는 시적 아이러니는 타자에 대한 환상에 실패하는 주체, 주체의 변증법의 실패와 관련되는 현상이라고 해석할 수 있다. 하지만 여기에서 실패하는 것은 환상에 실패한 주체뿐만이 아니라, 동일시의 대상이 되지 못하는 타자까지를 포함한다. 그런 점에서 시적 아이러니는 주체와 그 주체가 속한 세계 자체의 실패를 드러내는 미적 증상이라고 할 만하다. 시적 아이러니를 사회적이고 이데올로기적인 차원에서 해석할 때, 아이러니의 주체는 자신이 마주하고 있는 대타자로서의 사회, 또 그 사회를 하나의 유기적인 전체로 통합하기 위해 작동되는 헤게모니적 기표들과 불화하는 주체라고 할 수 있다. 시적 주체에게 그것은 대타자나 헤게모니적 기표와의 일정한 거리두기나 회의의 방식으로 나타난다.

그러나 이러한 거리두기가 적극적인 방식으로 드러나는 것은 아니다. 전형적인 시적 아이러니의 형태에서 그것은 주체의 '머뭇거림'으로 나타난다. 시적 주체 역시 그러한 의심의 의미에 대해 분명한 해답을 가지고 있지 못하며, 그런 의미에서 그의 의심이나 거리두기는 다만 물음의 형태를 띠고 있을 뿐이기 때문이다. 이 때 아이러니란 세계에 대한 주체의 일종의 소외 상태의 표지이기도 하다. 세계는 지배적 기표들과 적극적으로(또는 무의식적으로) 동일시를 시도하는 자들로 구성된되기 때문이다. 플라톤에 따르면 철인(哲人)과 구별되는 대중이란 체계의 호명에 적극적으로 화답하는 자들이다. 한 사회의 욕망을 담지하고 있는 지배적 기표들에 의문을 제기하는 아이러니가 지식인들의 가장 전형적인 말의 형식일 수 있다는 로티의 견해는 이런 차원에서 제기된다. 실용주의자인 로티에게 아이러니의 효용성은 이 지점에 있다. 아이러니적 주체(지식인)는 대중의 의견을 거슬러 대중이 서 있는 자기 근거의 확실성을 뒤흔듦으로써 그들에게 굴욕을 안겨 줄 기회를 제공한다. 확실한 진리를 제시할 수는 없다고 할 지라도, 자신의 존재 기반의 허구성을 의심하게 만드는 이러한 굴욕의 기회야말로 실제 현실과 사람들을 대면하게 만드는 까닭에 로티는 아이러니적 주체를 탁월한 윤리적 주체의 가능성으로 사유한다.[110] 110) R. Rotty, 『우연성, 아이러니, 연대성』, 170-181쪽.

하지만 오인의 메커니즘을 주체 구성의 '정상적' 조건이라고 이해하는 정신 분석이나, 이데올로기의 바깥은 없다고 보는 알튀세의 관점에서 아이러니를 담보하고 있는 주체는 통상적 의미의 '(정상적인) 주체'로서 실패했다고 볼 수 있다. 주체가 등록되어 있는 사회의 헤게모니적 기표들은 주체의 자기 인식과 자기 욕망으로 통합되지 못한다. 주체는 자신이 속한 역사와 사회 속에서 흘러다니는 지배적 기표들에서 어떤 '어긋남'을 감지한다. 그러나 이 어긋남의 의미는 주체에게 분명한 인식으로 통합되지도 못한다. 이러한 인식은 '사회의 실패'를 의미하는 표지가 된다고 할 수 있다. 사회가 자신의 구성원들을 하나의 유기적 전체로 통합하지 못했다는 균열의 표지이기 때문이다. 이런 차원에서 아이러니를 담지한 시적 주체가 세계에 대해 느끼는 비동화적 거리 감각은 주체와 사회 사이에 난 간극의 표지인 동시에, 주체의 육체를 통해 지각된 '결여로서의 세계'가 드러나는 표지다. 시적 아이러니는 하나의 유기적 전체로서 세계가 불가능하다는 사실(비전체, pas-tout)의 미적 증후라고 해석할 수 있을 것이다.

여기에서 시적 아이러니가 질문의 형식을 띠고 있다는 사실은 이중의 의미에서 해석될 여지가 있다. 그것은 무엇보다 시적 주체가 답을 가지고 있지 못하다는 뜻이며, 그가 마주한 세계 역시 답을 가지고 있지 못하다는 뜻이다. 여기에서 주체와 세계가 은밀하게 맺고 있는 욕망의 연동 방식까지도 생각해 볼 필요가 있다. 그것은 이러한 물음 속에 내재해 있는 욕망의 역설적 존재 형식과도 관계가 있다. 물음을 던지는 시적 주체는 자신이 마주한 대타자와 대타자가 호출하는 주인 기표들에 대해 의문을 표하지만, 거기에 욕망 자체가 삭제되어 있다고 할 수는 없다. 모든 질문은 해답을 찾고자 하는 욕망을 전제하고 있으며, 아이러니의 주체가 던지는 질문은 다만 유보된 해답의 방식이기 때문이다. 일차적으로 이러한 유보된 해답의 형식은 한 체계의 주인 기표들을 탈이데올로기화하는 효과를 지닌다. 그러나 하나의 주체와 체계가 맺고 있는 욕망의 회로도 자체가 여기에서 삭제된 것이라고 할 수도 없다. 아이러니적 주체의 질문과 회의가 계속되는 것은 이 때문이다. 현대성의 아이러니가 보여주는 모순적 욕망에 대한 버먼의 분석은 이러한 맥락에서도 일리가 있다. 그것은 유일한 현실은 자신이 발딛고 있는 세계일 뿐이라는 주체의 실존과도 관련될 것이다. 그러므로 시적 아이러니를 잠정적으로 '주체-욕망(모든 주체는 욕망하는 주체이다)'의 고장난 존재 형식이라고 해석할 수 있지 않을까.

이 **'고장난 주체'의 형식은** 정신 분석의 히스테리적 주체·담론과 포괄적인 의미에서 상통하는 면이 있다. 한 체계 또는 사회의 주인 기표와 그로부터 도출되는 헤게모니적 질서에 대해 아이러니의 주체와 히스테리적 주체는 모두 의문을 표시한다. 이러한 의문은 대타자 또는 역사로부터 부과되는 이데올로기적 호명에 대한 주체의 저항인 동시에 "케보이(Chè vuoi)?"라는 방식으로 출현한 호명의 실패를 의미한다. '나는 왜 그가 호명하는 바로 그가 되어야만 하는가?' 아이러니를 담보한 시적 주체와 히스테리적 주체는 모두 체계의 호명에 대해 어떻게 답해야 할지를 모르며, 오히려 자신을 부른 체계로부터 어떤 무의미의 공백을 발견한다. 특정한 대상들이 불러일으키는 환상, 그 환상을 통해서만이 가능한 인지 착오적 경험을 주체 자신의 산 경험으로 받아들이지 못하는 이 상황은 이데올로기적 호명의 실패를 의미하며, 궁극적으로 주체뿐만 아니라 한 사회의 결여 그 자체를 현시한다.[111] 111) 지젝이 히스테리적 개인을 '진실의 중개자'라고 말하는 까닭도 여기에 있다. S. Žižek, 『시차적 관점』, 김서영 역, 마티, 2009, 302쪽.

이런 차원에서 아이러니와 히스테리적 주체의 문제는 아이러니와 긴밀한 연관성을 가지고 발전한 '현대시'와 모더니티의 관계에 대해서도 시사하는 바가 있는 듯이 보인다. 히스테리적 주체·담론과의 상관 관계 속에 파악된 현대시의 아이러니는 현대가 근본적으로 결여의 형식, 깨어진 형식으로 존재한다는 사실을 드러내는 미적 증상이다. 현대시에서 아이러니가 모더니티 일반이 제시하는 지배적 신념인 총체성, 필연성, 직선적 시간관과 발전론적 역사관에 의문을 표시하며, 이에 대해 존재의 파편성, 우연성, 다원성, 전체의 불가능성 등을 그 자체로 드러내는 미적 형식으로서 미적 모더니티의 핵심 기제가 되어 왔다고 할 때, 이는 현대시의 아이러니가 전형적인 히스테리적 주체·담론의 유형을 가지고 있다는 사실로 해석될 수 있다. 지배적 기표들, 그리고 그것과 연동하는 통상적 주체들의 실천을 이데올로기적 담론과 그것의 효과라고 폭로하는 현대시의 아이러니(미적 모더니티)는, 모더니티의 불가능성을 드러내는 증후적 담지자라고 할 만하다. 라클라우와 지젝 등의 관점을 전유한다면 아이러니를 담지한 현대시의 히스테리적 주체 형식은 모더니티 내부의 해소되지 않는 '적대(사회는 없다)'가 드러나는 형식이며, 그런 점에서 현대시의 아이러니는 균열된 모더니티 그 자체가 결국 모더니티일 수밖에 없다는 사실을 보여주는 증상이라고도 할 수 있을 것이다.

이 책의 궁극적 목적 중 하나는 이렇게 가설적으로 제안된 시적 아이러니 및 주체 규정을 통해, 이른바 '시적(미적)인 것'을 담지한 특이한 주체의 한 유형 또는 '시적 주체'라는 이름의 특이한 존재 유형에 대한 한 모델을 제시하고, 이를 통해 문학과(의) 윤리/정치성에 대한 새로운 관점을 탐구해 보는 것이다. 이는 '시적인 것', 시를 시답게 하는 특이한 한 자질에 대한 탐구를 통해 미적 전위의 문제를 사회적이고 이데올로기적인 차원에서 바라볼 수 있는 가능성을 탐구해 보고자 한다는 말과 다른 것이 아니다. 그러므로 본론으로 넘어가기 전에 다음과 같은 사실을 미리 밝혀 두어야겠다. 이 책에서 텍스트를 분석하는 데에 두루 쓴 '시적 주체'라는 용어는 우선 일반적 의미의 '시적 화자'와 거의 같은 말로서 논의의 편의상 붙인 용어다. 하지만 이 책의 본론이 끝날 무렵 이 '시적 주체'라는 용어는 처음에 임의적으로 쓰인 것과는 달리, 이 글의 논의에 의해 새롭게 규정된 함의를 가진 용어가 되기를 바라는 것이 나의 희망이다. 즉 결론에서 내가 규명되기를 바라는 '시적 주체'는 시를 시답게 하는 특이한 자질을 담지한 주체, '시적인 것'을 담지한 주체 형식을 의미한다.

한국 문학사에서 이상 텍스트의 시적 주체는 이런 관점에서 비상한 관심을 끈다. 짧은 생애 동안 산출된 이상의 텍스트 속에서, 일관되게 극단적인 에너지를 분출하고 있는 이 특이한 주체 유형은 그 텍스트 전체를 가로지르며 '시적인 것'만이 현시할 수 있는 '시적 주체' 유형의 한 극점을 현시하는 듯이 보이기 때문이다. 이제 이상의 대표적인 텍스트들을 자세히 분석해 가며 그 텍스트의 의미 구조를 해명하는 한편, 지금까지 제안한 이론적 가설의 가능성 여부를 좀 더 구체적으로 타진해 보도록 하겠다.

121쪽.《조광》(1936년 9월)에 실린「날개」의 삽화. 부분.
122~123쪽.《조광》(1936년 9월)에 실린「날개」의 삽화. 부분.
124쪽.《조광》(1936년 9월)에 실린「날개」의 삽화. 부분.

Each Tablet contains
Allylisopropylbarbit
phenyldimethyldime
pyrazolone.

___

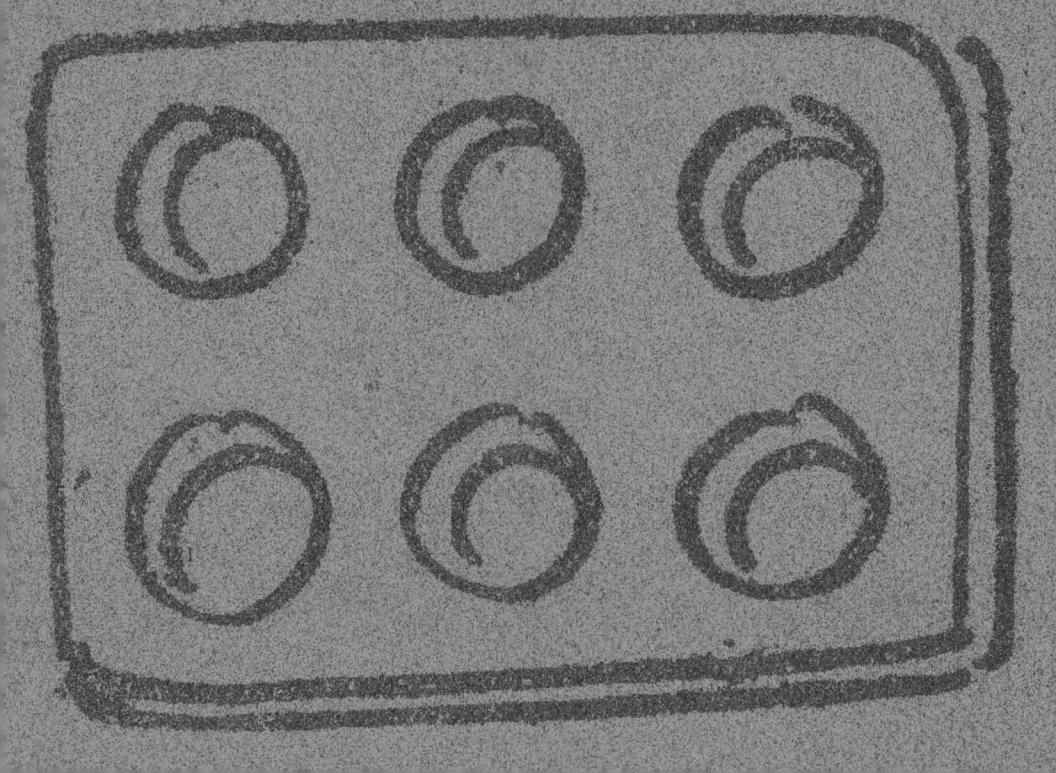

0.16 gm
upato of
thylamine

Issued in bottle of 12 Tablets and 100 Tablets

Ⓖ Ⓝ Ⓐ

①

ALLONAL "ROCHE"

(Issued in bottle of 12 and 100 tablets)

Allonal Roche

Physician's sample
6 Tablet
ALLONAL
"ROCHE"
Hoffmann-La Roche

②

③

Each Tablet contains 0.16 gm.
Allylisopropylbarbiturate of
phenyldimethylamino
pyrazolone.

issued in bottle of
12 tablets and 100 Tablets

Physician's sample
6 Tablet
ALLONAL
"ROCHE"
F. Hoffmann
La Roche

넷.

거울 ; 주체라는 이름의 증상

1. 들어가며
2. 타자로서의 이미지와 실패하는 변증법
3. 반영의 실패와 존재하지 않는 책으로서의 거울
4. 죄의식과 물음 형식으로서의 시적 아이러니
5. 나오며

넷.

거울 ; 주체라는 이름의 증상

1. 들어가며

한국 문학사에서 이상의 시는 많은 연구사가 축적되어 온 텍스트 중 하나다. 그 중에서도 이상의 거울 모티프 시들은 이상 시 특유의 자기 분열 의식과 맞물려 지금까지 계속해서 관심의 대상이 되어 왔다. 이 때 시적 주체의 분열 의식은 심리 분석과 정신 분석학, 그리고 이와 연계된 근대성-탈근대성에 대한 담론들을 통해 꾸준히 해석되어 왔다. 특히 1990년대 이후부터 최근에 이르는 연구들은 이상의 시적 이미지를 프로이트 이론에 축자적으로 대응시키던 종래의 심리주의적 관점을[112] 112) 정귀영, 「이상 문학의 초의식 심리학」, 《현대문학》, 1973. 7, 8, 9 ; 김종은「이상의 理想이상과 異常이상」, 《문학사상》, 1973. 9 ; 조두영, 「이상 초기 작품의 정신 분석」, 《신경정신의학》, 1972. 2 ; 이규동「이상의 정신 세계와 작품」, 《월간조선》, 1981. 6 ; 이승훈, 『이상 시 연구』, 고려원, 1987. 벗어나고 있어서 주목된다. 라캉의 정신 분석, 크리스테바의 기호학, 들뢰즈 등의 탈근대 담론 등의 도움을 받아, 이상 시의 시적 이미지들을 병적 개인의 무의식의 표상이라고 보던 관점에서 벗어나 '주체(subject)'의 문제로 연구의 관심을 옮기고 있는 것이다.[113] 113) 이런 관점으로 이상의 시들에 접근하고 있는 주요한 연구로는 다음과 같은 것들이 있다. 김승희, 『이상 시 연구』, 서강대 대학원 박사 학위 논문, 1991 ; 김현호, 「이상 시 연구—이상의 해체 의식과 그의 시에 나타난 포스트 모더니즘적 특성을 중심으로」, 중앙대 대학원 석사 학위 논문, 1992 ; 김수이, 「'거울'에 대한 방법론적 고찰」, 《고봉논집》 제16집, 경희대대학원, 1995 ; 한상규, 「1930년대 모더니즘 문학의 미적 자의식」, 『이상 문학 전집 4』, 김윤식 편, 1996 ; 우재학, 『이상 시 연구—탈근대성을 중심으로』, 전남대 대학원 박사 학위 논문, 1998 ; 이혜원, 「이상과 윤동주 시에 나타나는 주체 형성의 양상」, 《우리어문연구》 16, 2001 ; 조해옥, 『이상 시의 근대성 연구』, 소명출판, 2001 ; 김지녀, 「이상 시의 아이러니 연구」, 고려대 대학원 석사 학위 논문, 2004 ; 김승구, 『이상, 욕망의 기호』, 월인, 2004 ; 이화경, 『이상 문학에 나타난 주체와 욕망에 관한 연구』, 한국학술정보, 2007 ; 신형철, 「이상 시에 나타난 시선의 정치학과 거울의 주체론」, 『이상 문학 연구의 새로운 지평』, 역락, 2006 ; 신범순, 『이상의 무한정원 삼차각나비』, 현암사, 2007 ; 신범순 외, 『이상의 사상과 예술』, 신구문화사, 2007 ; 권영민, 『이상 텍스트 연구』, 뿔, 2009.

김승희의 연구는 이런 관점으로 이상 시 전체를 연구한 선구적 사례다. 김승희는 이상의 텍스트를 단지 병적 개인의 심리 증상이라는 차원을 넘어서 거울 단계에서 상징계로 진입하는 주체 형성 과정이라고 보고 접근한다. 이상의 거울 모티프 시들은 이런 차원에서 주체 형성 과정에서 라캉의 거울 단계를 예증하는 시로 해석된다.[114] 114) 김승희, 『이상 시 연구』, 45-57쪽. 그러나 이 논문은 이상의 거울 모티프 시들을 라캉의 자아(ego) 형성에 관한 상상계 이론과 곧바로 연결지으면서, 자아와 주체를 구별하지 않는 이론적 문제점을 보여 준다.[115] 115) 신형철, 「이상 시에 나타난 시선의 정치학과 거울의 주체론」, 『이상 문학 연구의 새로운 지평』, 301쪽. 김수이의 논문은 이상의 거울 이미지를 '대상화된 자아(타자화된 자아)와의 소통 가능성의 희박함'이라는 차원에서 접근하고 있다는 점에서 주목된다. 이는 거울 이미지를 선험적 자아를 상정한 채 그것의 분열이나 분리라고 보는 것이 아니라, 마주하고 있는 '타자'로 이해하는 관점을 보여 준다는 점에서 이 책과 일정한 문제 의식을 공유한다.[116] 116) 김수이, 「'거울'에 대한 방법론적 고찰」, 《고봉논집》 제16집, 11쪽. 한상규의 논문은 이상 시의 시적 주체가 경험하는 분열의 체험을 거울이라는 매개체의 관점에서 해석한다. 그에 따르면 이상의 거울 모티프 시들에서 주체의 상을 비추는 거울은 주체의 이후가 아니라, 주체보다 오히려 앞선 매개체라는 점에서 선험성을 가진다.[117] 117) 한상규, 「1930년대 모더니즘 문학의 미적 자의식」, 『이상 문학 전집 4』, 362-363쪽. 이는 거울의 반영상을 주체의 분열이라기보다는 타자와의 종합을 통해 형성되는 주체 과정의 문제로서 바라보려는 이 책의 관점과 일정한 관련성을 암시하고 있다는 점에서 주목된다.

김승구는 이상 시의 거울이 윤동주(尹東柱) 시의 거울과 같이 나르시시즘에 고착된 성찰적·관조적 거울이 아니라고 지적한다. 정치한 분석을 하고 있지는 않지만, 그의 연구에서 거울의 이미지는 오히려 분열과 무력을 경험하게 하는 자아의 매개라는 점에서 주체의 타자성에 대한 인식을 가능하게 하는 매개체가 시사되고 있다.[118] 118) 김승구, 『이상, 욕망의 기호』, 131-134쪽. 조해옥의 연구에서 이러한 재현의 실패는 시적 주체에게 불안의식을 형성하게 하는 구실을 하는 것으로 해석된다.[119] 119) 조해옥, 『이상 시의 근대성 연구』, 46쪽. 이혜원은 라캉의 정신 분석을 적용한 김승희의 연구를 선구적으로 평가하면서도 이 연구가 문학 텍스트를 철학 담론의 예시처럼 종속시킨 면이 있다고 보고, 자신의 연구에서는 정신 분석의 관점을 적용하면서도 텍스트의 내적 분석에 좀 더 치중하고 있다. 이 연구의 결론에 따르면 이상의 거울 모티프 시들은 '거울 단계'를 계기로 자아의 분리와 소외에 직면한 주체가 행하는 동일성의 추구와 좌절, 그리고 상징계의 위력과 억압을 잘 표현한 시다. 그리고 거기에서 소외에 직면한 이상의 시적 주체는 상징계에 강한 거부감을 보이면서 상상계(거울 단계)로의 도피를 꿈꾼다.[120] 120) 이혜원, 「이상과 윤동주 시에 나타나는 주체 형성의 양상」,《우리어문연구》 16, 97-101쪽. 신형철의 연구는 '거울 밖의 나'가 '거울 속의 나'를 "근심"과 "진찰"의 대상으로 삼고 있다는 점에 주목한다. 이 연구에 따르면 이 텍스트들의 내적 특성은 그 동안 이상 시 연구에서 '자아의 분열'을 유난히 강조해 온 관점에 은연 중 스며 있던 '자아의 통합', '자아의 특권화'와 관련한 시각적 전제를 부정하는 실마리가 될 수 있다.[121] 121) 신형철, 「이상 시에 나타난 시선의 정치학과 거울의 주체론」, 『이상 문학 연구의 새로운 지평』, 301쪽. 신형철의 관점은 이상 시의 거울상이 반복적으로 보여 주는 반영(imago)의 실패를 주체의 분열상에 대한 시적 주체의 좌절감이나 절망감으로 해석하기보다는, 동일성의 불가능성에 대한 시적 주체의 세계 인식을 무의식적으로 드러내는 증후로 읽으려는 이 책의 시도와 관련하여 참고할 만하다.

이 장에서는 이상의 거울 모티프 시들에 대해 이루어진 근래 일련의 연구 성과를 수용하면서도, 여전히 극복되지 못하고 있는 몇 가지 기본적 시각을 수정·보충하고자 한다.

첫째, 일부 논자의 지적에서처럼 이상의 거울 모티프 시들 연구에서 오랫동안 지속되어 왔고 여전히 큰 힘을 발휘하고 있는, '자아/주체의 분열'을 지나치게 강조하는 관점에 배어 있는 '자아/주체의 특권화'(자아 심리학 ego-psychology)에 대해 문제를 제기할 필요가 있다는 생각이다. '자아/주체의 분열'의 지나친 강조에는 자아 또는 주체의 본질을 선험적인 것으로 규정하는 전제가 은연 중 깔려 있다. 이러한 관점에 따르면 이상의 거울 모티프 시들에서 시적 주체는 "의식 세계의 분신과 일상적 세계의 분신"[122] 122) 이어령, 「이상론」, 『이상 문학 전집 4』, 김윤식 편, 문학사상사, 1996, 45쪽. "본래적 자아와 일상적 자아"[123] 123) 임종국, 「이상 문학의 본질」, 『이상 전집』, 임종국 편, 문성사, 1966, 433쪽., "분열된 일상적 자아의 두 내면"[124] 124) 최미숙, 『한국 모더니즘 시의 글쓰기 방식에 관한 연구』, 서울대대학원 박사학위 논문, 1997, 54쪽., "이상적 자아와 현실적 자아"[125] 125) 이승훈, 『이상 문학 전집 1』, 이승훈 편, 문학사상사, 1999, 50-51쪽., "자아의 분열 또는 대립"[126] 126) 권영민, 『이상 전집 1』, 권영민 편, 뿔, 2009, 35쪽. 등의 용어들에 의해 실제의 '나'와 이미지가 분열되는 것으로 해석된다.

둘째, 그러나 선험적 주체(자아)를 전제한 이러한 텍스트 해석 방식은 정신 분석의 관점을 참조하면 해석의 전회 가능성을 얻는다. 정신 분석적 주체 개념을 전유한 거울 모티프 시들에 대한 해석 전회의 필요성은, 이를 통해 이상 시 전체가 철저히 대타 의식(對他意識)에 근거하는 이유를 해명하는 데에 중요한 역할을 할 수 있으리라는 점에서 제기된다.[127] 127) 정신 분석 이론을 근거로 하지는 않았으나 이상의 텍스트가 철저히 대타 의식에 근거하여 전개되고 있음을 밝힌 대표적 논의로는 김현의 「이상에 나타난 '만남'의 문제」(『이상 문학 전집 4』, 김윤식 편, 159-183쪽) 참고.

셋째, 이 책은 이 장에서 이상의 관련 텍스트들을 '자아/주체의 분열'이 아니라, 타자를 매개로 한 주체의 변증법의 실패라는 관점에서 해석하고자 한다.

넷째, 이와 관련하여 이상의 거울 모티프 시들을 라캉의 거울 단계와 관련시키는 기존의 논의들을 수정·보충하고자 한다. 정신 분석에서는 자아(ego)와 주체(subject)의 개념을 구분함에도 불구하고, 정신 분석을 원용한 일련의 기존 연구들이 이 구분을 명확하게 하지 않고 자아에 대한 논의와 주체에 대한 논의를 혼용한 측면이 있다. 이 책이 연구사에서 그 동안 거론되지 않은 해석적 관점인 시선의 문제와 타자로서의 이미지라는 정신 분석 이론 관점을 텍스트 해석에 참고하려는 것은 이 때문이다.

넷.

거울 ; 주체라는 이름의 증상

2. 타자로서의 이미지와 실패하는 변증법

우선 이 장에서는 이상의 텍스트에서 거울 앞에 서 있는 시적 주체가 경험하는 '나'의 분열의 문제를 선험적 자아/주체를 전제한 분열의 관점이 아니라, '구성되지 못하는 주체'라는 관점으로 해석하기 위해 '나'와 '이미지-타자' 간에 일어나는 시선의 변증법이라는 차원에 초점을 맞추어 「거울」을 해석해 보고자 한다.

거울속에는소리가없소
저렇게까지조용한세상은참없을것이오

거울속에도내게귀한귀가있소
내말을못알아듣는딱한귀가두개나있소

거울속의나는왼손잡이오
내握手^{악수}를받을줄모르는―握手^{악수}를모르는왼손잡이오

거울때문에나는거울속의나를만져보지를못하는구료만은
거울아니엿든들내가어쩌거울속의나를만나보기만이라도했겠소

나는至今^{지금}거울을안가졌소만은거울속에는늘거울속의내가있소
잘은모르지만외로된事業^{사업}에골몰할게요

거울속의나는참나[128]와는反對^{반대}요만은
또꽤닮았소

나는거울속의나를근심하고診察^{진찰}할수없으니퍽섭섭하오

―「거울」[129] 전문

[128] "거울속의나는참나와는反對^{반대}요마는"에서 "참"은 '眞(진)'을 뜻하지 않고, 이 시의 1연에서 "참없을것이오"의 '참'과 동일한 부사어라고 보는 관점이 많다(조해옥, 『이상 시의 근대성 연구』, 소명출판, 2001, 44쪽). 오규원 편의 한글판 시 전집에서도 띄어쓰기를 하여 이를 부사어로 보고 있다. 이는 신빙성이 많은 해석임에 분명하나, 그렇다고 본래부터 띄어쓰기가 되어 있지 않은 텍스트의 성격상 이를 단언할 만한 근거가 있다고 말하기도 힘들다. 말놀이(pun)를 즐기는 이상 특유의 시적 성향을 추측해 보건대, 띄어쓰기가 되어 있지 않은 것에서 기인하는 시적 효과를 고려했을 가능성도 있지 않을까. 즉 이 시에서 "참"은 이어지는 언표인 "나"와 붙여 읽혀서 "참나"로 읽히기도 한다. 즉 "참"은 거울 속의 나와 거울 바깥의 나의 거리를 강조하는 부사어로 쓰이는 한편, 거울 속 이미지와 구별되는 거울 바깥의 '실제적인 나'를 지정하는 "참나"를 의미하는 이중적 의도로 표기되었을 가능성이 있지 않을까.

[129] 《가톨릭 청년》, 1933. 10 ; 이 책의 본문에 인용한 모든 텍스트들은 해당 텍스트의 원본과 그동안 출간된 임종국(1956/1966), 이어령(1977), 이승훈(1999), 김주현(2005), 권영민(2009)의 전집과 오규원의 한글판 전집(1981)을 대조하였다. 텍스트의 판본 확정에 대한 여전한 논란에도 불구하고, 지속적으로 출간된 여러 전집에 의해 이상의 텍스트는 상당히 제 모습에 가까워진 상태라고 판단된다. 이 논문은 발표 원문을 기본 텍스트로 하되, 그동안 발간된 전집의 한글 맞춤법 교정을 참고하여 현재 맞춤법으로 통일된 텍스트를 사용하였다. 일문 텍스트의 경우는 전집에 발표된 번역본을 기본으로 하되, 경우에 따라 후속 전집에서 수정한 사항이나 번역과 관련한 해당 논문의 지적을 참고하였다. 주석에는 발표된 최초 지면만을 밝히되, 일문 시의 경우에는 번역시가 발표된 최초 지면을 병기한다. 시 텍스트 이외에 산문 텍스트를 직접 인용할 경우에 역시 한글 맞춤법을 통일한 전집의 텍스트를 사용하되, 이 경우에는 각 텍스트 인용문이 실린 해당 전집의 이름과 쪽수를 밝히도록 한다.

이 책의 해석적 관점과 관련하여 우선 주목할 부분은 "거울때문에나는거울속의나를만져보지를못하는구료마는/거울아니

었던들내가어쩌거울속의나를만나보기만이라도했겠소"라고 말하는 4연의 언술이다. 이 언술은 거울과 거울 바깥의 '나' 사이에 분리가 일어나고 있다는 시적 주체의 아이러니한 인식에도 불구하고, 거울이 주체의 이미지를 형성하는 데에 필수적이라는 인식을 담고 있다. 이어지는 5연의 "나는至今^{지금}거울을안가졌소마는거울속에는늘거울속의내가있소"라는 언술은, 4연에서 이미지로 존재하는 '나'와 접촉할 수 있는 유일한 창구로 제시되었던 거울이, 애초부터 주체의 이미지 형성에 구성적(구조적)으로 관여하는 필연적 기제로 인식되고 있는 언술이다. 거울은 주체의 소유 여부와 무관하게 세계에 기본적으로 내재해 있으며 주체의 이미지는 이미 "늘거울속에있"기 때문이다. 주체의 이미지가 형성되는 데에 거울은 필연적이며 유일한 통로라는 것이다. 그렇다면 이미지는 단지 실제 대상에 대해 가상의 위상을 부여받는 허구에 불과한 것이라고 할 수 없다. 거울은 "늘" 이미지를 구성·포함하고 있기 때문이다. 이렇게 보면 이 시에서 주도적인 위치를 점하는 것은 '나'가 아니라 오히려 "늘" 나를 반영하는 거울이 된다. 내가 거울에 나 자신을 비춘다기보다는 이미 "거울속에는늘거울속의내가있"다. 실체와 그것의 모상으로서 이미지라고 하는 위상학 이분법이 전도되는 것이다. 이 때 "외로된事業^{사업}에골몰할게요"라는 언술은 주체가 거울 속에서 존립하는 방식이 "외로된" 방향, 즉 한 방향 밖에 없다는 사실을 뜻한다.[130] 130) 김주현은 "외로된"을 '왼쪽으로 비뚤어진' 의미로 사용하여 이것이 '거울에 반사된 모습'과 관련된다고 해석한다(『이상 문학 전집 1』, 김주현 편, 79쪽).; 이승훈은 "외로된"의 의미를 '홀로'의 의미로 보고 "외로된事業^{사업}"을 '홀로 하는 혼자만의 사업'이라고 해석한다(이승훈, 『이상 시 연구』, 고려원, 1987, 29쪽). 권영민은 ① '왼쪽으로 바뀐' ② '외따로 떨어진'으로 해석한다(『이상 전집 1』, 권영민 편, 35쪽).; 이 책에서는 "외로된"의 의미를 시 전체의 해석과 관련지어 '한 쪽으로'라는 방향성의 의미로 해석할 수 있다고 본다. 우리말 사전에 등재된 단어 중에 '외길'이라는 말이 있다. 이 때 '외-'는 '길'과 호응하여 한편으로만 존재하는 방향성을 지시한다. '외통수(외-通手)'라는 단어도 있다. '외통수'는 다른 방향이 없는 장기의 수로서, 이 때 '외-' 역시 일방향성을 지시한다. 그렇다면 이러한 어휘론적 추론과 텍스트의 무의식을 감안하여 "외로된事業^{사업}"을 거울 속에서의 이미지의 존재 방식이란 다른 방식이 불가하고 그렇게만 존재할 수밖에 없다는 사실, 즉 이미지의 일방향적(유일한) 존재 방식을 암시하는 언표로 해석하는 것도 가능하지 않을까.

바꿔 말해 그것은 주체가 존재하는 유일한 방식이라는 사실이다. 그렇다면 주체의 이미지 생산에 독립적이고 구성적으로 관여하며 세계에 상수항으로 ("늘") 전제되는 거울이란, 주체의 유일한 현실이 된다고 해석할 수 있다. "거울속의나는참나와는反對^{반대}요마는" 이미지와 실제는 분리되지 않는다. "나는거울속의나를근심하고診察^{진찰}할수없"는 까닭은, 이미지와 실제가 분리될 수 없는 이러한 상황의 논리적 귀결이다. 즉 실제를 소외시키는 이미지란 "늘거울속의내가" 있는 방식으로 주체의 유일한 현실이 된다.

이렇게 본다면 시적 주체는 이러한 실제와 이미지 사이의 간극, 나아가 "늘거울속에있는" "나와는反對^{반대}"인 나의 상황을 오히려 주체가 처한 기본 상수로 인식하고 있다고 볼 수 있다. 다시 말해 여기에서 주체는 선험적 통일체로서 존재하다가 분열된 것이라기보다는, 주체 자체가 그런 분열의 효과로서만 존재한다는 인식을 보여 주고 있다고 해야 하는 게 아닐까. 그렇게 볼 때 이 시의 첫 연은 사실은 논리 전개상 이 시의 가장 마지막에 위치해야 하는 연이라는 사실을 알게 된다. 거울의 내부가 "소리가없"는 "저렇게도조용한세상"인 까닭은 그것이 '거울 바깥'이 없는 주체의 유일한 현실이라는 사실과 관련된다. 변수가 아닌 상수, 주체의 기본 조건이나 유일한 현실이라면, 그것은 일반적으로는 문제 상황으로 인식될 수 없는 "소리가없"

는 공기와 같은 현실이 되기 때문이다. 이것은 이상의 다른 시에서 "夫婦부부는부축할수없는절름발이가"되어 "한사람처럼 걸어가"는 현실이 유일한 현실이기에, 세상은 "無事무사한세상이病院병원"131) 131) 이상, 「紙碑지비」, 《朝鮮中央日報조선중앙일보》, 1935. 9. 15. 이 되는 것과 같은 맥락이라고 할 수 있다. 그 현실은 그것을 문제 삼는 주체들, 그것의 문제성을 인식하는 주체들에게만이 문제적인 것이 된다. 그래서 세상이 "病院병원"임을 인식하지 않을 때 세상은 여전히 "無病무병"이며 아무 일도 일어나지 않는 "無事무사한세상"으로 지속된다. 그런 차원에서 이미지와 실제 사이의 간극을 인식하고, 나아가 주체 자체가 균열·틈·찢어짐·결여(split/crack/lack)의 현시체일 수밖에 없다고 인식하는 이 시적 주체는, '병든 주체'인 동시에 존재의 병을 직시하고 있는 의사이기도 하다. 이상이 한 시에서 점과 0부터 9까지의 숫자를 차례로 나열하고 이를 거울처럼 뒤집힌 회화적 이미지로 제시하면서, 거기에 스스로를 "責任醫師책임의사 李箱이상"132)

132) 이상, 「烏瞰圖오감도 ; 詩第四號시제사호」, 《朝鮮中央日報조선중앙일보》, 1934. 7. 28 ; 이런 점에서 「烏瞰圖오감도 ; 詩第四號시제사호」는 이상의 '거울' 모티프 시들이 회화적(기호적)인 방식으로 제시된 시라고 해석할 수 있다. 『이상 시 전집』, 오규원 편, 117쪽.

詩第四號	시제사호
患者의容態에關한問題	환자의용태에관한문제
1234567890·	1234567890·
123456789·0	123456789·0
12345678·90	12345678·90
1234567·890	1234567·890
123456·7890	123456·7890
12345·67890	12345·67890
1234·567890	1234·567890
123·4567890	123·4567890
12·34567890	12·34567890
1·234567890	1·234567890
·1234567890	·1234567890
診斷 0·1	진단 0·1
26·10·1931	26·10·1931
以上 責任醫師 李 箱	이상 책임의사 이 상

이라
고 적은 까닭은 바로 이 때문이다. 그것은 주체와 세계에 내재
한 모순과 전도를 인식하고 있고, 그래서 그것을 병으로 앓게
된 병자이자 환자인 한 주체의 표지다.

그러므로 기존의 독법에서 나아가 이 시에서 우리가 다시 읽어
내야 할 것은 두 가지다. 이 시는 단지 주체의 분열상을 인식하
는 시인의 관점을 드러낸 시라고 할 수 없다. 이 시의 초점은 거
울 바깥의 "나"와 거울 속 이미지 사이의 간극에 대한 인식에만
있는 것이 아니라, 이미지의 구성과 관련한 거울의 불가피성에
대한 인식에도 있기 때문이다. 실제의 "나"와 이미지 사이의 간
극에 대한 인식에도 불구하고 그것이 '나'를 만날 수 있는 유일
한 가능성이라면, 거울을 통해 구성된 이미지는 '나'의 유일한
현실이 된다고 할 수 있을 것이다. 유일한 방법·현실이라면 실
제와 모상 사이의 구별이란 무의미한 것이다. "거울속의나를근

심하"지만 "診察진찰할 수 없으니" 이미지는 실제와 구별할 수 있거나 위상학적으로 가상적인 지위에 있는 것이 아니다. 따라서 "나와는 反對반대"라는 분열의 현시체로서의 "거울속의나"야말로 주체의 일반적 형식이라는 역설이 이루어진다. 여기에서 이미지가 드러내는 균열과 모순은 주체라는 통합상에 내재적이고 구성적으로 관여하는 상수가 된다. '나'의 지배력을 떠나 ("나는至今지금거울을안가졌소마는") 이미 나를 항상적으로 구성하는 거울("거울속에는늘거울속의내가있소")이란, 주체의 유일한 현실로서 이미 주체의 탄생에 선행한다.[133] 133) 한상규, 「1930년대 모더니즘 문학의 미적 자의식」, 『이상 문학 전집 4』, 김윤식 편, 362-363쪽.

여기에서 자아 또는 주체의 개념을 선험적 본질을 지닌 어떤 것이 아니라, 상징계(le symbolique)의 사후 효과라고 보는 정신 분석의 관점은 참조의 대상이 될 만하다. 특히 강조할 점은 정신 분석이 주체의 개념을 타자를 매개로 해서만이 가능한 변증법의 효과로 본다는 사실이다. 라캉은 주체 형성에 관한 히스토리인 동시에 상징계에서도 한 위상학을 차지하는 상상계(l'imaginare)에 관한 논의에서, 최초의 자아상이 성립하는 순간에조차 타자가 관여하고 있음을 밝힌 바 있다. 여기에서 거울을 마주한 아이에게 이미지는 타자로서 그의 자아상 성립에 구성적으로 관여한다.[134] 134) J. Lacan, 「The Mirror Stage as Formative of the I Function」, 『Écrits』, pp75-81. 거기에서 자아상이 성립할 때 이미지에 대한 시선의 매혹, 즉 오인(誤認)적 시선은 필수적인데, 이러한 오인적 시선은 주체 탄생의 역사에서 단지 한 국면(자아 형성)에서만 발생하는 일이 아니다. 이것은 주체의 시간에 항구적으로 내재한다.[135] 135) J. Lacan, 「The Mirror Stage as Formative of the I Function」, 『Écrits』, pp76 ; S. Žižek, 『이데올로기라는 숭고한 대상』, 184-190쪽 ; 이러한 논의에 따르면 상상계는 이미 상징계에 복속되어 있다. 그것은 시각장의 영역이 근본적으로 욕망의 영역임을 뜻한다. 주체가 보고 있는 대상, 주체가 매료되는 대상, 주체가 자기 자신이라고 여기는 자기 의식은 이미 타자의 응시에 복속되어 있다. 나의 시선은 타자의 욕망의 장에 복속되어 있으며, 자기 자신을 타자의 욕망의 대상인 듯이 '완전한 대상'으로 바라본다. 그런 점에서 타자의 응시-욕망에 결박된 나는 주어인 동시에 관찰당하는 시점에 위치한 목적어(me)로서 이미 존재한다고 할 수 있다.[136] 136) J. Lacan, 「왜상」, 『세미나 XI』, 127-134쪽. 그러므로 시각장은 나르시시즘의 영역이라고 할 수 있다. 그러나 1인칭과 3인칭을 통합하는 이 전능한 시선은 불가능한 시선이라는 점에서 시각장은 '실재(l'réel)'를 가리는 스크린으로서 환상(fantasy)의 영역에 들어간다. 그러나 또한 환상은 주체의 욕망을 구성하는 드라마라는 점에서, '나'와 타자 사이에 이루어지는 이러한 변증법이야말로 주체의 유일한 진실이라는 역설이 성립한다. 내가 바라보는 나 자신의 이미지, 내 앞에 현전하는 시각적 대상인 사물이 완전한 욕망의 대상이 될 수 없다는 사실은 주체에게 가려져 있다.[137] 137) J. Lacan, 「눈과 응시의 분열」, 『세미나 XI』, 116-121쪽 ; 「그림이란 무엇인가?」, 『세미나 XI』, 164-168쪽.

이러한 차원에서 「거울」을, 타자를 매개로 한 주체의 변증법이라는 관점으로 해석해 볼 수 있다. 이 시에서 화자는 "거울아니었던들내가어찌거울속의나를만나보기만이라도했겠소"라고 말한다. 거울은 자기를 만날 수 있는 유일한 통로다. 주체와 타자의 변증법으로 보면, 거울은 이미지를 매개한다는 점에서 타자의 담지체다. 문제는 타자의 욕망-응시에 '이미' 붙들려 있는 이 거울(시각장)에서, '나-이미지'가 완전체가 아니라 "내

握手악수를받을줄모르는—握手악수를모르는왼손잡이"로 현시된다는 사실이다. 이미지에 매혹됨으로써 일어나는 타자에 의한 실제 자기의 소외나 1인칭과 3인칭을 통합하는 나르시시즘적 시선의 변증법-환상이 여기에서 제대로 작동하지 못하고 있다는 사실은 주목할 만하다. 이미지-타자에 대해 주체가 느끼는 이러한 거리감은 타자에 대한 주체의 동일시가 실패하는 장면인 동시에, 타자에 내재해 있는 어떤 결여가 무의식적으로 환기되는 순간을 보여 준다. "내말을못알아든는딱한귀가두개나있"는 타자란, 주체로 하여금 그것을 "근심"과 "診察진찰"의 대상으로 전락하게 만든다. 욕망의 대상·타자는 의혹의 대상으로 변질된다. 정신 분석의 논리에서 이러한 대상·타자의 변질은 더 이상 이미지가 욕망의 정박점이 되지 못하는 순간이며, 주체의 환상이 고장나는 순간이다. "거울속의나는참나와는반대"라는 간극에 대한 시적 주체의 인식은, 바로 이 거울이 반영(imago)에 실패했다는 사실을 뜻한다. '반영'의 생산물로서 이미지의 실패는 결국 '(정상적) 주체의 실패'를 뜻하는 것이다. 주체란 바로 '반영'의 산물이기 때문이다. 역설적으로 말해 실제의 '나'와 이미지-타자는 하나로 통합되어 있다는 오인 속에서만 '나'는 '(정상적) 주체'가 된다. 환상은 '주체'를 구성하는 드라마다. 그러므로 이상의 「거울」은 주체의 분열에 관한 것이라기보다는 오히려 주체 구성에 실패한 드라마, 환상의 실패를 보여 주는 시라고 해석할 수 있다.

이러한 이미지와 실제, 타자와 주체 사이의 간극에 대한 인식이라는 문제를 시적 형식 고유의 문제와 연관지을 때, 우리는 이 문제가 바로 이상 시의 아이러니에 내재된 무의식의 핵심임을 알게 된다. 이 때 아이러니는 하나의 수사적 차원이 아니라 시적 형식을 취한 세계 인식이다. 본래 문학 텍스트 속에서 아이러니란 타자(대상/세계)에 대한 주체의 비동화(非同化)의 미적 표지다.[138] [138] 김인환, 「반어의 의미」, 『비평의 원리』, 나남, 1999, 213쪽. 거기에서 타자와 나를 하나로 묶는 변증법, 환상의 논리는 제대로 작동하지 못한다. 시적 주체는 타자의 요구에 적극적으로 응답하는 것이 아니라, 오히려 질문하고 회의하는 주체다. 시적 아이러니 고유의 형식이라 할 수 있는 비동화의 형상은, 회의하는 시적 주체가 보이는 전형적인 형식이다. "거울속의나를근심하고診察진찰할수없"어 "퍽섭섭"해 하는 이 시적 주체란 이미지-타자에 대해 의문형을 제기하는 식으로 존재하는 주체의 형상을 보여 준다. 그러므로 아이러니를 담지한 이 시적 주체란 정신 분석의 관점에서는 '고장난 주체'의 형식을 취하고 있다고 할 수 있다. 이것이 이 시의 아이러니가 지닌 변증법적 의미이며, 일련의 거울 연작과 이상 시 전체의 기본 틀을 이루는 미적 형식에 숨겨진 무의식이다. 이 문제를 거울을 소재로 한 이상의 다른 시를 다루며 더 개진해 보도록 하자.

넷.

|

거울 : 주체라는 이름의 증상

|

3. 반영의 실패와 존재하지 않는 책으로서의 거울

|

    여기 한 페이지 거울이있으니

    잊은 季節^{계절}에서는

    얹은머리가 瀑布^{폭포}처럼내리우고

    울어도 젖지 않고

    맞대도 웃어도 휘지않고

    薔薇^{장미}처럼 착착 접힌

    귀

    들여다보아도 들여다보아도

    조용한世上^{세상}이 맑기만하고

    코로는 疲勞^{피로}한 香氣^{향기}가 오지 않는다.

    만적 만적하는 대로 愁心^{수심}이平行^{평행}하는

    부러 그러는것같은 拒絶^{거절}

    右^{우}편으로 옮겨앉은 심장일망정 고동이

    없으란법 없으니

    설마 그러랴? 어디 觸診^{촉진}……

    하고 손이 갈 때 指紋^{지문}이指紋^{지문}을 가로막으며

    선뜩하는 遮斷^{차단}뿐이다.

五月^{오월}이면 하루 한번이고

　　열 번이고 外出^{외출}하고 싶어하더니

　　나갔던길에 안돌아오는수도있는법

　　거울이 책장같으면 한 장 넘겨서

　　맞섰던 季節^{계절}을만나련만

　　여기있는 한페이지

　　거울은 페이지의 그냥表紙^{표지}—

　—「明鏡^{명경}」139) 139)《여성》, 1936. 5. 전문

「거울」에 대한 해석에서 이 글이 강조하는 것은 실제와 대립되는 거울상에도 불구하고, 거울은 오히려 시적 주체의 무의식에서 주체의 구성에 필연적이며 유일한 것으로서 인식되고 있다는 사실이다. 여기에서 거울의 이미지는 분열된 '나'의 결과물이 아니라, 오히려 '주체'의 구성을 위해 '나'가 통합해야 할 타자임에도 불구하고 통합되지 못한 채 '나'와 대립하는 타자로 경험되고 있다. 그러나 시적 주체의 무의식이 타자로 경험하고 있는 거울의 이미지에 대해 '나'가 통합의 욕망을 포기한 것은 아니다. 그 간극에 대한 인식에도 불구하고 통일된 '나'에 대한 욕망은 오히려 집요하다. 이상 시 전체에 나타나는 '나'와 타자 사이의 간극, 그리고 그에 대한 시적 주체의 인식이 아이러니적 언술로 나타나는 것은 이 합일의 욕망이 결코 포기되지 않기 때문이다. 현대시의 아이러니에 대한 한 관점을 참고하자면, 아이러니는 타자(대상/세계)에 대한 시적 주체의 단순한 포기나 좌절감을 의미하는 것이 아니라, 지속되는 통합상에 대한 욕망에도 불구하고 그것이 어긋남을 확인하는 주체의 고통

스러운 자의식을 의미한다. 그런 차원에서 아이러니는 하나의 지적 인식이기도 하다.[140] 140) O. Paz, 『흙의 자식들』, 92-100쪽. 이러한 통합상에 대한 열망이 거울을 통해 표출되고 있는 시가 「明鏡명경」이다.

「明鏡명경」에서 시적 주체는 실제와 이미지, 주체와 타자가 분열되기 이전의 선험적 상태를 시공간적으로 가정해 본다. 거울은 공간적으로 "한페이지"라는 책의 은유로, 시간적으로는 "잊은季節계절"이라고 하는 과거로 제시된다. 그러나 과거를 전제해도 여전히 이미지는 실제와 일치된 통합상을 구성하지 못한다. "울어도젖지않고" "맞대고웃어도휘지않고" 귀는 "장미처럼착착접힌"다. 심장은 여전히 "右우편으로 옮겨앉"았다. '나'는 거울 속의 '나'에게 "부러 그러는것같은 拒絶거절"을 당한다. "설마 그러랴?"라는 언술은 의혹 속에서도 이미지-타자와의 일치를 여전히 포기하지 못하는 주체의 끈질긴 욕망을 드러내는 언술이다. 그래서 주체는 다시 거울의 이미지를 향해 손을 내민다. 그러나 이러한 "觸診촉진"은 무위로 끝난다. "손이갈때 지문이지문을가로막으며" 손에 남는 감각은 "선뜩하는 遮斷차단"의 감각일 뿐이다. 눈여겨볼 것은 "선뜩하는 遮斷차단"의 감각이 지닌 현재성이다. 그것은 "잊은季節계절", 즉 주체의 선험적 상황을 가정하려는 노력이 근본적으로 불가능함을 느끼는 주체의 육체화된 감각의 표현이다. 이미지-타자를 불일치로 경험하는 거울과 대면하는 시간이란 항상 현금(現今)이기 때문이다. 그렇다면 애초에 이 "잊은季節계절"이란 주체에게 한 번도 현실적으로 경험되지 못한 논리적 가정에 불과했음을 알게 된다. "선뜩하는"이 감각화된 느낌은 논리적으로 가정된 과거를 현재의 시간으로 소환함으로써, 그 가정의 불가능성이 주체 스스로에게 인식되는 순간의 느낌이다. 현금으로 존재하는 균열된 주체의 형상이란 주체가 시간 속에 존재하는 유일한 형식인 것이다. 여기에서 '明鏡^{명경}'은 "맞섰던 季節^{계절}을 만나"는 통로로서 "책장"의 한 페이지, 주체를 보증해 줄 선험적 기의의 담지체인 '책'이 아니라 다만 그냥 "表紙^{표지}"에 불과한 것으로 판명된다.

이 지점에서 '明鏡^{명경}'이 책장의 "한 페이지"가 아니라 다만 "表紙^{표지}"로 판명된다는 사실은 그 비유의 형상과 관련하여 주목할 만하다. 우선 '明鏡^{명경}'이라는 언표를 보자. 이 시에서 '明鏡^{명경}'은 현금(現今)으로, 즉 항상 현재의 시간으로 경험되는 거울상의 분열의 문제를 해소해 보려는 시적 주체의 논리적 가정이다. 이상의 다른 글에 따르면 이 거울은 "기억이 관계하지 않는 그리고 의지가 음향하지 않는 그 무한으로 통하는" "가장 문명된 군비"(「얼마 안되는 辨解^{변해}」)이기도 하다.[141] [141] 이상 시의 거울이 의식 이전 모종의 선험적 상태를 가정하면서도 "가장 문명화된 군비"로 표현되는 것은, 이상 시 전체에 나타나는 아이러니의 상당수를 모더니티와의 상관항 속에서 이해해야 한다는 사실을 보여 주는 중요한 표지다. 이 문제에 관해서는 추후에 따로 논의하도록 한다. "조용한 世上^{세상}이 맑기만하고 / 코로는 疲勞^{피로}한 香氣^{향기}가 오지 않"는 거울의 투명성은 거울이 지닌 초월적이고 선험적인 위상을 무의식적으로 드러낸다. 문제는 이러한 극단적인 논리적 가능성 역시 실패하고 만다는 데에 있다. 실제와 이미지, '나'와 타자를 합일시키려는 노력은 그 집요한 노력과 욕망에도 불구하고 언제나 실패한다. 즉 이상의 시적 주체는 거울 앞에서 '온전한' "나"와 마주하는 경험에 항상 실패한다. 그렇다면 이러한 통합상의 추구에 대한 항상적 실패는, 거울의 이미지는 언제나 온전한 반영에 실패할 수밖에 없는 것이라는 시적 주체의 강박을 드러내는 증후적 언표라고 해야 하지 않을까.[142] 142) 김승구는 이 시에서 거울이 기하학적 사유의 중심축을 이루는 대칭과 조화 개념으로 표현되는 근대적 주체의 전일성을 넘어서는 기제로 작용한다고 해석하면서, 이 시의 거울이 윤동주의 성찰적·관조적 거울과는 달리 봄의 결과로 오히려 분열과 무력을 경험하는 자아의 매개라고 주장한다. 김승구, 『이상, 욕망의 기호』, 130-134쪽 ; 지젝에 따르면 이러한 '반영'의 실패는 오히려 거울 자체의 본질을 이룬다. 헤겔의 주석가인 가셰(R. Gasché)의 논문 「거울의 배면(The Tain of the Mirror)」을 논하면서 지젝은 다음과 같이 자신의 관점을 첨가한다. 가셰는 거울의 배면—반사면이 벗겨져 있어서 우리로서는 오직 어두운 배면만을 보게 되는 부분—을 반사의 한계에 대한 은유로 해석한다. 주체의 대상 안으로의 반사, 자기 자신 속에서 자기 생산물을 인식하는 주체에 의한 대상의 재전유는 거울의 배면에서 자신의 한계에 직면한다. 거기서 거울의 관찰자—자기 자신—는 자신의 이미지를 돌려받는 대신 무의미한 암점(the blind spot)과 대면하게 된다. 가셰에 따르면 이 암점들은 거울 반사의 가능 조건이자 불가능의 조건이다. 바로 그 반영의 한계를 통해 암점들은 반사된 대상과 그 거울 이미지 사이의 미세한 거리를 창출한다. 다시 말해 그 반영의 한계인 거리가 거울의 반사를 가능하게 하는 조건이다. 지젝에 따르면 이러한 거울의 배면은 헤겔의 '절대성-통일'의 개념을 역설적으로 이해하게 해 준다. 그것은 모든 가능성은 '언제나-이미' 그것의 불가능성에 매개되어 있다는 사실이다. 거울은 언제나 '반영'에 실패하며, 주체는 거울 속에서 언제나 어떤 암점과 대면한다는 사실, 자기 모습을 온전히 돌려보내지 않는 그 자리에서 주체는 더 이상 자신을 발견할 수 없다는 사실을 알고 있다. 그러나 주체가 거울의 이미지 속에 기입될 수 있는 것은 오직 그러한 절대적으로 이질적인 자리에서일 뿐이다. 그렇다면 거울의 암점은 엄격히 주체의 구성 요소라고 해야 한다. 보는 자로서의 주체는 그가 보고 있는 거울 이미지가 '본래적으로' 불완전한 한에서만, 즉 그 이미지가 병리적 얼룩을 포함하는 한에서만 '존재한다'. 그러므로 주체는 이 병리적 얼룩의 상관물이자 암점의 효과라고 할 수 있다. S. Žižek, 『그들은 자기가 하는 일을 알지 못하나이다』, 264-265쪽.

한편 여기에서 '明鏡^{명경}'이 '책'이라는 공간적 은유를 얻고 있음은 의미심장하다.[143] 143) 임명섭은 이상 시 전체에 책과 독서의 은유가 광범위하게 숨겨져 있음을 지적한 바 있다. 이 연구에 따르면 이상은 자신이 대면하고 관찰하고 앞으로 탐구되어야 할 세계의 모든 사물과 현상을 한 권의 거대한 책으로 상상하고 있다. 다시 말해 이상에게 책은 세계 전체의 유추적 상관물이다. 임명섭, 「이상 문학에 나타난 책과 독서의 은유」, 『이상 문학 전집 5』, 김윤식 편, 135쪽. 이 시를 간단히 요약하면 책장의 한 페이지인 줄 알고 읽으려고 했던 거울의 이미지가 실은 책의 겉표지에 불과했다는 것이다. 즉 실세와 만나기 위해, 혹은 실제라고 가정한 이미지를 읽기 위해 주체는 '明鏡명경'이라는 책을 통해 의미의 완전체와 만나려 했으나, 그것은 실제와 어긋나는 '실패한 반영'으로서 거울, 책의 실제적 구성 요소가 아니라 그 표피만을 감싸고 있는 껍데기에 불과했다는 것이다. 의미의 담지체, 보증자로서의 책과 주체는 만나지 못한다. 어긋나지 않는 충만한 의미의 구현체이자 통로라고 생각했던 거울과 그 속의 이미지는 실제적인 것이 아니었다. 이러한 비유의 형상은 구조주의 언어학을 통해 주체의 변증법을 해석하는 라캉의 이론을 연상하게 한다. 라캉에 따르면 기호들로 구성된 상징계는 기표와 기의가 분리되어 있는 기표 체계이다. 기표는 자신과 1:1로 대응할 수 있는 기의를 찾아 헤매지만 기표와 기의는 어긋나고 끝없이 미끄러지며, 주체는 선험적이고 충만한 의미를 보증하는 절대적 기의를 찾아 욕망의 운동을 지속하지만, 그것은 일시적인 환영으로서만 주체 앞에 출현했다가 다시 그의 손아귀를 빠져 나간다.[144] 144) A. Lemaire, 『자크 라캉』, 270-304쪽.

이 시에서 '明鏡명경'은 분열되지 않은 주체, 자기의 통합상을 지지해 줄 충만한 의미체인 '절대적인' 자기를 만나게 하는 통로이자 담지체라고 할 수 있다. 정신 분석의 논의를 참조한다면 그것은 기표와 기의가 어긋나지 않는 충만한 상태, 절대적인 합일 상태에 대한 욕망을 적실하게 보여 주는 주체의 현장이다. "들여다보아도 들여다보아도 / 조용한 世上세상이 맑기만 하고" "코로는 疲勞피로한 香氣향기가 오지 않는다"는 언술은 충만한 의미의 담지체로서 '明鏡명경'의 위상을 잘 드러낸다. 그런데 이러한 '明鏡명경'이 실체를 지닌 책장이 아니라 다만 "表紙표지"에 불과함을 확인하고 회의하는 시적 주체의 모습은, 문자에 대한 비유를 통해 기표와 기의의 불일치, 의미의 절대적 담지체로서 분열되지 않은 기의란 불가능하다는 사실에 대한 인식이 무의식적으로 드러나는 의미심장한 대목이라고 할 것이다. 이 대목은 이상 시 전체의 시의식과 관련해서도 중요한 사실을 암시한다. 주체가 절대적으로 규정한 '明鏡명경'조차도 껍데기에 불과하다면, 이러한 껍데기의 형상이야말로 이상의 시적 주체가 타자와 대면하는 유일한 형식이 될 수밖에 없다는 사실이다. 다시 말해 이러한 어긋남과 전도의 형식은 시적 주체에게 그 스스로의 동일성의 불가능성을 환기할 뿐만 아니라, 타자의 결여를 환기하는 표지로서 세계 자체의 존재 형식으로 인식된다고 볼 수 있을 것이다.[145] 145) 이 시에서 결국에는 "表紙표지"로 판명되고 만 "한 페이지 거울"로서의 '책'은 현대시의 아이러니의 문제와 관련하여 중요한 시사점을 제기하는 비유라고 할 수 있다. 옥타비오 파스의 연구에 따르면, 현대시의 아이러니는 아날로지와의 길항 관계 속에서 이해될 수 있다. '현대 시인'은 우주를 사물들의 총체로 보지 않고 기호들의 총체로 바라본다. 사물들은 곧 언어들이다. 우주적 상응과 교감은 언어를 통해 이루어지는 사물들의 계속적인 번역을 의미하며, 언어로 이루어진 '책의 페이지'들은 이러한 번역-텍스트들의 끊임없는 연쇄로 이어진다. '은유'의 형식으로 대표되는 현대시의 아날로지는 이러한 우주적 상응과 교감을 의미한다. 그러나 현대시의 아이러니는 이러한 아날로지가 더 이상 불가능하다고 판단한다. 사물들을 번역한 책-문자들은 각기 상이하게 해석되거나 해독될 수 없다. 현대시의 아이러니는 궁극적으로 '책'은 존재하지 않거나 씌어진 일이 없다고 판단한다. O. Paz, 『흙의 자식들』, 92-100쪽.

이상 시에 내재한 아이러니가 부분적인 양상이 아니라, 그의 시 전체의 전면적인 미적 양상이 될 수밖에 없는 것은 이 때문이다. 이상에게 주체의 균열, 주체와 타자 사이의 간극은 주체의 부분적 양상이 아니라, 주체와 타자가 변증법적으로 얽혀 있는 세계 자체의 불가피한 형식이자 기본 조건으로 인식되었다.

여기에서 주목할 점은 이러한 균열과 간극의 인식에는 주체뿐만 아니라 타자(세계)의 결여에 대한 인식까지도 무의식적으로 작동하고 있다는 사실이다. 비동화/비동일시란 주체의 입장에서는 타자의 결여를 무의식이라고 할 수 있다. 동화되지 못하는 타자란 그 자체로 어떤 결여의 현시체다. 다만 동일시를 성립하지 못하게 하는 타자 내의 결여의 의미는 주체에게 능동적으로 인식되지 못한다. 그는 답을 가지고 있지 못한 채, 주체와 타자 사이에 내재한 간극, 주체와 타자 모두에 자리잡고 있는 결여에 대해 감각하고 그 감각의 의미를 질문화하고 있을 뿐이다. 이것이 바로 이상의 거울 연작이 보여 주는 시적 아이러니다. 해답을 가지고 있지 못하므로 주체를 향한 타자의 물음에 응답하지 못하는 비동화의 표지인 아이러니는,[146]

[146] 르페브르에 따르면 아이러니스트에는 두 가지 유형이 있다. 첫 번째 유형의 경우 아이러니스트는 세계와 타자, 사회를 공격한다. 두 번째 유형의 경우, 아이러니스트는 자신의 잔혹스럽고도 뒤틀린 힘을 자신에게 행사한다. 그는 자기 자신을 부정하고, 그렇게 하기 위해 자신이 속한 사회와 세계, 타자를 공격한다. 양자 모두에 있어 아이러니는 세계에 대한 비동화의 표지로서 갈등에 대한 첨예한 의식을 전제로 한다. 아이러니는 이러한 의식과 갈등을 해결한다기보다는 오히려 악화시킬 방법을 찾는다. 그것은 아이러니가 타자와 세계, 그리고 자신에 대해 해결할 수 없는 의문만을 가지고 있기 때문이다. H. Lefebvre, 『모더니티 입문』, 17-29쪽.

이상에게서는 극히 해소되기 어려운 것이었다. 역설적으로 그러한 아이러니에 의해서만 이상의 시는 계속될 수 있었다. 해소될 수 없는 물음이란 여전히 답을 요구하고 있으며, 자의식의 형태이지만 그 물음의 방향은 타자를 향한 것이라는 차원에서, 시적 아이러니는 여전히 타자에 대한 욕망이 무의식의 차원에서 지속되고 있는 주체의 미적 형식이라고 말할 수 있다.[147]

[147] 벨러의 연구에 따르면, 아이러니는 세계에 대한 주체의 비동화의 표지이자 결핍에 대한 인식이다. 그러나 그 상태는 정지되거나 완결된 것이 아니라, 무한한 것에 대한 동경과 한계 인식에 대한 자아의 모

순적 상황이 끊임없이 부동(浮動)하는 상태를 의미한다. E. Behler, 『아이러니와 모더니티 담론』, 73-75쪽 ; 옥타비오 파스에 따르면 이러한 부동성은 궁극적으로 세계의 총체성이 깨어져 나간 것에 대한 고통스러운 인식으로서, 명확한 해답을 찾을 수 없는 세계에 대한 미적 형식의 물음이다. O. Paz, 『흙의 자식들』, 93-100쪽.

짧은 일생이기는 했지만 이상의 텍스트들이 아이러니의 형식으로 점철될 수밖에 없었던 것은 그러므로 이중의 차원에서 의미심장하다. 그것은 이상에게 타자와 주체가 모순적으로 얽혀 있는 이 변증법이 얼마나 극복되기 어려운 문제였는가를 보여 주는 동시에, 그 시적 주체가 보여 주는 유폐와 고립이 자발적 의지에 의한 것이 결코 아니었다는 사실을 보여 준다. 다른 한 편의 거울 관련 시에서 이 문제는 더욱 뚜렷하게 드러난다.

넷.

거울 ; 주체라는 이름의 증상

4. 죄의식과 물음 형식으로서의 시적 아이러니

1

나는거울없는室內^{실내}에있다. 거울속의나는역시外出中^{외출중}이다. 나는至今^{지금}거울속의나를무서워하며떨고있다. 거울속의나는어디가서나를어떻게하려는陰謀^{음모}를하는中^중일까.

2

罪^죄를품고식은寢床^{침상}에서잤다. 確實^{확실}한내꿈에나는缺席^{결석}하였고義足^{의족}을담은軍用長靴^{군용장화}가내꿈의白紙^{백지}를 더럽혀 놓았다.

3

나는거울있는室內^{실내}로몰래들어간다. 나를거울에서解放^{해방}하려고. 그러나거울속의나는沈鬱^{침울}한얼굴로同時^{동시}에꼭들어온다.거울속의나는내게未安^{미안}한뜻을傳^전한다.내가그때문에囹圄^{영어}되어있듯이그도나때문에囹圄^{영어}되어떨고있다.

4

내가缺席^{결석}한나의꿈, 내僞造^{위조}가登場^{등장}하지않는내거울. 無能^{무능}이라도좋은나의孤獨^{고독}의渴望者^{갈망자}다. 나는드디어거울속의나에게自殺^{자살}을勸誘^{권유}하기로決心^{결심}하였다. 나는그에게視野^{시야}도없는들窓^창을가리키었다. 그들窓^창은自殺^{자살}만을爲^위한들窓^창이다. 그러나내가自殺^{자살}하지아니하면그가自殺^{자살}할수없음을그는내게가르친다. 거울속의나는不死鳥^{불사조}에가깝다.

5

내왼편가슴心臟^{심장}의位置^{위치}를防彈金屬^{방탄금속}으로掩蔽^{엄폐}하고나

는거울속의내왼편가슴을겨누어 拳銃^{권총}을 發射^{발사}하였다. 彈丸^{탄환}은 그의왼편가슴을 貫通^{관통}하였으나그의 心臟^{심장}은바른편에있다.

6

模型心臟^{모형심장}에서붉은잉크가엎질러졌다. 내가 遲刻^{지각}한내꿈에서 나는 極刑^{극형}을받았다. 내꿈을 支配^{지배}하는자는내가아니다. 握手^{악수} 할수조차없는두사람을 封鎖^{봉쇄}한 巨大^{거대}한 罪^죄가있다.

― 「烏瞰圖^{오감도}; 詩第十五號^{시제십오호}」148) 148)《朝鮮中央日報^{조선중앙일보}》, 1934. 8. 8. 전문

이 시의 구조는 크게 두 개의 층위로 나뉜다. 1·3·5연이 현실의 공간이라면, 2·4·6연은 '꿈'이라는 좀 더 내밀한 무의식의 공간이다.149) 149) 김지녀, 「이상 시의 아이러니 연구」, 63쪽. 거울 모티프 시들의 연관 속에서 볼 때, 4연에서 "내 僞造^{위조}가 登場^{등장}하지않는내거울"이라고 언급한 2·4·6연의 꿈의 세계는, "疲勞^{피로}한 香氣^{향기}가 오지 않는" '明鏡^{명경}'의 세계와 등가를 이룬다.150)

150) 권영민은 이 텍스트를 "거울없는실내"가 나오는 1연·2연과 "거울있는실내"인 3연·6연의 두 부분으로 구분한다. 이 해석에 따르면 2연에서 "義足^{의족}을담은 軍用長靴^{군용장화}"로 표상되는 공포는 "거울속의나"를 확인할 수 없는 상태가 야기하는 '부재에 대한 두려움'이며, "罪^죄를품고"는 이 두려움의 다른 표현이다.(권영민, 『이상 텍스트 연구』, 85-86쪽.) 그러나 이러한 해석은 몇 가지 지점에서 해석적 난점을 드러낸다. 우선 텍스트 내부의 논리에서 볼 때 문제가 있다. ①. 공포의 성격과 관련한 것이다. 1연에 "나는至수^{지금}거울속의나를무서워하며떨고있다"는 표현이 있다. 여기에서 공포의 상황은 거울 속에서 '나'를 확인할 수 없는 부재의 상황 때문이 아니라, 이미("至수^{지금}") 거울 속에 존재하는 '나'를 무서워하는 상황 속에서 이루어진다. 즉 공포는 거울 속에서 확인할 수 없는 '나'의 존재의 부재 때문이 아니라, 거울 속에 '나'가 있다는 기지(旣知)의 사실에서 비롯된다. 이것은 1연에서 '나'가 느끼는 공포의 성격이 거울 바깥의 '나'와 거울 속의 '나'가 분리되어 있다는 분열적 상황과 관계한다는 사실을 증명한다. ②. ①번 해석의 논리적 귀결에 따라, 2연의 "罪^죄를품고"와 "義足^{의족}을담은 軍用長靴^{군용장화}"의 죄의식 또는 공포의 성격은 거울 속에 부재하는 '나'의 상황 때문이 아니라는 사실을 확인할 수 있게

된다. ③. 2연의 "罪(죄)"는 6연의 "惡手^{악수}할수조차없는두사람을封鎖^{봉쇄}한巨大^{거대}한罪^죄"와 호응하고, 2연과 6연의 시적 상황이 각각 "내꿈에나는缺席^{결석}"하고 "내가遲刻^{지각}한내꿈"과 관련되며, 이 상황은 다시 4연의 "내가缺席^{결석}한나의꿈"의 상황과 호응한다는 사실을 확인할 때, 2연과 4연과 6연은 "내僞造^{위조}가登場^{등장}하지않는내거울"의 상황인 "꿈"의 상황으로 묶일 수 있다. ④. 이상의 거울 모티브 시들, 나아가 이상 텍스트 전체의 관점에서 그 시적 주체가 느끼는 공포가 거울 속에서 '나'를 확인할 수 없다는 사실에 기인하는 일은 없다. 만일 거울 속에서의 '나'의 부재가 문제가 된다면, 3연에서처럼 "나는거울있는室內^{실내}로 몰래들어간다"는 표현이나, "나를거울에서解放^{해방}하려고"와 같은 표현은 설명될 수 없다. 이상의 시적 주체에게서 거울과 관련한 공포는 오히려 언제나 "거울속의나"가 현존한다는 움직일 수 없는 사실과 관련된다. 그 현존은 주지하듯이 거울 속의 '나'와 거울 바깥의 '나'가 통합되지 못하는 아이러니적 현존 상황이다.   이 두 층위는 각각의 논리적 구조를 지니면서, 종국에는 서로 의미에 간섭하는 모습을 보여 준다. 일단 1·3·5연을 해석해 보자. 1연은 우선 "거울없는室內^{실내}"를 시적 상황으로 상정한다. 이 때 "거울속의나는역시外出中^{외출중}"이라는 언술은 "거울없는室內^{위조}"라는 언술의 동어반복이다. "거울없는室內^{위조}"이므로 나는 거울에 모습을 비추고 있지 않으며, 거울 속에는 이미지가 생길 수 없기 때문이다. 그러나 "나는至今^{지금}거울속의나를무서워하며떨고있다." 3연에 이 무서움의 이유가 제시된다. 그 무서움의 이유는 내가 아무리 "나를거울에서解放^{해방}하려고" "거울있는室內^{실내}로몰래들어"가도, "거울속의나는침울한얼굴로同時^{동시}에꼭들어"오기 때문이다. 이미지는 항상 주체와 결부되어 있다는 뜻이다. 그러므로 거울 바깥의 나와 거울 속의 나는 분리되지 못한다. "내가그때문에圖圖^{영어}되어있듯이그도나때문에圖圖^{영어}되어떨고있다." 이미지와 실제의 이러한 비분리성이 불가피한 것이라면, 그리고 주체의 형식이 거울을 통해서만 인지될 수 있다면, 거울 바깥의 나와 거울 속의 나를 구별하는 것은 무의미하다. 이미지와 실제가 얽이는 것의 불가피함은 그러므로 필연적이다.

이 즈음에서 거울 속의 이미지가 "그"라는 객관적 형식으로 표현되고 있음을 주목해 보자. 지금까지 이 논문이 제기했던 관점 대로라면, 거울의 이미지는 실제와 구별되지 않는 변증법적 매개로서 '나'에게 타자로 경험된다. "그"라는 표현은 '나'에게 이미지가 무의식적으로 타자로서 인식되고 있음을 보여 주는 언표다. 물론 이미지와 실제가 서로에게 "囹圄^{영어}"되어 있는 '나'-타자의 변증법적 관계에서 '거울 속의 나'라고 하는 이미지-타자는 주체 구성의 한 요소로서 주체 내부에 모순적으로 위치한다. 5연의 상황은 이러한 변증법적 관계에 대한 모순을 '나'가 인식하고 그에 대해 극대화된 공격성을 보여 준다. 거울 바깥의 '나'는 거울 속의 '나'를 향해 권총을 발사한다. 그러나 거울상의 반영 구조에 의해 "彈丸^{탄환}은그의왼편가슴을貫通^{관통}하였으나그의心臟^{심장}은바른편에있다." '나'와 타자의 변증법에 내재한 모순은 어떤 방식으로도 해소되지 못한다. 그런데 여기에서 의미심장한 사실은 이러한 공격성에서 드러나는 또 다른 아이러니다. 그것은 분리된 타자의 죽음을 통해서나 가능한 주체의 통합상은 결국 '나'의 죽음이라는 형식을 통해서만 완성될 수 있다는 사실이다. 그러므로 이미지-타자를 향한 공격성의 발호는 '나'에게 "내가自殺^{자살}하지아니하면그가自殺^{자살}할수없음을그는내게가르친다." "거울속의나는不死鳥^{불사조}"라는 4연의 언술은, '나'-타자의 변증법이 오직 '나'의 죽음으로만 완결될 수 있다는 사실과 관련된다. 바꿔 말해 그것은 이러한 모순적 통합이 살아 있는 주체의 유일한 존재 형식이라는 뜻이다.

2·4·6연의 꿈은 주체의 이 유일한 존재 형식이 유예되는 세계를 가정한 것이다. "確實^{확실}한내꿈에나는缺席^{결석}"하였다는

2연의 언술은 "내僞造^{위조}가登場^{등장}하지않는내거울"이라는 4연의 언술과 통하는 꿈의 정황을 제시한다. 여기에서 해석에 유의할 점은 "내僞造^{위조}가登場^{등장}하지않는거울"이란 이미지가 아예 맺히지 않는 거울이 아니라는 사실이다. 그것은 반영체라고 하는 거울의 의미 정의상 애초에 불가능하다. 여기에서 시적 주체가 부정하는 것은 "僞造^{위조}가登場^{등장}하지않는"것에 있지 거울이라는 대상 자체에 있지 않다. 따라서 "無能^{무능}이라도좋은나의孤獨^{고독}의渴望者^{갈망자}"를 욕망한다고 할 때, 이것은 거울에 맺힌 이미지가 실제와 동일한 것으로 등장하는 순간을 뜻한다. 그 때 이미지와 실제는 동일하기 때문에, '하나', 즉 "孤獨^{고독}"하게 된다. 반대로 이미지가 실제의 전도된 형식으로 거울에 나타나는 순간 거울은 더 이상 고독하지 않다. 거울 속의 '나'와 거울 바깥의 '나'는 차이를 통해 분리되므로 그것은 이미 둘이 되기 때문이다. 그러나 꿈에서조차 이는 불가능한 일이다. 거울은 빛과 시선이 존재하는 한 그러한 전도와 분리를 통해서만이 이미지와 실제의 모순적 통합상을 만들어 낼 수 있다. "나는그에게視野^{시야}도없는들窓^창을가리"키며 그의 자살을 권유하는 것도 이런 까닭이다. "視野^{시야}"는 곧 빛과 시선이 만들어 내는 시각장을 의미한다. 거울은 시야가 사라진 세계에서 이미지를 만들지 못한다. 따라서 "視野^{시야}도없는들窓^창"이란 이미지 자체의 삭제를 의미한다. 하지만 시야 없는 세계란 어둠 자체, 곧 죽음과 다르지 않다. 어둠을 이용해서 이미지를 가리는 것은 일차적으로는 거울의 이미지를 살해하는 일이겠으나, 궁극적으로 이러한 이미지의 살해는 이미지의 원천인 자신의 자살로써만 가능한 일이다.151) 151) 이러한 관점으로 이 부분을 읽으면 「三次覺設計圖^{삼차각설계도} ; 線^선에關^관한覺書^{각서} 7」에 대해 지금까지와는 다른 새로운 해석의 실마리가 잡힌다.

빛이사람이라면사람은거울이다. // 빛을가지라. // ──── // 視覺^{시각}의이름을가지는것은 計劃^{계획}의嚆矢^{효시}이다. 視覺^{시각}의이름을發表^{발표}하라. // ㅁ니의이름 // △나의아내의이름(이미오래된과거에있어서나의AMOUREUSE는이같이도총명하니라) // 視覺^{시각}의이름의通路^{통로}는설치하라, 그리고그것에다最大^{최대}의速度^{속도}를附與^{부여}하라. // 하늘은視覺^{시각}의이름에對^대하여서만存在^{존재}를明白^{명백}히한다(代表^{대표}인나는대표적인一例^{일례}를들것) // 蒼空^{창공}, 秋天^{추천}, 蒼天^{창천}, 靑天^{청천}, 長天^{장천}, 一天^{일천}, 蒼穹^{창궁}(대단히갑갑한 地方色^{지방색}이나아닐는지)하늘은視覺^{시각}의이름을發表^{발표}하였다. // 視覺^{시각}의이름은사람과같이永遠^{영원}히살아야하는數字^{숫자}적인어떤一點^{일점}이다, 視覺^{시각}의이름은運動^{운동}하지아니하면서運動^{운동}의코오스를가질뿐이다. // ──── // 사람은視覺^{시각}의이름으로하여빛보다도빠르게달아날필요는없다. // 視覺^{시각}의이름들을健忘^{건망}하라 // 視覺^{시각}의이름을節約^{절약}하라.
―「三次覺設計圖^{삼차각설계도}; 線^선에關^관한한覺書^{각서} 7」,《조선과건축(朝鮮と建築)》, 1931. 10.; 임종국 편, 임종국 역, 『이상 전집』, 1956.) 부분

「烏瞰圖^{오감도}; 詩第十五號^{시제십오호}」와 관련하여 주목되는 것은, 이 시가 빛과 사람과 거울을 등가적으로 표현하고 있다는 사실이다. "빛이사람이라면사람은거울이다" 라는 표현이 그러하다. 이 표현은 빛은 사람을 존재하게 하며, 빛에 의존하여 또는 빛으로 이루어진 사람(의 세계)이란 존재는 거울과 같다는 뜻을 함축하고 있다. "視覺^{시각}의이름"이란 빛으로만 가능한 시각적 감각에 의해 사람이 거울 속에서 제 정체성을 부여받은 상태를 의미한다. 여기에서 "빛"은 존재에게 이름 즉 정체성을 부여하는 유일한 가능성이라는 점에서 "視覺^{시각}의이름의通路^{통로}"가 된다. "視覺^{시각}의이름"에 의해 부여된 정체성이 바로 "ㅁ나의이름 // △나의아내의이름"이다. "빛-視覺^{시각}"은 모든 사물에 대해서도 그러하다.("하늘은視覺^{시각}의이름에對^대하여 서만存在^{존재}를明白^{명백}히한다") 그런데 텍스트 내부에서 화자의 의견임을 분명히 표시하는 괄호 표시 안에 있는 두 언술이 눈에 띈다. "하늘의시각의이름"을 나열한 "蒼空^{창공}, 秋天^{추천}, 蒼天^{창천}, 靑天^{청천}, 長天^{장천}, 一天^{일천}, 蒼穹^{창궁}" 뒤에 붙은 "(대단히갑갑한地方色^{지방색}이나아닐는지)"라는 언술과, "△나의아내의이름" 뒤에 붙은 "(이미오래된과거에있어서나의AMOUREUSE는이같이도총명하니라)"는 언술이 그것이다. 전자의 경우 괄호 안의 의미는 "蒼空^{창공}, 秋天^{추천}, 蒼天^{창천}, 靑天^{청천}, 長天^{장천}, 一天^{일천}, 蒼穹^{창궁}"과 같은 "하늘의시각의이름"이 "대단히갑갑한地方色^{지방색}" 을 지닌 이름이라는 뜻이며, 이는 "빛"에 의한 "視覺^{시각}의이름"이 지닌 명명의 한계로 인해 사물에 그 이름에 맞는 정확한 정체성이 부여되지 못했다는 시적 화자의 가치 판단을 함축하고 있는 것이라는 점에서 주목된다. 이런 점에서 후자의 "(이미오래된과거에있어서나의AMOUREUSE는이같이도총명하니라)"에서 "총명하니라"는 아이러니적 진술로 읽어야 한다고 판단된다. 이상의 텍스트 전체에서 일관되게 나타나는 '안해'에 대한 '나'의 양가적 감정(아이러니적 태도)을 상기해 보면 이러한 독법의 신빙성은 더해진다. 이럴 경우 "빛-視覺^{시각}"에 의해 "나의이름" 이 된 "ㅁ"이나 "나의아내의이름"이 된 "△"은 모두 명명적 한계를 지닌 추상적

언표로서, "빛-視覺시각"(이성)에 의해 "이름"(말)이 부여되고, 그에 따라 정체성과 질서가 구축되는 상징 세계의 한계에 대한 시적 화자의 인식을 무의식적으로 노출하는 아이러니적 표지라고 볼 수 있다. 물론 시적 화자는 "視覺시각의이름은사람과같이永遠영원히살아야하는數字的숫자적인어떤一點일점이"라는 점을 인식하고 있다. 즉 주체와 사물에 정체성을 부여하는 "빛-視覺시각"(이성)과 "이름"(말)들로 구축된 현실의 세계란, 그 한계에도 불구하고 존재의 유일한 거처일 수밖에 없다는 것이다. 이상에게서 이 유일하고도 아이러니적인 현실이야말로 "빛이사람이라면사람은거울"이 되는 세계, "거울" 자체였다고 볼 수 있을 것이다.

그러므로 5연에서 거울을 향한 권총 발사는 결국 거울의 반영을 통해 그 거울 앞에 선 '나'를 향한 총탄의 발사로 귀결될 수밖에 없다. 타자를 꼭 닮았으나 '나'와는 정반대인 '반영'의 실패는 해소될 수 없다. "꿈을支配지배하는者자는내가아니다"라는 언술은 무의식의 영역에서조차 완강한 힘을 발휘하고 있는 이 변증법의 위력을 시적 주체가 무력감 속에서 인식하고 있음을 드러낸다. "내꿈의白紙백지를더럽혀놓"은 "義足의족을담은軍用長靴군용장화"라는 표현 역시 그렇다. "義足의족"은 의사(擬似) 다리이다. 그것은 거울에 비친 모상, 이미지와 같다. "軍用長靴군용장화"는 의족을 담고 있으므로, 이미지의 담지체인 거울이 공격성을 지니고 있다는 것을 뜻한다.[152] 152) 김승희는 "義足의족을담은軍用長靴군용장화"는 상징적 질서를 의미하고, "내꿈의 白紙백지를 더럽혀 놓았다"는 언술을 상징적 질서를 반영하는 언어 세계로 진입하였다는 뜻으로 읽는다. 김승희, 『이상 시 연구』, 38쪽 ; 조해옥은 "義足의족을담은軍用長靴군용장화"를 본래의 나를 위협하는 위조된 나로 해석하고, "白紙백지"의 꿈을 내가 이질적인 나에서 벗어날 수 있는 해방된 공간으로서의 꿈의 세계로 해석한다. 조해옥, 『이상 시의 근대성 연구』, 50쪽.

거울 바깥과 거울 속이 분리되기 어렵듯이, 시적 주체가 상정한 무의식의 세계-꿈조차도 이미 실재를 소외시키는 이미지, 주체를 침탈하는 타자의 공격성에 침식되어 있다. 변증법적 통일을 이루지 못한 주체, 곧 동일성의 성취에 실패한 파편화된 신체가 꿈속에서 공격적인 것으로 회귀한다는 정신 분석의 통찰은[153] 153) J.

Lacan, 「The Mirror Stage as Formative of the I Function」, 『Écrits』, p97. 여기에서 구체적인 시적 예시를 얻는다. 이미 거울의 내부에 복속된 꿈. 그것은 책장의 "한 페이지"인 줄 알았던 '明鏡^{명경}'이 다만 "表紙^{표지}"에 불과할 수밖에 없었던 것과 동일하다. "내가自殺^{자살}하지아니하면그가自殺^{자살}할수없"는 주체의 이 유일한 존재 형식에 대한 질문은, 시인 이상에게 죄의식의 원천으로 작용했던 것으로 보인다. 이상은 이 죄의식을 6연에서 "惡手^{악수}할수조차없는두사람을封鎖^{봉쇄}한巨大^{거대}한罪^죄가있다"고 객관적 언술로 표현하고 있다. 2연의 "罪^죄를품고"에서 언표되고 있는 죄의식은 바로 이 "거대한罪^죄"에 대한 시적 주체의 인식과 관련된다.154) 154) 이혜원은 "거대한罪^죄"가 동일성에 대한 욕망에 사로잡혔던 '나'가 동일시를 통해 동화할 수 없는 상징계라는 대타자(the Other)를 교란한 사실을 의미한다고 본다. 이혜원, 「이상과 윤동주 시에 나타나는 주체 형성의 양상」, 《우리어문연구》 16, 100쪽.

이상은 평생 이 "巨大^{거대}한罪^죄"를 "품고식은寢床^{침상}에서 잤다." 이 죄의식은 주체의 일반적 존재 양태와 관련해서는 특이한 것이다. 거울의 전도된 반영 구조란 '이미-항상' 존재하는 형식이어서, 그 전도된 형식을 모순으로 특별히 인식하지 않는다면 아무도 그 반영의 형식에서 분열 의식이나 죄의식을 느끼지 않기 때문이다. 역설적으로 말해서 '정상적 주체'의 존재 양태란 이렇게 죄의식을 느끼지 않는 것이라고도 할 수 있다. 정신 분석의 관점에서 타자와 자기 사이의 변증법적 매개를 통해 주체가 구성되고 그러한 주체들이 모여 살아가는 세계 속에서 이상의 시적 주체가 느끼는 이러한 죄의식은 주체의 실패를 의미한다. 이 글은 정신 분석의 관점을 빌어 이상의 거울 모티프 시들에서 나타나는 주체의 문제를 선험적 자아나 주체를 가정한 상태에서 나타나는 '주체 분열'의 문제가 아니라, 타자와의 변증법 속에서 형성되는 '주체 구성'의 실패라는 문제로 해석하였다. 거울 모티프 시들에서 그것은 이미지로 나타나는 타자에 대한 매혹의 불가능성으로 드러나며, 거기에서 주체는 타자의 손짓에 응답하는 것이 아니라 오히려 그것과의 간극을 느끼면서 자기와 타자 모두를 강박적으로 회의한다. 이는 그 시적 주체가 '나'와 타자 간의 변증법적 통일에 실패하는 순간과 관계되지만, 지젝의 관점을 빌리면 이러한 순간은 주체 자체가 본래 세계의 근본적 절단―'절름발이(「紙碑지비」)'이며, 주체의 동일화(identification)란 이 상처를 꿰매려는 일련의 실패한 시도들에 불과하다는 이상의 무의식을 드러낸다고 해석할 수 있을 것이다.[155] 155) S. Žižek, 『그들은 자기가 하는 일을 알지 못하나이다』, 18쪽.

넷.

거울 ; 주체라는 이름의 증상

5. 나오며

이상 연구사의 새로운 국면에도 불구하고, 이상의 거울 모티프 시들에 대한 많은 연구들은 여전히 선험적 주체 또는 자아의 본질을 가정하고 이루어지는 경우가 많다. 이러한 관점에 따라, 이상의 시적 주체는 '현실적 자아 vs. 비현실적 자아', '현실적 자아 vs. 본래적(본질적) 자아', '현실적 자아 vs. 초월적 자아' 등 연구자의 자의적인 명칭 부여에 따라 실제와 이미지가 본질적인 것과 비본질적인 것으로 분열된다는 기본 시각 속에서 연구되어 왔다. 그러나 정신 분석의 통찰을 빌리면 자아나 주체는 생득한 본질을 가지고 있지 않으며, 상징적 그물망에 의해 '구성된다'. 이 때 자아나 주체는 스스로 자신을 구성할 수 없으며, 언제나 타자(대상/세계)에 매개되는 변증법의 효과다. 그런 차원에서 타자는 '항상-이미' 주체에 선행하며, 타자는 언제나 주체에 구성적으로 관여한다. 그런데 이 변증법은 타자에 대한 '나'의 동일시라고 하는 인지 착오의 메커니즘을 통해서만 작동한다. 결과적으로 말해 주체는 오인과 무지의 효과다. '나'-타자의 변증법이 의미하는 역설은 따라서 오인과 무지야말로 '정상적 주체' 구성의 필수 조건이라는 사실이다.

이런 차원에서 보면 이상의 거울 모티프 시들에 나타나는 주체의 분열상에 대한 자기 인식은 주체와 타자의 변증법이 '고장난' 순간에 관한 것들이다. 다시 말해 그것은 선험적 주체를 가정하고 그 이후에 벌어지는 자기 분열의 양태가 아니라, '나'에게 타자로 경험되는 이미지가 자기 자신과 통합되지 못함으로써 '정상적 주체'로 구성되는 것이 실패하는 순간에 대한 자기 인식과 관련된다. 그런데 이러한 '주체의 실패'는 단지 주체의 실패만을 의미하는 것이라고 할 수 없다. 이 시들에서는 동일시의 대상에서 미혹의 대상으로 전락한 이미지의 가치 전락이 경험되면서, 이미지-타자에 내재한 어떤 결여가 무의식적으로 환기되고 있기 때문이다. 그러므로 변증법의 실패는 주체와 타자 모두의 결여를 환기하며, 그 둘 모두의 실패를 현시한다고 해석될 수 있다. 여기에서 눈여겨볼 점은 시적 주체가 이러한 변증법의 실패를 괴로워하면서도 실제와 이미지 사이의 온전한 통합에 대한 열망을 포기하지 않는다는 사실이다. 동시에 이러한 열망과 실패의 반복된 경험 속에서 시적 주체는 이미지와 실제, 타자와 '나'의 통합의 실패는 필연적인 것이며, 그러므로 이 실패는 거울-반영이라는 것은 그 자체로 실패할 수밖에 없다는 인식을 또한 함께 드러낸다. 이러한 해석을 통해 이상 시 전체에 나타나는 대타 의식을 변증법의 실패라는 차원에서 일관되게 해석할 수 있는 실마리를 찾을 수 있지 않을까 하는 게 이 책의 관점이다.

이 시에 나타나는, 그리고 이상 시 전체에 나타나는 아이러니는 '나'-타자의 변증법의 실패가 드러나는 시적 증상이다. 아이러니는 근본적으로 세계의 결여, 충만한 의미의 상실에 대한 주체의 인식론이다. 그 결여에 대한 인식이 주체를 세계와 동화하지 못하게 만든다. 주체와 세계 사이에 난 이러한 간극에 대한 인식은 곧 주체 자체의 결여에 대한 자기 인식으로 이어진다. 그러나 아이러니의 시적 주체는 세계와 주체 사이에 난 간극의 의미를 모르며, 그 결여의 원인을 알 수 없다. 그러므로 아이러니의 주체는 그 균열과 결여에 대해 비동화의 표지를 통해서 물음만을 던질 수 있을 뿐이다. 이상의 시 전체를 지배하고 있는 아이러니의 형상은 타자에 대한 시적 주체의 비동화가, 어떤 답도 모르는 주체의 물음의 형식임을 잘 보여 준다. 그 중에서 거울 모티프 시들의 아이러니는 타자에 대한 '나'의 동화/동일시가, 자기 투사라는 형태로 제시되는 내밀한 거울 공간에서부터 이미 불가능하거나 고장난 순간을 보여 준다. 자기 이미지로 제시되는 가장 내밀한 타자에서조차 가능하지 않은 이러한 변증법의 실패는, 이것이 시인에게 세계의 기본 양태로 이해되고 있음을 시사한다. 이상에게 아이러니는 해소될 수 없는 자기 인식이고 세계 인식의 시적 표현이었던 것이다.

167쪽.《조광》(1936년 9월)에 실린「날개」의 삽화. 부분.
168쪽.《조광》(1936년 9월)에 실린「날개」의 삽화. 부분.

168

다섯.

절단된 신체 ; 환상의 실패로서의 환각

1. 들어가며
2. 실패하는 환상과 회귀하는 환각
3. 주체-주어를 대체하는 부분 대상
4. 절단된 신체와 마주하기
5. 나오며

다섯.

절단된 신체 ; 환상의 실패로서의 환각

1. 들어가며

앞 장에서는 이상의 대표적인 거울 모티프 시들을 정신 분석의 관점을 빌려 주체와 타자의 변증법이라는 관점으로 해석했다. 이 관점에 따르면 이상 텍스트의 시적 주체는 선험적 자아 또는 주체의 분열·해체를 보여 준다기보다는, 자신의 최초의 상(像)이 맺히는 가장 내밀한 시공간에서부터 이미 타자와의 동일시에 실패하며, 그러한 동일시를 통해서나 가능할 타자와의 변증법에도 실패하고 있다고 풀이할 수 있다. 이는 '주체의 실패'를 의미하며, 이 실패를 '고장난 주체'의 형식이라고 말할 수도 있을 것이다. '고장난 주체'는 동일시의 대상인 타자의 결여에 대한 주체의 인식론적 표지인 동시에 주체의 결여를 현시하는 존재론적 표지다. 이것이 바로 이상 시 전체를 관통하는 시적 아이러니의 인식론적·존재론적 형식의 핵심이 아닐까.

이는 이상 시에 나타나는 시적 주체의 내적 결여의 형상들, 특히 반복되는 죽음 충동과 관련된 환각적 이미지들을 한 개인의 병적 표지 이상으로 이해할 필요가 있음을 뜻한다. 이 장은 이런 관점으로 이상 시에 나타난 내적 결여의 양상을 살펴보고자 한다. 특히 눈여겨볼 대목은 이러한 '증상'이 단지 결과로서만 드러나는 것이 아니라, 시적 주체 내부에 있는 상반된 욕망 간의 투쟁 과정으로 나타난다는 것이다. 또 여기에서 나타나는 이미지들, 특히 환각적 이미지들에서는 통일된 의식을 지녔으며 인격화된 존재로 전제되는 시적 주체의 의지에 반하는 자율적인 파편적 신체들 또는 '부분 대상'[156] 이 등장한다는 사실이 주목된다. 이는 정신 분석의 관점에서는 오인의 메커니즘을 통해 구성되는 유기적·통일적 의식의 담지체로서의 주체의 불가능성을 드러내는 존재론적 표지가 된다. 라캉적 의미에서 이른바 '비전체(pas-tout)'의 표지말이다. 아이러니의 차원에서 이는 주체와 세계 모두에 내재한, 존재론적 결여와 모순의 항상적 유지 상태에서 발생하는 시적 주체의 극단적 긴장과 갈등을 보여 주는 증상이라고 할 수 있다.

---

[156] '부분 대상'은 이상 시의 언술 내부에서 서술어(행위)의 실제 주체가, 일반적인 언술·문장의 주어-주체(화자)로서 전제되는 인격화된 의식과 신체의 통일된 담지체가 아닌 경우가 많다는 차원에서 필자가 이 책에서 제안한 용어이다. 참고로 정신 분석에서는(특히 클라인 학파) 욕망의 대상을 사물의 전체로서 규정하지 않으며, 부분적인 대상으로 나누어져 있는 것으로 해석한다. 그러나 텍스트 분석에서 사용한 해석 용어인 '부분 대상'은 정신 분석의 논의 방식에서 아이디어를 가져왔을 뿐 정신 분석적 의미의 부분 대상(part-object)과는 다르다 ; 한편 이상의 시가 인간의 존재 양상을 관념으로 드러내지 않고 육체라는 물체적 감각으로 형상화된다고 하면서, 이상 시에 나타나는 '자율적 존재로서의 육체 의식'을 생명이 파괴되어 가는 육체에 대한 불안감의 표출로 본 조해옥의 연구는 필자의 관점과 관련하여 주목된다. 조해옥, 『이상 시의 근대성 연구』, 53-54쪽.

다섯.

절단된 신체 : 환상의 실패로서의 환각

2. 실패하는 환상과 회귀하는 환각

> 海底^{해저}에가라앉는한개닻처럼小刀^{소도}가그軀幹^{구간}속에滅形^{멸형}하야버리더라完全^{완전}히닳아없어졌을때完全^{완전}히死亡^{사망}한한개小刀^{소도}가位置^{위치}에廢棄^{폐기}되여있더라

— 「正式^{정식} I」[157] 전문

[157] 《가톨릭청년》, 1935. 4. ; 오규원의 한글판 시전집에서는 「正式^{정식}」을 연작시로 보았고, 김주현과 이승훈 시전집에서는 분련체의 한 시로 보았다. 권영민의 시전집에서는 연작시로 볼 수도 있지만, 그러면서도 전체가 하나의 텍스트로 읽히는 면도 있다고 보고 있다. 이상의 시에서 이러한 종류의 시들의 경우, 연작시인지 분련체의 한 편의 시인지 구분하는 일은 매우 모호하여 사실상 구분하기가 쉽지 않다. 이 논문은 「正式^{정식}」이라고 이름 붙은 각 시들의 내용을 논리적 흐름 상 독립된 시에 가깝다고 판단하고, 일단 여기에서는 오규원 판 전집의 판단을 따라 연작시로 해석한다.

> 웃을수있는時間^{시간}을가진標本頭蓋骨^{표본두개골}에筋肉^{근육}이없다

— 「正式^{정식} III」[158] [158] 《가톨릭청년》, 1935. 4. 전문

이상의 시에서 변증법을 성취하지 못한 시적 주체의 존재의 결여는 신체 절단이나 훼손, 결핍된 신체나 폐기된 신체의 이미지로 자주 나타난다. 이상의 「正式^{정식} I」은 시적 주체의 신체 또는 신체의 일부를 "海底^{해저}에가라앉는한개닻" 같은 "小刀^{소도}"에 비유하면서, 이를 마모와 죽음, 폐기의 형상으로 표현하고

있다. 여기에서 "小刀^{소도}"의 비유가 정확히 무엇인가 하는 점에 대해서는 다의적 해석이 가능하겠으나, 짧은 텍스트 내에 충분한 실마리가 있다고 볼 수는 없기에 단정하기가 쉽지 않다.[159]

[159] 이승훈은 프로이트 정신 분석학을 근거로 이 시를 "海底^{해저}"/ "닻", "軀幹^{구간}"/ "小刀^{소도}"의 대립으로 파악하고, 전자를 여성 성기, 후자를 남성 성기에 대한 암시로 해석한다. 그러나 이러한 관점은 프로이트의 이미지 분석의 사례들을 시 맥락과는 상관없이 축자적으로 대응시키는 것이라는 점에서 동의하기가 쉽지 않다. (이승훈 편, 『이상 문학 전집 1』, 194쪽.) 여기에서는 다만 이 "小刀^{소도}"가 이상의 텍스트 전체의 맥락에서 신체 또는 신체 일부의 존재 형식으로 추측되며, 이것이 "完全^{완전}히닳아없"어진 "滅形^{멸형}"의 형상을 취하고 있다는 사실에만 초점을 맞추기로 한다. 「正式^{정식} III」은 "標本頭蓋骨^{표본두개골}에筋肉^{근육}이없다"는 언술을 통해 신체의 결핍상을 표현한다. "筋肉^{근육}"은 웃음과 관계되는 얼굴에도 필수적인 요소라는 점에서, "筋肉^{근육}이없다"는 서술어에 의해 "標本頭蓋骨^{표본두개골}"을 수식하고 있는 "웃을수있는時間^{시간}"이라는 두개골의 가능성은 부정된다. 즉 이 진술은 "筋肉^{근육}이없는" "標本頭蓋骨^{표본두개골}"은 "웃을수있는時間"을 박탈당한다는 점에서, 언술의 앞부분이 언술의 뒷부분에 의해 역으로 부정당하는 아이러니적 진술의 형식을 띠고 있다. 여기에서 주목할 점은 이 연작시들의 제목인 '正式^{정식}'이란 표현이다. '正式^{정식}'은 바른 형식 또는 공식이란 뜻으로, 화자가 "完全^{완전}닳아없"어지는 "小刀^도"와 "筋肉^{근육}이없"는 "頭蓋骨^{두개골}"을 주체의 "標本^{표본}"으로 이해하고 있음을 보여 준다. 다시 말해, 시인에게 이러한 결여의 형상은 세계 속 주체의 "標本^{표본}"—기본적 존재 형식으로 받아들여지고 있는 것이다. 이 책의 관점을 따른다면 결여의 시적 형상들은 그 자체로 아이러니적 세계관의 시적 표현이다. 그런데 이상의 이런 계열의 시들에서 주목할 점은, 이러한 결여의 형상들이 특히 신체 절단·훼손의

환각(hallucination)적[160] 160) 정신 분석의 엄밀한 의미에서 환각(hallu-cination)과 환상(fantasy)은 구별된다. 프로이트는 현실의 정확한 지각을 방해하는 가공적인 상상의 산물이라는 차원에서 환상을 바라본다. 특히 그는 무의식적 욕망을 상연하는 무대로 그 의미를 사용한다.(J. Laplanche · J.-B. Pontalis, 『정신 분석 사전』, 임진수 역, 열린책들, 2005, 541-542쪽.) 라캉은 욕망을 상연하는 무대라는 프로이트의 관점을 받아들이면서도 여기에 덧붙여 환상의 방어적 기능을 강조한다. 그에 따르면 환상은 외상적인 장면을 가리는 스크린으로서, '거세'된 현실(상징계), 대타자의 결여, 팔루스의 부재를 감추는 방어적 기능을 수행한다. 그런 차원에서 환상은 상징계의 결여를 메우려는 주체의 응답이다.(D. Evans, 『정신 분석 사전』, 김종주 외 역, 인간사랑, 1998, 436-439쪽 ; 이에 대해서는 이 책의 〈셋. | 시적 아이러니와 정신 분석적 주체 · 담론의 해석학 | 2. 정신 분석적 주체와 이데올로기적 주체〉의 논의 참조) 이에 반해 환각은 정신 의학 일반에서 '허위 지각'을 뜻하는 것으로, 적절한 외부 자극 없이 생기는 지각을 뜻한다.(D. Evans, 『정신 분석 사전』, 435쪽.) 그러나 라캉은 이러한 손쉬운 정의에 반대한다. 라캉에 따르면 환각은 억압(Vedrängung)과 구별되는 '아버지의 이름' 자체의 배척(Verwerfen)과 관계한다는 점에서 정신병적인 영역에 관계한다. 다시 말해 '모든 판단에 앞서 일단 아버지의 이름을 거부함'으로써, 인간에게 인간의 고유한 차원을 부여하는 상징계의 차원은 상당히 축소된다. 여기에서 상징계는 실재계와 상상계 모두와 분리됨 없이 존재하고, 주체는 충동 분리(Triebentmischung)를 통해 파편적인 사물들로 쪼개지는 환영에 시달린다.(P. Widmer, 『욕망의 전복』, 169쪽.) 라캉에 따르면 이러한 환각은 배척된 기표가 실재계의 차원에서 회귀한 것이다.(D. Evans, 『정신 분석 사전』, 435쪽.)

이미지로 나타나는 경우가 있으며, 이 때 환각적 이미지는 시적 주체 내부의 서로 다른 벡터를 가진 에너지들 간의 투쟁 과정으로 드러난다는 사실이다. 예컨대 다음 시를 보자.

그사기컵은내骸骨해골과흡사하다. 내가그컵을손으로꼭쥐었을때내팔에서는난데없는팔하나가接木접목처럼돋히더니그팔에달린손은그사기컵을번쩍들어마룻바닥에메어부딧는다. 내팔은그사기컵을死守사수하고있으니散散산산히깨어진것은그럼그사기컵과흡사한내骸骨해골이다. 가지났던팔은배암과같이내팔로기어들기前전에내팔이惑혹움직였던들洪水홍수를막은白紙백지는찢어졌으리라. 그러나내팔은如前여전히그사기컵을死守사수한다.

―「烏瞰圖^{오감도}；詩第十一―號^{시제십일호}」¹⁶¹⁾ 전문

161) 《朝鮮中央日報^{조선중앙일보}》, 1934. 8. 4. ; 이승훈 편의 전집(43-44쪽)과 권영민 편의 전집(74쪽)에서 이 시는 '환상'을 이용한 '초현실주의' 기법의 시로 해석되고 있다.

이 시에는 두 개의 서로 다른 팔이 등장한다. "그컵을손으로꼭쥐"고 있는 "내팔"과 "그사기컵을번쩍들어마룻바닥에메어부딪는" "난데없는팔"이 그것이다. 실제의 팔과 "接木^{접목}처럼돋"힌 환각의 팔은 정확히 서로 반대인 목적을 가지고 있다. 다시 말해 두 팔은 정반대인 욕망의 벡터를 지시하고 있다. 전자가 "사기컵을死守^{사수}"하려고 하는 반면, 후자는 "사기컵을번쩍들어마룻바닥에메어부딪"으려고 한다. 그런데 "그사기컵은내骸骨^{해골}과흡사하다"고 했으니, 이 시에서 "사기컵"을 둘러싸고 엇갈리는 이 정반대의 내적 에너지의 벡터는 결국 "내骸骨^{해골}"의 자장 안에 있다. 즉 이 시는 표면적으로는 "사기컵"을 파괴하려는 팔과 그것을 사수하려는 팔 사이의 대립을 보여 주고 있으나, 그것은 다만 "내骸骨^{해골}"의 파괴와 사수를 둘러싼 모순되는 내적 에너지들 간의 긴장과 갈등을 가시화하기 위한 이미지 전치(轉置)의 방식일 뿐이다. 이상 시의 이미지가 지닌 중요한 특징 중 하나가 바로 이렇게 보이지 않는 무의식을 이미지로 가시화하는 것이다. 그에 대한 시 해석들이 그 시에 부여하는 난해성의 딱지도 특히 이러한 부분에서 많이 생긴다. 그러므로 이러한 시들에 대한 실마리는 논리적 연관과 이미지에 스민 시적 주체의 무의식을 동시에 좇아갈 때만이 풀릴 수 있다. 이 문제를 좀 더 구체적으로 살펴보자.

언술의 표층 논리를 따라가 보면, "사기컵"을 둘러싼 '두 팔'의 갈등과 대립은 결국 "내骸骨^{해골}"을 파괴하려는 강력한 내

적 충동.162)　162) 여기에서 해석에 사용한 '충동'이란 용어는 정신 분석의 이론적 통찰에 기댄 용어이다. 정신 분석에서 '충동'은 '아버지의 이름'이라는 상징계의 규칙-금지를 문제삼지 않으며, 불가능을 모른다는 차원에서 '욕망'과 구별된다. 프로이트가 처음 사용한 이에 해당하는 독일어는 'Trieb'이며, 불어에서는 'pulsion', 영어에서는 'drive'이다. 프로이트와 라캉의 통찰에 따르면 '충동'은 궁극적으로 죽음과 실재계를 향해 열려 있는 충동이라는 점에서 '죽음 충동(death drive)'이다. 국내에서 이 용어는 '욕동'이라는 말과 혼용되어 번역되고 있는데, 영미권 라캉학파의 최근 성과를 반영하는 에반스(D. Evans)의 『라캉 정신 분석 사전』 국내 번역판에서도 '욕동'으로 번역되었다.

(환각)과 가까스로 그 충동에 맞서려는("그러나내팔은如前^{여전}히그사기컵을死守^{사수}한다.") 의식 사이의 첨예한 갈등과 충돌이라는 사실을 알게 된다. 그런데 이렇게 서로 엇갈리는 욕망의 벡터들 간의 충돌은 시적 이미지에 스민 무의식을 분석해 볼 때, 매우 첨예한 수준의 것임을 알게 된다. 일단 직접적으로 드러나는 비유(직유)인 "그사기컵은내骸骨^{해골}과흡사하다"라는 언술을 눈여겨볼 필요가 있다. 앞서 언급했듯이, 이상 시 이미지의 특징은 무의식의 가시화다. 그 말뜻은 이 이미지는 원관념이 "사기컵"이고 보조 관념이 "내骸骨^{해골}"이지만, 이상 시의 특징에 비춰볼 때는 오히려 거꾸로 읽어야 한다는 말이다. 즉, 이 언술은 보조 관념인 "내骸骨^{해골}"을 통해 원관념인 "사기컵"을 설명하는 구조가 아니라, 표면적으로 원관념으로 표현되었으나 무의식에서는 보조 관념에 불과한 "사기컵"을 통해, 표면적으로는 보조 관념처럼 표현되고 있으나 시적 주체의 실제 에너지가 운동하고 있는 무의식 차원에서는 원관념으로 작용하고 있는 "내骸骨^{해골}"의 상태가 설명되고 있는 구조다. 그러므로 "그사기컵은내骸骨^{해골}과흡사하다"는 언술은, 무의식의 논리에서는 거꾸로 "그사기컵과흡사한내骸骨^{해골}이다"라는 진술로 바꿔 읽을 수 있다. 이를 통해 이 텍스트의 무의식을 "사기컵"이 아니라 "내骸骨^{해골}"을 둘러싼 내적 에너지들 간의 충돌로 보면 이 시를 일관되게

해석할 수 있는 가능성이 열린다.

그렇다면 왜 "내骸骨^{해골}"은 "사기컵"에 비유되고 있을까? 이 비유에 스민 무의식은 이상 시 전체의 무의식과도 깊은 관련을 맺고 있는 것으로서, "내骸骨^{해골}"이 "사기컵"처럼 깨지기 쉬운 것이라는 무의식, 궁극적으로는 죽음을 향해 뻗어 있는 시인의 무의식, 어떤 공포의 체험과 밀접한 연관을 맺고 있다. 게다가 "사기컵"이 어떤 안정된 자리에 놓여 있는 것이 아니라 "손으로꼭쥐"어진 상태에 있다는 표현은, '사기컵-내骸骨^{해골}'의 불안정성과 그것을 사수하려는 욕망의 절박함을 통해 시적 주체가 체험하는 공포의 강도를 역설적으로 드러낸다. 여기에서 연구자들에게 해석에 곤란을 야기해 온 대표적 표현 중 하나였던 "가지났던팔은배암과같이내팔로기어들기前^전에내팔이惑^혹움직였던들洪水^{홍수}를막은白紙^{백지}는찢어졌으리라"는 모호한 표현은 하나의 해석의 실마리를 얻게 된다.[163]

[163] 이어령과 이승훈은 이 텍스트의 해석에서 "사기컵"의 하얀색과 "骸骨^{해골}"의 하얀색, "白紙^{백지}"의 하얀색의 유사성에 주목하고 있지만, 이는 "그사기컵은내骸骨^{해골}과 흡사하다"는 텍스트의 첫 문장을 시각적 유사성에 근거하여 설명한 것일 뿐이다. 그래서 "사기컵"과 "백골"의 유사성에 대해 시각적 은유 이상의 해석은 이루어지지 않고 있으며, 이 문제적 언술에 대한 해석에서도 "白紙^{백지}"를 "사기컵"에 대한 비유로 해석할 뿐, "骸骨^{해골}"과 연결하지 않는다. 결과적으로 이 두 해석은 모두 이 텍스트를 "사기컵"에 초점을 맞추고 있다.(『이상 시 전작집』, 이어령 교주, 갑인출판사, 1977, 27쪽 ; 이승훈, 『이상 문학 전집 1』, 이승훈 편, 43-44쪽.) 한편 조해옥은 이 언술을 시인의 결핵 체험과 관련하여 각혈의 이미지라는 전기적 사실로 환원하고 있다.(조해옥, 『이상 시의 근대성 연구』, 61쪽.)

이 언술은 "내骸骨^{해골}"을 깨지기 쉬운 "사기컵"으로 여기는 극단적 공포의 체험 속에서, "내骸骨^{해골}"이 "洪水^{홍수}를막은白紙^{백지}"처럼 아주 "찢어"지기 쉬운 것으로 체험되는 상황을 드러내고 있는 것이다. 이렇게 보면 결과적으로 "洪水^{홍수}를막은白紙^{백지}"가 물을 담고 있는 하얀색 "사기컵"과 닮

앉다는 조형적 유사성에 주목하여, 이를 "사기컵"으로 본 해석은 일단은 일리 있다고 볼 수 있다.[164] 164) 이어령, 『이상 시 전작집』, 이어령 교주, 27쪽 ; 이승훈, 『이상 문학 전집 1』, 이승훈 편, 43-44쪽. 이 해석은 실현되지 않은 가정형 문장 다음에 이어지는 "그러나내팔은如前여전히그사기컵을死守사수한다"에서 "그사기컵"이라는 표현 속의 "그"라는 지시관형사의 지지도 받을 수 있다. 실현되지 않은 사실을 뜻하는 가정형의 앞 문장 속에서 "洪水홍수를막은白紙백지"는 결국 '찢어지지 않았다'. "그러나"라는 결과적 사실을 함의하는 접속사를 포함한 다음 문장에서 "사기컵을 死守사수"한 것은 결과로 남은 사실을 의미한다. 따라서 "그" '사수된 사기컵'은 '찢어지지 않은' "洪水홍수를막은白紙백지"를 가리키고 있음을 확인할 수 있다. 하지만 이러한 조형적 유사성을 넘어서, 이 책은 이 조형적 유사성에 내포된 시적 주체의 무의식까지를 읽어낼 필요가 있다고 생각한다.

이 책의 관점에 따르면, 이 텍스트의 무의식의 핵심은 "그사기컵은내骸骨해골과흡사하다"는 표층의 언술에 있는 것이 아니라, "그사기컵과흡사한내骸骨해골"에 있다. 그러므로 "洪水홍수를막은白紙백지"는 표면적으로는 조형적 유사성에 근거한 "사기컵"의 은유가 되지만, 텍스트의 무의식의 차원에서는 '깨지기 쉬운' "내骸骨해골"의 공포 체험을 담고 있는 "내骸骨해골"의 심리적 은유가 된다. 이렇게 볼 때 "洪水홍수"의 이미지는 깨지기 쉬운 "내骸骨해골"이 깨지는 상황과 관련하여 "내骸骨해골"이 깨질 때 그 속에서 쏟아질지도 모르는 '뇌수(腦髓)'의 이미지가 부착되어 있다고 할 수 있으며, "白紙백지"는 그 쏟아질지도(깨질지도) 모르는 '뇌수("내骸骨해골")'가 얇은 막의 상태로 가까스로 버티고 있는 공포의 상황이 무의식적으로 이미지화된 표현이라고 할 수 있다. 나아가 이 "白紙^{백지}"는 그 자체로 찢어지기 쉽다는 차원에서 깨지기 쉬운 "내骸骨^{해골}"의 이미지화이며, 한편으로는 "컵을손으로꼭쥐"면서 가까스로 "내骸骨^{해골}"을 사수하고 있는 시적 주체의 하얗게 질린 공포의 체험이 그 자체로 이미지화된 것이라고 볼 수도 있다.

"**가지났던팔은**배암과같이내팔로기어들기前^전에내팔이움직였던들洪水^{홍수}를막은白紙^{백지}는찢어졌으리라"는 언술은 이런 점에서 이 문장 전체를 비가시적 심리의 가시적 이미지화로 읽을 필요가 있다. 여기에서 "내팔이 움직였던들"의 "움직였던들"은 단지 "내팔"의 물리적인 움직임이 아니라, "내팔"의 공포가 바깥으로 드러나는 심리 상황을 가시적으로 표현한 것이라고 해석할 수 있다. 즉 "움직였던들"은 "그컵을손으로꼭쥐었을때내팔"이 물리적으로 움직인다는 뜻을 넘어서, "그사기컵을번쩍들어마룻바닥에메어부딪는" "接木^{접목}처럼돋"힌 "그팔"에 대한 "내팔"의 공포(심리적 흔들림)를 가시화한다. "가지났던팔은배암과같이내팔로기어들기前^전에"는 "接木^{접목}처럼돋"힌 "그팔"이 아직 신체의 바깥에 있는 상황이라는 점에서, "그팔"이 '사기컵-내骸骨^{해골}'을 깨뜨리려는 상황을 뜻한다. 이 언술을 종합하면 "接木^{접목}처럼돋"힌 "그팔"이 '사기컵-내骸骨^{해골}'을 깨뜨리려는 상황("가지났던팔은배암과같이내팔로기어들기前^전에")에서, "그컵을손으로꼭쥐었을때내팔"이 "그팔"에 대한 공포를 가시적으로 드러낸다면, 결국 '사기컵-내骸骨^{해골}'은 깨질 수밖에 없다는 뜻으로 수렴된다. 그러므로 가정형으로 진술된 이 언술은 시적 주체의 내부에서 엇갈리고 충돌하는 서로 다른 에너지들 간의 운동을 드러내는 동시에, 공포를 표출할 수조차 없는 시적 주체의 극단적 정신 상태를 보여 주고 있다.[165] 165) 가시적으로 드러낼 수조차 없이 꽉 막힌 시적 주체의 이 공포는 이상의 텍스트 곳곳에 산재해 있다. 「烏瞰圖오감도 ; 詩第一號시제일호」에 나타나는 질주하는 아해가 도달한 "막다른 골목"은, 이런 꽉 막힌 공포의 다른 시적 표현이라고 볼 수 있다.

하나의 시적 주체 내부에서 정반대의 에너지 벡터가 충돌하는 이러한 시적 형상은, 이상 시에서 발생하는 긴장의 핵심이 어디에 있는지를 짐작하게 한다. 이상 시의 시적 주체에게 신체는 정반대의 에너지 벡터가 충돌하는 교차의 장이라는 점에서 그 자체로 극단적 모순의 통일체라고 할 수 있다. 이 모순의 통일체는 막 쏟아지려는 "洪水홍수"를 가까스로 "막은白紙백지"와 같이 위태로워 보인다. 또 이 통일체는 "사기컵을번쩍들어마룻바닥에메어부딪는" 내적 충동과 "散散산산히깨어진것은그럼그사기컵과흡사한내骸骨해골"의 환각에 시달리면서도, "그컵을손으로꼭쥐"고 "如前여전히그사기컵을死守" 하려는 극도의 긴장 상태 속에서 요동치고 있다. "白紙백지"에서 드러나는 하얗게 질린 공포의 이미지는 이 긴장 상태가 어느 정도인지를 드러내는 시적 주체의 무의식의 기표다. 특히 여기에서 이 이미지들이 환상(fantasy)이 아니라 환각(hallucination) 성격으로 드러난다는 점은 주목할 만하다.

환상이 상징계의 근본적 결여, 즉 주체와 타자 모두에 내재한 존재의 결여(manque-à-être)를 봉합하고 은폐하는 주체의 상상적 운동 방식인데 반해, 환각은 '나'와 타자의 상상적 동일시에 의해 성립하는 주체의 변증법을 모르고, 상징계의 질서를 이루는 기본적 금지를 모른다는 점에서 실재계(le réel)의 영역에 속한다.[166] 166) P. Widmer, 『욕망의 전복』, 169쪽. 그러므로 의식의 통일체로 간주되며 오인된 총체성의 효과인 주체에게, 환각의 이미지는 주체가 제어할 수 없는 자율적인 사물이나 절단된 신체, 파편적 이미지로 출현한다. 그리고 이 때의 환각적 이미지들은 '(죽음) 충동'의 담지체인 경우가 많다. 그런 점에서 「烏瞰圖^{오감도} ; 詩第十一號^{시제십일호}」의 시적 주체의 팔에서 솟은 "난데없는 팔"은 전형적인 환각적 이미지의 하나라고 할 수 있는 것이다. 이상 시의 아이러니를 이해할 때, 유의해야 할 점은 바로 이 이미지들이 비가시적 에너지의 가시화, 이미지를 통해 드러나는 무의식의 기표들, 특히 시적 주체(화자)의 의지(의식)에 독립적이며 자율적인 기표들로 나타나는 경우가 종종 있다는 사실이다. 이 때 시적 주체(언술의 화자)는 환각적 이미지들 속에서 극도의 공포와 극단의 긴장 상태를 보여 주곤 한다. 본래 아이러니란 공존하는 모순들 간의 극단적인 긴장 상태 속에서만이 유지될 수 있다. 아이러니는 세계의 결여를 직감하는 주체의 인식론적 표지이지만, 이것은 주체의 절망이나 포기를 의미하는 것이 아니라, 그 어느 것도 선택할 수 없는 상태 속의 모순된 긴장이 계속 유지되는 부동(浮動)의 상태다. 이상의 경우 아이러니의 문제는 지성적 차원의 부동 상태를 훨씬 넘어서 무의식의 지점에서 깊숙하게 작동하고 있다. 이는 이상에게 아이러니가 수사학의 문제가 아니라 존재 자체의 문제였음을 의미한다.

다섯.
|
절단된 신체 ; 환상의 실패로서의 환각
|

3. 주체-주어를 대체하는 부분 대상
|

> 죽고싶은마음이칼을찾는다. 칼은날이접혀서펴지지않으니날을怒
> 號^{노호}하는焦燥^{초조}가絶壁^{절벽}에끊치려든다. 억지로이것을안에떠밀어
> 놓고또懇曲^{간곡}히참으면어느결에날이어디를건드렸나보다. 內出血<sup>내
> 출혈</sup>이뻑뻑해온다. 그러나皮膚^{피부}에傷^상채기를얻을길이없으니惡靈
> ^{악령}나갈門^문이없다. 갇힌自殊^{자주}로하여體重^{체중}은점점무겁다.

— 「危篤^{위독} ; 沈歿^{침몰}」¹⁶⁷⁾ 167)《朝鮮日報^{조선일보}》, 1936. 10. 4. 전문
|

시적 주체(여기에서는 언술의 화자) 내부에서 엇갈리는 이러한 두 다른 에너지 벡터들 간의 충돌은 이 시에서도 첨예한 양상으로 드러난다. 앞의 시들과 마찬가지로, 이러한 충돌의 첨예함은 이것이 죽음을 향한 내적 충동과 이에 저항하는 '의식'의 에너지라는 공존하기 힘든 극단적 벡터들 사이에서 벌어지는 일이기 때문이다. 그런데 여기에서 눈에 띄는 것은 "죽고싶은마음이"라고 하는 첫 번째 언술의 주어다. 만일 이 텍스트가 시가 아니라 산문이었다고 한다면, 저 언술은 비문(非文)이 된다. 저 문장은 정상적 문장이라면 "죽고싶은마음에칼을찾는다"라고 해야 한다. 이 때 언술(발화) 행위의 주체, 문장의 주어는 생략된 것으로 추측되는 '나'가 된다. 그러나 이 문장에서는 "죽고싶은마음이"가 주어가 된다. 즉, 문장 속의 행위 "찾는다"와 관계된 서술어의 주어-주체는, 일반적 문장에서 서술

어의 주체라고 가정되는, 인격화된 대상인 '나'가 아니다. 이러한 언술 형식은 이상의 시 도처에서 발견된다. 특히 그 시 속에서 서로 다른 에너지 벡터들 간의 충돌이 첨예해질수록, 그의 시에는 인격화된 시적 주체의 자리가 모호해지거나 사라지는 현상이 발생한다. 다시 말해 언술(문장) 내부에서 시적 '주체'로 전제되는 인격화된 존재의 영향력은 현격히 줄어든다. 이 책이 지금까지 의지해 온 정신 분석의 관점을 빌려 말하자면, 이는 타자의 매개를 통해 구성된 변증법적 효과로서의 주체, 오인 메커니즘을 통해 비로소 통일된 의식을 지니게 된 인격화된 주체가 텍스트 내부 언술의 실제 주어로서 기능하지 못하는 현상을 보여 준다. 일반적으로 문장의 주체로서 전제되는, 통일된 의식의 담지체로서의 주어인 '나'는 모호해지거나 서술어의 실제 행위 주체로서 기능하지 못한다.

이 때 주목할 점은 술어부의 실제 주어 구실을 하는 것이, 대개 지각과 의식의 통일적 제어 상태로부터 벗어나 있는 자율적 의지체로서의 조각나고 절단된 신체들, 즉 '부분 대상'들이라는 사실이다. 예컨대 앞서 읽은 「烏瞰圖^{오감도} ; 詩第十一號^{시제십일호}」에서 문장의 인격화된 주체-주어가 되는 '나("내")'는 한 번밖에 나오지 않는다. 대신 주어의 자리에 "내팔"이거나 "가지났던팔"이 등장한다. 이상의 텍스트들에서 주어 '나'의 자리를 대체한 이러한 신체의 일부들은, 보통의 텍스트에서 언술 행위의 주체로 전제되는, 인격화된 시적 주체가 아니다. 특히 "내팔"의 의지(의식)와 맞서 환각적 이미지로 출현하는 "가지났던팔"은 유기체로서 통일된 신체를 지닌 인격화된 주체-'나'의 의지를 배반하는 자율적인 대상으로 나타난다. 즉, 이상의 시에서 대체로 환각적 이미지로 나타나는 이러한 '부분 대상'들은 이 논문의 관점대로라면, 하나의 전체로 구성되지 못한 '고장 난 주체'의 형식이라고 해석할 수 있다. 그런 점에서 그것은 주체의 총체성을 방해하는 파편화된 신체들이다. 이런 차원에서 이 '부분 대상'들은 자기 자신의 통합상에 대한 오인의 메커니즘—주체 구성의 메커니즘—으로부터 벗어나 있으며, 죽음을 향해 열려 있다는 점에서 불가능을 모르는 맹목적 '충동'[168]

168) "충동은 금지에 아랑곳하지 않는다. 충동은 금지라는 말을 모르며, 따라서 금지를 위반한다는 것 또한 생각할 수 없다. 충동은 제 마음대로 추구하며 항상 만족을 얻는다." "충동의 본질은 불가능성과는 무관하다. 충동에는 막다른 골목이란 것이 없다." 이런 점에서 충동은 금지에 대한 부정과 관련된 욕망과는 구별된다. B. Fink, 『라캉과 정신 의학』, 맹정현 역, 민음사, 2003, 356-357쪽. 의 담지체다.

「烏瞰圖오감도 ; 詩第十一號시제십일호」의 환각의 이미지에서 잘 드러나는 것처럼, "가지났던팔"은 의식의 담지체로서의 '나(내)'의 관할 하에 있는 "내팔"에 저항한다. 궁극적으로 이것은 "내팔"의 실질적 주체이자, 언술 행위의 실질적 주체라고 가정되는 인격화되고 통일상을 지닌 '나("내")'에 대한 저항이다. 이상 시에서 이러한 저항은 화자의 언술 내부에서 수시로 출현하며 시적 '주체'에게 공포를 불러일으킬 만큼 강력한 에너지를 지닌 것으로 인식되곤 한다. 이 문제를 거울 모티프 시들에서 나타나는 반영의 실패라는 관점과 연관짓는다면, 이 환각적 이미지 속의 '부분 대상'들은 유기적 통일성을 지닌 주체의 구성이 실패하는 '비전체(pas-tout)'의 표지가 된다.

|

「危篤위독 ; 沈歿침몰」에서 첫 번째 언술의 주어가 주목되는 까닭은 바로 이 때문이다. 이 문장에서 주어는 "죽고싶은마음"으로서, 이는 인격화되고 통일된 의식의 담지체이자 유기적 신체를 지닌 것으로 간주되는 '나'의 의지(의식)로부터 자율적인 '부분 대상'이라고 할 수 있다. "칼을찾는다"라는 서술어

가 지시하는 행위의 주체는, 그러므로 '나'가 아니라 "죽고싶은마음"이 된다. 이 언술의 의미는 '죽고싶은마음에칼을찾는다'는 것과는 완전히 다르다. 후자의 경우 "칼을찾는다"는 행위는 인격화되고 통일된 의식의 담지체로 간주되는 주체에 의해 제어될 수 있지만, 전자의 경우 행위는 주체에 의해 제어되기 어렵다. 다시 말해 "죽고싶은마음이칼을찾는다"는 언술은 서술어가 지시하는 "칼을찾는다"는 행위를 제어할 수 없다는 주체의 무능력, 나아가 거기에서 연원하는 공포를 무의식적으로 드러내는 표현이다. 이는 마치 「烏瞰圖오감도 ; 詩第十一號시제십일호」에서 갑자기 "내팔에서는난데없는팔하나" 솟아나온 것과 비슷하다. 그런데 이렇게 제어되기 힘든 자율적인 '부분 대상'인 "죽고싶은마음"은 바로 다음 언술에서 이 텍스트에서는 직접 드러나지 않는 시적 주체(언술의 화자)의 의지를 간접적으로 암시하는 다른 방향의 에너지 벡터에 의해 제지당한다. 상황은 모순된 에너지들 간의 극심한 내적 쟁투 양상으로 변한다. "칼은날이접혀서펴지지않으니"는 단지 객관적인 시적 상황이 아니다. 가시적으로 드러나지 못하는 내적 에너지 또는 무의식을 가시적으로 이미지화하는 것이 이상 시의 특징이라는 사실을 다시 한 번 환기한다면, 이 상황은 "칼을찾는" "죽고싶은마음"의 에너지 벡터와는 다른 방향의 에너지 벡터를 암시하는 '심상(心象)'이다. 이 역시 「烏瞰圖오감도 ; 詩第十一號시제십일호」에서 "사기컵을번쩍들어마룻바닥에메어부딪는" "난데없는팔"에 대해 "그컵을손으로꼭으로쥐었을때내팔"이 맞서는 심리 상황의 이미지화와 유사하다. "날을怒號노호하는焦燥초조"는 바로 앞 언술에 대한 결과다. "않으니"라는 이유·결과를 지시하는 서술어(않으니 ; ~않는다. 그러니까~)가 이를 증명하고 있다. 즉 "날을怒號노호하는焦燥초조"는 "죽고싶은마음이칼을찾"았으나 "날이접혀서펴지지않"아 "죽고싶은마음이" 실행될 수 없음에 대한 분노가 "접혀펴지지않"는 칼날의 관점에서 표현된 언술이다. "죽고싶은마음"은 칼날에 의해서만 실행될 수 있으므로, "날이접혀서펴지지않"아 "죽고싶은마음"이 실행되지 못하는 것은 칼날의 관점에서도 칼날을 화("날을怒號^{노호}")하게 하는 것이며, 따라서 "焦燥^{노호}"는 결론적으로 볼 때 다시 "칼은날이펴지지않"는 상태에 대한 "죽고싶은마음"의 "焦燥^{노호}"함이 되는 것이다.

그 다음 언술을 해석해 보자. 마침표 없이 계속 이어지는 "―絶壁에끊치려든다"에서 "끊치려든다"의 본디말은 '끊치다'로 '끊어지다'의 방언이다.169) 169) 이승훈, 『이상 문학 전집 1』, 78쪽. 따라서 "끊치려든다"는 "끊어지려한다"는 뜻이다. 무엇이 끊어지려 하는가? 직접적으로는 바로 앞의 언표인 "날을怒號^{노호}하는焦燥^{초조}"가 끊어지려 한다고 볼 수 있다. 여기서 해석의 난점을 제기하는 표현은 "絶壁^{절벽}에"라는 언표이다. 여기에서 유심하게 보아야 할 부분은 "에"라는 조사다. "에"는 장소나 특정 상황을 지시하는 부사격 조사이다. 뒤따라오는 서술어 "끊치려한다"가 자동사라는 사실은 "에"가 의미상 목적격('절벽을')이나 주격('절벽이')이 아니라 부사격으로 쓰였음을 뒷받침하고 있다. 다시 말해 "날을怒號^{노호}하는焦燥^{초조}가" "絶壁^{절벽}에"서 또는 "絶壁^{절벽}에" 이르러, 혹은 "絶壁^{절벽}에" 부딪혀 "끊어지려한다"로 해석할 수 있다.170) 170) 즉 '절벽을 끊'거나(목적어), '절벽이 끊는'(주어) 것이 아니다. 여기서 "絶壁^{절벽}"은 "죽고싶은마음"이 부딪힌 일종의 절박한 장애 상황으로서 떨어지면 갈 곳이 없는 절벽과 같은 '막다른 골목'의 상황이라고 해석할 수 있다.171)
171) 조해옥은 "나의 정신은 죽음을 간절히 열망한다. 그러나 그 열망을 실현시킬

조건이 마련되지 않음으로 해서 나는 견딜 수 없을 만큼 초조하다. 그것은 '절벽'과 같은 초조감이다"라고 해석한다.(조해옥, 『이상 시의 근대성 연구』, 65쪽.)

이를 이 시에 대한 지금까지의 해석과 결합시키면 다음과 같이 정리할 수 있다. ① "칼을찾는" "죽고싶은마음이" "죽고싶은마음"을 저지하려는 다른 벡터의 완강한 내적 에너지와 충돌하면서("칼은날이접혀서펴지지않으니"), 뜻대로 죽음을 실행하지 못하는 상황이 발생한다. ② "죽고싶은마음"과 "칼날"은 동일한 입장에 서 있으므로, 이 상황은 칼날의 분노와 "죽고싶은마음"에 초조함을 일으킨다. ③ 이러한 분노와 초조는 죽음을 향해 열려 있는 자율적인 내적 충동이 극단적 대치와 긴장 상태를 의미하는 "絶壁^{절벽}"에 '이르러/부딪혀' 제지 또는 좌절되는 상황을 의미한다. 여기에서 "끊어지려한다"는 이런 충동의 제지와 좌절을 뜻하는데, 이것이 "끊어지려한다"는 언표로 나타난 것은 "죽고싶은마음"이 자르는('끊는') '칼'과 등가를 이룬다는 감각적 연상이 무의식적 차원에서 작동했기 때문이라고 풀이할 수 있다. 그렇다면 이 시의 첫 번째 언술에서 확인할 수 있는 것은 「烏瞰圖^{오감도}；詩第十一號^{시제십일호}」와 마찬가지로 모순된 벡터를 지닌 내적 에너지들 간의 극단적 긴장과 대립이며, 특히 눈에 띠는 것은 인격화된 의식의 통일체로 간주는 시적 주체의 의지(의식)로부터 분리된 듯이 보이는 "죽고싶은마음"이라는 자율적인 '부분 대상'이다. 그렇다면 이같은 모순적 벡터들 간의 대립과 긴장은 시 안에서 해소될 수 있는가? 이어지는 다음 언술들을 더 분석해 보자.

"**억지로이것을안에떠밀어놓고**"에서 "이것을"은 "날이접혀서펴지지않"은 칼을 가리킨다.[172] 172) 김승구는 정치한 분석 없이 "

화자는 절망을 느끼지만 이내 칼날을 펴 자신의 내부로 밀어 넣는데 성공한다"고 해석한다. 그러나 이 텍스트 어디에도 칼날이 펴졌다는 증거가 되는 언표는 찾을 수 없다는 점에서 이는 무리한 해석으로 보인다. 김승구, 『이상, 욕망의 기호』, 171쪽.

    그런데 여기에서 "억지로"라는 표현과 "떠밀어"라는 표현을 유의할 필요가 있다. "억지로"는 어떤 상반된 의지와의 대립을 전제로 하고, "떠밀어"는 "밀어"보다 강한 표현으로 "억지로"와 호응할 수 있는 강한 의지의 표현이다. "억지로" "안에떠밀어놓"은 "날이접혀서펴지지않"은 칼이란, 그러므로 언술의 표층 차원에서는 일차적으로 "죽고싶은마음"에 '반하여' "억지로" 그것을 "안에떠밀어놓"았다는 뜻, 즉 "죽고싶은마음"에 대한 언술의 보이지 않는 주체(화자)의 제어 의지를 드러낸다. 그러나 거기에는 "억지로"라는 부사어에서 암시되는 반대의 에너지, 즉 "접혀서펴지지않"아서 "죽고싶은마음"이 자신의 의지를 실행할 수 없음에도 불구하고, "죽고싶은마음"의 충동이 여전히 팽팽하게 지속되고 있음을 알 수 있는 언표이기도 하다. 그렇다면 다음에 이어지는 표현인 "또懇曲간곡히참으면"은 표면적으로는 "안에떠밀어놓"은 "날이접혀서펴지지않"은 칼을 참는 것이겠지만, 품고 있는 칼은 여전히 "죽고싶은마음"의 칼이 공존하는 긴장된 칼이라는 차원에서, '날이 접힌 칼'과 '날이 펴진 칼' 사이의 극도의 내적 긴장과 모순이 공존하는 칼을 참고 있는 것이라고 읽을 수 있다. "날이접혀서펴지지않"은 칼을 "懇曲간곡히참으면" 무사해야 함에도 불구하고, "어느결에날이어디를건드"리게 되는 것은 이 때문이다. 충돌하는 내적 에너지들 간의 극단적인 긴장은, 이런 차원에서 모순의 담지체인 칼이 텍스트에서 직접 드러나지 않는 시적 주체(화자)의 "안"으로 들어옴으로 인해 물리적으로 더 극심한 내상(內傷)의 상태를 연출하게 된다. 이 텍스트를 하나의 공간적 은유로 해석하면, 인격화되고 통일된 존재로 전제되는 시적 주체의 바깥에 있던 자율적 의지체로서의 '죽고싶은마음-칼'이, 이제는 주체의 내부로 들어와서 "날이접혀서펴지지않"는 칼과 공존하면서 회피할 수 없는 더 극심한 모순을 연출하고 있는 긴장 상황이라고 할 수 있다.[173] 173) 김종훈의 해석은 이 논문의 해석과 관련하여 주목된다. 김종훈의 해석에 따르면 "억지로이것을안에떠밀어놓고"는 "죽고싶은마음"에 대한 '살고 싶은 마음'의 의미를 지향하고 있다. 그에 따르면 이 시에서는 텍스트의 실제 발화자인 '나'가 부재한데, 특히 "죽고싶은마음"이 "칼을찾는" 상황이 그러하다. 그런데 "억지로이것을안에떠밀어놓"음으로써(김종훈은 "이것을"이 "죽고싶은마음" 즉, 자살 욕망을 가리킨다고 본다) "죽고싶은마음"은 활동 범위를 발화자인 '나'의 안으로 바꾸면서 의미상 구속되었고, 비로소 '나'는 그것에 능동적으로 대항할 수 있게 된다. "죽고싶은마음"은 발화자에게서 완전히 독립적일 수 없다. 그에 따라서 텍스트는 "죽고싶은마음"에 대한 '살고 싶은 마음'의 승리로 끝나며, 결론적으로 욕망은 발화자인 '나'의 욕망의 우세로 끝나게 된다.(김종훈, 「이상 시에 나타난 '나'의 유형 연구」, 고려대 대학원 석사 학위 논문, 2001, 18-19쪽.) 김종훈의 연구는 텍스트 내부의 주어를 주목하고, 여기에서 발생하는 발화자와 문장 상의 주어 사이에 나타나는 차이와 대립을 면밀하게 포착했다는 점에서 중요한 의미를 지닌다. 그런데 상세한 각론을 거쳐 이루어진 결론적 해석은 이상 시에서 발생하는 아이러니 특유의 내적 긴장을 대립의 한 편('살고 싶은 욕망')의 우세로 판단지음으로써 희석시키는 면이 있다. 또 이러한 해석은 이상 시에 내재된 죽음과 관련된 '충동'(김종훈은 '자살 욕망'이라고 표현하고 있다)이 지닌 강력함(자주 출몰하는 환각의 이미지는 제어되지 않는 '충동'의 강력함을 여실하게 환기한다)과 그것에서 비롯되는 이상 시 전체의 시적 주체가 느끼는 공포를 간과하는 측면이 있는 것으로 보인다.

"內出血^{내출혈}"은 이러한 모순이 야기한 내상의 결과다. 이러한 "內出血^{내출혈}"에 대해 느끼는 시적 주체(화자)의 치명적인 고통 상황은 "그러나皮膚^{피부}에傷^상채기를얻을길이없으니惡靈^{악령}나갈門^문이없다"는 표현에서 실감나는 표현을 얻고 있다. "皮膚^{피부}에傷^상채기를얻을길이없"음, 즉 바깥으로 배출되지 못하는 피, "內出血^{내출혈}"은 고통 또는 죽음의 그림자인 "惡靈^{악령}"을 해소할 수 없다.[174] 174) 조해옥은 이 부분을 죽음을 선택할 수도 없고, 그렇다고 죽음에서 벗어날 수도 없는 상황이라고 해석한다. 이러한 해석은 이 책의 해석 방향과 대체로 일치하는 관점이라고 할 수 있다. 그런데 여기에서 조해옥은 "皮膚^{피부}에傷^상채기를얻을길이없으니"와 "惡靈^{악령}", "體重^{체중}은점점무겁다"를 연결시키면서 이것을 "나의 내면은 이미 죽었지만, 나의 내면과 대립하는 육체는 나의 영혼을 감금한다"라고 보고, 이것이 영혼과 육체의 대립을 보여 준다고 주장한다. 그는 이를 "영혼은 죽어서도 육체 밖으로 나갈 수 없는 것"이라고 하면서, 여기에서 "영혼을 가두는 육체와 빠져나가려는 악령의 극단적인 분열과 대립이 발생한다"고 해석한다.(조해옥, 『이상 시의 근대성 연구』, 65-66쪽.) 이러한 해석은 '영혼'이라는 의미 규정이 불분명한 비평적 용어도 문제가 되겠거니와, '나의 내면이 이미 죽었다'는 해석, 또 몸에서 빠져나가지못하는 "惡靈^{악령}"을 축자적으로 받아들여 '육체와 악령의 극단적인 분열과 대립'으로 보는 것 등이 논리적으로 납득이 잘 가지 않는다는 점에서 해석적 비약이 아닌가 여겨진다.

　　　　　　　　　　　칼로 인해 난 "內出血^{내출혈}"로 뻑뻑해 오는 "안"의 "體重^{체중}은점점무겁다". 배출되지 못하는 혹은 해소되지 못하는 내출혈의 상황으로 "뻑뻑해"오는 "안", 즉 내 '배〔腹^복〕'의 상황은 물이 가득 차 오르면서 가라앉는 '배〔船^선〕'의 '沈歿^{침몰}' 상황과 동일하다. 여기에서 "內出血^{내출혈}"/'沈歿^{침몰}'의 유비는 "점점무겁다"("뻑뻑해온다")/'(배에)물이 차오른다'와 같은 감각적 유사성에 대한 연상 작용일 뿐만 아니라, '안-배〔腹^복〕'와 '배〔船^선〕'와 같은 말놀이의 요소를 지니고 있다고 볼 수 있다.[175] 175) 본래 배가 가라앉는다는 뜻의 침몰은 '沈沒^{침몰}'로 쓴다. 이 시에서 이상은 그가 죽음의 상황을 불가항력적인 것으로 느끼고 있음을 분명히 드러내는 언표로 '沈歿^{침몰}'로 쓰고 있다. 가라앉는다는 뜻의 '沒^몰'을, '죽다', '끝나다' 라는 뜻을 지닌 '歿^몰'로 바꿔쓰고 있는 것이다. 그렇다 하더라도 국어 사전에 침몰(沈歿)이란 말 자체는 없다는 점에서, 이 시에 표기된 '沈歿^{침몰}'은 '沈沒^{침몰}'에 대한 감각적 연상 작용을 바탕으로 이루어진 펀(pun)이라고 할 수 있다.

이상 시 전체의 관점에서 볼 때 이러한 "內出血^{내출혈}", '침몰(沈歿)'의 상황은 시적 주체에게 피할 수 없는 것인 동시에, 한편으로는 '자발적인' 역설의 성격을 지니고 있는 것이기도 하다. "칼을찾는" "죽고싶은마음도" 그렇고, "날이접혀서펴지지않"지만 모순을 내포하고 있는 칼이기에 결국 "어느결에날이어디를건드"릴 수밖에 없는 칼을 "억지로이것을안에떠밀어놓"은 것도 모두 그 자신 안에 있는 어떤 에너지들의 운동인 까닭이다. "갇힌自殊자주"란 그런 함의를 지닌 언표다. 그것은 스스로를 베고 있는 몸 "안"의 모순된 칼이기도 하고, "皮膚피부에傷상채기를얻을길이없"는 그래서 배출되지 못하고 나를 죽이고 있는 "惡靈악령"을 뜻하기도 하지만, 궁극적으로 그것은 스스로를 죽임, 즉 "自殊자주"의 불가피성, 회피할 수 없는 죽음의 '자발성'을 암시하는 표현이기도 한 것이다. 그 동안 해석에 많은 난점을 제기한 텍스트이지만, 이 텍스트를 이상 시의 아이러니가 지닌 특징과 그것의 핵심을 전형적으로 드러내는 텍스트로 볼 수 있는 이유도 여기에 있다. 시적 아이러니는 어느 한편도 포기할 수 없는 모순, 그리고 거기에서 야기되는 극도의 긴장 상태 속에서 발생하는 미적 주체의 한 형식이다. 모순의 문제가 단지 시적 주체 외부 객관 상황이 아니라 주체 내부, 정확히 말해 통합되지 못하는 고장난 주체의 파편들, 무의식의 영역에까지 팽배해 있는 이상의 시에서, 시적 아이러니는 서로 다른 내적 에너지들 간의 쟁투라는 긴장된 형식을 가시적으로 이미지화한다. 여기에서는 언술의 주체 또는 문장 서술어의 주체로 일반적으로 전제되는 통일된 신체-의식의 담지체인 '나'의 의지에 자율적으로 존재하는 파편화된 신체 또는 '부분 대상'이 등장한다. 이러한 파편화된 신체 또는 '부분 대상'이 언술 행위나 문장 서술어의 행위 주체로 가정되는 '나'에 맞서며, 거기에 대해 '나'가 느끼는 고통과 공포의 드라마가 바로 「烏瞰圖오감도 ; 詩第十一號시제십일호」나 「危篤위독 ; 沈歿침몰」과 같은 텍스트에서 나타나는 환각적 이미지 같은 것이다. 여기에서 벌어지는 극도의 긴장과 갈등은 대개 죽음을 향한 파편적 신체 또는 부분 대상들의 발호와 관련된다. 이상 시의 이 해소되지 않는 첨예한 긴장과 갈등은 한국 문학사에서 유례를 찾을 수 없는 극단적인 시적 아이러니의 한 양태라고 할 수 있을 것이다.

다섯.

절단된 신체 ; 환상의 실패로서의 환각

4. 절단된 신체와 마주하기

내팔이면도칼을든채로끊어져떨어졌다. 자세히보면무엇에몹시威脅^{위협}당하는것처럼새파랗다. 이렇게하여잃어버린내두개팔을나는 燭臺^{촉대}세움으로내방안에裝飾^{장식}하여놓았다. 팔은죽어서도오히려 나에게怯^겁을내이는것만같다. 나는이런얇다란禮儀^{예의}를花草盆^{화초분}보다도사랑스레여긴다.

— 「烏瞰圖^{오감도} ; 詩第十三號^{시제십삼호}」[176)] 전문

[176)] 《朝鮮中央日報^{조선중앙일보}》, 1934. 8. 4. ; 이승훈 편의 전집(46쪽)과 권영민 편의 전집(78쪽)에서 역시 이 시는 '환상'을 이용한 '초현실주의적' 시로 해석되고 있다.

「烏瞰圖^{오감도} ; 詩第十三號^{시제십삼호}」는 이상 시에 나타나는 환각적 이미지가 여전히 극단적 대립과 긴장의 양상을 보이면서도, 표면에 드러나는 시적 주체(화자)인 '나'의 언술 태도가 다른 양상으로 나타나면서 내용과 태도 양 측면으로 이중의 아이러니를 연출하는 경우다. 그리고 이 이중의 아이러니는 이상 시의 '공포'의 문제와 관련하여, 그동안 이상 시 연구에서 잘 드러나지 않았던 매우 특별한 변증법의 순간을 보여 준다는 점에서 주목된다. 일단 이 시의 첫 번째 언술인 "내팔이면도칼을든채로끊어져떨어졌다"는 상황을 분석해 보자. 이 환각적 이미지는 "내팔"이 "사기컵을번쩍들어마룻바닥에메어부딪는"(「烏瞰圖^{오감도} ; 詩第十一號^{시제십일호}」) 상황이나 "죽고싶은

마음이칼을찾는"(「危篤위독 ; 沈歿침몰」) 상황과 비슷해 보이면서도 분명한 차이점을 드러낸다. 공통점은 전자와 후자 모두가, 통일된 의식의 담지체로 간주되는 인격화된 시적 주체로서의 화자의 의지(의식)에 반하는(독립되어 있는) 파편화된/절단된 신체 또는 '부분 대상'의 자율성을 보여 주고 있다는 사실이다. 이 때 이 파편화된 신체 또는 '부분 대상'의 자율성은 '(죽음) 충동'이라고 하는 내적 에너지로 충만해 있으며, 유기적 통일성을 지닌 신체의 담지체인 주체의 생명을 위협하며 그를 공포에 몰아넣는다. 물론 이 충동은 이에 저항하는 주체(언술의 화자)의 의지 또는 의식에 맞닥뜨리게 되고, 이것이 텍스트 전체에 극도의 대립과 긴장을 유발한다.[177] 177) 이승훈은 이 시에 대한 주석에서 이 시의 '팔'이 도구의 기능을 상실하는 신체 기관의 모습을 보여 준다는 사실에 주목한다.(이승훈, 『이상 문학 전집 1』, 46쪽.) 신형철은 이승훈의 이러한 관점을 이어받아 이를 사회 정치적 차원의 시적 무의식으로 확장한다. 신형철에 따르면 이 시에서 화자는 신체 기관들을 해체·파편화시킨다. 그것은 유기적으로 조직된 신체라는 관념을 무시하고 탈유기체화를 향해 나아가는 것으로서, '기관'이 사회적으로 유용한 노동을 추출하기 위해 신체에 가해진 속박을 상징한다고 볼 때, 이러한 신체의 탈유기체화는 기관화된 신체로부터 '기관 없는 신체'로의 이행을 표상한다.(신형철, 『이상 문학 연구의 새로운 지평』, 292쪽.)

그런데 이 언술에서는 이러한 공통점에도 불구하고 일단 표면적으로도 눈여겨볼 만한 차이점이 나타난다. 후자에서 "사기컵을번쩍들어마룻바닥에메어부딪는" "내팔"과 "칼을찾는" "죽고싶은마음"에 대해 '나'(화자)가 수세에 몰렸던 데 반해, 여기서 상황은 역전되어 "팔은죽어서도오히려나에게怯겁을내이는" 상황이 되어 있는 것이다. 후자의 관점에서 보면 이는 금기를 모르는 '충동'이 의식의 통일체로서 인격적 주체인 '나'에 대해 "오히려" 공포를 느끼는, 납득하기 어려운 상황을 보여 준다. 이를 어떻게 설명할 수 있을까? 이 상황을 이해하기 위해서는

"내팔이면도칼을든채로끊어져떨어졌다"는 첫 번째 언술이 지시하는 상황을 정치하게 분석해 볼 필요가 있다. 일단 "내팔이면도칼을든" 까닭을 생각해 보자. 이 까닭은 환각적 이미지를 보여 주는 이상의 이런 계열 텍스트들을 종합함으로써 추측이 가능해진다. 앞서 분석한 "사기컵을번쩍들어마룻바닥에메어부딪는" "내팔"이나 "칼을찾는" "죽고싶은마음"에서 볼 수 있듯이, 환각적 이미지로 나타나는 이상의 텍스트에서 시적 주체의 의지로부터 자율적인 '부분 대상'이나 조각난 신체들은 '충동'의 에너지로 충전되어 있다. 다시 말해 그것들의 에너지 벡터는 유기체적 신체의 최종 금기인 죽음을 향해 있다. 그러므로 이 시에서 "내팔이면도칼을든" 까닭 역시 그러한 '충동'으로 충전되어 있다는 사실을 짐작할 수 있다. 다시 말해, "면도칼을든" "내팔"은 "사기컵을번쩍들어마룻바닥에메어부딪는" "내팔"처럼, "면도칼"로 내 신체를 절단·훼손하려고 하는 팔이다. 그런데 그 팔이 오히려 "면도칼을든채로끊어져떨어졌다". 앞의 분석들의 연장선상에서 보면, 일단 표면적으로 이 상황은 "면도칼을든" "내팔"에 대한 "나"의 승리 또는 복수인 것처럼 보인다. 즉 통일되고 인격화된 유기적 신체를 소유한 시적 주체(화자)인 "나"의 의지(의식)에 대해 반란을 일으키는 '충동'의 담지체인 "내팔"에 대한 "나"의 승리인 것처럼 보인다. "나"의 신체를 절단·훼손하려던 "면도칼을든" "내팔"이 "끊어져떨"어졌기 때문이다. 그러나 다시 생각해 보면, 여기에는 놀라운 아이러니가 숨어 있다. "내팔이면도칼을든채로끊어져떨어"진 것은 결국 신체를 절단·훼손하려던 "내팔"의 '충동'이 실행된 결과이기 때문이다. 다시 말해 여기에는 자기 손을 그리고 있는 자기 손을 표현한 에셔(M. C. Escher)의 그림[178]

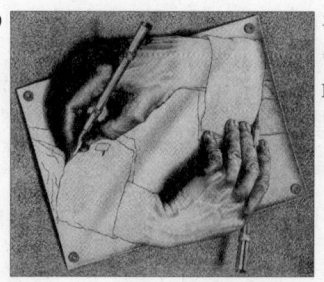

178) 자기 손을 그리고 있는 자기 손을 보여주는 에셔의 그림 〈그리는 손(Drawing Hands)〉.

과 같은 피드백의 원리가 작용하고 있음을 알 수 있다. 그러므로 이 텍스트에서 등장하는 "나"는 앞서 텍스트들에서 나타난 '나'와는 다른 "나"라는 사실을 확인하게 된다. 좀 더 자세히 분석해 보자.

일차적으로 이 "나"는 "면도칼을든" "내팔"의 '충동'과 대립하는 '나'이다. 이 대립의 결과로서 "나"의 신체를 절단·훼손하려고 했던 "면도칼을든" "내팔"은 "나"에 의해 "끊어져떨어졌다". 그러나 다시 한 번 생각해 보면 "내팔"의 절단이라는 상황은 "나"의 신체를 절단하려고 했던 "면도칼을든" "내팔"의 '충동'이 실행된 결과라는 사실을 지시하고 있다. 이런 차원에서 보자면 결국 이 텍스트에서 "내" 신체를 절단하려던 "면도칼을든" "내팔"과 "내팔"을 절단한 "나"는, 둘 다 "나"의 신체를 절단하려는 '충동'의 에너지에 속해 있다. "면도칼을든" "내팔"처럼 "나"도 '충동'의 장에 이미 속해 있으며, "나"의 신체를 절단하려는 환각적 이미지로 등장한 "내팔"과 유기적 신체를 확보하고 있는 의식의 담지체로서의 시적 주체(언술의 화자)는 구별되지 않는다. 이렇게 볼 때 이 텍스트에서 "내" 신체를 절단하려는 "면도칼을든" "내팔"과 그 "내팔"을 절단한 "나"는 결국 둘 다 "면도칼을든" "내팔"이라는 숨겨진 아이러니를 확인하게 된다. 이런 해석을 하게 되면, 이 텍스트의 다른 언술들에서 나타나는 공포의 이미지를 다른 관점에서 해석할 수 있는 가능성이 열리게 된다.

이 텍스트에는 공포가 표면화된 두 개의 언술이 나타난다. "자세히보면무엇에몹시威脅^{위협}당하는것처럼새파랗다"는 언술과 "팔은죽어서도나에게怯^겁을내이는것만같다"는 언술이다. 여기에서 공포의 대상(공포를 불러일으키는 대상)과 공포의 주체(공포를 느끼는 주체)는 환각적 이미지가 나타나는 앞선 이상의 시에서와는 표면적으로 반대인 것처럼 보인다. 앞선 시들에서 공포의 대상은 환각적 이미지로 출몰한 파편화된 신체 또는 '부분 대상'이었다. 거기에서 공포의 주체는 텍스트의 화자 또는 통일된 의식의 담지자로 간주되는 시적 주체였다. 그런데 이 시에서는 반대로 "내팔"이 "오히려나에게怯^겁을내"인다. 이 텍스트의 두 번째 언술에서 "몹시威脅^{위협}당하는것처럼 새파랗"게 질린 공포의 주체도 "나"가 아니라 "끊어져떨어"진 "내팔"이다. 이러한 상황은 이상의 다른 시들에 비추어서 예외적일 뿐만 아니라, 상식의 차원이나 정신 분석의 이론적 차원에서도 납득이 가지 않는다. 정신 분석에 따르면 '충동'의 현시체인 환각의 이미지들은 실재계의 담지자로서 금기와 모순을 모르고, 따라서 공포를 모른다. 거기에는 전적인 만족만이 있을 뿐이다.¹⁷⁹⁾ 179) B. Fink, 『라캉과 정신 의학』, 356쪽. 하지만 이 상황을 이 책의 해석대로 보게 되면 실마리가 풀린다. 여기서 공포의 대상과 공포의 주체는 구별되지 않는다. "내팔"과 "나"는 사실 모두 "면도칼을든" "내팔"이기 때문이다. 이러한 해석의 결과에 따른다면 이 시에 또 다른 아이러니가 연쇄적으로 발생하고 있다는 사실도 확인할 수가 있게 된다. 텍스트의 표층적 차원에서 보자면 "자세히보면무엇에몹시威脅^{위협}당하는것

처럼새파랗다"는 두 번째 언술에서 공포를 느끼는 주체는 "내
팔"이고 공포를 불러일으키는 대상은 "나"라고 했다. 그러나
지금까지의 해석 논리에 따라서 절단된 "내팔"과 그 팔을 절단
한 "나"는 구별되지 않으며, 결국 둘 다 "면도칼을든" "내팔"
임을 확인할 수가 있었다. 그렇다면 "몹시威脅^{위협}당하는것처럼
새파랗"게 질린 것은 결국 "면도칼을든채끊어"진 "내팔"인 동
시에 그 팔을 절단한 "면도칼을든" "나"이기도 하다는 사실이
성립된다. 다시 말해 공포의 주체와 공포의 대상은 결국 "나"
이다. 공포의 근원과 공포의 주체는 외부에 있지 않다. 그리고
그 공포의 주체이자 대상은 "끊어져떨어"진 "내팔"이라는 점
에서, 결국 이 시에서 공포의 근원이란 주체 내부의 결여-상실
이라는 존재론적 상황 그 자체임을 알게 된다. 바로 이 지점이
지금까지 제대로 해명되지 못했던, 공포의 주체와 공포의 대상
이 구별없이 하나가 되는 이상 시 특유의 아이러니가 지닌 '비
의'가 드러나는 지점이다. 이 문제는 다른 언술 속의 공포를 분
석해 보면 더 자세히 드러난다.

이런 점에서 "이렇게하여잃어버린내두개팔을나는燭臺^{촛대}세음
으로내방에裝飾^{장식}하여놓았다"는 표현은 매우 의미심장하다.
이것은 무엇을 의미하는가? 절단된 신체로서의 "내팔"은 사실
"나(의 신체)"이기도 하다는 점에서, 공포는 "내팔"의 것이기
도 하면서 "나"의 것이기도 하다. 그런데 공포의 대상인 동시에
공포의 주체이기도 한 "나"는, 역시 같은 맥락에서 "면도칼을
든채끊어진" 공포의 주체인 동시에 공포의 대상이기도 한 "내
팔"을 "燭臺^{촛대}세음¹⁸⁰⁾ 180) "세음"은 '인 셈으로' 또는 '인 것처럼'이라는
　　　　　　　　　　　　　뜻이다. 조해옥, 『이상 시의 근대성 연구』, 62쪽 ;
김주현, 『이상 문학 전집 1』, 92쪽.
　　　　　　　　　　으로 내방에 裝飾^{장식}한다. 일반적으

로 주체는 공포의 대상을 마주보기 힘들다. 왜냐하면 그것은 무서운 것이기에 주체에게 회피의 대상이 된다. 그런데 여기에서 "나"는 "면도칼을든" 공포의 대상이자 "끊어져떨어"진 공포의 주체로서의 "내두개팔"¹⁸¹⁾ 181) 여기에서 "잃어버린내두개팔", 즉 절단된 팔이 "두개"라는 사실은, 다른 한 팔이 나머지 한 팔을 자른 것이 아니라, "끊어져떨어진" "내팔"이 결국 "면도칼을든" "내팔"을 절단 실행한 결과라는 사실을 증명한다. 만일 한 팔이 다른 나머지 한 팔을 절단한 것이라면, 한 팔이 절단된 후에 다른 한 팔은 남아 있을 것이기 때문이다.

을 가장 잘 보이는 곳에 승전비처럼 전시해 놓는다. 다시 강조해도 지나치지 않은 사실은 시적 주체인 "나"의 마주보기의 대상인 "잃어버린내두개팔"은 바로 주체의 절단된 신체, 즉 외상(trauma)의 표지이자 상실된 자기의 현시라는 사실이다. 이 끔찍한 외상의 표지이자 상실된 자기의 현시가 야기하는 것이 바로 시적 주체의 공포다.

그런데 이 시에서 시적 주체는 외상의 표지이자 상실된 자기의 현시체인, 그래서 공포를 불러일으키는 "잃어버린내두개팔"를 마주본다. 이 마주보기를 "나는" 스스로 "얇다란禮儀^{예의}"라고 칭하며 오히려 "花草盆^{화초분}보다도사랑스레여긴다"고 말하고 있다. 시적 표현의 층위에서 이것이 "禮儀^{예의}"라고 표현된 것은, "잃어버린내두개팔을" "燭臺^{촉대}세음처럼裝飾^{장식}"하는 상황이 "나"에 의해 일종의 예식의 관점에서 파악되었기 때문이며, 이는 이 순간에도 빛을 발하고 있는 이상 시 특유의 위트라고 할 수 있다. 그런데 이 언술에서는 "禮儀^{예의}" 앞에 "얇다란"이라는 수식어를 붙임으로써 스스로 "禮儀^{예의}"라고 부른 자신의 이 마주보기의 태도 자체를 냉소하는 태도로써 거리화하는, 그러니까 자기 자신과도 거리를 유지하는 이상 특유의 아이러니적 태도가 또 다시 드러나고 있다. 공포의 주체이자 공포의 대상인, 즉 공포 자체의 현시체인 "면도칼을든채끊어져떨어진" "내팔"은 곧 "나" 자신이기도 하며, "끊어져떨어졌다"는 점에서 "나"의 존재론적 결여 그 자체다. 일반적으로 주체에게 그 외상의 표지는 회피의 대상이라는 점에서, 공포의 현시체이자 자기의 결여태를 차갑게 마주보고 있는 이 "얇다란 禮儀예의"란 실로 놀라운 언표라고 하지 않을 수 없다. 이 점에서 "팔은죽어서도오히려나에게怯겁을내이는것만같다"고 언술한 까닭은 단지 ("면도칼을든" "내팔"을 가진 "나"에 의해) "내팔이면도칼을든채로끊어졌떨어졌"기 때문만이 아님을 알 수 있다. "죽어서도오히려나에게怯겁을내"는 "내팔"은 이미 죽었으므로, 여기에서 "내팔"이 "怯겁을내"는 까닭은 죽음 때문이 아니라, 절단과 훼손된 신체로 현시되는 죽음, 즉 존재의 내적 결여를 "燭臺촉대세음으로내방안에裝飾장식"하는 "나"의 그 차가운 마주보기의 태도 때문인 것이다. 여기에서 절단·훼손이라고 하는 신체의 죽음·결여가 야기하는 극단의 공포는, 그 공포를 마주보는 태도 자체를 통해 공포를 느끼는 주체가 "오히려" 공포의 대상이 되는 상황으로 역전된다. 지금까지 제대로 조명되지 못한 이상 시의 진정한 문제성이 바로 이 지점이다.[182]

182) 이런 관점에서 「烏瞰圖오감도 ; 詩第一號시제일호」에 나타나는 "무서운兒孩아해와무서워하는兒孩아해와그렇게뿐이모였소(다른事情사정은없는것이차라리낫소)"라는 언술에서 나타나는 공포의 주체와 공포의 대상 간의 뒤섞임-변전 현상 역시 새로운 차원에서 다시 이해할 수 있는 실마리가 생긴다. 이 언술에서 괄호 속에서 진술된 "(다른事情사정은없는것이차라리낫소)"라는 표현은 '괄호'라는 형식을 통해 이 언술이 괄호 바깥의 앞 언술의 내용을 보충하는 등가적인 표현임을 암시하고 있다. 즉, "무서운兒孩아해와무서워하는兒孩아해와그렇게뿐이모였소"라는 상황은 "다른事情사정", 즉 다른 이유가 필요 없이 그대로 성립되는 상황이라는 뜻이다. "무서운兒孩아해와무서워하는兒孩아해와그렇게뿐이모"인 상황에서 섞여 있는 "무서운兒孩아해와무서워하는兒孩아해"는 구별되지 않는다. 이러한 화법은 "싸움하는사람은즉싸움하지아니하던사람이고또싸움하는사람은싸움하지아니하는사람이었기도하니까"(「烏瞰圖오감도 ; 詩第三號시제삼호」)라는 이상 특유의 화법 속에서도 그대로 반복되는데, 이것은 이상의 세계 인식을 반영한 특유의 아이러니적 표현으로서 수사학적

인 것 이상의 의미를 지니고 있다.「烏瞰圖오감도 ; 詩第十三號시제십삼호」에 대한 이 책의 궁극적인 해석의 관점을 따르자면, 공포를 느끼는 주체는 공포의 대상과 다르지 않다. 여기에서 공포는 「烏瞰圖오감도 ; 詩第十三號시제십삼호」의 "팔은죽어서도오히려나에게怯겁을내이는것만같다"에서 나타나는 죽은 팔의 "怯겁"과 관련된다. 이것은 이상 시에서 나타나는 여러 공포의 층위 중에서도 '죽은 팔'(환각의 이미지)조차도 두려워하는 공포라는 점에서 가장 극단적인 공포이자, 그 시가 공포의 통찰을 통해 이른 가장 놀라운 역설적 변증법의 순간이다.「烏瞰圖오감도 ; 詩第十三號시제십삼호」에서 보았듯이 이 '怯겁-공포'는 절단된(죽은) 자기 신체를 정면으로 바라보기, 즉 자신의 죽음을 통해 드러나는 회피할 수 없는 존재론적 결여를 직시하는 태도와 관련된다. 여기에서 절단된 신체-죽음이라는 존재론적 결여는 극단적인 공포의 대상이고 여기에서 주체는 공포를 느끼는 주체가 될 수밖에 없지만, 이러한 결여에 대한 직시, 공포의 대상에 대한 직시를 통해 공포를 느끼는 주체는 "오히려나에게怯겁을"내이게 하는 공포의 대상으로 전화한다. 그것은 공포를 야기시키는 공포의 대상에 대한 직시를 통해 주체가 공포를 극단적으로 대면함으로써 진정한 공포의 주체가 되는 순간에만 그러하다. 이런 점에서 "막다른골목"은 "무서운兒孩아해와무서워하는兒孩아해와그렇게뿐이모"임으로써 공포의 주체와 공포의 대상이 존재론적으로 전환될 수 있는 상황에 대한 시적 언표로 해석할 수 있다. 그러므로 공포의 대상을 직시함으로써 공포를 극단적으로 느끼는 것은, 공포를 느끼는 주체가 공포를 불러일으키는 대상으로 전환될 수 있는 존재론적 가능성이라는 역설이 가능하게 된다. 이 자리에서 "막다른골목"은 곧 "뚫린골목"이 된다. ("(길은막다른골목이적당하오)" "(길은뚫린골목이라도적당하오)")「三次覺設計圖삼차각설계도 ; 線선에關관한覺書각서 7」에서 "사람은絶望절망하라, 사람은誕生탄생하라"라는 구절 역시 절망과 탄생을 같은 자리로 보는 이러한 역설적 관점에 정확히 상응한다.(여기에서 공포와 관련하여 '불안'은 환상이라는 스크린으로 진실을 가리지 않는 유일하게 정직한 감정이라고 말한 라캉의 관점을 참조할 수 있다고 본다. J. Lacan,「확실성의 주체에 관하여」,『세미나 XI』, 69-70쪽) 이런 차원에서 "무서운兒孩아해"는 "무서워하는兒孩아해"와 구별되지 않는다. 나아가 "무서운 兒孩아해"는 "무서워하는兒孩아해"만이 가능하다. 여기에서 "무서워하는" 것은 봉합할 수 없는 세계의 존재론적 결여를 직시할 때만이 가능한 태도이며, 이런 점에서 "무서워하는" 것은 무서운兒孩아해"가 되기 위한 가능성이자 조건이 된다. 한편 이러한 공포의 변증법의 담지자가 "兒孩아해"라는 사실은 의미심장하다. "兒孩아해"는 아직 어른이 아닌 존재다. 다시 말해 "兒孩아해"는 그가 존재론적 결여를 가리고 있는 대타자의 호명(동일시)을 통해 구성되는 '(정상적) 주체'가 아니라는 시적 무의식이 드러나는 증후적 언표라고 해석할 만하다.

      이 문제를 이 책의 중심적 이론인 정신분석과 시적 아이러니의 문제와 결부지어 좀 더 자세히 해석해 볼 필요가 있는 것은 이런 이유 때문이다.

이 책은 정신 분석에서 이해하는 주체의 문제를 '나'와 타자의 변증법이라는 관점에서 살펴본 바 있다. 이 관점에 따르면 주체란 선험적이거나 생득적으로 태어나는 것이 아니라, 타자에 대한 '나'의 동일시를 거쳐 이루어진 상상적·상징적 구성물이며 '나'의 동일성에 대한 자기 오인의 효과이다. 이 때 주체의 구성에 필수적인 오인의 메커니즘은 '나'와 타자 모두에 내재한 해소될 수 없는 존재론적 결여를 은폐하고 봉합함으로써만이 가능하며, 이런 차원에서 '환상(fantasy)'은 그러한 결여와 관련된 '실재'를 보호하는(가리는) '상상적인' 스크린인 동시에 주체를 욕망하는 주체로 구성하는 무대이자 주체의 응답이다. 주체는 환상을 통해 도래한 욕망의 대상을 타자와 하나가 되었다고 계속 착각하려 한다. 지젝에 따르면 이러한 환상은 이데올로기적인 것으로서, 유기적 전체의 불가능성을 은폐하는 방식으로 주체들에게 주체의 실패를 보상한다.[183] 183) 이 책의 3부 〈셋. | 시적 아이러니와 정신 분석적 주체·담론의 해석학 | 2. 정신 분석적 주체와 이데올로기적 주체〉를 참조할 것.

이에 반해 환각(hallucination)은 환상과는 다르다. 그것은 '실재'를 가리는 방어적인 것이 아니라, '실재'가 상징계와 상상계의 구별없이 존재하는 어떤 상황으로서 주체는 거기에서 충동 분리(Triebentmischung)를 통해 파편적 사물로 쪼개지는 환영에 시달린다.[184] 184) P. Widmer, 『욕망의 전복』, 169쪽. 이는 배척(Verwerfen, '아버지의 이름' 자체의 배척)된 기표가 '실재'의 차원에서 회귀한 것이다.[185] 185) D. Evans, 『정신 분석 사전』, 435쪽.

그런 점에서 우리가 지금 살펴본 이상 시의 절단된 신체 또는 '부분 대상'들의 이미지는 '실재'를 가리고 주체를 욕망하는 존재로 구성하는 환상이 아니라, 죽음을 향해 열려 있는 공격적인 '충동'의 에너지로 충전되어 있는 환각적 이미지에 가까운 것이라고 해석할 수 있다. 그런데 여기에서 '충동'의 에너지에 의해 절단된 신체를 시적 주체(화자)의 관점에서 해석할 경우, 이는 주체의 신체 훼손 이미지를 통해 드러나는 외상(trauma)적 표지라고 할 수 있다. 다시 말해 그것은 주체에 내재한 치명적이고 깊숙한 존재론적 결여를 드러내는 시적 표지이다. 「烏瞰圖^{오감도}; 詩第十三號^{시제십삼호}」의 "면도칼을든채끊어져떨어"진 "잃어버린내두개팔"은 정확히 그러한 외상적 표지에 대응한다. 그런데 이 외상적 표지는 주체에게 공포를 불러일으키기에 회피의 대상이 됨에도 불구하고, 이 시에서는 오히려 시적 주체가 "燭臺^{촉대}세음으로내방에裝飾^{장식}하여놓"는 모습을 목격하게 된다. 여기에서 우리는 이상 시에 나타나는 환각적 이미지가 단지 오인의 메커니즘을 통해 구성되는 유기체적 신체-주체의 실패, 즉 '고장난 주체'의 형식이 아니라 그 이상의 어떤 지점과 관련됨을 발견하게 된다. 거울 모티프 시들을 비롯한 이상 시 전체를 일관된 관점에서 보면, 이 절단된 신체들 또는 주체의 의지로부터 분리된 '부분 대상'들은 주체의 실패를 통해, 오히려 하나의 통합상으로서의 주체란 불가능하다는 존재론적 사실, 나아가 '전체란 불가능하다'는 세계 인식을 드러내는 언표로 해석할 수 있다.[186] 186) 라캉에게서 '비전체(pas-tout)'는 본질적 기의, 총체성, 보편성, 완전성의 불가능함을 의미하는 함축성 있는 언표이다. 그러나 지젝의 역설적 화법에 따르면, '비전체'라는 증상이야말로 오히려 보편적인 것이다. '아버지의 이름'이라는 상징적 질서에 내재한 결여와 비일관성이라는 증상(symptôme)은, 그러므로 아버지 자체가 증상이라는 '증후(sinthome)'로 읽어야 한다. 즉, '아버지(상징계)의 증상'에서 '아버지라는 증상'으로 나아가야 한다. 이런 관점에서 '주체'는 그 자체가 불완전함의 다른 이름이며, 실체가 스스로를 온전히 실현하거나 혹은 완전한 자기 동일성에 이르는 것은 불가능하다는 사실에 붙여진 이름이다. S. Žižek, 『그들은 자기가 하는 일을 알지 못하나이다』, 275-335쪽.

한편 "燭臺^{촉대}세음으로내방에裝飾^{장식}하여놓"는 모습은 자기 내부의 결여, 외상적 표지를 마주보려는 주체의 태도와 관련하여 해석할 수 있다. 이는 주체의 균열을 은폐하는 환상과 자기를 동일시하는 것이 아니라, 오히려 균열을 담보하는 증상, 외상적 표지들과의 동일시를 통해 균열 자체를 직시하려는 주체의 태도와 관련된다. 정신 분석에 따르면 증상이란 세계에 내재해 있는 근원적 결여가 돌출되는 지점이라는 차원에서 '실재'에 근접하며,[187] 187) S. Žižek, 『이데올로기라는 숭고한 대상』, 223쪽. 이런 점에서 '증상과의 동일시(identify with a symptom)'란 세계의 환상을 벗겨낸다는 차원에서 '환상을 가로지르는(going through fantasy)' 것이다. 이는 궁극적으로 정신 분석의 최종 목표인 윤리적인 차원의 행위 이행(acting out)의 가능성과 관련된다.[188] 188) S. Žižek, 『삐딱하게 보기』, 275-276쪽. 이상 시 전체를 볼 때, 그의 시에 일관되게 나타나는 대립과 분리의 시적 형상인 아이러니를 미적 주체의 형식이 내포한 윤리적 차원의 문제와 결부할 가능성이 있다면 바로 이 지점이라고 할 수 있다. 그것은 어떤 존재론적 결여에 대한 직시의 문제와 관련된다. 리처드 로티가 아이러니의 문제를 윤리적 가능성의 차원에서 사색한 것도 정확히 이 지점에서다. 로티에 따르면 현대에 윤리의 가능성이란 아이러니의 가능성과 이어진다. 이러한 의미에서 아이러니의 윤리적 가능성이란 주체들에게 그들 스스로의 결여를 발견하게 하고, 그를 통해 고통스러운 삶의 실재를 대면하는 계기가 주어지는 것에서 모색될 수 있다.[189] 189) R. Rotty, 『우연성, 아이러니, 연대성』, 63-74쪽.

다섯.

절단된 신체 : 환상의 실패로서의 환각

5. 나오며

이 장에서 이상의 시 중 특히 환각적 이미지로 분류할 수 있는 「烏瞰圖오감도 ; 詩第十一號시제십일호」·「烏瞰圖오감도 ; 詩第十三號시제십삼호」·「危篤위독 ; 沈歿침몰」 등의 세 편의 시를 자세히 분석해 보았다. 이러한 관점에 따르면 이 세 편의 시에서 시적 주체(화자)의 의지(의식)에 독립하여 주체의 신체를 훼손하려는 자율적이고 파편적인 형태의 '부분 대상'이나 신체 절단의 이미지들은 환상과는 다른 영역에 속하는 환각적 이미지들이다. 정신분석의 관점에서 환상이 주체와 (대)타자 즉 세계에 내재해 있는 존재론적 균열과 결여를 봉합하고 은폐하려는 상상의 스크린으로서 욕망하는 주체의 응답인 반면에, 환각은 주로 '충동'과 결부된다는 점에서 궁극적으로 '실재'의 영역에 근접해 있다 또 그것은 상징계의 본질인 '금지(아버지의 이름)'를 모른다는 점에서 '정상적 주체'의 실패를 보여 주는 '증상'이다. 이상의 시적 주체는 이러한 환각의 이미지에서 극도의 공포를 느낀다.

그러나 이를 좀 더 적극적인 차원에서 해석해 보면, 이상의 시에서 일관되게 나타나는 이러한 주체의 실패, 즉 증상적 표지들은 주체 자체를 본래 실패한 동일성에 붙은 이름으로 인식하는 시적 형상이라고 해석할 만하다. 그러므로 극단의 공포 상황에도 불구하고 외상적 표지인 자기 신체 절단의 표지들을 직시하는 시적 주체의 태도는, 환상을 통해 주체의 결여를 봉합하려는 통상적 주체의 태도와는 달리, 오히려 자기를 증상과 동일시함으로써 주체의 결여 자체를 세계에 내재한 '진실'로 승인하려는 미적 주체의 한 형식이라고 해석할 수 있다. 정신 분석에서 '증상과 동일시하기', '환상을 가로지르기'라는 관점 등에 대응할 수 있는 이러한 주체의 태도는, 그동안 이상 시 연구사에서 부각되지 못했던 부분으로서, 궁극적으로는 정신 분석의 주체가 지닌 윤리적 가능성과 관련하여 특히 주목된다. 이 논문은 이상 시 전체에서 일관되게 나타나는 특유의 시적 아이러니를 이러한 관점에서 하나의 윤리적 가능성이라는 차원에서 해석할 수 있다고 본다. 다음 장에서 이 문제 의식을 좀 더 적극적으로 개진해 보자.

209쪽. 이상이 그린 삽화. 부분.
210쪽. 이상이 그린 삽화. 부분.

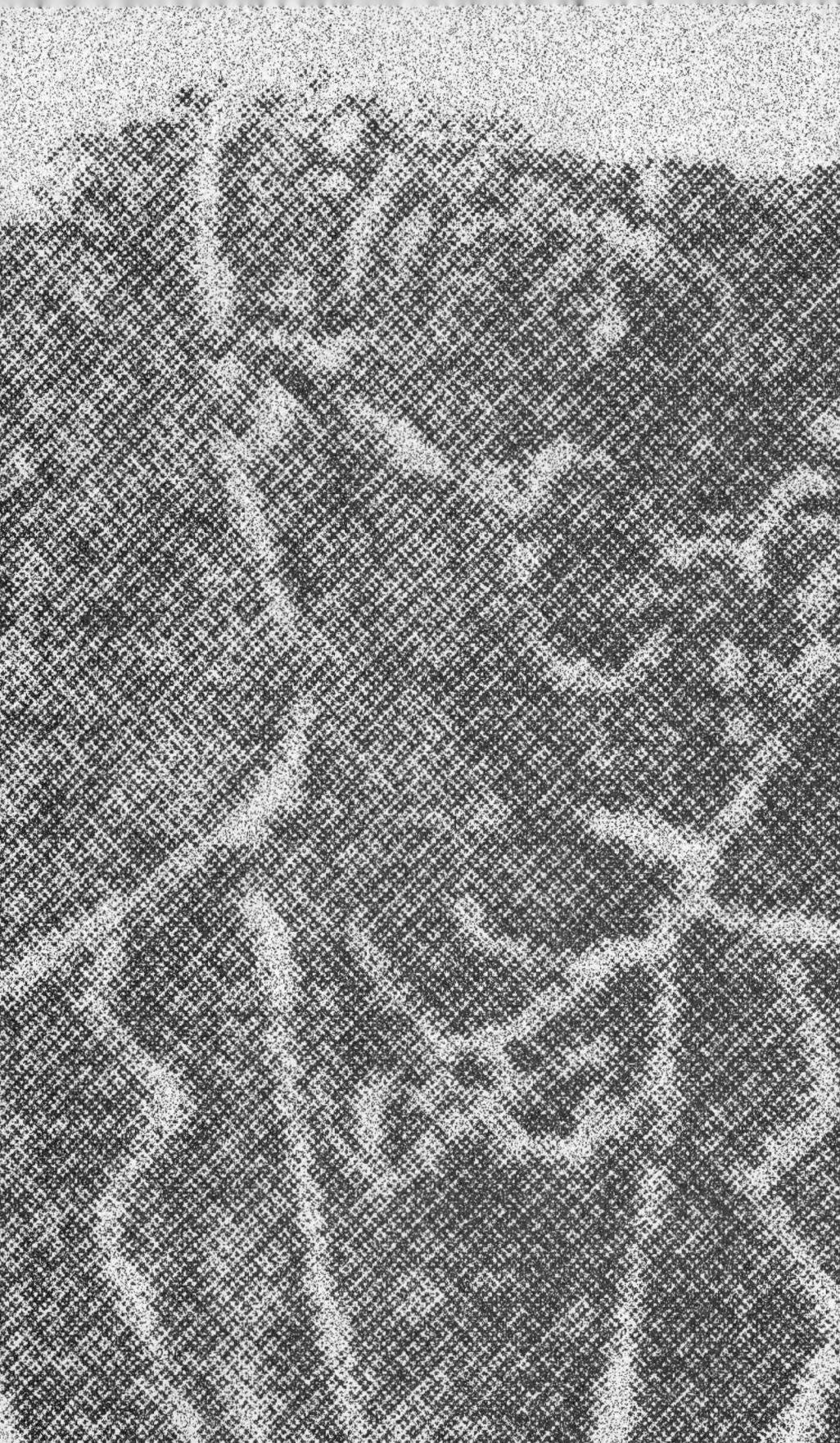

여섯.

환상을 가로지르기

1. 들어가며
2. 환상이라는 드라마의 실패
3. 사물의 공백 또는 대상 주위를 선회하기
4. 증상과 동일시하기
5. 외상(trauma)을 객관화하기
6. 나오며

여섯.

|

환상을 가로지르기

|

1. 들어가며

|

앞 장의 거울 모티프 시들과 환각적 이미지에 관한 이상의 시를 분석하면서, 이 책이 일관되게 견지한 관점은 이상의 시가 주체의 '분열'이라는 현상을 보여 준다기보다는 애초에 '실패하는 주체', 즉 주체의 '구성'이란 실패할 수밖에 없음을 드러내는 증후라는 관점이었다. 매우 일관되고 반복적으로 드러나는 이상의 시적 언표들이야말로 그의 시가 내포하고 있는 무의식의 진정한 표지일 수 있기 때문이다. 강박적인 반복이란 결국 그 언표 자체를 세계의 '진실'로 승인할 수밖에 없다는 시적 주체의 무의식의 표지라고 할 수 있다. 다시 말해 이상의 텍스트에서 주체의 실패라는 시적 형상으로 드러나는 결여의 문제는, 오히려 주체와 세계의 보편적 형식을 드러내는 증후로 작용한다. 그의 시에서 일관되게 나타나는 아이러니는 이런 점에서 존재론적 결여가 드러나는 미적 형식이라고 할 만하다.

|

이런 차원에서 볼 때, 그의 텍스트가 대부분 환상의 드라마가 실패하는 모습을 연출한다는 사실은 매우 시사적이다. 정신 분석에서 환상은 주체의 실패를 보상해 주는 드라마다. 그것은 주체와 세계에게 총체적이고 충만한 의미를 담보해 줄 수 있는 대상의 상실을 보상받기 위한, 욕망하는 주체의 응답이다. 환상을 통해 도래한 욕망의 대상과 동일시를 거치면서 주체는 일시적이고 상상적으로 존재론적 결여를 보상받는다. 그러므로

환상은 욕망하는 주체의 조건이기도 하다. 역으로 말해, 환상은 주체를 '정상적으로' 구성한다. 주체의 실패는 따라서 환상의 실패이기도 하다. 그러므로 이상의 시적 아이러니가 일관되게 주체의 실패와 관련된 드라마라고 말할 때, 그것은 그의 시적 주체 또는 언술의 화자가 일관되게 환상이라는 드라마의 주인공이 되는 데에도 실패한다는 뜻이기도 하다. 세계와의 비동화의 미적 표지인 시적 아이러니란, 주체와 타자 간의 동일시의 실패란 점에서 주체의 변증법이 실패하는 미적 증상일 뿐만 아니라, 실패 자체의 보편성을 드러내는 존재론적 증후라고 할 수 있다. 한편 이상의 어떤 시들에서 주체의 욕망은 '쾌락 원칙 너머'를 향하는 듯이 보임으로써 주체의 운동 양상을 실재를 가리는 환상이 아니라 오히려 '불가능한 것'을 향한 '실재'에의 열정이라고 해석할 만한 부분이 관찰되기도 한다. 이 장에서는 이 부분에 주목하여 이상 시의 아이러니적 주체가 담지한 특이성을 새로운 윤리적 가능성의 차원에서 해석해 보는 실마리를 찾아보고자 한다.

「空腹공복」이나 시인의 병적 체험을 담은 일련의 시들에서 이상은 존재론적 결여를 드러내는 외상적 표지들을 환상의 방식으로 봉합하거나 나르시시즘적 응시의 대상으로 치환하는 것이 아니라, 객관화된 시적 직시의 방식을 취하여 거리를 두고 마주하는 태도를 보여 준다. 외상적 표지와의 이러한 객관화된 마주보기는 증상과의 동일시(identify with a symptom)라는 차원에서 이해할 수 있으며, 환상을 가로지르려는(going through fantasy) 주체의 노력을 보여 준다는 의미에서 시적 아이러니의 또 다른 윤리적 가능성을 모색할 수 있게 하는 지점이라고 할 수 있다.

여섯.

환상을 가로지르기

2. 환상이라는 드라마의 실패

> 벌판한복판에 꽃나무하나가있소 近處^{근처}에는 꽃나무가하나도 없소 꽃나무는제가생각하는꽃나무를 熱心^{열심}으로생각하는것처럼 熱心^{열심}으로꽃을피워가지고섰소. 꽃나무는제가생각하는꽃나무에게 갈수없소 나는막달아났소 한꽃나무를爲^위하여 그러는것처럼 나는 참그런이상스러운흉내를내었소.
>
> —「꽃나무」190) 190)《가톨릭青年^{청년}》, 1933. 7. 전문

이 텍스트는 여러 갈래로 해석될 수 있다. 그러나 어떤 방식으로 이 시를 해석하든 여기에서 가장 문제가 되는 언표는 "제가생각하는꽃나무"라는 대상이고, 문제적 상황은 현실의 "꽃나무"가 애를 써도 "꽃나무는제가생각하는꽃나무에게갈수없"다는 상황이다. 그런데 우선 주목해야 할 사실은, 이 균열 상황이 현실에 존재하는 실제의 "꽃나무"와 "제가생각하는 꽃나무" 사이의 간극을 이미 전제하고 있다는 사실이다. 즉 "꽃나무"가 다가가려는 "제가생각하는꽃나무"는 이미 현실 속 실제 "꽃나무"의 결여를 전제한 "꽃나무"다. "꽃나무"를 "제가생각하는" 행위란 현실 속 실제 대상의 결여를 전제한 채, 결여되어 있지 않은 대상을 관념적으로 가정하는 행위이기 때문이다. 그러므로 여기에서 균열과 결여라는 상황은 "제가생각하는 꽃나무"에 "꽃나무"가 다가서지 못하기 때문에 생기는 것이라

기보다는 세계 자체의 기본 형식(조건)으로서 전제되어 있다. 그렇게 보자면 "제가생각하는 꽃나무"란 결여된 현실의 대상을 보충·대체하는 충만한 의미의 담지체라고 할 수 있다. '꽃나무'라고 하는 언표의 시적 의미를 무엇으로 규정하든, 그것은 현실적 기표의 결핍을 보상해 줄 수 있는 온전한 기의, 총체성을 구현하고 있는 '순수 기표/주인 기표(le signifiant pur/le signifiant maître)'인 셈이다. 이런 의미에서 현실 속의 "꽃나무"가 현실 속의 자기 결여를 메워 줄 수 있다고 여기는 "제가 생각하는 꽃나무"는 정신 분석의 관점을 빌리면, 욕망의 대상이자 원인이 되는 '대상a'[191] 191) '대상a'에 대해서는 이 책의 〈셋. | 시적 아이러니와 정신 분석적 주체/담론의 해석학 | 2. 정신 분석적 주체와 이데올로기적 주체〉의 논의 참조. 에 해당한다. 이렇게 보면 「꽃나무」는 현실에서 결핍을 인식한 '꽃나무-기표'가, 그 결핍을 보상할 수 있다고 믿는 충만한 의미의 담지체로서 완전한 기표인 "제가생각하는꽃나무"를 욕망하는 환상의 드라마로 해석할 수 있다. 이런 관점으로 텍스트를 좀 더 자세히 분석해 보자.

|

"벌판한복판에 꽃나무하나" 만 있고 "近處^{근처}에는 꽃나무가하나도없"는 까닭은 이 "꽃나무"가 모든 기표들 중에서 가장 충만한 기표, 즉 총체적 의미의 담지체이기 때문이다.[192] 192) 황현산은 이 시를 말(낱말)과 실제 현실이 부합하지 못하는 식민지 현실의 궁핍한 언어 상황을 드러내는 시로 해석한다. 그의 해석에 따르면 이 시의 '꽃나무'는 '낱말-꽃나무'와 '생각-꽃나무'라 분열되어 있다. "벌판에 꽃나무 한 그루가 서 있을 뿐 다른 꽃나무가 없는 것은 현실의 꽃나무들로부터 추상된 관념의 꽃나무 하나를 시인이 상정하고 있기 때문이다." 그러므로 이 '꽃나무(라는 낱말)'는 벌판에 있는 어떤 꽃나무도 직접적으로 지시하지 않는다. 황현산, 「모국어와 시간의 깊이」, 『말과 시간의 깊이』, 문학과지성사, 2002, 423쪽. ; 신범순은 벌판에 외따로 떨어져 있는 꽃이 근대의 황무지적 현실에서 이상 자신만이 갖고 있던 비전이 투사된 꽃

으로서 시인 자신을 의미한다고 본다. 신범순, 『이상의 무한정원 삼차각나비』, 2007, 현암사, 347쪽. 욕망하는 주체의 관점에서 그것은 욕망의 대상이자 원인에 해당한다. 그것은 이미 현실 속 "꽃나무"라고 하는 기표 또는 대상의 상실을 주체의 무의식이 전제하고 있다는 사실을 뜻한다. 관념으로 상정된 욕망의 대상이란 이미 현실 속에서의 대상 상실을 전제하기 때문이다. 이 욕망의 문제를 언어의 문제와 관련짓는 정신 분석의 통찰에 따른다면, "제가생각하는꽃나무"란 기표와 기의가 어긋나는 상징 체계의 결여에 대한 시적 암시라고 표현할 수도 있다. 그것은 차이들로 이루어진 현실의 기표 체계에서 끊임없이 미끄러지므로 결코 닿을 수 없는 온전한 기의이자, 상징계에서 영원히 상실된 대상으로서 주체로 하여금 욕망을 충족시켜 줄 수 있는 것으로 간주되는 충만한 의미의 현시체다. 라캉이 시각장에서 발생하는 환상의 드라마에 대해 이야기하면서 이를 플라톤의 이데아와 결부짓는 일은 이런 점에서 시사적이다.[193] 193) J. Lacan, 「그림이란 무엇인가?」, 『세미나 XI』, 173쪽.

플라톤에게서 현실적 낱말(사물)의 관념과 관계되는 이데아가 현실의 대상으로부터 추론된 완전한 관념의 대상, 의미의 총체성을 담보하고 있는 전능한 기표를 의미하듯이, 이 시에서 "제가생각하는꽃나무"는 현실 속에서 의미의 결핍상으로 존재하는 "꽃나무"의 결핍을 보상할 수 있는 추론된 대상·기표에 해당하는 관념(어)이다. 그런 차원에서 "제가생각하는꽃나무"는 현실의 어떤 꽃나무도 지시하지 않는 관념(어)인 동시에, 그러한 관념(어)과 분리된 궁핍한 언어 현실을 반영하는 기표이기도 하다.[194] 194) 황현산의 해석에 따르면 "제가생각하는꽃나무"는 '생각-꽃나무'로서 '현실-꽃나무'가 아니라 '꽃나무의 꽃나무의 꽃나무의……' 이름일 뿐이다. 밀은 현실로부터 만들어졌지만 현실로 완전히 환원되지 않는다. 그래서 우리의 정신적 내용은 말에 '의해서' 소통되는 것이 아니라 말 '안에서', 밑의 환경 속에서 소통된디고 말할 수밖에 없다. 황현산의 이러한 해석은 이 글의 논점과 전체적인 관점에서 다르지만, 이 텍스트의 무의식에 관념(이상)의 존재(말)와 현실의 존재(말)가 만나지 못하는 상징 체계에 대한 시인의 관점이 투여되어 있다는 사실을 지적하고 있다는 차원에서 주목된다. 황현산, 「모국어와 시간의 깊이」, 『말과 시간의 깊이』, 423-424쪽.
"熱心열심으로생각하는것처럼 熱心열심으로꽃을피워가지고섰"는 "꽃나무"의 태도는 이 대상에 대한 욕망을 잘 드러내고 있다. 현실 속 결핍을 보충하고 대체할 수 있는 이러한 충만한 의미체로서의 기표인 "제가생각하는꽃나무"를 "熱心열심으로생각하는" 행위는, 그러므로 욕망을 불러일으키는 기표·대상에 대한 동일시를 뜻한다는 차원에서, 시적 주체의 환상의 드라마 또는 환상과의 동일시라는 차원에서 해석될 만하다.

그러나 다른 이상의 텍스트들에서처럼 이러한 환상의 드라마는 여기에서도 실패하고 만다. "꽃나무는제가생각하는꽃나무에게갈수없"다는 사실을 "꽃나무"가 인식하고야 마는 것이다. 현실 속 존재의 결여에 대한 인식에서 상정된 관념의 놀이 또는 욕망의 드라마는 '요구'의 절대성을 실현시킬 수 없는 현실에 대한 불가항력적 간극에 대한 인식으로 끝난다. 이미 언술의 출발점에 전제되어 있는 현실 속 "꽃나무"의 결여 상황이 "꽃나무"의 절대적 요구(욕망 대상)인 "제가생각하는꽃나무"와의 간극의 불가피성만을 확인한 채 오히려 강화되고 있는 것이 이 텍스트의 아이러니한 결론이다. 그러나 원점으로 회귀하고 마는 이러한 결론적 상황은 이미 이 시의 출발점에 내재해 있는 상황이었다고 볼 수 있다. 이 시의 환상은 이미 세계가 균열되어 있거나, 의미가 부재 또는 결핍되어 있다는 시적 주체(화자)의 감각 또는 직관 속에서 출발하고 있기 때문이다. 그러므로 이 시의 아이러니는 "꽃나무"가 "제가생각하는꽃나무를 熱心열심으로생각하는" 상황 자체에 이미 내재되어 있는 세계의 기본 형식이라고 해석할 수 있다. "꽃나무는제가생각하는꽃나무에게갈수없"는 상황은 환상의 실패를 사후적으로 재확인시킬 뿐이다. 이런 차원에서 보면 「꽃나무」의 진정한 아이러니는 "熱心열심으로생각하는" 끊임없는 시적 주체의 환상의 구동에도 불구하고, 오히려 충만한 의미를 구현하는 전능한 기표・대상이 불가능하다는 사실만을 반복해서 확인하게 된다는 사실에 있다. 이러한 반복되는 환상의 실패를 아이러니라는 시적 언술 형식을 통해 온전한 동일성을 담보하는 기표・대상은 존재하지 않는다[라캉식으로 말해, '전체는 존재하지 않는다(pas-tout)']는 시적 주체(화자)의 무의식을 드러내는 증후로 해석할 수 있지 않을까.[195] 195) 카프카의 소설에서 일관되게 나타나는 실체의 불균형을 '실체 자체의 불균형'에 대한 존재론적 증후(sinthome)로 읽는 지젝의 독해 방식은 이상 시의 일관된 아이러니의 무의식을 증후적으로 읽는 데에도 하나의 참조점이 될 만하다. S. Žižek, 『그들은 자기가 하는 일을 알지 못하나이다』, 287-290쪽.

|

이런 관점에서 해석상의 난점을 야기해 온 이 텍스트의 모호한 마지막 두 언술 "나는막달아났소. 한꽃나무를爲위하여 그러는것처럼 나는참그런이상스러운흉내를내었소"라는 표현도 지금까지와는 다른 방식으로 읽을 수 있는 여지가 생긴다. 여기에서 특별히 주목할 대목은 "나는참그런이상스러운흉내를 내었소"라는 아이러니컬한 자조가 담긴 표현이다. "흉내"라는 말이 실제 대상과 닮으려는 포즈를 뜻한다는 점에서 이것은 "꽃나무"가 "제가생각하는꽃나무를熱心열심으로생각하"면서 "꽃나무는제가생각하는꽃나무에게갈"려고 하는 행위, 즉 현실의 결여태인 "꽃나무"가 이상화된 대상으로 간주되는 욕망의 대상과 자

기를 동일시하는 행위라고 볼 수 있다. 여기에서 "나"의 "흉내"란 곧 현실 속 "꽃나무"의 흉내를 뜻한다는 점에서, 존재론적 결여를 가진 현실 속 "꽃나무"란 곧 자신의 존재론적 결여를 인식하고 있는 "나"의 등가물임을 알 수 있다. 여기에서 "꽃나무"가 "熱心열심으로생각하는" "제가생각하는꽃나무"란, '꽃나무-나' 즉 시적 주체의 결여를 대체해 줄 수 있다고 간주되는 충만한 기의의 담지체('대상a')라는 사실이 좀 더 분명해진다. 그러므로 "한꽃나무"란 첫 번째 언술에서 나타나는 욕망의 관념화된 대상·기표인 "꽃나무하나"라는 사실을 추측할 수 있다. 그러나 앞서의 해석에서처럼 "한꽃나무를爲위하여 그러는" 이러한 "흉내", 즉 대상과의 동일시는 실패하고 만다.

주목할 점은 이 "흉내"를 "참그런이상스러운" "흉내"라고 시적 주체가 표현할 때, 이미 이 "흉내"에는 "참그런이상스러운"이라는 정서적 거리 또는 가치론적 절하를 담은 언표를 통해 탈신화화가 수행되고 있다는 사실이다. 즉 이 텍스트를 환상의 드라마라는 차원에서 볼 때, 주체는 대상과의 동일시를 통해 이 무대 내부의 환상의 주인공이 되는 것이 아니라, 이미 무대 바깥에서 이 드라마의 실패를 '객관적으로' 인식하고 있다. 이상의 시에서 환상이 실패하는 이유 중 하나는 이렇게 시적 주체가 환상의 드라마가 연출되는 무대와의 거리 인식을 소멸시키지 못하기 때문이다. 즉 환상의 드라마가 연출되기 위해서는 시적 주체 자신이 환상이라는 무대 위에 서 있다는 사실을 몰라야 할 터인데, 그의 시에서는 종종 시적 주체와 화자가 분리되면서 시적 주체(화자)가 환상의 내부와 외부 모두에 걸쳐 있는 상황이 발생한다. 한 텍스트 속에 서술어의 주체가 두 개로 분열되어 존재하는 것이 바로 이런 상황의 예시가 된다. 그러므로 "참그런이상스러운흉내"란 언표는 이미 "한꽃나무"에 접근하는 일이 불가능하다는 시적 주체의 세계 인식을 무의식적으로 담보하고 있는 아이러니적 언표이다.

여기에서 언표에 내재된 아이러니는 단지 동일시의 대상으로 설정된 욕망·관념의 대상·기표 간의 간극이나 불일치만을 함의하는 것이 아니라, 이미 이 "흉내" 자체가 "참그런이상스러운" 것이라는 탈동화적 거리 감각을 구현하고 있는 비동화의 표지이다. 여기에서 그 "흉내"가 그냥 "한꽃나무를爲하여"가 아니라, "한꽃나무를爲하여 그러는것처럼"으로 표현된 것은 이런 점에서 눈여겨볼 만하다. 의미상 마지막 언술에서 "그러는것처럼"이라는 언표는 사실상 부가적이다. 즉 이 언술은 단지 환상의 실패라는 내러티브적 관점에서만 볼 때는 "한꽃나무를爲하여" "나는참그런이상스러운흉내를내었소"라고 말해도 무방하며, 오히려 이것이 더 자연스러운 진술이기도 하다. 그렇다면 부가된 "그러는것처럼"이라는 언표는 무의미한 언표가 아니라 의미 첨가 기능이 있는 언표로 읽는 게 논리적으로 자연스러워 보인다. "그러는것처럼"은 이 "흉내"가 '진짜' 또는 실제가 될 수 없다는 인식이 무의식적으로 부기된 언표라고 할 수 있는 것이다. 다시 말해 "한꽃나무를爲하여"의 뒤에 붙은 "그러는것처럼"이라는 언표는, "흉내"라는 언표[196] 앞에 "참그런이상스러운" 것이라는 언표가 부기된 효과와 유사한 효과를 유발하거나 의도하고 있는 언표

[196] "흉내"란 언표는 이미 원상과 현실 대상 사이의 간극에 대한 인식이 무의식적으로 전제되어 있는 표현이다. 이상의 「거울」에서 "거울속의나는참나와는反對요만은/또꽤닮았소"라는 언술에서 "닮았소"라는 언표 역시, "꽤닮았"지만 이미지와 현실의 실제 대상 사이의 간극에 대한 인식을 전제하고 있다. 즉 "꽤닮았"다는 것은 동일하지 않다는 뜻이다.

라고 해석할 수 있다. 순수한 의미의 "爲위하여"와 그 뒤에 부기된 "것처럼" 사이에 내재한 간극, 이것이 바로 이상 시의 아이러니가 미묘한 언표를 통해 대상에 대한 거리 감각을 드러내는 한 형식이다.

"**나는막달아났소**"라는 모호한 언술의 의미는 바로 이러한 해석들이 진행된 이후에서야 비로소 추론이 가능하다. 이 언술은 "꽃나무는제가생각하는꽃나무에게갈수없소"라는 언술과 "한꽃나무를爲위하여 그러는것처럼 나는참그런이상스러운흉내를내었소"라는 언술 사이에 위치한다. 즉 이 언술의 앞 내용은 결여를 내포하고 있는 언술 속 서술어의 주어인 "꽃나무"가 자신의 결여를 메울 수 있는 완전한 존재를 욕망의 대상으로 상정하지만 그것이 실패하는 모습을 보여 주고 있다. 또 뒤의 내용은 앞 언술들에서 서술어의 주어였던 "꽃나무"와 등가적인 존재이자 텍스트 전체의 화자(시적 주체)인 "나"가, 그 실패를 객관적으로 자인하고 있는 언술이다. 그러므로 "나는막달아났소"는 "꽃나무는 제가생각하는 꽃나무를 熱心열심으로 생각하는 것처럼 熱心열심으로 꽃을 피워가지고 섰"음에도 불구하고, "꽃나무는 제가생각하는 꽃나무에게갈수없"는 실패의 상황에 대한 논리적 연관성 속에서 해석되어야 한다. 그런데 바로 뒤의 "한꽃나무를爲위하여 그러는것처럼 나는참그런이상스러운흉내를내었소"라는 언술의 "참그런"이라는 지시어에 유의해 보면, "참그런"은 바로 앞문장인 이 "나는막달아났소"를 가리키는 것으로 읽히기도 한다. 한편 앞 단락에서 나는 "한꽃나무를爲위하여 그러는것처럼 나는참그런이상스러운흉내를내었소"라는 언술을 "흉내"라는 언표에 초점을 맞추어, 이 언술이 "흉내"의 실패를 텍스트 전체의 화자인 "나"의 입장에서 아이러니적으로 객관화한 표현이라고 해석한 바 있다. 이러한 점들을 고려해 본다면 "나는막달아났소"는 이 언술의 바로 앞 언술인 "꽃나무는 제가생각하는 꽃나무에게갈수없"는 상황의 논리적 결과인 동시에, 바로 뒤 언술인 "나는참그런이상스러운흉내"와 내용적으로 등가를 이루는 언술이라는 사실을 알게 된다. 그러므로 "나는막달아났소"라는 모호한 표현은 "나"의 등가물인 "꽃나무"가 "제가생각하는 꽃나무에게갈"려고 "제가생각하는 꽃나무를 熱心^{열심}으로 생각하는 것처럼 熱心^{열심}으로 꽃을 피워가지고 섰"지만, "꽃나무는 제가생각하는 꽃나무에게갈수없"는 상황 자체를 다시 한 번 아이러니적으로 표현한 것임을 알 수 있다. 즉 그것은 현실의 '꽃나무-나'가 욕망의 대상인 이상적 '꽃나무-나'로부터 반대 방향으로 도망갔다는 것이 아니라, 오히려 그 욕망의 대상을 향해 "熱心^{열심}으로" 달려갔지만,[197] 197) "막달아났소"에서 "막"이란 부사어는 이런 점에서 주목해야 한다. "막"은 시적 주체의 달아나는 행위가 안간힘을 쓰고 달아나고 있다는 운동성의 표현이다. 즉 그것은 대상을 향한 시적 주체의 강렬한 욕망을 현재화된 시제로 표현하고 있는 심리적 표현이다. 그러한 욕망의 충족 또는 완전체로서의 대상과의 합일은 가능하지 않다는 아이러니적 인식을 드러낸 표현이라고 해석할 수 있는 것이다.

여기에서 이러한 아이러니적 인식이 "달아났소"라는 공간화된 표현으로 나타난 것은, 현실의 '꽃나무-나'가 욕망의 대상과 이루려는 동일시의 욕망이 "갈수없소"라는 표현에서처럼 공간화된 감각으로 표현되었기 때문이다. 그리고 이렇게 해석하면 바로 뒤의 언술인 "한꽃나무를爲^위하여 그러는것처럼 나는참그런이상스러운흉내를내었소"의 직접적 지시적 언술로도 이 언술이 무리없이 읽힌다는 사실을 확인하게 된다. 즉 "나는막달아났소"는 현실의 '꽃나무-나'가 "한꽃나무를爲하여" 다가갔음에도 불구하고 "한꽃나무"와 만나지 못하는 "잠그런이상스러운흉내"로 귀결되는 것에 대한 아이러니적 인식을 담고 있는 표현인 것이다.[198)] [198)] 이런 차원에서 권영민의 주석은 참고할 만하다. 권영민은 이 시에 대한 주석에서 '달아나다'를 '도망치다'로 보기보다는 '달려 나가다'로 해석해야 한다고 본다. '나'가 '달아나는(달려 나가는)' 방향은 현실적인 존재에서 이상적으로 생각하는 존재('꽃나무')의 방향이다. "나는참그런이상스러운흉내를내었소"는 그 이상적인 존재에 도달할 수 없는 것에 대한 시적 암시이다. 권영민, 『이상 전집 1』, 권영민 편, 26쪽. 결론적으로 "달아났소"는 욕망의 대상을 향해 달려가지만, 욕망은 언제나 그 대상에 도달하는 것에 실패한다는 사실에 대한 시적 주체의 아이러니한 인식을 보여 준다. 그렇다면 "나는막달아났소"에서 "나"는 단지 결여를 내포한 현실적 '꽃나무-나'만을 상정한다기보다는, 욕망의 대상으로 설정한 이상적이고 완전한 기표로서의 '꽃나무-나'를 동시에 의미한다고 볼 수 있다. 즉 환상이 항상 실패하는 것일 수밖에 없다는 사실을 이 시적 주체(화자)가 인식하고 있다는 점을 상기한다면, 이 텍스트에서 "막달아"난 것은 욕망의 주체인 현실적 '꽃나무-나'인 동시에 결코 합일될 수 없는 욕망의 대상으로서의 '제가생각하는꽃나무-나' 모두라는 사실을 수긍할 수 있게 되는 것이다. 이런 점에서 이상의 환상의 드라마에서 실패하는 것은 주체일 뿐만 아니라, 동일시의 대상으로서 설정된 타자 모두라고 할 수 있다. 이상 텍스트의 아이러니를 환상의 실패가 현시되는 시적 증상으로 해석할 때, 여기에서 궁극적으로 드러나는 것은 주체의 결여뿐만이 아니라 주체의 결여를 봉합할 수 있을 것으로 간주되었던 욕망의 대상, 완전한 타자 역시 존재하지 않는다는 세계 자체의 결여에 대한 시적 무의식이다.

한편 "나는막달아났소"라는 표현에서 나타나는 아이러니를 다른 각도의 욕망의 문제 속에서 이해할 때, 우리는 이것이 또 다른 차원의 이중적 아이러니를 내포하고 있는 표현이라는 사실을 알게 된다. 욕망의 관점에서 볼 때 "꽃나무는 제가생각하는 꽃나무에게갈수없"는 상황은 결여를 느끼는 시적 주체(화자)가 동일시의 대상으로 간주한 욕망의 대상과 변증법의 실패, 즉 환상이 실패하는 순간이라고 해석할 수 있다. 이 책의 해석에 따르면 "나는막달아났소"라는 언술은 주체가 대상으로부터 벗어나는 것이 아니라, 주체가 대상을 향해 다가가지만 그 간극이 메워지지 않는다는 비동화의 인식이 공간적 차원으로 드러난 아이러니적 언표이다. 그런데 이러한 아이러니적 언술은 시적 주체의 한 형식이라는 차원에서 고찰할 때, 하나의 시적 주체를 운동시키는 역설적 조건을 잘 보여 주는 것이기도 하다. "나는막달아났소"라는 언술은 결여를 내포한 현실의 '꽃나무-나'가 이상적 존재로 상정된 욕망의 기표인 "제가생각하는 꽃나무"-'나'를 향해 다가가지만, 그 변증법의 필연적 실패를 공간화된 시적 언표로 드러낸다. 그런데 이 실패는 이상의 시에서 아이러니하게도 시적 주체의 운동을 지속하게 하는 조건이기도 하다. 즉 (이상적인 동시에 현실적인) "나"가 서로 만나는 것이 아니라, 언제나 그것이 "막달아"나는 만남의 실패 속에서만이 '나'와 만나려는 통일의 운동은 지속된다. 이러한 이상 시의 아이러니는 한 인간으로서 그의 실존이 유지되는 삶의 운동 방식을 암시할 뿐만 아니라, 그 시의 아이러니를 현대시가 존재하는 미적 형식의 전형적인 표지로서 이해하는 데에도 시사하는 바가 크다. '현대시'란 총체성(동일성)이 더 이상 가능하지 않다는 사실을 인식함에도 불구하고 총체성을 동경한다. 그 간극을 인식하는 데에서 비롯되는 고통 속에서 현대시의 아이러니가 탄생하며, 그런 차원에서 아이러니는 현대시를 끊임없이 운동하게 하는 현대시의 조건이자 본질이기도 하다.[199] [199] O. Paz, 『흙의 자식들』, 93-100쪽. 이상의 「꽃나무」에서 공간화된 표지로서 나타나는 아이러니적 언표들은 이런 점에서 하나의 미적 주체로서 현대시의 시적 주체가 존재하고 운동하는 형식에 대한 한 전형을 보여 준다고 해석할 만하다.

여섯.

환상을 가로지르기

3. 사물의 공백 또는 대상 주위를 선회하기

꽃이보이지않는다. 꽃이香(향)기롭다. 香氣(향기)가滿開(만개)한다. 나는거 기墓穴(묘혈)을판다. 墓穴(묘혈)도보이지않는다. 보이지않는墓穴(묘혈)속에 나는들어앉는다. 나는눕는다. 또꽃이香(향)기롭다. 꽃은보이지않는 다. 香氣(향기)가滿開(만개)한다. 나는잊어버리고再(재)차거기墓穴(묘혈)을판 다. 墓穴(묘혈)은보이지않는다. 보이지않는墓穴(묘혈)로나는꽃을깜빡잊 어버리고들어간다. 나는정말눕는다. 아아. 꽃이또香(향)기롭다. 보이 지도않는꽃이─보이지도않는꽃이.

― 「危篤(위독) ; 絶壁(절벽)」200) 200) 《朝鮮日報(조선일보)》, 1936.10. 6. 전문

「危篤(위독) ; 絶壁(절벽)」에서의 "꽃"은 「꽃나무」에서 현실의 '꽃나 무─나'가 다가가기를 원했던 "제가생각하는 꽃나무"에 대응하 는 대상이다. "보이지않는다"는 차원에서 부재(不在)하지만, "香(향)기롭다"는 차원에서 그것은 시적 주체에게 욕망을 불러일 으키는 대상─원인이다. 여기에서 일단 주목할 것은 감각의 문 제다. 존재의 부재라는 상황은 "보이지않는다"는 시각적 감각 의 불가능성으로 나타난다. 그러나 이러한 상황은 "꽃이香(향)기 롭다"는 후각적 감각을 통해 다시 부정된다. 따라서 "보이지않 는" "꽃"과 "香氣(향기)"로운 "꽃"이라는 시적 상황은 그 자체만 을 놓고 보면 모순적이지만, 세계의 실제성을 체현하는 육체의 감각이라는 관점에서 보면 둘 다 공히 실제 현실이 된다. "香

氣^{향기}가滿開^{만개}한다"는 언술은 부재하는 꽃이 실제하고 있다는 역설적 상황을 인상적으로 보여 주고 있다. 한편 "香氣^{향기}가滿開^{만개}한다"는 상황은 시적 주체의 감각을 통로삼아 드러난 꽃이라는 존재의 실제성을 현시하는 것이기도 하지만, 욕망하는 주체가 연출하는 환상의 드라마라는 차원에서 보면 꽃을 향한 "나"의 욕망이 그만큼 크다는 증거이기도 하다. 해석에 있어 주의할 점은 "滿開^{만개}"는 "香氣^{향기}가" "滿開^{만개}"하는 것이지, "꽃"이 "滿開^{만개}"하는 것이 아니라는 사실이다. 다시 말해 "滿開^{만개}"는 "꽃이보이지않는다"는 존재의 부재 상황이 여전히 지속되면서 시적 주체에게는 욕망의 드라마가 오히려 증폭되는 역설적 상황을 보여 준다.

|

대상의 부재와 그럼에도 불구하고 강렬하게 지속되는 욕망의 드라마가 역설석으로 공존하는 이 상황은, 이상 시에 나타나는 환상이 통상적 주체들의 환상의 드라마와는 많이 다르다는 사실을 확인시킨다. 주체에게 환상의 실현은 욕망의 절대적 대상에 대한 완벽한 동일시를 통해 이루어진다. 동일시(同一視)란 일단 그 대상이 '보이는' 대상이어야만 한다는 사실을 전제한다. 라캉이 환상의 문제를 주로 시각장의 메커니즘을 통해 설명했던 것은 우연한 일이 아니다.[201] 201) 이에 대해서는 특히 라캉의 『세미나 XI』에 실린 「선과 빛」, 「그림이란 무엇인가?」, 「왜상」, 「눈과 응시의 분열」 등의 글과 이 책의 〈셋. | 시적 아이러니와 정신 분석적 주체/담론의 해석학 | 2. 정신 분석적 주체와 이데올로기적 주체〉 논의 참고.   이 시에서 "꽃이보이지않는다"는 시적 상황은 이런 차원에서 이미 '정상적으로' 작동되지 못하는 고장난 환상의 한 형태라고 할 수 있다. 판타지에 전적으로 포획되지 않는다는 차원에서 이 주체의 존재 방식은 히스테리컬하다. 그러나 주체란 본질적으로 욕망의 다른 이름이라는 점에서

욕망 자체가 거세된 주체란 없다. "보이지않는" "꽃"에도 불구하고 "滿開만개"하는 "香氣향기"를 맡는 시적 주체의 상황이란, 그러므로 대상에 대한 주체의 욕망이 매우 강렬하다는 사실을 보여 준다. 따라서 이미 고장난 형식으로밖에 작동되지 않는 주체의 환상, 그럼에도 불구하고 대상에 대한 강렬한 욕망을 포기할 수 없는 아이러니한 드라마에서 배태되는 시적 주체의 고통에 대한 이해야말로 이 시의 해석에 있어 관건이 된다.

"**나는거기墓穴묘혈을 판다**"는 언술은 이 시의 아이러니에 내재한 주체의 고통에 대한 이해를 전제한 이후에야 비로소 해석 가능한 언술이다. 여기에서 "墓穴묘혈을판다"는 표현은 이런 관점에서 하나의 의미만을 담고 있는 표현이라고 볼 수 없다. 종래의 많은 해석에서 이 언술은 "墓穴묘혈"이 지닌 표면적 의미에 착안하여 주로 '죽음'의 의미로 해석되어 왔고, 이는 내적 논리에 대한 정치한 해명이 생략된 채 이 시를 시적 주체의 '죽음의 충동'을 보여 주는 시로 해석하는 근거로 주로 이용되어 왔다.[202] 202) 이연경, 『이상 시의 변형 세계 연구』, 국민대학교 박사학위 논문, 2003, 75-76쪽.; 권영민, 『이상 전집 1』, 권영민 편, 138쪽.   이러한 해석에서 이 시에 내재된 극적인 아이러니가 간과되고 있다는 점은 특히 문제로 지적될 수 있다. 이 "墓穴묘혈" 파기가 "거기", 즉 "香氣향기가" "滿開만개"한 자리에서 이루어진다는 사실은, "墓穴묘혈을판다"는 언표가 직관에 의거한 추상적인 설명만으로는 해석되기 어렵다는 점을 반증한다. 즉 시적 주체인 "나"가 파고 있는 "墓穴묘혈"은 그 스스로가 "보이지않는" 전망에도 불구하고, 강렬한 욕망의 대상으로 간주하고 있는 그 대상의 곁에 파고 있는 "墓穴묘혈"이기 때문이다. 반면 "墓穴묘혈"의 '파기'를 직관에 의거하여 성(性)적인 차원의 비유로 보는 관점

역시 이 시에 내재된 복잡한 아이러니를 간과하고 텍스트의 맥락을 지나치게 단순화하는 관점으로 보인다.[203] [203] 이승훈,『이상 문학 전집 1』, 이승훈 편, 83쪽. 이 언술의 해석에 있어 중요한 것은 "墓穴묘혈"이라는 기표가 지닌 표층적 의미를 존중하면서도, 부재하는 듯이 보이는 대상을 결코 포기하지도 못하는 시적 주체의 고통스러운 욕망의 아이러니를 심층적으로 포괄하는 게 아닐까 싶다.[204] [204] "묘혈을 파고 화자가 자신의 몸을 눕히려는 욕망은 단순히 생의 본능과 대결하는 죽음의 본능으로만 해석되지 않는다"고 본 조해옥의 관점은 참조할 만하다. 조해옥,『이상 시의 근대성 연구』, 173쪽.

해석의 실마리가 되어야 할 지점은, 이 "墓穴묘혈" 파기의 자리가 되는 "거기"가 "香氣가滿開"한 자리라는 사실이다. 그 자리는 "꽃이보이지않는다"는 대상의 부재 상황에도 불구하고, 여전히 "香氣향기가滿開만개"한다는 감각적 통로(후각)를 통해 주체의 육체에 현전하는 욕망의 대상과 관계된 자리이다. 그러므로 그 "墓穴묘혈" 역시 그러한 욕망과 관계되는 언표라고 봐야 한다. 여기에서 주목할 표현은 그 다음에 나오는 "들어앉는다", "눕는다"라는 표현들이다. 이러한 표현들은 무덤에 눕거나 관(棺)으로 들어앉는다는 직설적 표현으로 볼 수도 있지만, 한편으로는 그 "墓穴묘혈"의 이미지가 "나"의 무의식에 '안식처'의 이미지로 인식되고 있는 것으로 읽히기도 한다. 따라서 "墓穴묘혈"에 "눕는다"와 "들어앉는다"는 표현은 "나"가 "墓穴묘혈"을 '집'과 같은 안식처로 여기고 있는 무의식이 투사되었다고 가정해 볼 수 있는 한 근거가 될 수 있다. 또 무덤(죽음) 자체가 '영원한 집'이라는 은유로 쓰이기도 한다는 점도 상기될 필요가 있다. 이러한 가정 하에 "나는거기墓穴묘혈을판다"는 언술을 해석해 보면, "나"의 열망이 강렬히 투사되어 있는, 그러나 가시적으로는 부재하는 듯이 보이는 대상의 곁에 파는 "墓

穴^{묘혈}"은, 현재는 전망이 부재함에도 불구하고 그 욕망의 대상 곁에서 안식의 자리를 찾고 싶다는 "나"의 무의식을 드러내는 행위로 추측해 볼 수 있지 않을까. 그런데 여기에서 이 '집'이 하필 "墓穴^{묘혈}"로 표현된 것은, 현재 시점에서 "꽃이보이지않"는 상황의 절망감이 투사되었기 때문이라고 짐작해 볼 수 있다. 즉 "墓穴^{묘혈}"에 "들어앉"고 "눕는" 행위는 시적 주체 스스로가 이미 자신의 행위를 죽음과 등가적인 것으로 인식하고 있다는 증거이다. 그러나 이러한 언표는 단지 절망감의 표현이 아니라 대상에 대한 주체의 욕망을 역설적으로 드러내는 아이러니적 언표라는 점에서 문제적이다. "墓穴^{묘혈}"로 표현되는 '안식처'란 대상 곁에 죽음을 무릅쓰고라도 짓고 싶은 '집'을 표현한다는 점에서 대상에 대한 욕망의 절대성을 보여 주기도 하기 때문이다.

이어지는 "**墓穴^{묘혈}도보이지않는다**"는 **언술**은 "꽃이보이지않는다"는 언술의 다른 표현으로 볼 수 있다. 그것은 "나"가 "거기墓穴^{묘혈}을판" 자리가 실은 "꽃"이 핀 자리가 아니라, 여전히 "꽃은보이지않는" 상황 속에서 다만 "香氣^{향기}가滿開^{만개}"한 자리라는 사실을 상기해 보면 알 수 있다. 즉 "꽃"의 현존을 확인할 수 없는 상황에도 불구하고 "나"는 "꽃은香^향기롭다"는 사실에 강렬히 매료되었고, "香氣^{향기}가滿開^{만개}"한 곳에 부재가 야기하는 고통에도 불구하고 "나"의 욕망을 구동시킨다. 그 욕망은 "墓穴^{묘혈}"이 상징하는 죽음을 무릅쓸 정도로 강렬한 것이고, 어떤 의미에서 이는 희생을 무릅쓴 "나"의 결단적 행위이기도 하다. 그러나 "香氣^{향기}가滿開^{만개}"할 뿐 여전히 "꽃"의 현존이 확인되지 않는 상황에서, 내가 판 "墓穴^{묘혈}"의 자리인 "거기"는 역시 허방으로 확인될 뿐이다. 현존이 확인되지 않는 대상의 곁에 지은 '집'은 현실의 공간에서는 설 자리가 없기 때문이다. 여기에서 욕망의 대상으로서의 "꽃"에 대한 전망 부재가 야기했던 주체의 절망은, 그 대상에 대한 주체의 추구 행위 자체를 불가능한 것으로 인식하는 일과 포개진다. 그런데 다시 한 번 문제적인 것은, 이 상황이 이 불가능성에 대한 인식으로 끝나지 않는다는 사실이다. 왜냐하면 "나"는 "또꽃이香^{향}기롭"다는 사실에 매혹되고 있기 때문이다. 여전히 "꽃은보이지않"지만 "香氣^{향기}가滿開^{만개}"한다. "나는잊어버리고再^{재}차거기墓穴^{묘혈}을판다"는 언술이 다시 가능한 것은, "꽃"이 정신 분석에서 욕망의 원인이자 대상이 되는 '대상a'의 역할을 수행하고 있기 때문이다. 욕망이 완전히 거세될 수 없는 것처럼, 환상은 또 다시 삐걱대는 존재의 형식으로 아이러니의 드라마를 지속하는 것이다.

그런데 이 부분은 해석에 좀 더 섬세한 고려가 필요한 지점처럼 보인다. "또꽃이香^{향}기롭다"는 사실은 주체에게 욕망을 불러일으키는 원인이기도 하지만, 실은 주체가 "墓穴^{묘혈}"의 자리로 파고 "들어앉"고 누운 "거기"가 "꽃"이 있는 자리가 아니라는 사실을 재차 환기하는 지표이기도 하기 때문이다. 즉 "또꽃이香^{향}기롭다"에서 "또"라는 부사어는 내가 판 "거기"에는 "꽃이보이지않"고, "꽃"의 "香氣^{향기}"가 다른 곳에서 "또" 나고 있다는 사실을 암시하고 있는 언표이다. 이것은 내가 판 "墓穴^{묘혈}"의 자리가 "꽃"의 자리가 아니라, 사실은 단지 "香氣^{향기}가滿開^{만개}"의 자리일 뿐이기 때문이다. 텍스트에서 두 번째로 반복되는 "香氣^{향기}가滿開^{만개}"하는 자리는 그러므로 처음에 "나"가 "墓穴^{묘혈}"을 판 "거기"가 아니다. "나"가 "再^{재}차거기墓穴^{묘혈}" 파기를 반복하게 되는 것은 이런 이유 때문이다. 이런 차원에서 "나"의 "墓穴^{묘혈}" 파기는 자리를 옮겨가면서도 영원히 원점 회귀만을 반복한다.

그렇다면 이제 문제적 상황은 "꽃이보이지않는다"는 상황뿐만이 아니라, "꽃"에 근접하려는 "나"의 "墓穴^{묘혈}" 파기 자체가 "꽃"이라는 대상과 만나지 못하는 것도 문제가 된다고 할 수 있다. 이를 "꽃"의 자리와 "香氣^{향기}"의 자리가 일치하지 않는 상황이라고 바꿔 말할 수도 있겠다. 이러한 상황은 「꽃나무」에서 "꽃나무는제가생각하는 꽃나무를 熱心^{열심}으로생각하는 것처럼 熱心^{열심}으로꽃을 피워가지고섰"지만, "꽃나무는제가생각하는 꽃나무에게갈수없"는 상황을 "나는막달아났소"라고 표현한 상황과 유사하다. 앞서 우리는 "나는막달아났소"라는 언술을 "나"가 "제가생각하는꽃나무"의 반대편으로 달아난 것이 아니라, 대상에 대한 주체의 열망에도 불구하고 이상적인 것으로 상정된 욕망의 대상에 주체가 끝내 닿지 못하는 상황적 아이러니의 표현으로 읽었다. 「危篤^{위독}; 絶壁^{절벽}」에서 이러한 상황적 아이러니는 대상의 부재뿐만 아니라, "墓穴^{묘혈}" 파기의 실패 자체와도 관련하여 중첩되어 나타난다. 그러므로 "나는정말눕는다"는 언술에서 부사어 "정말"은 다음에 이어지는 "아아. 꽃이 또香^향기롭다"는 언술을 탄식으로 읽어야 한다는 사실을 역설적으로 강조하고 있다고 볼 수 있다. 그 자리가 누울 자리라고 생각하고 "정말" 누웠음에도 불구하고, "보이지도않는 꽃이" (다른 자리에서) "또香^향기롭"다는 사실을 "나"는 다시 한 번 절망스럽게 확인하고 있기 때문이다. 여기서 사물의 자리는 공백으로 드러나며, 주체는 공백으로 드러난 자리, 접근 불가능한 대상의 주위를 영원히 선회한다.[205] 205) 김인환은 「危篤^{위독}; 絶壁^{절벽}」의 내부에서 일어나는 어휘(행위)의 반복을 김소월의 「산유화」에서 나타나는 어휘 반복의 문제와 관련하여 해석한다. 이 해석에 따르면 '향기롭다-핀다-들어간다-들어앉는다-눕는다'는 일련의 행동은 꽃과 묘혈이 보일 때만 가능한 것이다. '나'는 그것들이 보이지 않는다는 사실을 자꾸 잊어버리고, 일련의 행동을 무한히 반복한다. 김소월의 「산유화」에서 '작은 새'가 꽃이 좋아 산에서 살 듯이 '나'는 향기가 좋아 향기 속에 묘혈을 판다. 보이지 않는 꽃은 일정한 거리 이상 다가설 수 없는 아쉬움을 암시한다. 「산유화」에서 '갈 봄 여름 없이'가 두 번 반복되듯이, 이 시에서도 '잊어버리고'가 두 번 반복되어 순환의 무한함을 나타내 준다. 김인환, 「이상 시의 계보」, 『기억의 계단』, 민음사, 2001, 284쪽.

부재하는 전망에서 기인하는 절망과 그럼에도 불구하고 지속적으로 강렬하게 환기되는 대상에 대한 주체의 강렬한 욕망이 반복되는 이 드라마는, 왜 이상의 시적 주체가 한국시의 가장 극적인 아이러니의 주인공이 될 수밖에 없는지를 잘 보여 준다. 그러나 역설적으로 말한다면 어느 한 쪽으로도 기울지 않는 이 절망과 욕망의 반복된 드라마야말로, "香氣향기"로운 "꽃"에 대한 시적 주체의 열망이 순수하게 보존되면서 극적인 긴장이 유지될 수 있는 까닭이기도 하다. 키에르케고르에게서 슐레겔의 아이러니가 도달하지 못하는 절대적 진실을 향한 무한한 동경을 통해 부정적인(negative) 방식으로 운동을 지속할 수 있는 미적 방법론으로 이해되었던 이유도 이와 크게 다르지 않다.[206] 206) S. Kierkegaard, 『The Concept of Irony』, pp241-288. 이 시의 제목이 '絶壁절벽'인 까닭은 이러한 해석적 경로를 거쳐서야 비로소 좀 더 깊이 이해될 수 있을 것이다. '絶壁절벽'은 더 이상 발 디딜 수 없는 극단의 자리라는 점에서 죽음에 근접해 있는 자리라고 할 수 있다. 그런 차원에서 가장 단순하게 볼 때 이 시에서 '絶壁절벽'은 "나"가 파고 있는 "墓穴묘혈"의 자리라고 할 수 있다. 그러나 그 자리는 시적 주체에게 단지 죽음의 자리가 아니라, 부재하는 욕망의 대상과의 끝없는 합일을 추구하는 변증법적 욕망의 자리이고, 그럼에도 불구하고 끝내 그 변증법의 실패를 반복적으로 확인하는 '불가능한' 자리이다. 그러나 이 자리는 기억될 만한 자리라고 해야 하지 않을까. 이는 최소한 두 가지의 차원에서 그렇다.

우선 이 실패는 "꽃이보이지않는다"는 현실을 시적 주체가 '이미'(무)의식적으로 인지한 상태에서 이루어지는 욕망의 드라마의 귀결이라는 점에서 그렇다. 다시 말해 이 실패는 이 욕망의 드라마에서 귀결점인 동시에 다시 확인되고 재차 반복되는 출발점이다. 욕망하는 주체의 관점에서 단순화하자면 이것은 환상의 드라마를 의미하는 것으로 보일 수도 있겠지만, 애초부터 대상의 부재에 대한 주체의 (무)의식적 인지 상태에서 이루어지는 이러한 집요하고 고통스러운 주체의 대상 추구는 대상과의 관성적이고 이데올로기적인 형태의 동일시라고 할 수 없다는 점에서 그런 단순화된 해석 시각에 변화를 요구하는 듯이 보인다. 혹시 이러한 주체의 운동은 불가능한 것, 전망이 부재한 미지의 대상을 향한 '쾌락 원칙 너머', 즉 '욕망 너머'의 성격을 보여 준다는 점에서, 환상의 메커니즘을 넘어선 주체의 또 다른 존재 양태를 보여 주는 것은 아닐까.

둘째, 그렇다면 우리는 정신 분석의 도움을 빌어 이러한 주체의 운동 방식을 단지 환상의 드라마라는 차원이 아니라, '윤리적인' 차원에서 바라볼 수 있는 실마리를 갖게 되는 것은 아닐까. '絶壁절벽'은 주체가 죽음을 무릅쓰는 극단적인 고통과 위험을 감수하는 자리라는 점에서 "墓穴묘혈"이다. 죽음을 현시하는 고통의 표지를 향한 이 주체의 운동 방식을 우리는 단지 실재를 가리는 스크린인 환상의 드라마라고 규정짓기 어렵다. '쾌락 원칙 너머'를 향하는 이 주체의 운동은 불가능한 것을 추구하는

주체의 모험이라는 성격을 띠기 때문이다. 그런 차원에서 '絶
壁절벽'은 이상의 시에서 주체가 선 극단적인 자리를 뜻하는 '막
다른골목'과도 다르지 않다. 그 자리에서 이상의 시적 주체는 현
실의 결여를 보상하는 환상을 구동시키는 것이 아니라, 오히려
절망적이고 공포스러운 외상적 상황을 직시함으로써, '막다른
골목'을 '뚫린골목'으로 인식하고 '무서워하는兒孩아해'를 '무서
운兒孩아해'로 변환시키는 존재 전환의 가능성을 개방한다.(「烏
瞰圖오감도 ; 詩第一號시제일호」)

우리는 지금까지 "꽃"을 시적 주체인 "나"로 하여금 욕망을
불러일으키는 대상-원인이라는 차원에서 해석했지만, 사실 이
"꽃"이 애초부터 "보이지않는다"는 사실을 "나"가 (무)의식적
으로 인지하고 있다는 사실, 그래서 이 "꽃"에 다가가는 일은
"墓穴묘혈"을 파는 행위와 같다는 사실을 "나"의 (무)의식이 정
확히 인식하고 있다는 사실을 상기해 본다면, 이 시를 환상의
실패라는 관점에서 읽는 해석은 이 시점에서 일정한 변경을 요
구하는 듯이 보인다. 이미 "보이지도않는꽃"은 시적 주체에게
부재와 죽음을 환기시키는 욕망의 대상이라는 점에서, 이것은
이데올로기적 환상의 대상이라기보다는[207] 207) 이데올로기적인 환
상의 목적은 대타자(상
징계)의 결여를 봉합함으로써 주체의 다른 가능성을 봉쇄하는 것이다. 그것은 대
타자 내부의 근원적 결여를 환상의 대상으로 메우고 주체에게 그것을 제시함으
로써, 세계에 대한 총체적이고 완결된 비전을 구축하려고 한다. S. Žižek, 『그들은
자기가 하는 일을 알지 못하나이다』, 220-221쪽.
오히려 주체-타자, 그러
므로 세계 자체의 봉합될 수 없는 존재론적 결여를 환기하고
있는 외상(trauma)적 표지라고 하는 것이 더 정확해 보이기 때
문이다. 이 시에서 욕망의 대상인 "꽃(이 피는 자리)"은 현실의
결여를 보상받는 쾌락의 대상으로(만) 존재하는 것이 아니라,

오히려 "墓穴묘혈"(부재·죽음)의 표지로 인식됨으로써 쾌락 원칙 너머, 욕망 너머의 대상[정신 분석에서 '향유(jouissance)'라고 말하는 대상]이 된다. 특히 "香氣향기가滿開만개"한 자리에서 시적 주체가 행한 것이 "墓穴묘혈" 파기라는 사실은 "墓穴묘혈"이 존재의 끝─다름 아닌 '絶壁절벽'─을 가리키는 언표라는 점에서, "나"의 무의식이 "보이지도않는꽃"을 이미 치명적인 표지로 간주하고 있다는 사실로 해석될 수 있다. 그런 점에서 "보이지도않는꽃"을 추구하며 "墓穴묘혈"의 자리에 "들어앉"고 "눕는" 주체의 행위에서 대상의 공백은 주체와 동일시되며, 우리는 이를 증상과 동일시하기(identitfy with a symptom)라는 차원에서 해석할 수도 있을 것이다.

욕망의 추구가 '쾌락 원칙 너머'를 겨냥하는 이러한 시적 주체의 운동 형식을 고려할 때, 우리가 떠올리게 되는 것은 '너의 욕망을 포기하지 말라'고 했던 정신 분석의 윤리학이다. 현실의 결여를 보상·대체하는 환상의 대상이 아니라, 오히려 현실의 결여·부재를 끊임없이 환기하는 외상적인 대상을 향한 이러한 시적 주체의 운동 방식은, '실재에 대한 열정'이라는 관점에서 라캉이 윤리적인 것이라고 옹호했던 주체의 윤리학을 상기시킨다. 이것이 윤리적 가능성을 암시하는 까닭은, 이러한 주체의 열정이 존재의 결여를 포함하고 있을 뿐만 아니라 법·금기에 포위된 대타자라는 현실·질서에 대한 고려 없이 불가능한 것·금지된 것을 추구하려는 순수하고 고통스러운 열정과 관련되는 듯이 보이기 때문이다.[208] 208) 라캉은 현실의 정념을 제거한 칸트의 도덕 법칙에서 현실의 가능성이 아닌 '불가능성'에 정초된 새로운 윤리적 전회의 계기를 본다. 칸트에게서는 의무를 수행하는 것 자체가 욕망이 된다. 즉 칸트에게서 법(실천 이성)은 욕망을 억누르고 성립되는 게 아니라, 법 자체가 욕망이 된다. 이러한 윤리적 주체의 가능성을 실천적으로 구체화하고 있는 존재가 그리스 비극의 주인공 안티고네다. 안티고네는 칸트가 경험적 세계에 속박된 법(대상)들로부터 선험적인 '대문자 법(Loi)'을 추출한 것처럼, 환상의 기제들로부터 벗어난 '순수한 욕망(pure desire)'을 욕망한다. 현실의 결여를 가리고 보상받기 위해 필요한 허구적 대체물에 대한 욕망이 아니라, 욕망을 넘어선 욕망 자체, 쾌락원칙 너머의 욕망을 욕망한다는 점에서 이 욕망은 '죽음에 대한 욕망'이다. 안티고네는 국가(현실)의 법에 맞서 욕망과 하나가 된 자신의 법을 추구하기 위해 죽음에 자신을 맡긴다. 그것은 불가능한 것/금지된 것(불순한 것)을 욕망한다는 점에서 쾌락 원칙 너머의 대상 즉, 향유(jouissance)를 추구하는 순수한 욕망(충동)-법의 자리라는 점에서 윤리적인 자리가 된다.
J. Lacan, 「Kant with Sade」, 『Écrits』 / 「Antigone between two death」, 『Seminar VII』, translation by D. Porter, W. W. Norton & Company, 1986, pp270-287 ; S. Žižek, 「Kant with(or against) Sade」, 『Žižek Reader』, edited by Elizabeth Wright and Edmond Wright, Blackwell Publishers, 1999, pp288-290 ; De Kesel, 「Radiant Antigone」, 『Eros and Ethics』, translation by NWO, 2009, State Unversity of New York Press, pp225-248 ; 맹정현, 『리비돌로지』, 문학과지성사, 2009, 302-333쪽.

이런 점에서 이 시의 '꽃'을 단지 세계의 결여, 즉 사물의 공백을 메우는 욕망의 환유적 대체물이라고 말하는 것은 지나치게 단순한 관찰이라고 해야 하지 않을까. 매번 공백으로 발견되는 이 '꽃'의 자리는 모종의 존재론적 결여가 발견되는 자리이다. 시적 언술 그대로 이 자리는 세계 속 사물의 공백이 발견되는 차원의 자리, "墓穴묘혈" 그 자체인 것이다.[209] 209) 확실히 이런 관점에서 보면, '보이지 않는 꽃'의 주위를 영원히 선회하는 이 시 속 주체의 운명에는 특정한 환상의 대상에 대한 무한한 갈망이나 쾌락 원칙(결국 '현실 원칙'과 밀접하게 연동되는)만으로는 수렴되지 않는 삶의 어떤 과잉이 발견된다. 우리가 만약 이상의 이 시적 주체에 대해 흔히 평자들이 얘기해 왔던 '죽음의 충동'이라고 불리는 차원의 어떤 것을 발견할 수 있다면, 이는 지금까지 얘기되어 왔던 식으로 이 시가 주체의 어떤 자기 파괴적 차원을 갖고 있기 때문이어서가 아니다. 이 시에서 목격되는 것은 오히려 그 반대의 것이라고 해야 한다. '墓穴묘혈파기'에 대한 주체의 부단한 집중은 우리에게 삶의 과잉, 즉 생존의 목표나 일상적 원리를 초과하는 어떤 불사(不死)의 열정이 존재함을 현시한다. 여기에서 발견되는 것은 세계에는 의지가 결코 실현할 수 없는 사물의 공백이 있으며, 그럼에도 불구하고 그러한 사물의 공백, 불가능성 자체에 고착된 불가해한 의지가 있다는 사실이다. 그러므로 이 시는 주체의 어떤 교착(stuckness) 상태를 드러내는 시라고 해야 하지 않을까. 지젝에 따르면, '(죽음) 충동'이란 바로 이러한 교착 상태 그 자체를 부르는 이름으로 이해되어야 한다. 흥미로운 것은 이러한 충동이 실패를 승리로 바꾸는 메커니즘을 가지고 있다는 사실이다. 충동 속에서는 목표에 도달하는 게 아니라, 목표에의 실패를 반복하는 일 자체가 만족을 생성한다. 따라서 충동의 진정한 목적은 어떤 면에서 목표에 도달하는 것이 아니라 끝없이 대상의 주위를 선회하는 것이라고 할 수도 있다. 그것은 주체가 단지 살아 있는 것이 아니라, 사물의 일상적 흐름으로부터 뻗어나와 탈선을 일으키는 어떤 초과분에 대한 교착 상태 속에 존재함을 드러낸다.(S. Žižek, 『시차적 관점』, 129-132쪽 참조)「危篤^{위독} ; 絶壁^{절벽}」의 해석에서 유의할 점은, 이 시의 주체에게 묘혈 파기 자체로 얻게 되는 어떤 과잉적인 '만족'의 순간이 발견된다는 사실이다. 첫 번째 묘혈 파기(이 시의 네 번째 문장)가 "香氣^{향기}가滿開^{만개}"하는 "거기"에서 이루어진다면, 두 번째 묘혈 파기가 나타나는 열한 번째 문장("나는잊어버리고再^재차거기墓穴^{묘혈}을판다")에는 "잊어버리고"라는 서술어가 나온다. "나"는 여기서 무엇을 잊어버렸을까('잊어버리다'의 목적어는 무엇일까). 아마도 "잊어버리고"의 목적어는 앞 문장인 "香氣^{향기}가滿開^{만개}한다"는 사실일 것이다. 이는 이어지는 문장인 열네 번째 문장("보이지않는墓穴^{묘혈}로나는깜빡잊어버리고들어간다")에서 "깜빡잊어버리고"의 목적어가 "꽃"인 것으로도 짐작할 수 있다. 그렇다면 '꽃-香氣^{향기}'에 대한 매혹에서 시작된 주체의 묘혈 파기는 어느 순간 '꽃-香氣^{향기}'라는 대상을 넘어서는 지점을 발생시킨다고 해석할 수 있지 않을까. 그렇다면 주체의 추동력('만족')은 대상을 초과하여 대상 주위를 선회하는 이러한 주체의 실패의 반복 그 자체로 변형되는 지점을 보여 준다고 할 수 있지 않을까. 이상의 시에 지속적으로 나타나는 주체와 사물과의 엇갈림, 만남의 불가능성, 균열과 공백이라는 문제를 일종의 아이러니의 문제로 해석하고, 이를 세계의 존재 질서에 관한 증상으로 읽는 독해가 가능하다면, 이상 시의 아이러니가 우리에게 암시하는 가장 의미심장한 바 중 하나는, 바로 이 시에 나타난 바와 같은 것이 아닐까. 즉, 사물의 공백을 둘러싼 주체-세계 간의 불균형과 비틀림, 과잉을 지속하는 어떤 잉여와 초과분의 에너지의 존재에 관한 것 말이다.

210) 임종국, 이승훈, 김주현 편의 『이상 전집』은 일문시였던 이 시의 유정 번역을 싣고 있는데, 이 부분을 "化石^{화석}하였다"라고 싣고 있다. 이 논문은 권영민 편의 전집 해석이 우리말 어법에 자연스럽다는 판단에 따라 "化石^{화석}이되었다"고 옮겨적는다.
211) 임종국, 이승훈, 김주현 편『이상 전집』에서는 유정의 번역을 따라 이 번역을 "이件^건의系統^{계통}"으로 하고 있다. 그러나 이건제의 연구에 따르면 이 부분의 원문은 "コノコトノ系統"으로서 "이것의系統^{계통}"이라고 번역하는 게 더 정확하다.(이건제, 『이상 시의 텍스트와 시의식 연구』, 고려대대학원 박사학위 논문, 2002, 29쪽.) ; 가장 최근에 간행된 권영민 편의 전집에서는 이러한 사정을 반영하여 "이계통(系統)"으로 번역하고 있다.
212) 임종국, 이승훈, 김주현 편『이상 전집』에서는 유정의 번역을 따라 "相對方^{상대방}의義理^{의리}"라고 실려 있다. 그러나 박현수의 연구에 따르면 이 부분의 원문은 "互の義理"로서 "서로의 義理^{의리}"로 번역하는 것이 더 가깝다.(박현수, 『이상 시의 수사학적 연구』, 서울대대학원 박사학위 논문, 2002, 146쪽.) ; 권영민 편의 전집에서는 이 사정을 반영하여 우리말에 자연스럽게 "서로의리(義理)"로 번역하고 있다. 이 논문은 이 번역을 따른다.
213) 임종국, 이승훈, 김주현 편의 각각의 『이상 전집』에는 "整頓^{정돈}하여"으로 번역되어 있으나 원문은 "コノ片府ヶテ"로서 "整理^{정리}하여"로 번역하는 것이 원뜻에 더 가깝다.(이건제, 『이상 시의 텍스트와 시의식 연구』, 29쪽.) ; 권영민 편의 전집에서는 "치워"로 우리말로 풀어 번역하였다.

여섯.

|

환상을 가로지르기

|

4. 증상과 동일시하기

|

바른손에菓子封紙^{과자봉지}가없다고해서
왼손에쥐어져있는菓子封紙^{과자봉지}를찾으려只今^{지금}막온길을五里^{오리}나되돌아갔다

　　　　　×

이손은化石^{화석}이되었다.[210]

이손은이제는이미아무것도所有^{소유}하고싶지도않다所有^{소유}된물건
의所有^{소유}된것을느끼기조차하지아니한다

　　　　　×

只今^{지금}떨어지고있는것이눈(雪^설)이라고한다면只今^{지금}떨어진내눈
물은눈(雪^설)이어야할것이다.

나의內面^{내면}과外面^{외면}과
이것의系統^{계통}[211]인모든中間^{중간}들은지독히춥다

左^좌　右^우
이兩側^{양측}의손들이서로義理^{의리}[212]를저버리고두번다시握手^{악수}하
는일은없이

困難^{곤란}한勞働^{노동}만이가로놓여있는이整頓^{정돈}하여[213]가지아니하
면아니될길에있어서獨立^{독립}을固執^{고집}하는것이기는하나

추우리로다

추우리로다

   ×

누구는나를가리켜孤獨^{고독}하다고하느냐

이群雄割據^{군웅할거}를보라

이戰爭^{전쟁}을보라

   ×

나는그들의軋轢^{알력}의發熱^{발열}의한복판에서昏睡^{혼수}한다

심심한歲月^{세월}이흐르고나는눈을떠본즉

屍體^{시체}도蒸發^{증발}한다음의고요한月夜^{월야}를나는想像^{상상}한다

天眞^{천진}한村落^{촌락}의畜犬^{축견}들아짖지말게나

내體溫^{체온}214)은適當^{적당}스럽거니와

내希望^{희망}은甘美^{감미}로웁다

— 「空腹^{공복}」215) 전문

214) 임종국 편 전집과 김주현 편 전집에는 "體溫^{체온}"으로 되어 있으나, 이승훈 편 전집에는 "驗溫^{험온}"으로 오기되어 있다.
215) 《朝鮮^{조선}と建築^{건축}》, 1931. 6. 5. ; 원문은 일문(日文)이며, 임종국 편에 실린 번역을 따르되, 이후 전집들과 연구들의 수정 번역을 참고하여 수정하였다.

이 시는 연과 행의 구분을 분명히 하고 있다는 점이 이상의 다른 시들에 비해서 우선 눈에 띈다. 첫 연은 이상 시 특유의 아이러니가 잘 드러나 있는 대목이다. 이 시에서 일단 눈에 띄는 언표는 첫 연에 나타난 "菓子封紙^{과자봉지}"다. 그리고 시적 주체인 "나"에게 이 "菓子封紙^{과자봉지}"는 중요한 표지인 듯이 보인다. 언술의 표층적 차원에서만 보면, "바른손에菓子封紙^{과자봉지}가없다고해서 / 왼손에쥐어져있는菓子封紙^{과자봉지}를찾으려只今^{지금}막

온길을五里^{오리}나되돌아갔"으니, 마치 "나"는 "菓子封紙^{과자봉지} 찾으려" 길을 걸어 온 것처럼 보이기 때문이다. 그러나 이 시의 전반부에서 가장 중요한 언표는 사실 "菓子封紙^{과자봉지}"가 아니라, "化石^{화석}"이 된 "손"이다. 왜냐하면 "나"가 "只今^{지금}막온길을五里^{오리}나되돌아"가게 되는 까닭은 애초에 "菓子封紙^{과자봉지}"가 없었기 때문이 아니라, 실은 '이미' "왼손에쥐어져있는菓子封紙^{과자봉지}" 즉, "所有^{소유}된물건"을 "이제는이미아무것도所有^{소유}하고싶지도않"기 때문이며 "所有^{소유}된것을느끼기조차하지아니"하기 때문이다. 그것은 육체적 감각의 상실을 의미하는 동시에 욕망의 현저한 상실을 의미한다. 보이지 않는 시적 주체(화자) 내부의 심리적 상황을 이미지화하는 이상 시 특유의 심상(心象)적 언술 구조의 특성대로, 이러한 감각과 욕망의 상실 상황은 "이손은化石^{화석}이" 된 상황으로 언표된다. 그리고 이상의 심상적 언술 구조의 특성을 또 한 번 상기한다면, "이손"의 "化石^{화석}"화가 손에 무엇을 움켜쥐고 있어도("왼손에쥐어져있는菓子封紙^{과자봉지}") 그것을 촉감으로 지각할 수 없는 시적 주체의 공허감의 표현이라는 사실을 알게 된다. 그 공허감은 시의 제목 '空腹^{공복}'으로 압축되고 있으며, 그 공복감은 시의 행간에서 "추우리로다 / 추우리로다"라는 감각적 언술의 반복을 통해 그 정도가 여실히 드러나고 있다. 이상에게서 '화석화된 손'으로 표현되는 이 '공복감'은 "兩側^{양측}의손들이서로義理^{의리}를저버리고두번다시握手^{악수}하는일은없"는 시적 상황에서 비롯된다. 이는 거울의 대립상에서 볼 수 있었던 것처럼, 또 현실의 '꽃나무—나'가 "제가생각하는꽃나무"와 만날 수 없었던 것처럼, 그리고 「危篤^{위독} ; 絶壁^{절벽}」에서 '보이지않는꽃'을 향한 비극적인 욕망의 드라마에서 볼 수 있었던 것처럼, 세계를 해소할 수 없는 대립과 갈등으로 인식하는 아이러니적 인식의 산물이라고 할 수 있을 것이다. 아이러니적 인식이 투사된 이 공복감은 불화-비동화의 감각화된 표지인 동시에, 공복감이라는 육체적 감각 자체를 통해 주체와 타자 모두에 내재한 세계의 '결여'에 대한 시적 주체의 무의식을 현시하고 있다. "兩側양측의손들이서로義理의리를저버리고두번다시握手악수하는일은없"는 손들이란, 결국 마주 볼 수 없는 양측의 손들, 서로를 거울처럼 마주보면서도 서로의 동일시에 실패함으로써 유기적인 통합상으로서의 '전체'기 되지 못하는 존재론적 결여의 형식들이다.

그러나 이 시에서 주목되는 것은 이러한 공복감, 화석화된 손이 느끼는 무력감, 근원적 차원에서 세계를 결여로서 이해하는 자의 공허감이, 단지 센티멘털한 차원의 체험으로 나타나는 것이 아니라는 사실이다. 시적 주체는 자신이 겪는 이 '공복감', 손의 화석화라는 체험을 수동적인 것이 아니라 스스로 "困難곤란한勞動노동"으로 행하는 "獨立독립을固執고집하는 것"으로 규정한다. 여기에서 세계의 내적 결여에 대한 인식이 육체적인 감각으로 전이되는 표지인 시적 주체의 '공복감'이나 '한기(寒氣)'가 "群雄割據군웅할거"와 "戰爭전쟁"이라는 격렬한 언표로 표현된다는 사실을 주목할 필요가 있다. 그것은 이 결여에 대한 인식과 그로 인한 고통이 센티멘털리즘의 차원이 아니라, 시적 주체 스스로 선택한 결단의 산물이라는 사실을 암시한다. 이상에게서 육체화된 감각으로 나타나는 시적 아이러니는 이런 차원에서 미적 형태로 드러난 육체의 증상이자, 결여로서의 세계를 본 '견자(見者)'의 내적 투쟁이라는 실존적 결단의 지점을 동시에 내포하고 있다고 볼 수 있다. 여기에서 세계의 결여, 불화와 비동화의 감각화된 언표인 '空腹공복'이 "群雄割據군웅할거"와 "戰爭전쟁"과 격렬한 내적 투쟁의 양상으로 표현된다는 사실은, 이 아이러니가 하나의 미적 증상임을 넘어서 시적 주체가 그 증상을 회피하려 하지 않는 분투의 산물임을 암시하고 있다. 이상의 다른 시들에서처럼 여기에서도 역시 환상은 제대로 작동하지 못한다.

정신 분석의 주체 형식에서 이러한 증상의 표출이 대타자의 결여를 환상을 통해 메우는 통상적 주체의 형식이 아님은 물론이다. 그것은 타자와 '나'의 동일시를 통해 형성되는 주체의 변증법이 실패하는 고장난 주체의 형식에 속한다. 그러나 이상의 이러한 텍스트에서 고장난 주체의 형식은 단지 히스테리적인 주체가 보여 주는 주체의 실패 이상의 문제를 제기한다. 그것은 '공복감'이나 '화석화 된 자기의 손'으로 표현되는 주체와 타자 모두에 내재한 존재론적 결여의 표지들을 자기 것으로 수락하고 그것과 마주하는 태도와 관련된다. 그것은 환상과 나를 동일시하는 것이 아니라, 외상적 표지들과 '나'를 동일시함으로써 '환상을 가로지르는' 모습을 보여 준다. 환상 속에서 세계의 결여-균열을 모르는 "천진한村落^{촌락}의畜犬^{축견}들"은 오히려 통상적인 주체의 형식으로 살 수 있으나, 이러한 '환상을 가로지르기'는 "軋轢^{알력}의發熱^{발열}의한복판에서" 사는 삶이며, 그것은 곧 시적 주체를 한기와 공복감을 느끼게 하고 결국에는 "昏睡^{혼수}"에 이르게 하는 삶이다. 시적 주체는 궁극적으로 그러한 삶이 자신의 죽음과 연관되어 있음을 감지하고 있다("屍體^{시체}도蒸發^{증발}한다음").

그러나 이상의 다른 시들에서와는 달리 여기에서 "시체"는 썩지 않는다. "시체도蒸發^{증발}한다음의 고요한月夜^{월야}를나는想像^{상상}"함으로써, 이 시에서 "나"의 죽음은 시적 주체 스스로에 의해 승화된 정신성의 경지 속에서 관조되는 특이한 모습을 보여 주고 있다. 그러므로 이 시의 시적 주체에 있어 '空腹공복'은 "두번다시握手악수하는일은없"는 세계의 근원적 결여를 체험하는 자만의 감각적 표식이지만, 그것은 "昏睡혼수"의 고통과 더불어 "내體溫체온은適當적당스럽거니와 / 내希望희망은甘美감미로웁다"는 자조와 자기 확신의 이중적 표현을 가능하게 하는 체험이기도 하다. 정신 분석의 차원에서 이를 '환상을 가로지르기'라는 윤리적 태도와 관련지었으나, 미적인 차원에서 그것은 대립과 갈등, 긴장과 충돌로서의 "困難곤란한勞動노동"을 "固執고집"하는 "獨立독립"의 태도, 다름 아닌 시적 아이러니를 견지하는 일과 관련된다.[216] [216] "空腹"에 대한 다음과 같은 촌평은 이 논문의 관점과 관련하여 참고할 만하다. "공복의 고독, 그 '비어 있음'의 상태는 역설적으로 '살아 있음'을 확인하는 동인이 된다. 그는 수필 「공포의 기록」에서 아내가 떠나고 경제적 궁핍만이 남은 생활에 절망하던 상황을 회상하며 '공복만이 나를 지휘할 수 있었다'고 말한다. 이 때의 '공복'이란 그에게 어떤 목표나 일상을 부정하게 만드는 힘이라는 점에서 파괴적이지만, 운동성의 표현 자체를 창작 원리로 삼는 이상에게 있어서는 예술적인 추동력으로 기능할 수도 있는 것이다. 요컨대 '공복'은 세계를 부정하는 원리이자 동시에 세계를 수용하는 태도로서 모순율을 자체에 조화롭게 담지한 셈이다." 정주아, 「평면으로부터의 탈주와 반원근법의 설계도」, 『이상의 사상과 예술』, 291쪽.

이상에게서 시적 아이러니는 하나의 수사적 형식이 아니다. 그것은 의식의 차원에서뿐만 아니라 무의식의 차원에서, 정신의 차원에서뿐만 아니라 육체의 차원에서, 통일되지 않는(통일될 수 없는) 비전체(pas-tout)로서의 몸을 앓는 자의 증상이며, 어떤 시들에서 이 아이러니는 증상 자체와 자신을 동일시하는 주체의 태도를 통해 '고장난 주체'의 윤리적 가능성을 보여 주는 표지로 나타난다. 이 지점에서 반복되는 미적 증상으로서 시적 아이러니는, 증상 자체를 내포한 것이 세계의 보편적 모습이라는 미적 증후로서 현시된다. 이상의 시에서 자기 죽음의 이미지가 반복된다는 사실, 그리고 그 죽음의 이미지가 대부분 일정한 거리 두기의 방식을 통해 스스로를 객관적인 태도로 바라보는 아이러니적 수사 형식으로 나타난다는 사실은 이런 차원에서 주목할 만하다.

217) 신문 연재본 원문에는 탈자되어 "淋【 】"로 되어 있으나 이상의 모든 전집들은 이것을 의미상 "淋漓^{일리}"로 보고 수정해 놓고 있다.

여섯.

환상을 가로지르기

5. 외상(trauma)을 객관화하기

입안에짠맛이돈다. 血管^{혈관}으로 淋漓^{임리}한²¹⁷⁾墨痕^{묵흔}이몰려들어왔나보다. 懺悔^{참회}로벗어놓은내구긴皮膚^{피부}는 白紙^{백지}로도로오고붓지나간자리에피가농저맺혔다. 尨大^{방대}한墨痕^{묵흔}의奔流^{분류}는온갖合音^{합음}이리니分揀^{분간}할길이없고다물은입안에그득찬序言^{서언}이캄캄하다. 생각하는無力^{무력}이이윽고입을삐져젖히지못하니審判^{심판}받으려야진술할길이없고溺愛^{익애}에잠기면버언져滅形^{감형}하여버린典故^{전고}만이罪業^{죄업}이되어이生理^{생리}속에永遠^{영원}히氣絶^{기절}하려나보다.

―「危篤^{위독}；內附^{내부}」²¹⁸⁾ 218) 《朝鮮日報^{조선일보}》, 1936. 10. 9. 전문

기침이난다. 空氣^{공기}속에空氣^{공기}를힘들여배앝아놓는다. 답답하게걸어가는길이내스토오리요김침해서쩍는句讀^{구두}를심심한空氣^{공기}가주물러서삭여버린다. 나는한章^장이나걸어서鐵路^{철로}를건너지를적에그때누가내經路^{경로}를디디는이가있다. 아픈것이匕首^{비수}에베어지면서鐵路^{철로}와열十字^{십자}로어얼린다. 나는무너지느라고기침을떨어뜨린다. 웃음소리가요란하게나더니自嘲^{자조}하는表情^{표정}위에毒^독한잉크가끼얹힌다. 기침은思念^{사념}위에그냥주저앉아서떠든다. 기가탁막힌다.

―「易斷^{역단}；行路^{행로}」²¹⁹⁾ 219) 《카톨릭靑年^{청년}》33호, 1936. 2. 전문

두 시 모두가 각혈과 기침의 고통스러운 이미지가 선명하게 드러나는 시다. 자신이 앓고 있던 심각한 폐병과 관련한 증상은 이상 시의 주요 모티프 중 하나였다. 시인의 짧은 생애 속에서 완강한 추구의 대상이 될 수는 없었으나, 이상은 과학과 도시와 성(性)과 병(病)이라는 문학의 중요한 모티프들 모두를 본격적으로 문제삼은 최초의 한국 시인이었다.[220] 220) 김인환,『기억의 계단』, 294쪽. 그런데 자신의 병을 모티프로 삼은 이상의 시들이 병과 관련한 자신의 신체 증상을 대부분 병과 무관한 다른 계열에 속한 어휘들을 이용하여 표현하고 있다는 점은 특별한 주목의 대상이 될 만하다. 그리고 그 방식은 항상 자신의 신체가 앓고 있는 병증 자체를 스스로 거리두기 하는 수사 방식을 통해 객관화된 태도로 표현된다. 이러한 수사 방식은 앓고 있는 자신의 몸에 부사될 수 있는 연민과 동정의 시선을 시인 스스로가 차단하면서, 자신의 시선이 자신의 몸과 밀착되지 못하게 하는 비동화의 기능과 탈나르시시즘적 효과를 수행한다는 점에서 아이러니적 태도의 전형을 드러낸다.

예컨대 「危篤위독 ; 內附내부」에서 피는 "墨痕묵흔"으로, "皮膚피부"는 "白紙백지"로, "血管혈관"은 "붓지나간자리"로 언표되며, "입안에그득찬" 피는 "尨大방대한墨痕묵흔의分流분류"와 "온갖合音합음" 그리고 "그득찬序言서언"으로 표현된다. 이상의 시들 곳곳에 글쓰기에 대한 비유가 산재해 있다는 사실은 이미 중요한 연구의 대상이 되었거니와,[221] 221) 임명섭,「이상 문학에 나타난 책과 독서의 은유」,『이상 문학 전집 5』, 김윤식 편 참고. 특히 병과 관련한 이상의 시에서 글쓰기의 비유는 집중적으로 언표화된다. 그것은 이상에게 있어 글쓰기의 문제는 몸의 문제에 등가적으로 표현될 만큼 절박한 문제였다는 사실을 드러내는 수사 형식이라는 점에서 단순한 비유 이상의 의미를 지닌다. 이 시에서 "懺悔^{참회}로벗어놓은내구긴皮膚^{피부}"는 "白紙^{백지}"의 비유를 얻고, 입안에 가득 찬 피는 "입안에그득찬序言^{서언}이캄캄"한 사태와 등가가 되며, 그것은 "생각하는無力^{무력}이이윽고입을뻐겨젖히지못하"여 "審判^{심판}받으려야진술할길이없"는 사태로 받아들여져 결국은 "生理^{생리}속에永遠^{영원}히氣絶^{기절}하려"는 결과를 낳는 "罪業^{죄업}"이 된다. 시적 주체는 치료해도 낫지 않는 자신의 몸을 참회해도 없어지지 않는 죄로 받아들이고 있으며,222) 222) 김인환,『기억의 계단』, 291쪽. 각혈이라는 병증은 곧 사고와 말·글쓰기에서 노출되는 무력감과 등가적인 것으로 인식된다. 이러한 글쓰기의 비유, 예컨대 "다물은입안에그득찬序言^{서언}이캄캄하다"는 표현에서 느껴지는 시적 주체의 무력감은, 병을 견디는 고통에 대한 직설적인 고백체보다 독자에게 훨씬 효과적으로 다가온다.223)
223) 하재연, 「이상의 연작시〈危篤〉과 조선어 실험」, 『어문논집』54, 민족어문학회, 2006, 265-266쪽. 동시에 그것은 직설적인 고백체의 언술을 넘어 자기의 병증을 다른 계열에 속하는 어휘들로 대치함으로써 나르시시즘을 차단하는 거리두기의 효과를 발휘한다.

「易斷^{역단}；行路^{행로}」에서도 기침과 각혈이 계속되는 신체의 병증은 글쓰기의 과정으로 표현된다. 그리고 그 글쓰기의 과정은 다시 걷는 과정으로서의 삶의 '行路^{행로}'와 등가적이다. 여기에서 기침하며 걷는 삶의 길은 "내스토오리"가 되고, 기침은 글쓰기 과정에서의 구두점("句讀^{구두}")에 비유되며, 걷기는 글쓰기의 진행 단계를 뜻하는 "한章^장"으로 언표된다. 그러므로 "鐵路^{철로}를건너지를적에그때누가내經路^{경로}를디디는이가있다"는 것은 글쓰기의 방해자가 있다는 것을 암시하며, 그것은 그대로 시적 주체의 삶의 과정에 장애물이 생겼다는 뜻이기도 하다. "아픈것이비수에베어지면서鐵路^{철로}와열十字^{십자}로어얼린다"라는 표현은 아파서 "鐵路^{철로}"를 건너지 못했다는 뜻이다. "自嘲^{자조}하는表情^{표정}위에" "꺼었힌" "毒^독한잉크"를 통해 이 글쓰기의 행로, 나아가 시적 주체의 삶의 행로를 막은 장애물은 기침·각혈과 같은 병증임을 알 수 있다.「危篤^{위독}; 內附^{내부}」에서와 마찬가지로 병증을 앓고 있는 삶의 행로를 글쓰기의 과정으로 표현하는 이런 방식들은, 글쓰기를 자기 신체의 문제만큼이나 중요하게 생각했던 시인의 무의식을 드러내는 것은 물론, 텍스트 내부의 시적 주체가 앓고 있는 병고를 효과적으로 드러내면서도, 병증 자체를 담담한 시선으로 객관화하는 거리 두기의 효과를 연출한다. 특히 "웃음소리가요란하게나더니自嘲^{자조}하는表情^{표정}위에毒^독한잉크가꺼었힌다"는 언술은 기침을 "웃음소리"로,[224] 224) 권영민,『이상 전집 1』, 권영민 편, 118쪽. 기침하는 자신을 "自嘲^{자조}"라는 아이러니적 언표로 표현함으로써 고통스러운 자기 이미지에 투사될 수 있는 감상적 시선을 시적 주체 또는 화자 스스로가 배제하고 있으며, "毒^독한잉크"로 표현된 각혈의 이미지 역시 자기 신체의 이미지를 사물의 이미지로 대치함으로써 나르시시즘적 효과를 차단하고 있다. 물론 그것은 글쓰기의 좌절을 의미하기도 한다. "기침은思念^{사념}위에그냥주저앉아서떠든다"는 언술은 사고("思念^{표정}")의 진행 자체가 힘들 만큼 "기침"의 위력이 크며,[225] 225) 이승훈,『이상 문학 전집 1』, 이승훈 편, 63쪽. "나"는 그 병증에 대해 그만큼 무력하다는 뜻이다.「危篤^{위독}; 內附^{내부}」에서 병증의 심화에 따른 글쓰기의 좌절이 "생각하는無力^{무력}", 즉 사고의 무력함과 등가적인 것이었다는 점을 상기해 본다면, "思念^{사념}위에그냥주저앉아서떠"드는 "기침"이란 표현은 그의 시에서 자연스럽고 일관성이 있는 표현이다.

한편 이러한 표현은 다른 언술들과는 달리 주어의 자리에 "나"가 아닌 "기침"이 위치함으로써, 시적 주체인 "나"의 무력함을 적절하게 드러낸다. "나"는 "기침"이 "떠"드는 언술 상의 상황에 무력하다. 하지만 이러한 사물 주어의 언술 형식은 "나"의 상황 자체를 객관화하는 효과를 가져오기도 한다. 사물 주어의 형식에서 사물에 의해 주도되는 사태는, 텍스트 전체를 관장하는 언술 상의 화자인 "나"의 의지에 독립되어 있으며, 이에 따라 "나"는 사태를 주도할 수 있는 드라마의 주인공의 위치에서 조연인 동시에 관찰자의 위치로 내려올 수밖에 없기 때문이다. 즉 '(내가) 기침을 한다'는 언술 방식이 아니라 '기침이 떠든다'는 언술 방식은, 텍스트 전체의 화자인 "나"가 스스로 자기 자신을 바라보며 말하는 방식이 아니라, 사물을 매개 삼아 사태를 진술하는 방식이라는 점에서 언술 상의 사태를 객관화하는 방식이다.

每日매일같이列風열풍226)이불더니드디어내허리에큼직한손이와닿는
다. 恍惚황홀한指紋지문골짜기로내땀내가스며드자마자 쏘아라. 쏘
으리로다. 나는내消化器官소화기관에묵직한銃身총신을느끼고내다물
은입에매끈매끈한銃口총구를느낀다. 그러더니나는銃총쏘으그키눈
을감으며한방銃彈총탄대신에나는참나의입으로무엇을내어배알았더
냐.

— 「烏瞰圖오감도 ; 詩第九號시제구호 銃口총구」227) 전문

226) 임종국, 이어령, 이승훈, 김주현 편의 전집은 "列風열풍"을 "烈風열풍"의 오식
으로 판단한다. 오규원 편의 한글판 시전집은 이를 의미상 "熱風열풍"의 오식으
로 판단한다. 권영민 편의 전집은 "列風열풍"을 이상 자신의 조어로 보고 '거듭 이
어지는 기침'의 의미로 판단한다. [이 문제에 관해서는 특히 권영민의 「이상 시
텍스트 연구」(『이상 텍스트 연구』, 뿔, 2009, 81-82쪽)를 참조할 것.] 모두 나름
의 타당성이 인정되는 해석이기는 하지만, 기본적으로 텍스트를 해석할 때에는
최초 발표된 원본을 가능한 존중하는 것이 우선이라고 생각하는 게 이 책의 기
본 입장이다. 특히 이상 시의 경우 작가가 조어를 만들어 쓰는 것을 즐겼다는 점
을 생각해 본다면, 그의 텍스트를 결정적인 근거 없이 오식으로 판단하는 일은
매우 조심할 필요가 있다. 예컨대 「危篤위독 ; 沈歿침몰」과 같은 시의 제목에서 이
상은 '沈沒침몰'을 일부러 '沈歿침몰'로 사용하고 있으며, 「空腹공복」에서는 '勞動노동'
을 '勞働노동'으로 표기하고 있다.
227) 《朝鮮中央日報조선중앙일보》, 1934. 8. 3.

「烏瞰圖오감도 ; 詩第九號시제구호 銃口총구」에 대한 해석은 크게 두
가지로 나뉜다. 하나는 성교를 묘사한 시라는 해석이고, 다른
하나는 폐병을 앓고 있는 자의 각혈의 체험을 묘사한 시라는
해석이다.228) 228) 이 시에 대한 수많은 연구들이 두 갈래로 나뉘었다. 지금
까지 출판된 이상 전집의 판단에 따르면 이어령, 이승훈 편의
전집은 전자로 해석했고, 오규원, 권영민 편의 전집은 후자로 해석했다.
이 두
해석은 다의성을 내포할 수밖에 없는 시적 진술의 고유한 성격
과 관련하여 어느 한 편의 해석상 우위를 판단하기 어려운 면

을 가지고 있다. 그러나 이러한 경우에는 텍스트 이후에 전개되는 해석상의 비평적 논리보다는, 이상 시 전체의 기본적인 창작 원리에 의거해 텍스트를 이해해 보려는 태도가 중요하다. 이 책에서 지금까지 일관되게 견지해 온 해석적 관점의 하나는, 이상의 시는 가시적으로 드러나지 않는 심리적 상황이나 세계관을 보이는 방식으로 이미지화하는, 심상(心象)적 언술 구조를 가지고 있다는 것이었다. 앞에서 살펴본 신체의 병증들을 글쓰기의 과정으로 표현한 이상의 시들도 기본적으로는 그러한 심상적 언술 구조의 연장선상에 서 있다. 이런 관점에서 「烏瞰圖오감도 : 詩第九號시제구호 銃口총구」를 각혈 체험의 이미지화로 읽는 일은 무리가 없어 보인다.[229] 229) 이상 시의 기본적 창작 형태가 지닌 심상적 언술 구조에 주목하여 이를 후자의 관점으로 읽은 훌륭한 사례로는 오규원의 한글판 시전집이 있다. 이 텍스트에 대한 이 논문의 본문 해석은 오규원의 이 해석을 중요하게 참고하였다. 오규원, 『이상 시전집』, 오규원 편, 104-105쪽. 이런 관점에서 읽으면 이 시는 시인 자신의 신체적 병증을 특유의 아이러니적 기법으로 표현한 시라는 것이 잘 드러나는 시가 된다. 그리고 이 특유의 아이러니적 기법이 지닌 거리 두기의 효과는, 죽음의 체험을 묘사한 시를 오히려 성적 환희를 묘사한 시로 거꾸로 읽히게 할 만큼 탁월했다고 보는 것이 이 책의 관점이다. 해석상의 논란이 많은 만큼 이 시가 지닌 아이러니적 수사는 좀 더 정확히 분석될 필요가 있어 보인다.

"**列風열풍**"을 그동안의 연구에서는 대부분 "烈風열풍"의 오식으로 판단해 왔지만, 발표된 원본 텍스트를 존중하여 "列風열풍"을 "列風열풍" 그대로 읽는다면, 이 언표는 '거듭되는 / 계속 부는 바람'으로 직역된다. 이것은 이 언표가 포함된 첫 번째 언술의 "每日매일같이-(열풍이)-불더니"의 동어반복적 표현이다. 즉

'每日매일같이 부는 바람'이 곧 "列風열풍"인 것이다. 그런 점에서 "列風열풍"을 원본 표기 그대로 "列風열풍"으로 읽는 일은 어색하지 않다. 특히 시인 이상이 자신이 살던 시대에 말이 처해 있던 궁핍한 현실을 자각하고 자신의 시에서 꾸준한 언어 검열을 수행했다는 사실을 상기해 보면,[230] 230) 황현산,「모국어와 시간의 깊이」,『말과 시간의 깊이』, 420-425쪽. 이러한 해석은 결코 무리한 해석이 아니다. 물론 매일 부는 바람인 '列風열풍'의 내용은 "烈風열풍" 또는 "熱風열풍"의 의미를 포함하고 있다고 볼 수 있다. 그것은 기침과 각혈이 내포한 병증으로서의 몸의 열기이자 고통의 표현일 것이다. "내허리에큼직한손이와닿는다"는 표현은 이상 시의 해석에 있어 많은 논란을 야기해 온 표현 방식이지만, 그 시의 가장 전형적인 창작 방법론을 보여 주는 이른바 심상적 언술 구조의 대표적인 표현 방식이라고 할 때 해석의 실마리가 잡힐 수 있다. 이 표현은 실제의 손이 허리를 만진다는 관능적 체험의 묘사라고 보기보다는, 기침과 각혈에 의해 병증으로서의 열기와 고통이 신체 내부에 삽시간에 퍼지는 순간을 가시적인 이미지, 사물화된 이미지의 방식으로 표현한 것이라고 보는 게 더 타당할 듯하다. "恍惚황홀한指紋지문골짜기"라는 표현도 마찬가지이다. 이것은 실제의 손바닥에 있는 지문을 뜻하는 것이 아니라, 병증이 야기하는 고통에 대한 아이러니적 묘사로 읽을 수 있다. 그런데 하필 이것이 "指紋지문"으로 묘사된 것은 병증이 야기하는 고통의 상태가 손바닥의 어지러운 지문의 상태와 유사하기 때문이다. 그만큼 병증이 심각하다는 뜻이기도 하다.

여기에서 이 책의 전체적 관점과 관련하여 중요한 것은 "恍惚황홀"이라는 언표다. 이 시를 언표 그 자체가 지시하는 표면적 관점으로 독해할 때, "恍惚황홀"은 성적 체험의 언표로 읽을 수 있게 되고, 이 시를 전체적으로 다른 방식으로 읽게 되는 결정적 근거가 될 수 있다. 그러나 이상 시 전체의 맥락에서 그 시가 자신의 신체적·정신적 고통을 묘사할 때, 그 묘사가 언제나 아이러니적 기표를 통해 고통과 거리 두기의 방식을 취하며, 그것은 자신의 비극적인 상황에 대한 감상적인 시선을 스스로 차단함으로써, 그 상황을 객관적으로 바라볼 수 있는 시선을 가능하게 하는 역할을 수행했다는 점을 상기해 볼 필요가 있다. "恍惚황홀"은 이상 시의 그러한 아이러니적 태도를 드러내는 전형적인 언표로 이해할 수 있다. "消化器官소화기관에묵직한銃身총신"과 "내다물은입에매끈매끈한銃口총구"가 각혈 체험의 비유라는 사실은 짐작하기 어렵지 않다. 이는 "한방銃彈총탄대신에나는참나의입으로무엇을내어배앝았더냐"는 마지막 언술을 통해 비교적 쉽게 설명된다. 그러므로 이 시는 전체적으로 볼 때, 각혈의 체험이라는 고통스러운 체험을 "銃口총구"에서 발사되는 "銃彈총탄"이라는 이미지로 표현한 시라는 사실을 알 수 있다.[231]

231) 이상의 사후인 1976년 《문학사상》 7월호에 유정의 번역(조연현 소장본)을 통해 발표된 이상의 미발표 일문 텍스트인 「喀血객혈의 아침」(1933. 1. 20.)에는 시인이 자신의 객혈의 상황을 "나의 呼吸호흡에 彈丸탄환을 쏘아넣는 놈이 있다"라고 묘사하는 부분이 있다. 이러한 표현은 이 논문의 관점을 지지할 만한 중요한 단서 중 하나라고 할 수 있다.(이어령·오규원·김주현 편의 전집은 이 텍스트를 시로 분류하고 있으며, 이승훈 편의 시전집에서 제외된 이 텍스트를 김윤식은 수필 전집에 포함시켰으며, 권영민은 이 텍스트를 수필로 분류하고 있다.)

여기에서 각혈의 체험은 직접적인 언표 형식으로 드러나는 것이 아니라, 다른 육체의 병증과는 무관한 다른 계열의 사물의 이미지로 대치됨으로써 그 체험은 객관화 되고, 여기에서 "나"는 병을 앓고 있는 자신의 고통스러운 육체를 바라보면서도 나르시시즘적 시선을 차단할 수 있는 여지를 갖게 된다. 이러한 나르시시즘적 시선과 연민의 태도 자체를 스스로 봉쇄하는 데에 기여하는 것이 바로 시적 아이러니다. 이런 차원에서 이상에게서 수사적인 형식으로 드러나는 시적 아이러니는 자신의 죽음조차도 객관적인 시선으로 바라보려는 고통스러운 노력의 일환이었다고 볼 수 있다. 이상의 시 전체는 이러한 거리 두기의 태도를 견지하려는 아이러니적 수사로 관통되고 있다고 해도 과언이 아니다.

여기는어느나라의데드마스크다. 데드마스크는盜賊^{도적}맞았다는소문도있다. 풀이極北^{극북}에서破瓜^{파과}하지않던이수염은絶望^{절망}을알아차리고生殖^{생식}하지않는다. 千古^{천고}로蒼天^{창천}이허방빠져있는陷穽^{함정}에遺言^{유언}이石碑^{석비}처럼은근히沈沒^{침몰}되어있다. 그러면이곁을生疎^{생소}한손짓발짓의信號^{신호}가지나가면서無事^{무사}히스스로와한다. 점잖던內容^{내용}이이래저래구기기시작이다.

— 「危篤^{위독} ; 自像^{자상}」[232)] 232)《朝鮮日報^{조선일보}》, 1936. 10. 9. 전문

제목이 '自像^{자상}'이라는 점에 주목할 때, 이 시는 언술에 직접 드러나지 않는 보이지 않는 화자인 '나'의 얼굴을 지시하고 있는 시라고 할 수 있다. 그러나 「危篤^{위독} ; 自像^{자상}」에서 유의할 점은 표면화된 시적 주체인 '나'가 전혀 등장하지 않는다는 사실이다. 이것은 이 시의 화자가 자신 스스로를 직접 묘사하는 시라고 제목으로 그것을 암시해 놓고도, 실제 언술에서는 '나'의 모습 자체를 철저히 객관화하려는 태도를 보여 주는 것이다. '나'의 얼굴을 보면서도 자신의 얼굴을 3인칭의 관점으로 묘사한다는 것이 이상 시의 특징이며, 이러한 거리 두기의 방식은 병증을 앓고 있음에도 불구하고 그의 시가 자신의 고통스러운 모습, 일종의 외상적 표지들을 지속적으로 직시하는 시선을 보

유할 수 있었던 가장 중요한 방법론이기도 하다. 그런데 이상 시의 이러한 객환화된 시선은 확실히 특이한 면이 있다. 나는 이 책의 서론부에서 '눈'과 '응시'가 지니는 독특한 변증법에 대해 논의한 바 있다. 이에 따르면 모든 시선은 응시와 결부되어 있으며, 이는 1인칭의 시선이 이미 3인칭의 응시 속에서 결박되어 있음을 의미한다. 즉 1인칭으로서의 '나(I)'는 '이미-항상' 나를 바라보는 타자의 응시 속에 속박된 목적어(me)로서의 '나'이다. 이는 '나'가 나 자신을 바라볼 때, 거기에는 '이미-항상' 타자가 나에게 요구하는 나의 모습, 타자에게 보이고 싶은 나의 모습이 투사된다는 뜻이다. 시선은 타자의 응시라는 욕망의 장에 '이미-항상' 포획되어 있기 때문이다. 그러나 이러한 시선과 응시에 내재한 고유한 변증법은 정신 분석의 관점에 따르면, 주체와 타자 모두에 내재한 존재론적 결여를 봉합하려는 환상의 드라마에 속한다. 그러한 환상의 드라마는 존재론적 결여를 내포한 대타자(상징계)를 향한 주체의 응답의 방식이기도 하다.[233] 233) 이 책 〈셋.| 시적 아이러니와 정신 분석적 주체/담론의 해석학〉의 논의를 참고할 것.

이러한 관점을 참조하면, 이 시에서 자신의 얼굴인 '自像[자상]'을 묘사하는 보이지 않는 시적 주체인 '나'의 태도는 특이하다고 할 만하다. '나'의 얼굴은 "어느나라의데드마스크"로 요약된다. 화자의 얼굴은 공간화된 표지로 나타나며, '죽은 얼굴("데드마스크")로 드러난 그 얼굴에는 애초부터 나르시즘적 시선이 차단되어 있다. 풀이 자라지 않듯 "수염은絶望[절망]을알아차리고生殖[생식]하지않는다" "蒼天[창천]이허방빠져있는陷穽[함정]에遺言[유언]이石碑[석비]처럼은근히沈沒[침몰]되어있다."[234] 234) 이 대목을 직접적인 얼굴 묘사로 해석하는 권영민의 주석에 따르면, 이는 수염이 나 있는 한가운데에 쑥 들어가 있는 '입'을 묘사한 것이다. "陷穽[함정]"이 유언이라고 한다면, "遺言[유언]"은 입을 통해 나오는 말이다. 얼굴이 "데드마스크"이므로 입에서 나오는 말은 자연스럽게 "遺言유언"이 된다. "石碑석비"는 치아를 비유적으로 표현한 것이다. 권영민, 『이상 전집 1』, 권영민 편, 157쪽.

'얼굴-극북(북극)', '수염-풀', '입-함정' 등으로 등치되는 이러한 특이한 비유들은, 생명력을 잃고 창백해져 가는 데드마스크와 같은 시적 화자의 상태에서 화자가 느끼는 심각성을 스스로에 대한 아이러니적 관찰로 상쇄하기 위한 언어적 고안 장치이다. "점잖던 內容내용이이래저래구기기시작이다"는 언술로 시가 끝날 때, 극도로 창백한 자신의 초상에 대한 시인의 관찰은 스스로에 대한 연민과 자족적 독백을 넘어설 수 있는 언어적 형상화의 효과를 드러낸다.[235] 235) 하재연, 「이상의 연작시〈위독〉과 조선어 실험」, 『어문논집』 54, 266쪽.

|

이러한 아이러니의 효과는 눈과 응시의 변증법에서 볼 때 특히 주목할 만하다. 앞서 언급했듯이 이는 자신의 눈을 바라보는 응시에 나르시시즘이 차단되어 있음을 의미한다. 눈과 응시의 변증법에서 볼 때, 그것은 자신의 눈에 타인의 응시가 제대로 통합되지 못함을 암시한다. 즉 일반적으로 주체는 자신의 얼굴을 타인에게 보이고 싶은 얼굴의 관점에서 바라보고, 그것은 곧 자신의 초상에 대한 나르시시즘적 효과를 유발하지만, 이 텍스트의 화자의 시선에는 나르시시즘적 효과가 차단되고, 이는 자신 스스로를 바라보는 화자의 시선에 타자의 응시, 타자를 향한 주체의 욕망이 제대로 작동하고 있지 못하고 있음을 암시하는 것이다. 그러므로 자기 자신을 바라보는 시선 속에 나타나는 이러한 나르시시즘의 실패, 또는 거리 두기와 비동화의 태도는, 아이러니적 태도에서 암시되고 있는 시적 무의식에 대한 고려를 통해 지금까지와는 다른 방식으로 해석될 필요가 있다고 하겠다. 즉 이상 시의 이러한 아이러니는 무의식의 차원에

서 주체의 시선과 타자의 응시가 맺는 변증법적 종합이 실패하고 있음을 보여 주는 미적 증상이라고 해석할 수 있는 것이다. 궁극적인 차원에서 볼 때, 그것은 주체의 결여를 메워 줄 수 있는 환상의 드라마가 이상의 시에서는 제대로 작동하고 있지 못하다는 표시이기도 하다. 이상의 시에서 실패하는 환상은 주체의 실제 모습을 그대로 노출하고, 주체는 결여로서의 자신의 얼굴, 병증을 앓고 있는 고통스러운 신체를 그대로 마주한다. 그러나 바꿔 말해 이상 시에서 강박적으로 나타나는 이러한 환상의 실패, 그리고 그것의 미적 증상으로서 반복되는 시적 아이러니는 병증을 앓고 있는 몸 자체가 주체의 유일한 형식이라는 세계의 보편적 형식에 대한 존재론적 증후로서 기능한다. 그리고 우리가 이 증후에서 하나의 윤리적 가능성을 발견할 수 있다면, 이 환상의 실패가 환상을 가로지르려는 주체의 노력이라는 차원에서 해석될 수 있다는 것이다.

여섯.

환상을 가로지르기

6. 나오며

이상 시에 나타나는 시적 아이러니가 일관되게 주체에 실패한다고 말할 때, 그것은 그의 시적 주체 또는 언술의 화자가 일관되게 환상이라는 드라마의 주인공이 되는 데에 실패한다는 뜻이기도 하다. 이 경우 환상의 드라마에 있어 주체로 하여금 욕망을 불러일으키는 대상은 주체가 동화하지 못하거나 세계에 부재하는 대상으로 확인된다. 대상과 세계에 대한 비동화의 미적 표지인 시적 아이러니란, 주체와 타자 간의 동일시의 실패란 점에서 궁극적으로 주체의 변증법이 실패하는 미적 증상일 뿐만 아니라, 실패 자체의 보편성을 드러내는 미적·존재론적 증후라고 할 수 있다. 이상의 「꽃나무」, 「危篤위독 ; 絶壁절벽」과 같은 시들이나 「空腹공복」, 시인의 병적 체험을 담은 일련의 시들에 나타나는 아이러니가 주목되는 것은 이러한 차원에서다. 근원적인 차원에서 환상의 실패라는 방식으로 드러나는 이 시들의 아이러니는 세 가지 차원에서 기억될 만하다.

첫째, 그것은 시적 주체의 죽음과 고통을 반복하여 드러냄으로써 자신의 신체 자체를, 그리고 자신의 글쓰기 자체를 주체와 타자 모두에 내재한 결여를 드러내는 강박적 증상으로 만든다. 이러한 증상은 어쩔 수 없는 강박의 패턴 그 자체를 통해서, 시적 아이러니라는 증상 자체가 세계의 기본 형식이라는 증후로서 기능한다. **둘째**, 「危篤위독 ; 絶壁절벽」 같은 시에서 시적 주체의 운동 방식은 불가능한 대상을 향하는 주체의 열정으로 현시되다는 점에서, 주체의 운동은 실재를 가리는 환상의 드라마가 아니라 '쾌락 원칙 너머'를 향하는 운동 형식으로 해석될 수 있다. '너의 욕망을 포기하지 말라'는 정신 분석의 윤리학의 가능성이 엿보이는 대목이 바로 이 대목이다. **셋째**, 강박적으로 반복되는 이 시들의 아이러니는 시적 주체 자신의 죽음과 고통, 즉 외상적 표지에 대한 일관된 미적 객관화 방식을 통해 증상을 직시하려는 시적 주체의 언술 태도를 보여 준다. 그러므로 이상의 시적 아이러니는 증상을 직시하는 방식으로 존재의 결여와 마주하려는 미적 증상이라고 할 수 있다. 이 책은 이를 증상과의 동일시를 통해 환상을 가로지르려는 주체의 고통스러운 노력으로 이해하고,236) 236) "내가 慘殺참살 당한 현장의 光景광경"을 타자의 관점에서 바라보는 다음과 같은 텍스트는 그러한 미적 증상의 한 예로 거론할 만하다.(「月原橙一郎월원등일랑」,《문학사상》, 1976. 7. ; 이상의 유고 시로 원문은 일문(日文)이며 이승훈과 김주현 편 전집에 공히 실린 유정의 번역을 따랐다.)

　　나의 길 앞에 하나의 패말뚝이 박혀있다
　　나의 부도덕이 行刑행형되고 있는 증거이다
　　나의 마음이 죽었다고 느끼자 나의 육체는 움직일 필요도 없겠다 싶었다
　　달이 둥그래지는 내 잔등을 흡사 墓墳묘분을 비추듯 하는 것이다.
　　이것이 내가 慘殺참살 당한 現場현장의 光景광경이었다.
　―「月原橙一郎월원등일랑」 부분
여기에서 시적(미적) 주체의 윤리적 가능성의 한 실마리를 찾을 수 있다고 해석한다.237) 237) 로티에 따르면 아이러니의 효용성(효과)은 바로 이러한 윤리적 지점에서 발생한다. 로티는 윤리적 주체를 '굴욕받을 수 있는 가능성'의 관점에서 사유하며, 굴욕에 대한 공통된 감수성 이야말로 유일한 사회적 유대라고 생각한다. 아이러니는 주체(대중)가 서 있는 자기 근거들의 확실성을 뒤흔듦으로써 주체에게 굴욕을 안겨 주는 기회를 제공한다. 확실한 진리를 제시할 수는 없지만, 자신의 존재 기반의 허구성을 의심하게 만드는 이러한 굴욕의 기회야말로 주체를 삶의 실재와 대면하게 만든다는 차원에서, 로티는 아이러니를 윤리적 주체의 가능성과 연관짓는다. R. Rotty,『우연성, 아이러니, 연대성』, 176쪽.

267p. 경성고등공업학교 실습실에서 이상. 부분.
268p. 총독부 건축 기수 시절의 이상. 부분.

일곱.

이데올로기적 호명의 실패와 히스테리적 질문으로서의 시적 아이러니

1. 들어가며
2. 히스테리적 질문의 회귀와 실패하는 변증법
3. '아버지'의 결여와 이데올로기적 호명의 실패
4. 역사의 실패와 비전체의 증후로서의 시적 아이러니
5. 나오며

일곱.

이데올로기적 호명의 실패와 히스테리적 질문으로서의 시적 아이러니

1. 들어가며

이상 시의 아이러니는 '주체의 실패'가 현시되는 미적 '증상'이다. 시적 주체의 세계에 대한 비동화적 태도를 뜻하는 시적 아이러니란 주체를 구성하는 변증법의 실패와 관련된다고 할 수 있다. 이러한 변증법의 실패는 단지 주체의 실패를 뜻하는 것이 아니라, 타자로서의 세계 자체의 실패를 뜻하는 것이기도 하다. 주체가 동화하지 못하는 세계란 주체의 입장에서 모종의 결여를 내포한 것으로 인식되는 세계이기 때문이다. 아이러니적 태도를 담보한 이상의 시적 주체에게 이러한 결여 인식은 의식적/무의식적 차원에서 동시에 작동하고 있다. 변증법의 실패가 시적 아이러니의 형태로 나타날 때, 그의 텍스트는 이를 강박적으로 반복되는 환상의 실패와 돌출적인 환각 이미지로 드러내기도 한다.

이 장에서 살펴볼 것은 역시 주체의 변증법이 실패하는 지점과 관련되는데, 여기에서 타자의 문제는 '아버지'라는 좀 더 확장된 언표와 관련된다. 이상 시의 '아버지'는 시적 화자의 생물학적 아버지일 수도 있지만, 시적 주체가 제어할 수 없고 그에 앞서 존재하며 시적 주체의 정신적 삶에 의식적/무의식적 차원의 보증자 역할을 하고 있다는 점에서 정신 분석의 대타자(l'Autre) 개념에 일정하게 상응하는 존재라고 할 만하다. 하지

만 정신 분석의 대타자 개념이 초역사적인 성격을 지닌 것과는 달리, 이상의 '아버지'는 일정한 역사성을 띠고 있으며 사회적 성격을 담보하고 있다는 점에서 그 내포와 외연이 동일한 것은 아니다. 정신 분석의 대타자 개념을 사회적이고 이데올로기적인 차원에서 적극적으로 해석하는 슬라보예 지젝의 관점을 참조하는 일은 이런 차원에서 이 논의를 전개하는 데에 유용해 보인다. 지젝의 관점을 참조한다면, 이상 텍스트의 아이러니란 대타자의 이데올로기적 호명에 실패하는 주체의 형식과 관련된다는 점에서 히스테리적 주체의 존재 유형으로 이해될 수 있다. 여기에서 '아버지'라는 언표와 더불어 역사의 문제가 시적 주체에게 회의적 물음의 형식으로 대두되는 것은 의미심장하다. 이러한 언술 형식은 주체를 이데올로기적으로 호명하기 위해 대타자가 호출하는 헤게모니적 대상과의 동일시, 사회적인 환상의 실패를 뜻한다는 점에서 아이러니를 담지한 시적 주체의 존재 형식을 보다 직접적으로 사회적이고 이데올로기적인 시각과 결부시킬 수 있는 실마리를 열어놓는다.

일곱.

|

이데올로기적 호명의 실패와 히스테리적 질문으로서의 시적 아이러니

|

2. 히스테리적 질문의 회귀와 실패하는 변증법

|

  너는누구냐그러나門^문밖에와서門^문을두다리며門^문을열라고외치니나를찾는一心^{일심}이아니고또내가너를도무지모른다고한들나는참아그대로내어버려둘수는없어門^문을열어주려하나門^문은안으로만고리가걸린것이아니라밖으로도너는모르게잠겨있으니안에서만열어주면무엇을하느냐너는누구기에구태여닫힌門^문앞에誕生^{탄생}하였느냐

  —「正式^{정식} IV」²³⁸⁾ 238)《가톨릭靑年^{청년}》, 1935. 4. 전문

|

이상의「正式^{정식}」은 '正式^{정식}'이라는 제목 하에 일정한 의미적 연관성을 지닌 독립된 6개의 시로 이루어진 연작시로 볼 수도 있고, 또는 독자성이 강한 6개의 연으로 이루어진 하나의 텍스트로 볼 수도 있다.²³⁹⁾ 239) 이승훈과 김주현은 한 편의 텍스트라고 보고 있고, 권영민 편의 전집에서는 이 두 가지의 가능성을 다 열어 놓은 가운데에서 일단은 한 편의 텍스트로 간주하고 있으며, 오규원 편의 한글판 시전집에서는 연작시로 보고 있다.

이 연작시에서 시적 화자는 의미 확정이 쉽지 않은 언표들을 통해 자유로운 시적 연상을 보여 준다. 이 연상의 결과물인 텍스트의 비유적 언표들의 의미를 명확히 확정짓기는 어려우나, 이 책은 〈다섯. | 절단된 신체 ; 환상의 실패로서의 환각〉에서「正式^{정식} I」이나「正式^{정식} III」

의 시적 형상이 마모·폐기·결여를 내포한 시적 화자 또는 언술의 행간에 명시적으로 드러나지 않는 시적 주체의 형상과 관련이 있다고 해석한 바 있다. 이러한 맥락에 따르면 「正式정식」 연작은 바른 형식 또는 공식이라는 뜻을 지닌 '正式정식'이라는 언표를 통해 결여의 형상 자체를 주체와 세계의 기본 형식으로 이해하는 시인의 아이러니적 세계관을 드러내고 있는 텍스트다. 여기에서 연작시를 구성하는 또는 각 연을 구성하는 각각의 언술들은 연관된 맥락을 지니면서도 독립된 방식으로 시적 주체의 아이러니적 태도를 드러낸다.

「正式정식 IV」에서는 "門문밖에와서門문을두다리며門문을열라고외치"는 "너"의 상황을 "나는참아그대로내어버려둘수는없어서門문을열어주려하나門문은안으로만고리가걸린것이아니라밖으로도너는모르게잠겨있"어서 "너"가 문을 열고 들어올 수 없는 상황을 보여 주고 있다. 여기에서 일단 생각해 볼 점은 왜 "너"가 "門문을문을두다리며門문을열라고외치"느냐는 것이다. 닫힌 문이 열리게 될 때의 상황을 가정해 본다면, 이유는 간단히 추측해 볼 수 있다. 문의 열림에 따라 "너"와 "나"는 '만남'이 가능하게 된다. 이상의 텍스트 전체가 타자와의 '만남'을 둘러싼 대타 의식의 차원에서 펼쳐진다는 것을 상기해 볼 때,[240]

[240] 김현, 「이상에 나타난 '만남'의 문제」, 『이상 문학 전집 4』, 김윤식 편 참고.

이러한 추측은 자연스럽다. 문제는 타자인 "너"를 대하고 있는 시적 주체인 "나"가 처한 상황의 난처함이다. 이 텍스트에서는 이와 관련한 두 가지 상황이 문제가 되고 있다.

우선 "나를찾는一心일심이아니고"에서 드러나는 "너"에 대한 "나"의 문제 인식이다. "一心일심이아니고"라는 서술어의 의미상 주어는 "너"이다. 즉 "나"는 "너"가 "門문을두다리며門문을 열라고외치"는 상황에서 "너"에 대해서 일말의 의구심을 가지고 있다. 만일 "너"가 "나"를 "一心일심"으로 찾는 것이라면 "나"의 이름을 부를 터인데, "너"는 "門문을열라고외치"기만 하고 있기 때문이다. "나"의 관점에서 이것은 "너"가 나를 찾아온 목적에 대해 의구심을 갖게 만든다. 또는 설령 "너"가 "나"를 만나러 온 것이 틀림없다고 한들, "나"의 관점에서 "너"는 적어도 "나"를 향한 "一心일심"의 의지를 보여 주는 것으로 생각되지 않는다. "너"에 대한 "나"의 이러한 문제 의식 속에서 "나"와 "너"의 온전한 만남은 이미 실패할 가능성이 암시되고 있다.

둘째, 그럼에도 불구하고 "나"가 "너"의 만남을 회피하거나 포기하려는 것은 아니다. "내가너를도무지모른다고한들나는참아그대로내어버려둘수는없어서門문을열어주려" 하는 모습에서 이것은 확인된다. 그것은 "나"에게도 "너"와의 만남을 향한 노력 또는 욕망이 존재하고 있음을 확인할 수 있는 행위이다. 그런데 이 경우에도 만남은 가능하지 않은 상황으로 귀결된다. "門문을열어주려하나門문은안으로만고리가걸린것이아니라밖으로도너는모르게잠겨있"기 때문이다. 시적 주체인 "나"가 보기에 여기에서 문제가 되는 것은 "너"의 상황이다. "내"가 아무리 애를 써도 "너"의 상황은 나의 의지와 무관하게 불가항력이기 때문이다. 결국 어느 경우에서나 "닫힌門문"은 열리지 못하고 "너"와 "나"의 만남은 실패하며, "나"의 관점에서 이 실패의 이유는 "너" 또는 "너"의 상황에 기인하는 것으로 생각된다.

이 짧은 텍스트는 이상의 시들이 보여 주는 아이러니의 핵심적 상황을 잘 드러낼 뿐만 아니라, 이상의 시적 주체의 문제를 타자를 매개로 한 주체의 변증법이라는 관점에서 해석하고 있는 이 책의 취지와 관련해서도 특별히 주목된다. 일단 시적 아이러니라는 차원에서 살펴보자면 이 시는 "나"라는 시적 주체가 "너"라는 타자·대상 또는 세계와의 만남·합일에 실패하는 것을 보여 주고 있으며, 이는 이상 시의 시적 아이러니가 타자와 세계에 동화될 수 없는 주체의 태도를 드러내는 미적 표지라는 사실을 다시 한 번 잘 보여 준다. 그런데 여기에서 타자와 세계에 대한 비동화·비동일시의 미적 표지로서의 시적 아이러니란, 단지 타자와 세계에 대한 시적 주체의 일방적 거부·비판이나 회피·포기의 태도를 의미하는 것이 아니라는 사실을 다시 한 번 확인할 필요가 있다. 시적 아이러니는 시적 주체와 타자·세계 사이에 첨예하게 유지되는 관계의 긴장된 끈과 그로 인해 양자 사이에 부단히 요동치는 갈등의 리듬에 기인한다. 역설적으로 말해 그것은 타자와 세계에 대한 주체의 열망이 그만큼 간절하다는 뜻이기도 하다.

그럼에도 불구하고 끝내 주체가 타자와 세계에 동화되지 못하는 까닭은 타자와 세계에 내재한 어떤 결여에 대한 인식이 주체에게 발생하기 때문이며, 여기에서 이 결여에 대한 주체의 인식은 명확한 선택을 할 수 없는 상황적 난처함으로 나타난다.[241] 241) H. Lefebvre, 『모더니티 입문』, 9-76쪽. 그리고 이 때문에 최종적 판단은 끝없이 유예되고 시적 긴장과 시적 주체의 갈등·고뇌는 계속된다. 바꿔 말해 아이러니를 내재한 시에서 시의 시간은 시적 주체가 처한 이 긴장과 갈등·고뇌 속에서 탄생한다고 볼 수 있다. 이상의 이 텍스트는 적절한 예가 될 만하다. "내가너를도무지모른다고한들나는참아그대로내어버려둘수는없어서 門문을 열어주려하"는 것은 "너"로 표현되는 타자와 세계에 대한 "나"의 욕망을 반영한다. 반면 "나"의 관점에서 "나를찾는一心일심이아"닌 것으로 보이는 너의 행위("門문밖에와서門문을두다리며門문을열라고외치니")나, "門문은안으로만걸린것이아니라밖으로도너는모르게잠겨있"는 상황은 "너"에 대한 욕망에도 불구하고 "내"가 "너"와 온전히 만날 수 없는 이유가 된다. 이 이유가 곧 "너"에 대한 "나"의 거리 감각, 타자와 세계에 대한 "나"의 결여 인식을 발생시키는 부분이기도 하다.

지금까지 이 책이 도움을 받아 온 정신 분석의 맥락을 참고한다면, 이러한 "나"와 "너"의 만남의 실패는 타자와의 변증법적 종합이 제대로 이루어지지 못하는 주체의 상황을 가시화한 언술이라고 이해할 수 있다. 그런 차원에서 이 시의 상황은 이상의 거울이 보여 주는 실재와 이미지의 통합이 실패하는 상황과 유사한 상황을 보여 준다고 할 수 있다.[242] 242) 홀로 있는 "나"가 자유 연상을 통해 언술을 펼쳐내고 있는 「正式정식」 연작의 전체 상황을 고려해 볼 때, 「正式정식 IV」에서 나타나는 "너"가 실제 현실 속의 타인이 아니라, 상상의 대상으로서의 또 다른 "나"일 가능성이 많다는 점을 고려해 보면 상황적 유사성은 더 가까워진다. 이 경우 전술한 타자와의 만남, 주체와 타자와의 변증법적 종합을 인식론적으로 방해하는 "너"에 대한 "나"의 거리 감각은, 주체의 실패로 드러나는 세계의 결여가 "나"와 "너" 모두에 내재해 있다는 "나"의 인식을 무의식적으로 드러내는 것으로 보인다. 그런 차원에서 "닫힌門문"은 "너"와 "나"(타자)의 온전한 통합의 불가능성을 강박적으로 드러내는 언표라고 볼 수 있다. 그러므로 올바른 형식, 공식, 또는 보편 형식을 뜻하는 이 연작시의 제목 '正式정식'이라는 아이러니적 언표는, "나"와 "너"의 만남의 실패 자체가 오히려 주체와 세계의 본질이라는 이상 시의 증후적(sinthome) 창작 방법론을 잘 드러내는 언표라고 해석할 수 있지 않을까.

이런 관점에서 이 텍스트의 마지막 언술인 "너는누구기에구태여닫힌門^문앞에誕生^{탄생}하였느냐"라는 언술은 '너의 탄생'의 실패를 뜻하는 동시에 '나의 탄생'의 실패를 뜻하는 언술로 읽을 수 있다. "나"에게 접근하지 못하는 "너"란 이상 텍스트에서는 타자를 통합하지 못하는 "나"의 상황에 대한 뒤집힌 언술이라는 점에서 아이러니적 수사 형식이라고 할 수 있으며, 그 결과로 "닫힌門^문앞에誕生^{탄생}"한 "너"는 "닫힌門^문앞에誕生^{탄생}"한 "너"를 마주하고 있는 존재로서의 "나"와 다르지 않다는 점에서, 역시 "닫힌門^문앞에誕生^{탄생}한" "나"의 상황을 뒤집어서 표현한 아이러니적 수사이기 때문이다.[243] 243) 이 대목에서 "무서운 兒孩^{아해}"를 "무서워하는 兒孩^{아해}"로, "막다른골목"을 "뚫린골목"으로(「烏瞰圖^{오감도} ; 詩第一號^{시제일호}」), "싸움하는사람은즉싸움하지아니하던사람이고"(「烏瞰圖^{오감도} ; 詩第三號^{시제삼호}」)로 바꿔 인식하는 이상의 역설적 화법 또는 아이러니적 세계 인식을 상기하는 것은 해석의 실마리를 찾는 데에 도움이 된다. 그러므로 여기에서 "너는누구기에구태여닫힌門^문앞에誕生^{탄생}하였느냐"라는 시적 주체의 질문은, '나는누구기에구태여닫힌門^문앞에誕生^{탄생}하였느냐'라는 질문의 변형된 형식이라고 할 수 있다. 다시 말해 그것은 "나"와 "너"의 만남의 실패를 통해 "나"와 "너"라는 세계 자체의 결여를 드러내며, 시적 주체 스스로가 타자의 통합의 실패 즉 변증법의 실패를 자인하는 방식으로 스스로의 정체성/동일성(identity)의 실패를 되묻는 물음인 것이다. 이 물음은 "닫힌門^문앞에誕生^{탄생}"한 '너-나', 즉 타자의 통합을 통해서야 비로소 가능한 주체의 실패를 명시적으로 자문한 한국 현대시 최초의 질문이라는 점에서 의미심장하다. 변증법의 실패, 그로 인한 주체의 실패를 자인하는 이 아이러니적인 물음을 주체에 대한 이데올로기적 호명(interpellation)이 실패하는 순간과 비슷하다는 점에서 일종의 히스테리적 질문으로 볼 수 있지 않을까.

알튀세에 따르면 주체는 상상적 인지 관계의 산출자인 동시에 담지자이며 효과로서, 이데올로기에 의해 구성된 주체의 동일성은 허구적이고 가상적이다. "구체적인 주체들을 '구성해 주는' 기능"인[244)] 244) L. Althusser, 『재생산에 관하여』, 394쪽. 이데올로기의 오인적 메커니즘에 의해 주체는 상상적이고 허구적인 자신의 동일성을 선험적이고 현실적인 것으로 전환한다. "모든 이데올로기는 주체라는 범주의 작동을 통해서 구체적 개인들을 구체적 주체로 호명"하는 방식으로 이루어진다.[245)] 245) L. Althusser, 『재생산에 관하여』, 397쪽. 호명은 주체가 이데올로기적으로 구성되는 국면의 드라마일 뿐만 아니라 이미 이름을 가지고 있는 "언제나 이미-주체"인 주체의 자기 인정을 뜻한다. 호명된 개인은 이미 호명의 당사자가 자신이라는 사실을 알고서 그에 응답하기 때문이다. 이런 차원에서 이데올로기는 바깥을 가지고 있지 않다.[246)] 246) L. Althusser, 『재생산에 관하여』, 393-400쪽.

지젝은 라캉의 욕망 그래프[247)] 247) J. Lacan, 「The Subversion of the Subject and the Dialectic of Desire」, 『Écrits』, p690.(이 책 〈셋. | 시적 아이러니와 정신 분석적 주체·담론의 해석학 | 2. 정신 분석적 주체와 이데올로기적 주체〉에서 라캉의 욕망 그래프와 논의 참조.)

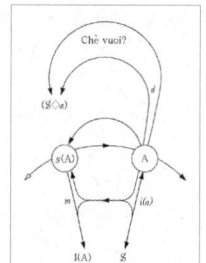

에서 나타나는 누빔점(point du capiton)을 이데올로기적 호명의 순간으로 해석한다. 주체의 입장에서 누

빔점은 주체가 기표에 의해 꿰매어지는 자리이다. 그 자리에서 누빔점은 주인 기표의 호출과 함께 개인에게 말을 걸면서 개인을 주체로 호명한다. 그러나 그것은 일종의 착시 효과다. 누빔점은 차이 체계로서 기표망에 고정된 참조점으로서 기능할 만한 보증물, 의미가 최상으로 응축되어 있는 지점이 아니기 때문이다. 주체가 기표 또는 타자와의 동일시를 통해 주체로 구성되는 자리도 바로 그 자리이다.[248] 248) S. Žižek, 『이데올로기라는 숭고한 대상』, 175-180쪽. 하지만 그 자리는 주체와 대타자[249]

249) 지젝에 따르면 정신 분석의 '대타자'는 단지 사회적 상호 작용을 규제하는 명시적인 상징적 규칙뿐만 아니라, 암묵적 규칙의 복잡한 거미줄을 가리킨다. 즉, 그것은 의식적·무의식적으로 우리의 행동을 사실상 규제하는 일군의 불문율이다. S. Žižek, 『우연성, 헤게모니, 보편성』, 171쪽.

모두에 내재한 결여라는 '실재'를 봉합한 자리이므로, 기표 또는 타자와의 동일시를 통해 탄생한 대타자 속의 주체는 대타자의 호명에도 불구하고 '왜 나는 타자가 나라고 말하는 그가 되는 것일까(Chè vuoi)?'라는 히스테리적 질문에 직면하게 된다. 이런 차원에서 히스테리란 실패한 호명의 효과와 증언이라고 말할 수 있다. 대타자와의 동일시를 완수할 수 없는 주체의 무능력, 대타자의 위임을 완전하고 거리낌없이 수행할 수 없는 주체의 무능력이야말로 히스테리적 질문의 핵심이기 때문이다.[250] 250) S. Žižek, 『이데올로기라는 숭고한 대상』, 194-199쪽.

이 텍스트에서 시적 주체에 의해 제기된 "너는누구기에구태여닫힌門문앞에誕生탄생하였느냐"라는 물음은, 이런 관점에서 전형적인 히스테리적 질문이라고 해석할 수 있다. 여기에서 타자와 끝내 이루지 못한 동일시(변증법)의 실패를 뜻하는 언표인 "닫힌門문"은 주체가 이데올로기적 호명의 문턱을 넘지 못하는 순간으로서, 이 물음이 대타자 속의 주체의 실패를 자인하는 히스테리적 질문과 관련됨을 잘 보여 준다. "닫힌門문" 앞에서 '나-너'는 주체로 '누벼지지' 못한다.251) 251) 지젝은 이데올로기에 대한 돌라르 (Dolar)의 문제 의식을 다음과 같이 요약한다. 알튀세르에게 주체는 이데올로기가 작용하도록 하는 것이다. 반면 정신 분석의 주체는 이데올로기가 실패하는 곳에서 출현한다. 요컨대, 주체는 호명의 결과로 출현하는 것이 아니라, 오히려 호명이 문턱을 넘지 못하고 실패할 때, 그리고 그런 한에서만 출현한다. 그러므로 호명에 대한 저항이 곧 주체이다. 정신 분석의 견지에서 호명의 실패는 히스테리와 관련된다. 그런 점에서 주체는 그 자체로 어느 정도 히스테리적이다. 히스테리적 주체는 대타자가 자신에게 부여한 정체성에 대해 끊임없이 질문한다. S. Žižek, 『우연성, 헤게모니, 보편성』, 169쪽.

이러한 물음은 이상 시의 아이러니가 왜 존재의 결여를 드러내는 미적 증상일 수밖에 없는가 하는 점을 시사한다.252) 252) 하지만 아이러니를 담보한 주체는 타자와 세계에 대해 욕망을 포기하지 않는다. 다만 그는 타자와 세계에서 스스로에게 확신을 부여해 줄 수 있는 답을 찾지 못할 뿐이다. 아이러니의 주체가 끝없이 질문만을 계속하는 주체일 수밖에 없는 이유가 여기에 있다. 르페브르에 따르면 아이러니적 주체는 아이(답)를 낳을 수는 없는 산모와 비슷하다는 점에서 히스테리성 임신을 하고 있는 임산부와 비슷하다. 그러나 탄생과 생산이 이루어질 수 없다고 하여, 히스테리성 임신이 불모의 성격을 지닌 것이라고는 할 수 없다. 아이러니가 제기하는 히스테리적 질문은 세계의 심층부에 존재하는 모순·결여·우연성을 반영하며, 혹시 가능할지도 모를 미래의 풍요로운 답을 출산하기 위한 위험스럽고도 모험적인 산파의 역할을 수행한다. 그런 점에서 아이러니의 회의적 질문 형식은, 오히려 우연히 발견될지도 모를 답(진리), 혹은 가능한 답, 따라서 어쩌면 불가능한 답이 될지도 모를, 그러므로 역설적으로 모든 가능성을 향한 진지한 탐구의 자세를 의미한다. 따라서 존재의 모순·결여·약점을 직시하며 질문을 계속해 나가는 아이러니스트는 아이러니적 질문 자체를 통해 그 스스로의 강인함을 도출해 내는 존재다. H. Lefebvre, 『모더니티 입문』, 25-28쪽, 53쪽. 그의 텍스트에서 광범위하게 나타나는 '아버지'와 역사(시대)에 대한 시적 주체의 비동화 언술 양상인 아이러니는, 사회적이고 이데올로기적 호명을 통해 주체에게 자리를 부여해 주는 대타자에 대한 시적 주체의 불신을 드러내는 증상적 표지이기 때문이다.253) 253) 이상 시에 나타나는 아버지와 역사에 대한 대타 의식을 '대타자-상징계'라는 관점에서 연구한 선구적 사례로는 김승희의 경우가 있다.(김승희, 『이상 시 연구—말하는 주체와 기호성의 의미 작용을 중심으로』 참고)

일곱.

이데올로기적 호명의 실패와 히스테리적 질문으로서의 시적 아이러니

3. '아버지'의 결여와 이데올로기적 호명의 실패

나의아버지가나의곁에서조을적에나는나의아버지가되고또나는나의아버지의아버지가되고그런데도나의아버지는나의아버지대로나의아버지인데어쩌자고나는자꾸나의아버지의아버지의아버지의……아버지가되니나는왜나의아버지를껑충뛰어넘어야하는지나는왜드디어나와나의아버지와나의아버지와나의아버지의아버지의아버지와나의아버지의아버지의아버지노릇을한꺼번에하면서살아야하는것이냐

― 「烏瞰圖오감도 ; 詩第二號시제이호」[254)] 254) 《朝鮮中央日報조선중앙일보》, 1934. 7. 25. 전문

자신의 정체성에 대한 의구심을 스스로 표명하는 히스테리적 질문이 출현하는 순간이란, 곧 주체에게 주체의 자리를 마련해 주는 대타자의 호명이 실패하는 순간이라고 할 수 있다. 그런 점에서 이상의 텍스트에서 사회적이고 이데올로기적인 대타자 항에 위치하는 비유적 언표로서의 '아버지'가 시적 주체에 의해 일정한 불신감이나 공포 등의 감정을 통해 결코 동화될 수 없는 대상으로 나타난다는 사실은 의미심장하다. 「正式정식 IV」가 한국 현대시에서 히스테리적 질문이 명시적으로 출현하는 최초의 순간을 보여 주었다면, 「烏瞰圖오감도 ; 詩第二號시제이호」는

주체의 탄생에 구성적으로 관여하는 사회적 대타자로서의 '아버지'가 명시적으로 부정당하는 한국 현대시 최초의 한 국면을 보여 준다. 그것은 주체를 사회적인 존재로 구성하는 이데올로기적인 호명 체계, 대타자에 대한 주체의 동일시 메커니즘이 제대로 작동하지 못하는 상황을 암시한다는 점에서 주체의 실패를 명백히 보여 주는 시적 증상이라고 해석할 만하다.

이 텍스트에서 "나의아버지"란 언표는 생물학적 차원의 아버지일 수 있는 동시에, 시적 주체의 정신적 지반을 담당·구축·보증하는 근원적 존재이며 특히 이상 시 전체의 관점에서 볼 때는 시적 주체가 속한 역사적 시공간의 담지자라는 점에서 사회적인 대타자의 역할을 수행한다. 주체와 대타자의 문제를 사회적이고 이데올로기적인 차원으로 해석하는 지젝의 관점을 이 대목에서 적극적으로 참조하려는 것도 이상의 '아버지'가 지닌 이러한 역사적/사회적 성격을 간과할 수 없기 때문이다. "나의아버지가나의곁에서조을적에"라는 언술은 "나"가 "아버지"라는 이름의 대타자에 대해 모종의 결여를 인식하는 순간이라고 할 수 있다. 그러나 이러한 결여 인식이 "아버지"의 존재 자체를 부재하는 것으로 인식하거나 부정하는 것은 아니라는 사실을 우선 확인할 필요가 있겠다. "그런데도나의아버지는나의아버지대로나의아버지인데"라는 표현은 "아버지"에 대한 "나"의 인정을 기본적으로 전제하고 있는 표현이며, 뒤이어 나오는 부사인 "어쩌자고"에 함의된 "나"의 곤혹스러움에도 불구하고 역시 "아버지"에 대한 기본적 인정의 태도가 전제되어 있다. 이는 "아버지"에 대한 주체의 욕망이 무의식의 차원에서는 여전히 지속되고 있음을 의미한다. 그러니까 이 시의 아이러니는 "아버지"에 대한 "나"의 일방적인 부정이나 거부 때문에 발생한다기보다는, "아버지"의 존재에 대한 또는 존재의 필요성에 대한 "나"의 기본적 인정에도 불구하고, "아버지"가 지닌 모종의 결여를 인식하는 "나"의 거리 감각에 의해 그를 "나"의 온전한 보증자로서 인정할 수 없는 난처한 상황 때문에 발생한다고 봐야 한다. 이러한 아이러니적 상황 인식 속에서 "나는나의아버지가되고또나는나의아버지의아버지가되"는 '아버지 대체 인식'이 발생한다. 이러한 대체 인식이 현존하는 사회적 대타자에 대한 부정 의식("나의아버지를껑충뛰어넘어야하는")으로 이어지는 것은 자연스러운 일이다.

그러나 다시 한 번 강조할 것은 이러한 부정 의식은 "아버지" 자체를 부정하는 것이 아니라는 사실이다. 이상 시에서 나타나는 '나의 아버지 되기'란 '아버지의 자리' 자체를 부정하는 것이 아니라, 다만 현존하는 "아버지"의 모습에서 결여를 발견함으로써 그 자리를 온전히 인정할 수 없음에 대한 비동화의 표지이다. "그런데도나의아버지는나의아버지대로아버지인데"에서 "그런데도"라는 부사어나, "어쩌자고나는자꾸나의아버지의아버지의아버지의……"에서 "어쩌자고"라는 부사어는 "아버지"에 대한 전적인 부정도 온전한 인정도 가능하지 않은 시적 주체의 당혹스러운 상황을 그대로 보여 주는 아이러니적 언표이다. 전술했듯이, 이상 시의 아이러니는 (대)타자로서의 세계에 전적으로 동화될 수도 그것을 전적으로 거부할 수도 없는 시적 주체의 난처한 상황 속에서 발생한다. 그런데 여기에서 "나는왜나의아버지를껑충뛰어넘어야하는지"나, "나는왜드디어나와나의아버지와나의아버지와나의아버지의아버지의아버지와나의아버지의아버지의아버지노릇을한꺼번에하면서살아야하는것이냐"라는 질문 형식의 언술은 특별히 주목할 필요가 있다. 이 언술은 일차적으로는 현존하는 "아버지"라는 대타자의 결여에 대한 인식을 바탕으로, "아버지"를 극복하거나 부정할 수밖에 없는 상황에 대한 시적 주체의 곤혹스러움을 드러내고 있지만, 이는 근원적으로는 주체의 실패를 자문하는 언술이라고도 할 수 있다. 주체를 호명함으로써 주체의 동일성을 온전하게 보증해 줄 "아버지"의 결여를 인식하는 이 질문은, 곧 주체의 동일성에 균열을 만드는 질문과 다른 것이 아니기 때문이다. 그러므로 이 질문은 대타자의 호명에 적극적으로 응함으로써 자신의 정체성을 정초·확인하는 통상적인 주체의 존재 형식이 아니라, 오히려 대타자의 결여를 인식함으로써 자신의 정체성의 근원을 의혹에 붙이는 히스테리적 질문의 한 유형이라고 할 수 있다. '나는 왜 당신(대타자)이 원하는 그인가'라는 히스테리적 질문의 전형적인 형식은, 여기에서 '당신은 왜 나를 온전히 호명(보증)해 줄 수 있는 그가 아니며, 나는 왜 그의 호명에 응하는 존재로 살 수 없는가'라는 질문 형식으로 변형되어 있는 것이다.

크리스트에酷似^{흑사}한한襤褸^{남루}한사나이가있으니이이는그의終生^{종생}과殞命^{운명}까지도내게떠맡기려는사나운마음씨다. 내時時刻刻^{시시각각}에늘어서서한時代^{시대}나訥辯^{눌변}인트집으로나를威脅^{위협}한다. 恩愛^{은애}—나의着實^{착실}한經營^{경영}이늘새파랗게질린다. 나는이욱중한크리스트의別身^{별신}을暗殺^{암살}하지않고는내門閥^{문벌}과내陰謀^{음모}를掠奪^{약탈}당할까참격정이다. 그러나내新鮮^{신선}한逃亡^{도망}이그끈적끈적한聽覺^{청각}을벗어버릴수가없다.

— 「危篤^{위독} ; 肉親^{육친}」[255]) 255) 《朝鮮日報 ^{조선일보}》, 1936. 10. 9. 전문

「危篤위독 ; 肉親육친」에서도 '아버지'에 대한 결여 인식과 그에 대한 "나"의 불신은 잘 드러난다. 그러나 여기에서도 이러한 불신은 '아버지'에 대한 "나"의 일방적인 거부감을 뜻하는 것은 아님을 또 한 번 확인할 수 있다. "크리스트에酷似혹사한한襤褸남루한사나이"라는 언술은 그러한 증거가 될 수 있다. "크리스트에酷似혹사한한사나이"는 인간을 위해 희생을 무릅쓴 "크리스트"에 비견되는 존재로서의 '(하느님) 아버지'에 대응되는 언표라는 사실을 쉽게 알 수 있다. 문제는 "사나이"를 수식하고 있는 "襤褸남루한"이라는 관형어이다. 일차적으로 거기에 역시 희생의 의미가 없다고 할 수는 없겠지만, 그것은 "사나이"의 결여 또는 부정적 가치 판단을 암시하는 "나"의 무의식이 스며 있는 언표이기도 하다. 뒤따라오는 언술에서 그 "사나이"를 "그의終生종생과殞命운명까지도내게떠맡기려는사나운마음씨"를 지닌 존재로 묘사하고 있다는 사실은 이러한 추측을 뒷받침해 주는 근거가 된다. 여기에서 "사나이", 즉 '아버지'는 스스로 희생을 감수한 존재인 동시에 일종의 결여를 내포하기도 한 존재로서, 그 희생의 삶을 "나"에게 무겁게 "떠맡기려는사나운마음씨"를 가진 존재라는 점에서 "나"에게는 억압의 대상으로 인식되고 있는 것이다.

이 지점에서 눈여겨볼 표현이 바로 "내時時刻刻시시각각에늘어서서한時代시대나訥辯눌변인트집으로나를威脅위협한다"는 표현이다. 이는 이상의 시에서 '아버지'가 연구사의 많은 지적처럼 전기적 차원의 생물학적 아버지나 그의 전기에서 중요한 위치를 차지하는 '백부'만으로 환원될 수 있는 언표가 아님을 반증한다. 이상의 텍스트에서 '아버지'는 이 언술에서 드러나는 것처럼 "내時時刻刻시시각각에늘어서서" "나를威脅위협"하는 "한時代시대"와 관련되는 언표이기도 하다. 이상의 다른 텍스트를 염두에 둔다면 "나를威脅위협하는"이 "한時代시대"란, 시인이 "封鎖봉쇄하여버"리기를 원했던 "十九世紀십구세기"256) 또는 "十九世紀십구세기의 嚴肅엄숙한 道德性도덕성"257)

256) 이상, 「날개」, 『이상 전집 2』, 권영민 편, 뿔, 2009, 259쪽.
257) 이상, 「私信사신 6」, 『이상 전집 4』, 권영민 편, 뿔, 2009, 329쪽 : "암만해도 나는 十九世紀십구세기와 二十世紀이십세기 틈사구니에 끼워 卒倒졸도하려 드는 無賴漢무뢰한인 모양이오. 完全완전히 二十世紀이십세기 사람이 되기에는 내 血管혈관에는 너무도 많은 十九世紀십구세기의 嚴肅엄숙한 道德性도덕성의 피가 위협하듯이 흐르고 있소그려."

과 관련된다. 그러므로 '나'에게 '아버지'의 "恩愛은애"는 "내着實착실한經營경영"을 "늘 새파랗게질"리게 만드는 "威脅위협"이 되기도 하는 것이다. "육중한크리스트의別神별신"에서 "육중한"은 "나"가 느끼는 '아버지'의 "威脅위협"의 정도를 육체적 감각으로 구체화한 표현이다. 그러므로 "나"의 보존을 위해 그는 "暗殺암살하지않"으면 안 되는 존재가 된다. '아버지'의 "恩愛은애"를 인정하면서도, 그를 "暗殺암살하지않"으면 안 되는 위협적 존재로 인식하는 이 텍스트의 딜레마는 이상의 시적 주체가 처한 전형적인 아이러니를 노출한다. 상황의 아이러니는 여기에서 그치지 않는다. "그러나 내新鮮신선한逃亡도망이그끈적끈적한聽覺청각을벗어버릴수가없"기 때문이다. 즉 "나"는 자기를 억압하는 '아버지'가 자기를 부르는 그 목소리의 장("그끈적끈적한聽覺청각")으로부터 사실상 벗어나기 힘들다고 생각하는 것이다. '아버지'에 대한 "나"의 양가적 인식과 그의 억압으로부터 벗어나기 힘들다는 "나"의 인식은 이상의 다른 시를 참고한다면, 그 자신이 "크리스트에酷似혹사한한襤褸남루한사나이"가 되어 아버지의 자리에 서게 될지도 모른다는 두려움을 낳는다. 예컨대 「內科내과」라는 시의 일부를 보자.

흰뺑끼로칠한十字架^{십자가}에서내가漸漸^{점점}키가커진다.   聖^성피-타-
君^군이나에게세번式^식이나아알지못한다고그린다.

— 「內科^{내과}」²⁵⁸⁾   258) 『이상 전집』 임종국 편, 임종국 역, 1956. 부분

인용한 텍스트의 언술 부분을 창작의 직접적 모티프가 된 시인의 전기적 사실과 관련짓는다면, 이는 내과 병원에서 진찰 받는 시인의 상황과 관련된 어떤 장면일 것이다. 그런데 여기에서 "나"가 하필이면 그 자신의 상황을 "흰뺑끼로칠한十字架^{십자가}에" 묶인 상황, 즉 부지불식 간에 스스로를 '예수'와 비슷한 존재로 묘사하는 것은 해석의 다의성을 감안한다 하더라도 간과하기 어려운 대목이다. 「鳥瞰圖^{조감도} ; 二人^{이인}····1····」²⁵⁹⁾ 259) 《朝鮮^{조선}と建築^{건축}》1931. 8.과 같은 시에서 확인할 수 있는 것처럼, 이상의 시에서 기독교적 언표는 대부분 자신의 '시대'에 대한 은유를 포함하는 방식으로 쓰이곤 하기 때문이다. 그러므로 "흰뺑끼로칠한十字架^{십자가}에"에 묶인 "나"란 그 스스로가 자신을 그 자신의 시대 또는 사회적 대타자로서의 '아버지'와 등가적으로 취급하고 있음을 보여 주는 언표라고 해석할 수 있다. 여기에서 문제적인 것은 이 시의 전체적 문맥이 병을 앓고 있는 존재로서의 "나"의 절망적 상황을 희화화하고 있다는 사실이며, 이런 맥락에서 회복할 길 없는 자신의 병증을 예수의 애제자였던 베드로가 예수를 부인하는 상황에 빗대어 "聖^성피-타-君^군이나에게세번式^식이나아알지못한다고그린다"고 표현하고 있다는 사실이다. 이것은 이 문맥 안에서만 놓고 볼 때는 자기 자신에 대한 부정을 뜻하지만, 이상 시 전체의 맥락에서 볼 때는 '아버지("한時代^{시대}")'와 등가적으로 표현된 그 자신의 부정

을 뜻한다. 즉 이상의 시 전체의 맥락에서 "크리스트에酷似ᵘˢᵃ한한襤褸ᵇᵃʳᵘ한사나이"에 대한 "나"의 애증이란, "한時代ˢⁱᵈᵃᵉ"에 대한 "나"의 애증을 의미하는 동시에 궁극적으로 그것은 시적 주체 자신에 대한 애증의 문제와 연결된다. 그리고 이 애증에는 대상에 대한 결여 인식과 두려움, 적대감, 억압 의식, 그리고 욕망이 혼재되어 있다.

그러나 혼재된 양가 감정 속에서 "나"는 '아버지'와 자기 자신 모두에 대한 동일시에 실패하고 만다. 이는 시적 주체인 "나"의 정체성(동일성)을 보증해 줄 수 있는 존재의 기원, 즉 대타자로서의 '아버지'에 대한 "나"의 불신과 시적 주체 자신의 정체성에 대한 회의로 귀결되는 무의식적 상황을 드러낸다. 지금까지 이 책이 견지했던 관점대로라면 이는 주체의 정체성을 안정적으로 구축해 줄 수 있는 기제로서의 '아버지'에 대한 "나"의 아이러니적 거리 감각의 발생을 의미하며, 이것은 이러한 거리 감각의 발생이, 이데올로기적 호명이 실패함으로써 히스테리적 질문이 출현하는 순간과 관련됨을 의미한다. 다른 식으로 말해, 이 순간은 대타자의 호명에 의한 주체의 실패, 환상이 고장난 순간에 속하는 것들이다.[260]

[260] 주체의 정체성을 보증해 줄 수 있는 욕망의 상상적 드라마로서 '환상'이 실패할 때, 주체와 세계의 결여를 뜻하는 '실재'가 회귀하는 것이 바로 '환각'이다. 이 책의 〈다섯. | 절단된 신체 : 환상의 실패로서의 환각〉 참고.

이상 시의 아이러니가 곳곳에서 노출하고 있는 이러한 문제적 상황은 「危篤ʷⁱᵈᵒᵏ ; 門閥ᵐᵘⁿᵇᵉᵒˡ」에서도 고스란히 반복된다.

　　　墳塚ᵇᵘⁿᶜʰᵒⁿᵍ에게신白骨ᵇᵃᵉᵏᵍᵒˡ까지가내게血淸ʰʸᵉˡᶜʰᵉᵒⁿᵍ의原價償還ʷᵒⁿᵍᵃˢᵃⁿᵍʰʷᵃⁿ을强請ᵍᵃⁿᵍᶜʰᵉᵒⁿᵍ하고있다. 天下ᶜʰᵉᵒⁿʰᵃ에달이밝아서나는오늘오들떨면서到處ᵈᵒᶜʰᵉᵒ에서

들킨다. 당신의印鑑인감이이미失效실효된지오랜줄은꿈에도생각하지않으시나요―하고나는의젓이대꾸를해야겠는데나는이렇게싫은決算결산의函數함수를내몸에지닌내圖章도장처럼쉽사리끌러버릴수가참없다.

―「危篤위독 ; 門閥문벌」261) 261)《朝鮮日報조선일보》, 1936. 10. 8. 전문

「烏瞰圖오감도 ; 詩第二號시제이호」나 「危篤위독 ; 肉親육친」에서 확인할 수 있었던 것처럼, 이 시에서도 제목으로 언표되어 있는 '門閥문벌'은 단순히 생물학적 차원의 '肉親육친' 관계만을 의미하는 것이라고 볼 수 없다. 그것은 "나"의 정체성/동일성(identity)을 보증해 줄 수 있는 사회적 대타자로서의 '아버지'와 관계된다. 이 시에서 '아버지'가 행하는 억압의 상황은 더욱 강력하고 혹독한 것으로 "나"에게 인식된다. "墳塚분총에게신白骨백골까지가내게血淸혈청의原價償還원가상환을强請강청하고있"다는 표현은 이러한 "나"의 상황 인식을 잘 보여 준다. 그런데 여기에서 주목할 점은 이 상황은 "墳塚분총에게신白骨백골"이 "나"에게 그 피의 연속성을 강조하면서 '白骨백골-나'의 동일성을 요구하고 있는 상황이라는 점에서, "墳塚분총에게신白骨백골"에 의해 "나"가 '호명'되는 순간과 관련된다는 사실이다. 즉 이러한 호명의 결과는 "나"가 '아버지'와의 동일시를 통해 사회적 주체로서의 동일성을 획득하는 것이며, 이데올로기적 측면에서는 "나" 자신이 스스로를 "한時代시대"의 주인공으로 여기며 사회적 환상의 드라마를 살게 되는 것이다. 그러나 이 텍스트에서 "나"에 대한 "墳塚분총에게신白骨백골"의 호명은 실패하고 만다. "天下천하에달이밝아서나는오들오들떨면서到處도처에서들킨다"는 표현에서 드러나는 "白骨백골"에 대한 "나"의 공포는 주체에 대한 호명

이 실패로 돌아갔음을 분명히 보여준다. "墳塚분총에계신白骨백골까지가내게血淸혈청의原價償還원가상환을强請강청하"며 '아버지'와 "나" 사이의 동일성을 주장하고 있지만, "墳塚분총에계신白骨백골"과 "나"의 동일시는 실패하고 만다. "나"는 명시적으로 이를 "이렇게싫은決算결산의函數함수"라고 표현하기까지 한다.

시적 주체인 "나"가 "墳塚분총에계신白骨백골"에게 제기하는 "당신의印鑑인감이이미失效실효된지오랜줄은꿈에도생각하지않으시나요"라는 질문은, 그런 점에서 명백히 히스테리적인 질문이다. 이 질문은 「烏瞰圖오감도 ; 詩第二號시제이호」에서 '나는 왜 당신(대타자)이 원하는 그인가'라는 히스테리적 질문의 전형적인 형식이, '당신은 왜 나를 온전히 호명(보증)해 줄 수 있는 그가 아니며, 나는 왜 당신의 호명에 응하는 존재로 살 수 없는가'라는 실문으로 바뀌었던 것을 그대로 반복하고 있다. "印鑑인감이이미失效실효"된 '白骨백골-아버지'는 주체를 효과적으로 호명할 수 없다. 이 지점에서 대타자의 '외관'에 대한 지젝의 설명을 상기하는 일은 이 부분을 이해하는 데에 약간의 도움이 된다.

지젝의 설명에 따르면, 대타자는 세계의 '실재'인 무의미한 우연에 의미를 부여하는 전제적(專制的) 이성인 동시에 무슨 수를 써서라도 유지되어야만 하는 의미의 순수한 외관이다. 주체의 우연성, 존재의 결여, 세계의 무에 의미의 충만성을 부여하고, 그것을 의미화된 전체(totality)로 꿰어 묶을 수 있는 절대적 구속의 가능성은 대타자가 지닌 절대적 불가지성(不可知性)에 기인한다. 즉, 대타자로서의 '아버지'는 "나"에게 인식될 수 없는 순수하게 절대적인 타자로서 존재해야만 한다.[262] 262)

S. Žižek, 『그들은 자기가 하는 일을 알지 못하나이다』, 414-415쪽 ; 451쪽. 그러나 이 텍스트에서 대타자로서의 '白骨^{백골}-아버지'의 "失效^{실효}"에 대한 "나"의 인식은 이미 절대적 불가지의 영역에서 그가 이탈한 존재이며, 나에게 그 한계가 파악되는 존재라는 사실을 보여 준다. 그러므로 '아버지'에 대한 '나'의 히스테리적 질문은 이미 사회적 대타자로서의 '아버지'의 결여를 드러내는 것이며 대타자와 연동된 하나의 사회적 주체의 실패를 드러내는 현상이다. "나는이렇게싫은決算^{결산}의函數^{함수}를내몸에지닌내圖章^{도장}처럼쉽사리끌러버릴수가참없다"는 주체의 무력함을 피력하는 언술은 이런 맥락에서 이해되어야 한다. 그러나 여전히 강조될 점은 여기에서 실패하는 것은 단지 주체만이 아니라 주체를 통합하여 유기적 전체를 건설해야 할 사회적 대타자 그 자체라는 사실이다.

지금까지 우리는 이상 시의 아이러니를 주체의 변증법의 실패라는 차원에서 바라보았다. 이를 주체 개인의 실존적 상황에서 이해할 수도 있지만, 히스테리적 질문의 형식으로 출현하는 사회적이고 이데올로기적인 차원의 호명의 실패라는 관점에서 해석한다면, 이상 시의 아이러니적 언술들은 지금까지와는 달리 새로운 정치적 함의를 띤 언술들로 볼 수 있는 가능성이 열리게 된다. 본래 호명 체계로서의 이데올로기란 하나의 사회 체계가 자신의 체계를 유지·존속하기 위해, 특정한 사회 조건에 맞추어 개인을 형성·변형·강제하는 오인적 메커니즘이다. 하나의 주체가 자신의 체계 속에서 차지하는 진정한 위치를 가리고, 사회적 삶의 실재를 상상적으로 구축함으로써 주체를 그릇된 현실 인식으로 안내하는 것에 이데올로기의 목적이 있다.[263] 263) 김인환, 「한국 현대 소설의 계보」, 『기억의 계단』, 79쪽. 그러므로 사회적이고 이데올로기적인 환상의 궁극적인 목적은, 대타자의 결여라는 '실재'를 가림으로써 주체의 다른 가능성을 봉쇄하는 것이다. 사회적이고 이데올로기적인 환상은 대타자 내부의 근원적 결여를 환상의 대상으로 대체하고 주체에게 그것을 제시함으로써, 사회에 대한 총체적이고 완결된 비전을 구축하려고 한다.[264)] 264) S. Žižek,『우연성, 헤게모니, 보편성』, 220-221쪽. 라클라우 식으로 말해서, 이데올로기의 효용은 사회에 내재한 해소될 수 없는 적대를 지우고, 적대에 의해 분할되지 않은 유기적이고 상보적인 사회로 그 사회가 비춰질 수 있도록 주체로 하여금 상상적 비전을 구축하게 하는 데에 있다. 궁극적으로 이데올로기가 은폐하려는 것은 '(하나의) 사회란 존재하지 않는다(the impossibility of society)'는 사회의 '실재'인 것이다.[265)]
265) E. Laclau, 「The Impossibility of Society」, 『New Reflection on the Revolution of Our Time』, pp89-92.

이상 시에 나타나는 이러한 대타자에 대한 결여 인식, 히스테리적 질문은 이데올로기적 호명의 실패와 연관되는 것으로서, 여기에서 시적 아이러니는 이러한 호명의 실패를 드러내는 미적 증상이라고 할 수 있다. 그것은 '아버지'로 언표되는 작가 이상의 "한時代시대"에 내재한 결여를 드러내는 동시에, 자신의 시대와 동화하지 못하는 한 시적(미적) 주체의 불가피한 고뇌의 표지이다. 식민지 시절, 도덕을 긍정한 이광수가 부왜역적(附倭逆賊)이 되었던 데 반해, 자기 시대의 도덕을 긍정할 수 없었던 이상이 '어떤 일이 있어도 부왜역적은 되지 않아야 한다'는 최소 도덕을 지킬 수 있었던[266)] 266) 김인환, 「이상 시의 계보」, 『기억의 계단』, 292쪽. 까닭은 바로 그의 육체와 무의식이 보존하고 있던 이러한 아이러니적 세계 인식 때문이었다.[267)] 267) 이상 텍스트 전체에 나타난 대타의식을 고려해 볼 때, 이 텍스트에서 그가 불화한 사회적 대타자는 "十九世紀십구세기"

였다고 볼 수 있겠지만, 그의 육체가 보존하고 있는 히스테리적 질문은 식민지 모더니티 일반의 상황과 관련하여서도 끊임없이 표출되었다. 혁명가 임화조차도 '현해탄 콤플렉스'로부터 자유롭지 못하던 식민지 시절, 이상만이 유일하게 식민지 조선의 내지(內地)였던 동경을 이렇게 말하고 있다. "東京^{동경}이란 참 치사스런 都^도십디다……(중략)……참 東京^{동경}이 이따위 卑俗^{비속} 그것과 같은 물건(シナモノ)인 줄은 몰랐오. 그래도 뭐이 있겠거니 했더니 果然^{과연} 속빈 강정 그것이오."(이상, 「私信^{사신} 5」, 『이상 전집 4』, 권영민 편, 328쪽.) 이 책의 관점에서 이러한 언술은 전형적으로 히스테리적이다.

      그런 점에서 아이러니의 주체로부터 출현하는 히스테리적 질문이란, 부정적인 방식으로 세계의 '실재'를 직시하는 고통스러운 질문이라는 점에서 특이한 방식의 '윤리적/정치적 가능성을 열어 놓는 것으로 보인다. 다음 장에서 살펴보려고 하는 이상의 여러 시에서 드러나는 '역사'와의 불화 의식 또한 이러한 히스테리적 질문의 형식으로 이해될 수 있다.[268]

[268] '낯설게 하기'라는 문학적 형식 장치가 지닌 이데올로기적 파괴의 효과를 참조하는 일은 유익해 보인다. 김인환에 따르면 '낯설게 하기'는 이데올로기에 의해 습관화된 지각 양상을 약화시킴으로써 정치적 각성을 조장하는 방법이 된다. '낯설게 하기'와 같은 문학의 형식적 장치들은 이데올로기를 꿰뚫으면서 이데올로기로부터 거리를 설정하고, 이데올로기의 견고한 사슬을 비틀어 열면서 개방된 정신의 공간을 창조한다. 문학은 이데올로기가 제안한 시각을 희화(戱畵)로 변형하여 현실에 대한 그릇된 생각을 폭로한다. 습관화된 인식을 그 내면에서 뒤집어 놓으면 습관화된 인식을 묶고 있는 이데올로기의 끈이 폭로되고 현실의 예기치 못했던 국면이 독자에게 지각된다. 김인환, 「한국 현대 소설의 계보」, 『기억의 계단』, 80쪽.

일곱.

|

이데올로기적 호명의 실패와 히스테리적 질문으로서의 시적 아이러니

|

4. '역사'의 실패와 비전체의 증후로서의 시적 아이러니

|

자기 정체성의 형성 문제에서부터 연애(사랑)의 문제에 이르기까지, 대상에 대한 비동화와 불화의 양상으로 나타나는 이상 시의 아이러니는 본질적으로 타자를 통합하지 못함으로써 변증법적 종합에 실패하는 '주체의 실패'와 관련된 문제로 해석될 수 있다. 정신 분석적 의미에서 이는 환상의 실패와 관련된다. 이러한 변증법의 실패라는 문제를 개인적 실존의 문제를 넘어서 이데올로기적 차원에서 검토할 때, 환상의 실패는 이데올로기적 호명이 실패하는 지점에서 발생하는 히스테리적 질문의 출현과 관련지을 수 있다. 히스테리적 질문은 주체에게 동일성을 부여하는 사회적 대타자의 욕망을 이해할 수 없는 주체의 회의적 반응이다. 이 지점에서 주체의 동일성을 구성하기 위해 호출된 주인 기표(헤게모니적 대상) 역시 실패로 돌아간다. 이상의 텍스트에 나타나는 '아버지'에 대한 시적 주체의 히스테리적 태도가 주체를 사회적인 존재로서 보증해 주기 위해 필수적인 사회적 대타자에 대한 결여 인식과 관련된다면, '역사'에 대한 시적 주체의 불화 의식 역시 마찬가지다. 「烏瞰圖^{오감도}; 詩第十四號^{시제십사호}」는 주목할 만한 예 중 하나이다.

|

　　古城^{고성}앞풀밭이있고풀밭위에나는내帽子^{모자}를벗어놓았다.
　　城^성위에서나는내記憶^{기억}에꽤무거운돌을매어달아서는내힘과距

離거리껏팔매질첬다. 抛物線포물선을逆行역행하는 歷史역사의슬픈울음소리. 문득城성밑내帽子모자곁에한사람의乞人걸인이장승과같이서있는것을내려다보았다. 乞人걸인은城성밑에서오히려내위에있다. 惑혹은綜合종합된歷史역사의亡靈망령인가. 空中공중을向향하여놓인내帽子모자의깊이는切迫절박한하늘을부른다. 별안간乞人걸인은飄飄표표한風采풍채를허리굽혀한개의돌을내帽子모자속에치뜨려넣는다. 나는벌써氣絶기절하였다. 心臟심장이頭蓋骨두개골속으로옮겨가는地圖지도가보인다. 싸늘한손이내이마에닿는다. 내이마에는싸늘한손자국이烙印낙인되어언제까지지워지지않았다.

— 「烏瞰圖오감도 ; 詩第十四號시제십사호」269) 269)《朝鮮中央日報조선중앙일보》, 1934. 8. 7. 전문

주체의 변증법이라는 문제를 이데올로기적 호명이라는 차원에서 이해할 때, 주체는 특정한 사회와 역사 속의 주체가 된다. 즉 이데올로기적 호명을 통해 주체는 사회적이고 이데올로기적인 환상 속 드라마의 주인공이 된다. 일반적으로 '역사'라는 기표는 파편화된 주체를 사회적이고 이데올로기적인 동일성을 지닌 주체로 구성하는 데에 더불어 호출되는 기표라는 점에서 '주인 기표'라고 할 만하다. 라캉의 욕망 그래프를 해석적으로 차용한다면, '역사'라는 기표는 끝없이 어긋나고 모순됨으로써 충만한 의미체가 될 수 없는 사회와 시대를, 주체로 하여금 살아 있는 충만한 의미체로 받아들이게 만드는 누빔점(point du capiton)에 위치해 있다. 여기에서 유동적이고 부유하는 파편적 의미체로서의 사회는 유기적인 것으로 전체화(totalization)되며, 주체는 '역사'라는 주인 기표에 의해 꿰매어짐으로써 자신을 그 시대의 주인공으로 여기며 살게 된다. 주체의 동일성은

이런 방식으로 획득된다. 거기에서 사회의 본질을 이루는 적대는 은폐된다. 다른 식으로 말해, 실재를 가린 스크린으로서 이데올로기적 환상을 가능하게 하는 주인 기표로서의 '역사'야말로, 하나의 주체를 자신의 사회·시대에 '정상적으로' 등록시키는 데에 필수적인 요소다.

그러나 이상의 이 시에서 "歷史"는 시적 주체로 하여금 스스로를 자신 시대의 주인공으로 여기며 살게 하는 것이 아니라 오히려 "氣絶기절"하게 만든다. "抛物線포물선을 逆行역행하는 歷史역사" 속에서 "나"는 오히려 그것의 "울음소리"를 듣는다. 이 시에서 "나"에게 "歷史역사"는 불쌍한 역사("울음소리")이고, 결핍된 역사이며("乞人걸인"), 무서운 역사("나는벌써氣絶기절하였다")일 뿐만 아니라, 집요하게 억압을 거두지 않는 역사로서 "나"를 구속하는 존재로서 인식된다.("내이마에는싸늘한손자국이烙印낙인되어언제까지지워지지않았다") "古城고성인" 밑에 "장승과같이서있는" "乞人걸인"이란, "抛物線포물선을 逆行역행하는 歷史역사"처럼 온전하지 못하며 이미 사라져야 할 존재의 잔존이라는 점에서 "歷史역사의 亡靈망령"일 뿐이다. 하지만 "乞人걸인은城성밑에서오히려내위에있"고, "飄飄표표한風釆풍채를허리굽혀한개의돌을내帽子모자속에치뜨려넣는다". 여기에서 "切迫절박한하늘을부"르는 "空中공중을向향하여놓인내帽子모자"의 비상(飛上)을 향한 염원은 "歷史역사"의 무게에 짓눌려 좌절되고 억압된다. 잔존하고 있는 "乞人걸인"으로서 "歷史역사"의 억압과 구속은 끈질기다. "印鑑인감이이미失效실효된지오랜" "墳塚분총에계신白骨백골까지가내게血淸혈청의原價償還원가상환을强請강청"하고, "나는오들오들떨면서"도 "이렇게싫은決算결산의函數함수를내몸에지닌내圖章도장처럼쉽사리끌러버릴수가참없"는 상황(「危篤위독 ; 門閥문벌」)은 여기에서도 고스란히 반복된다. 이런 식으로 "歷史역사"는 "나"의 동일성/정체성을 구성해 줄 수 있는 누빔점의 역할을 하지 못한다. 그리고 이상의 다른 텍스트에서처럼 비슷한 유형의 질문이 다시 제기된다. "惑혹은綜合종합된歷史역사의亡靈망령인가"라는 질문이 그것이다. 이 질문은 "歷史역사"라는 매개를 통해 사회적 대타자가 주체에게 충만한 의미체로서 구현되는 것이 아니라, 오히려 결여에 대한 인식으로 드러나는 질문이라는 점에서 이데올로기적 호명이 실패하는 지점에서 출현하는 이상 시 특유의 히스테리적 질문이라고 해석할 수 있다. 「悔恨회한의 章장」에서 이러한 히스테리적 질문은 다음과 같은 주체의 태도로 전면화된다.

가장 無力무력한 사내가 되기 위해 나는 얼금뱅이었다.
세상에 한 女性여성조차 나를 돌아보지는 않는다.
나의 懶怠나태는 安心안심하다.

양팔을 자르고 나의 職務직무를 회피한다.
더는 나에게 일을 하라는 자는 없다.
내가 무서워하는 지배는 어디서도 찾아 볼 수 없다.

歷史역사는 지겨운 짐이다.
세상에 대한 辭表사표 쓰기란 더욱 지겨운 짐이다.
나는 나의 글자들을 가둬버렸다.
圖書館도서관에서 온 召喚狀소환장을 이제 난 읽지 못한다.

나는 이젠 세상에 맞지 않는 옷[270]이다.
封墳봉분보다도 나의 의무는 많지 않다.

나에겐 그 무엇을 理解^{이해}해야 하는 苦痛^{고통}은 완전히 사라져 버렸다.

나는 아무것도 보지는 않는다.[271]

바로 그렇기에 나는 아무것에게도 또한 보이지 않을 게다.

비로소 나는 완전히 卑怯^{비겁}해지기에 성공한 셈이다.

―「悔恨^{회한}의 章^장」[272] 전문

270) 김주현과 권영민 편 전집에는 유정의 번역을 따라 "입성"이라고 번역하였다. 오규원과 이승훈 편의 전집에는 "옷"으로 번역하여 싣고 있다. 일어 원문은 "着物^{착물}"이다.
271) 이어령·오규원·이승훈 편의 전집은 "아무 때문도 보지는 않는다"로 번역하여 싣고 있다. 김주현과 권영민 편의 전집에는 유정의 번역을 따라 "아무것도 보지는 않는다"로 싣고 있다. 일어 원문은 "私ハ何物ヲモ見ハシナイ"이다.
272) 이 텍스트는 《현대문학》 1966년도 7월호에 실린 일문 텍스트(조연현 소장본)가, 《문학사상》 1976년도 6월호에 유정의 번역으로 실린 것이다. 이 텍스트는 이어령·오규원·이승훈·김주현 편의 전집에는 시로 분류되어 있으며, 권영민 편의 전집에는 수필로 분류되어 있다. 김주현과 권영민 편의 전집은 유정의 번역을 그대로 수록하였으며, 이어령과 오규원, 이승훈 편의 전집은 유정의 번역에 약간의 수정을 가하였다. 여기서는 《문학사상》에 발표된 유정의 번역문을 기본 텍스트로 삼고, 오규원과 이승훈의 수정 사항을 부분적으로 반영하였다.

이 텍스트는 세계에 대한 비동화의 표지로서의 시적 아이러니가 타자를 통합하지 못하는 변증법의 실패와 관련되며, 그것은 이데올로기적인 호명의 실패와도 밀접한 연관이 있다는 사실을 확인시킨다. 그것은 환상의 실패라고도 할 수 있으며, 주체의 실패라고도 할 수 있다. "가장 無力^{무력}한 사내"에서 "無力^{무력}"이 지시하는 바는, 능력의 무력이라기보다는 욕망 자체가 고장난 주체의 상황과 관련된다. "나의 倦怠^{권태}〔懶怠^{나태}?〕는 安心^{안심}하다"고 했으니, 여기에서 고장난 것은 시적 주체의 욕망

이다. "가장 無力^{무력}한 사내"의 뒤에 붙은 서술어 **"되기 위해"** 라는 표현 역시 이 무력함의 내용이 능력이 아니라 욕망이라는 사실을 암시한다. 즉 문제적 상황은 시적 주체의 무력함이 아니라, "無力^{무력}한 사내가 되기 위해" "나는 얼금뱅이"를 자처하는 상황이다. 이런 관점에서 두 번째 언술에서 "세상에 한 女性^{여성}조차 나를 돌아보지는 않는다"는 표현은 객관적 상황에 대한 자조적 표현일 수도 있지만, 실은 거꾸로 "나"가 "세상에 한 女性^{여성}"을 돌아보지 않는 것이라고 읽는 게 더 정확할 듯하다. 이상의 소설과 시에서 무수히 반복하여 등장하는 문학적 모티프로서의 "女性^{여성}"이 타자로서의 세계 전체에 대한 비유라는 사실을 상기한다면,273) 273) 이상의 텍스트에서 연애는 세상살이의 비유로 확대된듯. 완전한 연애가 불가능하듯, 자아와 세계가 일치하기란 불가능하다. 완전하지 못한 삶, 불완전한 생활은 그가 파악한 세상의 본질이다. 「날개」에 나타나는 여인과의 불안정한 생활—연애는 불완전한 세계에 대한 그의 상징적인 파악이다. 송하춘, 「이상과 박대원의 자의식」, 『탐구로서의 소설 독법』, 고려대학교 출판부, 1996, 143쪽. 여기에서 고장난 욕망의 주체로서 "나"가 마주하고 있는 대상은 대타자로서의 세계 그 자체라고 할 수 있을 것이다. "얼금뱅이"라는 언표는 대타자로서의 세계에 제대로 등록되지 못한 주체의 형상에 대한 적절한 시적 비유다. 대타자가 주체에게 상징적 이름과 동일성/정체성을 부여하는 등록소라는 사실을 상기하고, 주체에게 '얼굴'이 그의 이름을 확인하게 하는 신체의 표면이라는 사실을 감안한다면, "얼금뱅이"란 얼굴이 얽어진 존재로서 '상징적 이름'의 훼손 또는 일그러진 동일성/정체성의 상황을 잘 드러내기 때문이다.

그러나 다시 한 번 언술 내적인 무의식을 들여다 볼 때, 욕망은 아예 제거되어 있는 것이 아니라 다만 제대로 작동되지 못하는 상황이라는 사실을 확인할 필요가 있다. "나는 가장 無力^{무력}한 사내"라고 하지 않고, "가장 無力^{무력}한 사내가 되기 위해"라고 표현한 것은, 나 자체가 "無力^{무력}"하다기보다는 "無力^{무력}" 자체를 내가 의식적으로 의지하고 있다는 뜻이기 때문이다. 무의식의 논리에서 볼 때 강한 부정은 강한 긍정을 뜻한다. "無力^{무력}"을 통해 "얼금뱅이"를 의지한다는 것은, 실은 "無力^{무력}"하고 싶지 않고 "얼금뱅이"가 되기를 원치 않는다는 뜻이다. '이미' "가장 무력한 사내"라면 굳이 "無力^{무력}한 사내가 되기 위해" 애쓸 필요가 없다. 이렇게 보면 첫 연의 두 번째 행의 언술 역시 오히려 "세상에 한 女性^{여성}"을 향한 "나"의 욕망을 반증하는 것이라고 뒤집어 해석할 수 있다. 역시 그런 관점에서 "나의 懶怠^{나태}는 安心^{안심}하다"고 했으나, "나의 懶怠^{나태}는 '不安^{불안}'하다고 읽는 것이 무의식의 논리에는 더 잘 맞는다. 이러한 해석은 이 시를 고장난 욕망의 드라마로 읽는 처음의 해석과 배치되지 않는다. 지금까지 이 책이 일관되게 해석해 온 것처럼, 아이러니를 담보하고 있는 시적 주체란 대상에 대한 욕망 자체가 거세되어 있는 존재가 아니라, 다만 대상에 전적으로 동화하지 못하는 고장난 주체의 유형이기 때문이다. 대타자의 호명에 회의적 질문으로 응수하는 히스테리적 주체도 마찬가지다. 그것은 욕망 자체가 거세된 주체라기보다는 대타자의 결여를 감지함으로써 누구도 답할 수 없는 혼란스러운 물음을 제기하고 있는 주체 유형인 것이다. 여기에서 호명을 통해 대타자와의 동일성을 확보하지 못한 주체는 명확한 자기 인식을 획득하지 못한 채 존재의 결여라는 세계의 실재를 맞닥뜨리며 당황하고 고뇌한다.

2연에 나타나는 시적 주체의 양상은 더욱 공격적이다. 이 책

의 앞 장에서 환상이 아닌 것으로서의 환각의 의미에 대한 탐구를 해 가면서, 이상 시의 신체 절단의 이미지들을 분석했던 것을 참조하는 것이 도움이 될 듯하다.274) 274) 이 책의 〈다섯. | 절단된 신체 ; 환상의 실패로서의 환각〉 논의 참조. 환상이 대타자의 결여를 가리는 상상의 드라마로서, 환상의 대상이자 원인이 되는 대체물을 통해 타자에 대한 주체의 동일시를 작동시키고 주체를 욕망하는 주체로 구성하는 메커니즘인 것과는 달리, 환각은 '실새'가 이미지의 차원에서 회귀한 깃이다. 많은 경우 환긱은 조각난 신체 절단의 이미지로 회귀하곤 한다. 이 책은 앞서 이상 시의 절단된 신체 이미지가 환각적 성격을 띠고 있다는 사실을 논증하면서, 거기에서 타자와의 종합(동일시)을 통해 가능한 주체의 변증법이 대부분 실패하고 있음을 논증한 바 있다. 이데올로기적인 차원에서 보면 이러한 신체 절단의 이미지나 충동은 주체를 향한 사회적 대타자의 요구(호명)에 대해 주체의 히스테리적 질문이 극단화된 양상으로 변질된 것이라고 해석해 볼 수 있다.

2연은 이런 상황을 잘 보여 준다. 결코 동일시될 수 없는 사회적 대타자에 대해 시적 주체는 "양팔을 자르"는 극단적인 행위로 맞선다. "나"에게 이 행위는 "職務^{직무}를 회피"하는 행위를 뜻한다. "더는 나에게 일을 하라는 자는 없다"는 언술을 통해 대타자를 향한 시적 주체의 히스테리적 질문은 이제 명백히 적대적인 관계 설정으로까지 나아간다.275) 275) 신형철의 해석에 따르면 이 시에 나타나는 시적 주체의 신체 절단은 '사회적 재생산'에 대한 거부를 의미하며, 이는 이상에게서 '가족적 재생산'에 대한 거부로 이어진다. 이상의 '兒孩^{아해}'는 가족적 재생산을 담당하는 어른이 되기를 거부하는 주체로서, 노동하지 않고 섹스하지 않는 무기체적 주체 모델로 제시된다. 신형철, 「이상 시에 나타난 시선의 정치학과 거울의 주체론」, 『이상 문학 연구의 새로운 지평』, 292-293쪽.

그것은 히스테리적 주체의 존재 양태가 이데올로기적 호명의 실패인 동시에 호명에 대한 저항이라는 점을 잘 보여 준다.276)

276) S. Žižek, 『우연성, 헤게모니, 보편성』, 169쪽. "내가 무서워하는 지배는 어디서도 찾아 볼 수 없다"라는 언술은 이런 점에서 그 논리가 다소 망상적이기까지 하다. 대타자를 공포의 대상으로 인식하고 그의 지배를 벗어나기 어렵다는 지금까지의 수세적 상황 인식과는 달리, 이 적대적 언술은 대타자 속에서 시적 주체가 벗어날 수 있으며 이미 벗어나 있다는 상상의 논리에 기초하고 있기 때문이다. 환상이 실재를 가리는 스크린이라는 점에서 오인적이라고 한다면, 이러한 언술 논리는 주체의 유일한 현실일 수밖에 없는 사회적 대타자를 망각하고 있다는 점에서 '망상적'이다.

3연은 이러한 시적 주체의 상황이 정확히 사회적이고 이데올로기적인 호명의 실패의 지점에서 발생하고 있다는 사실을 보여 주고 있다. 여기에서 하나의 사회체에 주체를 등록하는 데에 필요한 주인 기표로서의 "歷史^{역사}"는, 시적 주체로 하여금 동일시의 착각을 불러일으키는 환상의 대상이 아니라 오히려 "지겨운 짐"으로 인식된다. 그리고 대타자로서의 "세상"은 "더욱 무거운 짐"으로 인식된다. 주목할 점은 이 연에서 대타자로서의 세상을 시적 주체가 "글자"의 비유와 연관짓고 있다는 사실이다. 이상의 시적 주체에게 대타자로서의 세상은 글자들의 집합소이자 등록소인 "圖書館^{도서관}"으로 표현된다.277) 277) 임명섭은 이상 문학에 나타난 책과 독서의 은유를 푸코의 논의를 참고하여, '도서관 현상'이라고 해석하면서, 이를 근대 특유의 무의식이 드러나는 징후적 비유로 읽는다. 도서관이란 이성적 사유의 힘으로 세계의 비밀을 탐사할 수 있다고 보았던 근대의 환상을 드러내는 공간이기 때문이다. 이러한 해석은 일리 있는 해석이다. 그러나 이 책은 이 부분에 나타나는 '도서관'이 특정 시대의 환상일 뿐만 아니라, 이상에게서 대타자로서의 세계가 문자화된 세계, 즉 문자와 규칙으로 구축된 세계('상징계')로 파악되고 있는 증거일 수 있다고 본다. 기호와 규칙은 꼭 근대화된 세계의 환상이라고 말할 수는 없다. 임명섭, 「이상 문학에 나타난 책과 독서의 은유」, 『이상 문학 전집 5』, 김윤식 편, 145-146쪽.

그러므로 문자와 기호로 이루어진 세상 속에서 "나의글자들을가둬버"리는 것이나 "圖書館^{도서관}에서 온 召喚狀^{소환장}을 이제 난 읽지 못한다"는 것은 세상과의 접촉면 자체를 전면적으로 거부하는 것이다. "아무것도 보지는 않는" 것이나 "바로 그렇기에 나는 아무것에게도 또한 보이진 않"는다는 언술 내적 상황도 마찬가지다.

특히 사회적 대타자에 대한 시적 주체의 거부가 이렇게 시각적 단절 상황으로 언술된다는 사실은 의미심장한 일이다. 〈여섯. | 환상을 가로지르기〉의 「꽃나무」나 「危篤^{위독} ; 絶壁^{절벽}」의 분석에서도 보았던 것처럼, 욕망을 구동시키는 환상의 드라마는 시각적 욕망과 밀접한 관련을 갖기 때문이다. 즉 이러한 시각적 단절 상황은 환상의 실패와 긴밀히 연관된다. 그것은 이 드라마가 고장난 욕망의 드라마라는 사실을 의미한다. "나에겐 그 무엇을 理解^{이해}해야 하는 苦痛^{고통}은 깡끄리 없어졌다"는 사실은 환상의 실패가 욕망의 실패와 관련된다는 사실을 직접적으로 보여 주는 언술이다. "나"는 이 상황을 "완전히 卑怯^{비겁}해지기에 성공한 셈"이라고 말하고 있지만, 대타자와 대타자가 호출한 "歷史^{역사}"라는 기표를 "지겨운 짐"으로 여기는 이 "卑怯^{비겁}"의 의미는 이 논문의 관점에서는 이데올로기적 호명의 명백한 실패를 보여 주는 히스테리적 언표로 해석될 수 있다. "나는 이젠 세상에 맞지 않는 옷"이라는 표현은 그런 점에서 호명의 실패와 관련하여 히스테리적 질문의 전형적인 형식을 단적으로 확인시켜 주는 주체의 증언이다. 이 언술은 '왜 나는 대타자

가 가정하는 그인가?' '왜 나는 타자가 나라고 말하는 바가 되는 것일까?'라는 히스테리적 반문의 유형에 속하는 언술이다. 이 언술에 내재된 무의식에서 명백히 드러나는 것은 대타자의 호명에 응할 수 없다는 주체의 무력감이기 때문이다. 대타자의 호명에 응답할 능력이 없다고 고백하는 주체의 이러한 히스테리적 태도는, 호명의 실패인 동시에 호명에 대한 저항을 의미하는 것이기도 하다.

이 고백의 지점은 이상 시의 아이러니가 내포하고 있는 '주체의 실패'라는 문제를 '시적(미적)인 주체'라고 하는 특이한 주체 유형이 지닐 수 있는 '정치성'의 문제와 관련하여 새로운 사색의 가능성을 제공하는 것으로 보인다. 대상에 대한 비동화의 미적 표지인 아이러니를 이데올로기적 차원에서 해석하면, 아이러니를 담지한 시적 주체란 결국 사회적 대타자의 호명에 실패한 주체이다. 그러나 호명의 실패는 호명에 대한 저항을 뜻하는 것이기도 하며, 히스테리적 주체란 그런 의미에서 사회의 헤게모니적 기제에 대한 저항을 무의식적으로 수행하는 주체이기도 하다. 여기에서 호명의 실패가 히스테리적 '물음'의 형식으로 출현한다는 사실은 이중의 의미에서 새삼 되새겨질 필요가 있다. 우선 이는 주체가 사회적 대타자의 요구에 답할 만한 적절한 답을 지니고 있지 않다는 뜻이지만, 동시에 그것은 그가 마주하고 있는 사회적 대타자 역시 답을 가지고 있지 않다는 뜻이기도 하다. 여기에서 호명의 실패는 주체의 실패인 동시에 사회 자체의 실패를 현시한다. 즉, 히스테리적 질문으로서의 시적 아이러니란 주체의 실패를 드러내는 미적 증상인 동시에, 이러한 해소될 수 없는 사회적 적대를 그대로 드러내는 정치적 증후가 된다(사회란 없다!). 이러한 의미에서의 시적 아이러니란 라캉 식으로 말해, 비전체(전체는 없다, pas-tout)의 미적 증후이기도 한 셈이다. 따라서 욕망의 실패를 강박적으로 반복하는 이상 시의 아이러니를 이데올로기적인 차원에서 해석할 때, 우리는 그것을 사회적 대타자의 호명에 답할 수 없는 주체의 무기력을 보여 주는 동시에, 사회적 대타자의 공백과 그에 내재된 적대가 무력한 주체의 무의식에 의해 현시되는 고유한 시적 언술 형식이라고 해석할 수도 있지 않을까. 사회적 대타자의 결여를 가리는 환상의 스크린은 여기에서 작동되지 못한다. 이상의 시적 주체가 강박적으로 반복하는 타자와의 변증법의 실패가 끝내는 '역사'라는 주인 기표와의 동일시에도 실패한다는 사실은, 그 시적 무의식의 일관성을 보여 준다는 점에서 매우 주목할 만한 텍스트적 현상이다.[278]

[278] 르페브르의 관점에 따르면 아이러니의 문제를 이데올로기적 차원에서 접근할 때, 아이러니는 직접적으로 '역사'와 관련되어 있다. 아이러니는 역사라는 기표 자체를 반대하는 것이 아니라 오히려 역사에 토대를 두면서 역사에 반대하는 것이다. 아이러니가 제기하는 회의적 질문은 역사에 앞서서 역사의 행동을 무력하게 만들면서 역사를 탐색한다. 동일시의 대상이 될 수 없는 기표로서의 역사란 의식과 인식, 의지가 부재한 역사이다. 여기에서 역사는 행보를 늦추어 갈 수밖에 없다. 이데올로기적 차원에서 역사에 관한 아이러니의 질문은 히스테리적 질문의 형식과 유사하다. "우리는 어디를 향해 가고 있는가?"라는 질문이 그것이다. 이 질문은 역사라는 기표를 통해 주체가 역사적 드라마의 주인공으로 호명되는 일에 대한 저항을 뜻한다. 이것은 역사에 대한 도전이다. 그러나 이러한 아이러니적 태도-히스테리적 질문을 통해 우리는 역사의 존재 자체를 부정하지는 않으면서, 역사를 피고인석에 앉혀 그것의 실재를 탐문할 수 있게 된다. 모더니티의 문제와 관련할 때, 이러한 질문은 역사의 총체성(totality)이라는 이데올로기를 차단하는 역할을 수행한다. H. Lefebvre, 『모더니티 입문』, 57-71쪽.

일곱.

이데올로기적 호명의 실패와 히스테리적 질문으로서의 시적 아이러니

5. 나오며

알랭 바디우의 관점을 참조하면 이상의 시 전체에 걸쳐 반복되는 시적 아이러니는 히스테리적 주체의 존재 형식을 통해 우연한 '진리'와 조우한다.[279] 279) S. Žižek, 『그들은 자기가 하는 일을 알지 못하나이다』, 112쪽. 이것이 '진리'와의 조우인 까닭은 환상의 스크린이 가리고 있었던 '실재'를 마주하는 시적 주체의 무의식적인 경험을 반영한 언술 형식이기 때문이다. 사회적이고 이데올로기적인 차원에서 이 '진리'의 문제를 해석해 본다면, 이는 유기적이고 충만한 의미체로 사회의 비전을 제시하고, 주체를 사회의 유기적 전체의 일부로서 통합하려는 호명의 메커니즘이 파열되는 순간과 관련된다. 아이러니를 담지한 시적 주체의 유형, 즉 히스테리적 주체의 유형이란 사회적 대타자의 욕망을 이해할 수 없다는 회의적 태도, 질문형의 언술 형식을 통해 하나의 사회란 불가능하다는 사실을 시적으로 환기한다. 이상의 시에서 이는 '아버지'와 '역사'에 대한 시적 주체의 불신과 혐오, 공포, 거리감 등을 통해 일관되고 강박적으로 표출된다. 아이러니를 담지한 시적 주체의 존재 유형을 이런 관점으로 해석할 때, 한국 문학사에서 정치적 문제에 대해 가장 무심했다고 여겨졌던 이상의 시적 주체는 지금까지와는 전혀 다른 시각에서 문학의 정치성을 사색하게 하는 중요한 실마리를 열어 놓는다. 아이러니적 태도를 담지한 이상의 시적 주체 또는 시적

언술의 유형은 이른바 '리얼리즘'의 주인공이나 주체 유형과는 달리, 답을 가지지 못한 주체, 질문만을 제기하는 회의적 주체 유형을 통해 기이한 정치성을 유발하는 것으로 보인다. 사회적 대타자의 이데올로기적 호명을 거부함으로써 그에게 남는 질문은 통상적 주체들에게 생생한 경험으로서 인지되고 그들을 살게 만드는 현재의 사회적·역사적 '현실(real)'이란 무엇인가 하는 근본적 질문이다.

라캉의 담론 공식에서 '히스테리적 담론'의 유형에 속하는 이상의 시적 주체의 언술 유형은 그 담론 공식의 관점을 빌면, 한 사회의 지배적(헤게모니적) 지식·대상·질서에 대해 끝없이 의문을 제기하는 언술 유형이다. 흥미로운 사실은 이 담론 형식에서 사회 역시 질문을 제기하는 회의적 주체를 설득하기 위해 답을 주려고 하지만, 이 회의적 주체(분열된 주체)의 물음 앞에 이 답은 무력하다는 사실이다. 오히려 사회에 의해 제시된 답은 주체에게 환멸을 낳으며, 주체의 질문과 회의는 계속된다. 주체는 어떤 비합리적이고 왜상적인 효과를 일으키는 원인을 다시 발견하거나 사회적 대타자의 존재론적 결여를 직감하고는 끊임없는 회의의 나락에 떨어진다. 히스테리적 담론에서 분열된 주체의 질문은 어떤 역설적인 것, 합리적 질서의 잔여, 모종의 불가능성에 기인하는 불가지론적인 것에 기인한다.[280]

[280] J. Lacan, 「To Jakobson」, 『The Seminar XX』, pp16-17 ; 김상환, 「라캉과 데리다」, 『라캉의 재탄생』, 545-546쪽 ; 이 책 〈셋. | 시적 아이러니와 정신 분석적 주체·담론의 해석학 | 3. 히스테리적 주체의 담론과 시적 아이러니〉의 논의 참고.

이데올로기적 차원에서 이 담론의 형식은 결국 한 사회 내에서 유통되고 있는 헤게모니적 질서와 대상의 실재성에 대한 근본적 질문이 될 수밖에 없다. 이상 시의 아이러니적 언술 유형, 그리고 아이러니적 태도를 담지한 그 시적 주체 유형이 지닌 특이한 정치성은, 그러므로 현실을 알고 있는 주체가 아니라 현실 자체가 무엇인지를 '모르는 주체(unknowing subject)'의 유형에서 비롯된다고 할 수 있다. 시를 시답게 하는 어떤 특이한 자질을 '시적인 것(the poetic)'이라고 말하고, 이 '시적인 것'을 구성하는 중요한 요소가 언어에 들러붙어 있는 이데올로기를 비틀어 새로운 의식 형태를 개방하는 것과 관련된다고 할 때, 통상적 주체들의 실천에 전제되는 '기지의 현실' 자체를 의문에 붙임으로써 헤게모니적 지식·대상·질서의 이데올로기적 환상을 중단시키는 이 '모르는 주체'의 유형을 '시적인 것'을 산출하는 미적 형식 고유의 한 주체 유형으로 이해할 수는 없을까. 이 자리에서 이른바 '시적 주체'는 텍스트 내부의 단순한 언술 주체(화자)가 아니라 시적 형식 고유의 언술 자질을 생산하는 주체라는 의미에서의 '시적(인) 주체'가 되는 것은 아닐까. 미적 전위에 선 주체가 정치적 차원에서도 전위에 서게 되는 교차점은 바로 이 지점이 아닐까. 이 자리에서 '시적인 것(the poetic)'과 '정치적인 것(the poltical)'은 언어-이데올로기를 매개로 새로운 주체 형식을 산출하면서 동시에 만난다.[281]

[281] 여기에서 쓰인 '정치적인 것(the politic)'이라는 표현은 칼 슈미트와 클로드 르포르에게서 무페가 전유한 개념을 염두에 둔 것이다. 슈미트를 받아들이는 무페에 따르면 '정치적인 것'은 제도적인 영역으로서의 '정치(politics)'와는 다른 것으로서 초역사적인 성격을 띤다. '정치적인 것'은 모든 인간 사회에 내재하며 제거 불가능한 것으로서, 항상 갈등과 적대를 수반하기 때문에 길들여질 수 없다. Ch. Mouffe, 『정치적인 것의 귀환』, 이보경 역, 후마니타스, 2007, 역자 주 참고 ; 한편 클로드 르포르에 따르면 '정치적인 것'은 인간들이 세계 및 자신들 사이에서 맺고 있는 관계를 산출함으로써 사회를 성립 가능하게 하는 산출적 원리이다. 르포르의 개념을 차용하는 발리바르(É. Balibar)는 르포르의 '정치적인 것'을 '정치의 타율성' 개념으로 전유하면서, '정치적인 것'을 모든 정치가 자기 자신으로 환원될 수 없는 근원적 타자에 의해 규정되어 있는 것이라는 식으로 사유한다. 이 관점에 따르면 '정치적인 것'은 사회의 동일성은 불가능하다는 함의를 지닌다. É. Balibar, 『스피노자와 정치』, 진태원 역, 이제이북스, 2005, 역자 주(용어 해설) 참고.

이제 다음 마지막 장을 통해 이 책은 이 '시적 주체'가 발생시키는 고유한 정치성을 당대의 구체적 맥락에서 탐색해 보고자 한다. 이는 히스테리적 질문의 시적 언술 형식인 이상 시의 아이러니가 식민지 모더니티라고 하는 당대성의 관점에서 어떻게 구현되고 있으며, 어떤 정치적 효과(effect)를 발생시키고 있는지에 대한 검토와 관련된다.

313쪽. 이상이 디자인한 《조선과 건축》 표지. (1930년 표지 도안 3등)
314쪽. 이상이 디자인한 《조선과 건축》 표지. (1930년 표지 도안 1등)

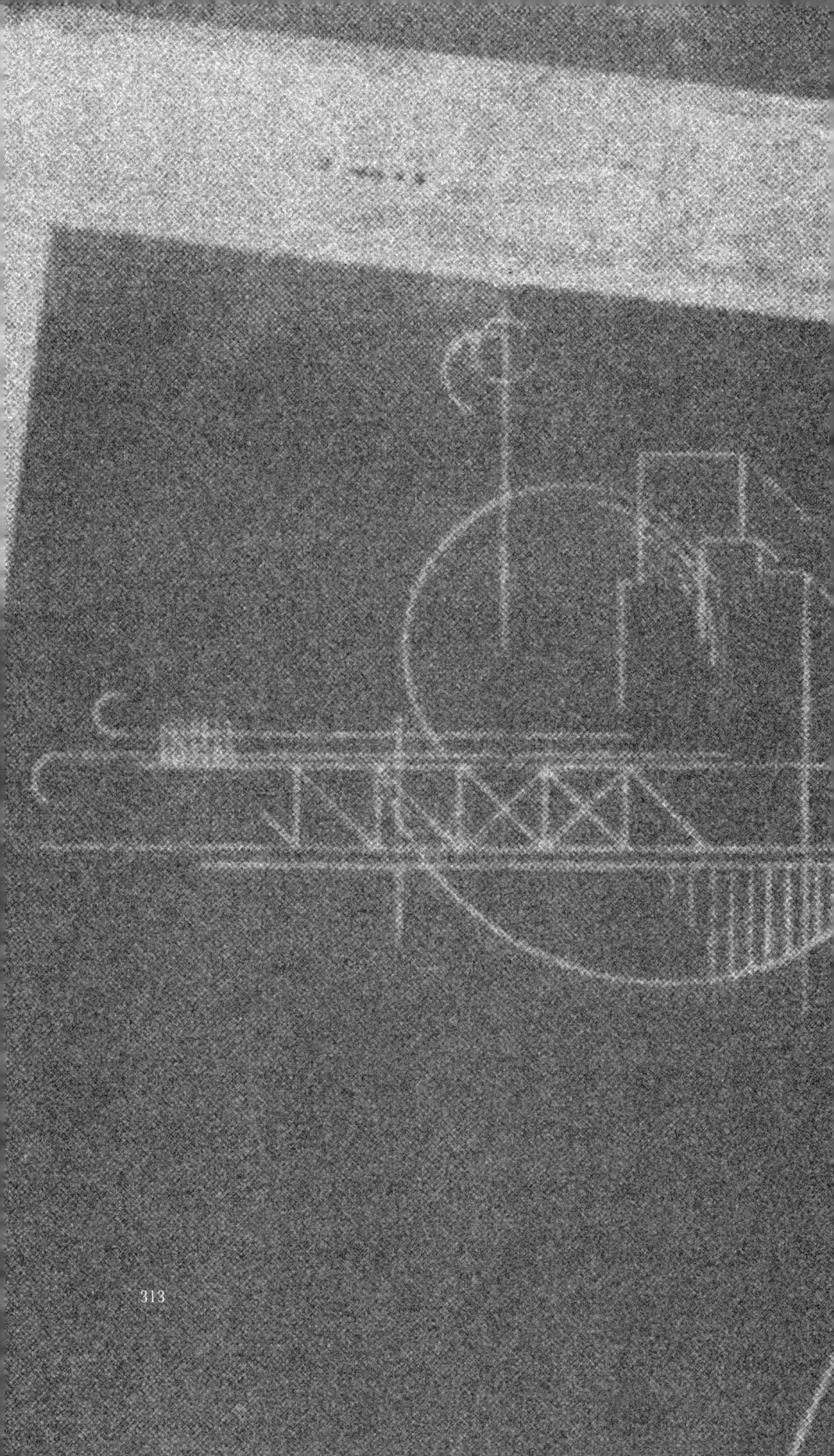

314

여덟.

이상, 식민지 모더니티의 시적 증상

1. 들어가며
2. 히스테리적 담론으로서 미적 모더니티와 이상 시의 아이러니
3. 이상한 시계와 일치하지 않는 시간
    1) 모조 시계와 살해하는 시계
    2) 태양의 시간 운동과 '나'의 하강 운동 ; 비전체로서의 모더니티
4. 백화점이라는 이름의 도시
    1) 식민지 경성의 스펙터클과 이데올로기적 환상으로서의 백화점
    2) 하쿠라이(舶來) ; '모조'라는 텅 빈 기표들
    3) 무한 사각형의 모더니티와 증후로서의 시적 아이러니
    4) 군중 속의 시적 화자와 미적 증후의 윤리학
5. 나오며

여덟.

이상, 식민지 모더니티의 시적 증상

1. 들어가며

이상의 시에서 일관되게 나타나는 미적 증상으로서의 시적 아이러니를 이데올로기적 호명의 실패라는 관점과 연관지을 때, 호명이 실패하는 지점에서 돌출하는 주체의 히스테리적 질문은 대타자로서의 사회 체계와의 불화를 암시한다. 거기에서 시적 주체는 '나'에게 동일성/정체성을 부여하기 위해 한 사회가 호명한 주인 기표인 '역사'와의 동일시에도 실패한다. 타자에 대한 동일시에 실패하는 이상 시의 고장난 욕망의 드라마는 사회적·이데올로기적 차원의 환상에 있어서도 역시 실패하고 마는 것이다. 이 문제를 라캉의 담론 체계(히스테리적 담론) 속에서 이해하면, 사회적 대타자가 호출하는 주인 기표(S1, 헤게모니적 지식과 환상의 대상)에 대해 분열된 주체($)가 회의적 질문을 계속 제기함으로써 주인 기표를 위태롭게 만드는 상황과 관련된다. 사회적 대타자가 제시한 답으로서 환상의 대상이 되고 있는 헤게모니적 기표와 지식들에 대해 분열된 주체는 모종의 결여를 직감하며 그것과의 동일시에 실패한다.[282] [282] 자세한 논의는 이 책의 〈셋. | 시적 아이러니와 정신 분석적 주체/담론의 해석학 | 3. 히스테리적 주체의 담론과 시적 아이러니〉 참조.

이 동일시의 실패와 회의적 질문의 제기는 분열된 주체가 사회적 대타자의 호명에 응답하는 데에 실패하는 것을 의미하지만, 이 실패의 순간은 이데올로기적인 환상이 가리고 있는 사회의 결여, 사회적 적대를 현시함으로써 사회의 실재에 근접하는 의도하지 않은 정치적 효과를 유발한다. 기지(既知)의 현실에 대한 재현(representation)을 통해 문학의 정치성을 구현하려는 '리얼리즘'의 언술 전략과는 전혀 다른 차원에서, 이러한 히스테리적 주체의 언술 형식은 기지의 현실 자체가 무엇인지를 다시 질문하는 '모르는 주체(unknowing subject)'의 존재 형식을 통해 문학의 정치성을 새로운 방식으로 질문하는 것으로 보인다. 지금까지 견지해 온 이 책의 관점에서는 아마도 이 히스테리적 주체의 존재 자체를 실은 정치적인 사건이라고 해야 할지도 모른다. 여기에서 사회적이고 이데올로기적인 환상은 실패하며, 어떠한 헤게모니적 기제도 한 사회에 내재한 균열과 적대를 완전하게 봉합할 수는 없다는 사실이 드러나기 때문이다. 이런 점에서 강박적인 히스테리적 질문으로 일관하는 시적 주체의 아이러니적 언술 양상은, 결코 완전히 봉합될 수 없는 사회적 왜상과 적대를 시적인 형식으로 현시하는 정치적 증후라고 해석될 수도 있을 것이다. 앞 장에서 '아버지', '역사'라는 기표를 통해 이 문제를 생각해 보았다면, 마지막 장인 이 장에서는 모더니티/미적 모더니티의 한 증상이라는 차원에서 이 문제를 살펴보려고 한다. 이러한 해석에 따르면 이상의 강박적인 시적 아이러니는 모더니티의 한 증상인 미적 모더니티의 한 형식으로서, 전체화(totalization)되지 않는 모더니티 담론(기표)의 균열을 드러내는 탁월한 미적 증상이 된다. 더불어 1930년대의 모더니티가 급격하게 확산되는 자본주의 세계 체제의 일부로서 혹은 식민지 사회라는 특수한 체제 내부의 헤게모니적 기제의 일종으로 이해될 수 있다고 할 때, 이러한 현상은 식민지 사회 내부의 적대가 드러나는 한 정치적 증후로서도 해석될 만한 여지를 지닌다.

여덟.

이상, 식민지 모더니티의 시적 증상

2. 히스테리적 담론으로서의 미적 모더니티와 이상 시의 아이러니

앙리 르페브르에 따르면 총체성, 역사, 진리와 보편성에 대한 욕망과 낙관적 신념 등으로 요약되는 모더니티는 아이러니의 부정태로 정의된다. 세계에 대한 아이러니적 인식이 부재하다는 사실 자체가 모더니티의 본질을 규정한다는 것이다. 마셜 버먼에게서 아이러니는 모순과 균열을 본질로 하는 모더니티의 파열이 노출되는 증상으로 해석된다. 버먼에 따르면 아이러니에는 역사의 진보, 진리와 총체성, 보편성과 자유, 이성과 그 산물로서의 과학·기술, 자본주의 혁명과 같은 모더니티의 지배적 기표들에 대한 동경과 거리 감각이 모순적으로 혼재해 있다. 야우스와 벨러는 아이러니의 문제를 유럽 문예사에서 출현한 미적 모더니티의 핵심 기제로 이해하면서, 아이러니에 대한 이해가 현대적 의식의 전개 과정을 이해하는 데에 필수적이라고 본다. 이들의 경우에 아이러니는 모더니티의 지배적 프로그램에 대해 반성적 기능을 수행하는 미적 모더니티의 중요한 기제로 이해되며, 여기에서 미적 모더니티는 모더니티의 가능성을 수정·보충하는 역할을 함으로써 모더니티 내부의 또 다른 모더니티가 된다. 미적 모더니티의 출발점이라고 할 만한 독일 낭만주의의 대표적 이론가인 슐레겔의 시적 아이러니를, 키에르케고르가 진리를 소유하지는 못하되 허위를 배제하는 부정적인(negative) 물음의 방식으로 운동하는 성찰적인 미적 형식

으로 이해하고, 이를 모더니티의 지도적 이론가인 헤겔의 지적 운동과 유사한 것으로 이해한 것은 이런 점에서 시사적이다. 전혀 다른 방향에서 제기된 해석이지만, 이 지점에서 주목되는 것이 벤야민의 보들레르론이다. 벤야민은 보들레르의 시들을 알레고리적 관점으로 해석하는데, 여기에서 그는 한 사물의 특징을 다른 사물에 빗대 표현하는 알레고리의 일반적 특징을 다른 관점으로 전유한다. 벤야민은 알레고리의 본질을 모더니티의 환상을 철저히 탈신화화하면서도 태초의 기억을 상기시키는 기억술의 의미로 해석한다. 모더니티의 기표들을 주시하는 보들레르의 텍스트에 대한 벤야민의 알레고리론에는 역사에 대한 폐허 의식과 메시아주의가 교차하고 있다. 모더니티의(라는) 지배적 기표에 대해 탈이데올로기화를 수행하는 동시에 시적 무의식에 내재한 태초의 시간에 대한 원초적 동경을 읽어내고 있다는 점에서, 보들레르에 대한 벤야민의 알레고리적 해석은 사실상 유물론적 관점이 투사된 아이러니론이라고 할 만하다.[283] 283) 자세한 논의는 이 책의 〈둘. | 모더니티, 미적 모더니티, 아이러니〉 참조.

모더니티와 아이러니를 담지한 미적 모더니티 간의 관계는 '주인의 담론(master's discourse)'과 이에 대항하는 '히스테리의 담론(hysteric's discourse)'의 관계로 변형하여 생각해 볼 수 있다. 라캉의 담론 공식에 따르면, 주인의 담론은 그가 제시한 네 가지 담론 유형에서 가장 기본 유형을 차지한다.[284]

284)

J. Lacan, 「To Jakobson」, 『The Seminar XX』, pp16-17 ; 이 담론을 구성하는 요소는 주인 기표(S1), 지식(S2), 분열된 주체($), 잉여 향유 또는 욕망의 대상이라는 네 가지 요소이다. 각 요소들이 행위자/타자(대상)/생산물/진리의 자리에 분배되고 이것이 시계 방향으로 돌아가면서 담론의 유형들이 결정된다. 담론 공식에 대한 자세한 설명은 이 책의 〈셋. | 시적 아이러니와 정신 분석적 주체/담론의 해석학 | 3. 히스테리적 주체의 담론과 시적 아이러니〉 참조.

행위자의 자리에 주인 기표(S1, 팔루스·아버지·지배자·카리스마·권위)가 있고, 대상(타자)의 자리에 지식·기표(S2)가 있다. 이는 하나의 중심에서부터 새로운 질서와 지식이 성립하는 운동으로 읽을 수 있다. 그러나 그 배후에 있는 진리의 자리에는 분열된 주체($)가 있다. 한편 지식이 생산하는 것은 욕망의 대상이자 원인인 대상a로서 이는 주인 기표에 종속된 질서와 기표가 실은 환상을 추동시키는 S2이며, 이를 통해 주인 기표는 분열된 주체가 된다는 것을 뜻한다. 이는 라캉의 완성된 욕망 그래프의 하단과 구조적으로 유사하다.[285]

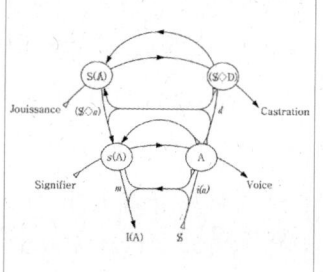

285) J. Lacan, 「The Subversion of the Subject and the Dialectic of Desire」, 『Écrits』, p692 ; 그래프에 대한 자세한 설명은 이 책 〈셋. | 시적 아이러니와 정신 분석적 주체·담론의 해석학 | 2. 정신 분석적 주체와 이데올로기적 주체〉 참조.

이에 반해 히스테리 담론에서는 행위자의 자리에 분열된 주체가 있고, 이 분열된 주체가 기존의 지배적 지식이나 기표·헤게모니적 질서를 대상으로 삼아 그것의 근거를 되묻고 회의한다. 분열된 주체의 질문과 회의에 직면하여 지배적 지식·기표·질서는 답(지식·설명·진단)을 생산한다. 그러나 이 답은 분열된 주체의 배후에 있는 욕망과 환상 앞에서 무력하다. 지배적 지식·기술·언어 자체는 무의미해지거나 환멸을 낳는다. 따라서 질문과 회의는 오히려 계속된다. 주체는 주인 기표에서 어떤 비합리적이고 왜상적인 효과를 일으키는 원인을 다시 발견하거나 세계의 존재론적 결여를 직감하고는 끊임없는 회의의 나락에 떨어진다. 그러나 이러한 환멸과 회의는 주인 기표 혹은 환상의 근거를 이루는 팔루스(phallus)에 대한 주체의 열망이 그만큼 크다는 것을 말하는 것이기도 하다.[286] 286) 김상환, 「라캉과 데리다」, 『라캉의 재탄생』, 545-546쪽.

주인의 담론은 주인 기표(질서)에서 출발하고 '대학의 담론(University Discourse)'과 더불어 주인 기표의 권위를 무한히 확장한다는 의미에서 '앞으로 향하는 담론'이다. 반면 히스테리 담론은 주인 기표의 권위에 대해 질문하고 분석자 담론은 이 기표를 사유하도록 유도한다는 의미에서 '거꾸로 가는 담론'이다. 라캉은 독단적 형이상학을 주인 담론의 사례로, 모순과 불일치를 중시하는 개방적 형태의 이론적 담론을 히스테리 담론의 사례로 들고 있다. 한편 라캉에게서 대학의 담론이 변칙적이고 기준 일탈적 현상을 기존 패러다임의 기본 규칙(주인 담론)으로 환원하려는 경향을 보여 준다면, 히스테리 담론은 그 정반대편에 서 있다. 히스테리 담론은 그 비정상적인 현상을 근거로 체계의 기본 규칙에 물음을 던진다. 회의론적 절차 안에서 다시 태어나는 것이 히스테리 담론이다.[287] 287) 김상환, 「라캉과 데리다」, 『라캉의 재탄생』, 548쪽. 이러한 담론 공식을 참조한다면 진리, 총체성, 보편성, 역사의 진보, 이성과 합리성의 기치, 과학·기술, 자본주의적 교환 가치와 소유 개념 등의 기표들을 헤게모니화하려는 모더니티 일반의 욕망이란 주인의 담론과 이 담론의 확산을 도모하는 대학의 담론에 해당하며, 모더니티의 헤게모니적 기표(주인 기표)들 대해 의심의 시선을 거두지 않으면서 아이러니적 태도를 견지하고 있는 미적 모더니티는 '거꾸로 가는 담론'으로서 히스테리적 담론에 상응한다고 해석할 수 있다.

주목할 점은 히스테리적 담론으로서 시적 아이러니를 담지한 미적 모더니티가 회의적 질문을 통해 세계의 실재성을 탐문하며 '거꾸로 가는 담론' 형식을 유지할 수 있는 까닭은, 이 담론의 주체가 초월적 관점을 지닌 전지적인 주체도 아닌 동시에 욕망 자체가 거세된 주체도 아니기 때문이다. 이는 답을 알지 못하는 (욕망의) 주체, 유한성의 주체만이 탐문의 존재 형식을 지속할 수 있다는 뜻으로서, 라캉의 네 담론에 영향을 받은 알랭 바디우의 담론 분석 틀에 따르면 히스테리 담론 속에서 주체는 우발적으로 분출하는 '진리'와 마주하지만 주체 자신은 그런 우연한 조우의 의미를 알지 못한다.[288] 288) 알랭 바디우는 라캉의 담론을 수정하여 '주인의 담론 / 히스테리 담론 / 도착증자의 담론 / 신비주의자의 담론'으로 담론을 나눈다. S. Žižek, 『그들은 자기가 하는 일을 알지 못하나이다』, 112쪽.

모더니티의 지배적 기표들에 대해 의문을 제기하는 미적 모더니티의 형상은 그런 점에서 모더니티의 지배적 기표들에 대해 욕망 자체를 포기하고 있는 것이라고 하기 어렵다. 질문은 욕망하는 주체의 존재 형식이기도 하기 때문이다. 아이러니적 인식이 작동하고 있는 미적 모더니티의 구체적 형상들의 무의식에서 모더니티에 대한 갈망이 공존하는 모순이 엿보이기도 하는 것은 이런 차원에서 이해될 수 있다.

이러한 관점은 아이러니를 핵심 기제로 하는 이상의 시를 미적 모더니티의 관점에서 이해하는 데에도 중요한 고려 사항이 될 수 있다. 이상의 시는 과학과 성과 병과 도시라고 하는 현대 문학의 중요한 주제들을 다루었고,[289] 289) 김인환, 『기억의 계단』, 293쪽. 특히 과학과 도시라고 하는 모더니티의 지배적 기표에 대해 그의 텍스트에서 일정하게 노정되고 있는 비판적 시선은 그의 텍스트를 미적 모더니티의 한 구체적 형상으로 해석할 수 있게 한다. 하지만 여기에서 미적 모더니티의 한 형상으로서 그의 텍스트가 노출하는 비판적 시선은 일방적인 적대감이라기보다는 대체로 비동화적인 거리 감각을 드러내는 비평적 시선에 더 가까운 것으로 보인다. 아마도 이러한 비평적 시선의 의미 자체를 아이러니라고 규정지을 수도 있을 것이다. 그리고 이 시선의 의미를 아이러니라고 할 때, 우리가 주의해야 하는 것은 이 시선이 모더니티의 지배적 기표들에 대해 취하고 있는 욕망의 양가성에 대한 파악이다. 아이러니를 담지한 미적 모더니티를 모더니티 자체에 대한 단절과 거부라는 관점만으로는 이해하기 어려운 까닭은 바로 이 때문이다. 이 장의 분석 과정에서 좀 더 구체적으로 지적되겠지만, 이상의 시를 탈근대적 관점으로 독해하는 연구들이 나름의 논리적 타당성에도 불구하고 대체로 간과하는 있는 듯이 보이는 부분도 바로 이 부분이다.

|

예컨대 이상이 "나는 아름다운—꺾으면 피가 나는 고대스러운 꽃을 피울 것이다"[290] 290) 이상,「첫번째 방랑」,《文學思想》, 유정 역, 1976. 7. ; 『이상 전집 4』, 권영민 편, 407쪽. 라는 언술을 곧바로 원시성으로의 회귀라고 단정하는 일은[291] 291) 조규갑,「이상 문학에 나타난 '반지'와 '원시성의 힘'의 의미」,『이상의 사상과 예술』, 161-162쪽. 이상의 텍스트 전체에서 모순적으로 노출되는 욕망의 양가성을 고려하지

않은 해석이라고 할 수 있다. 이상은 성천의 자연을 보며 "地球表面的^{지구표면적}의百分^{백분}의九十九^{구십구}가 이 恐怖^{공포}의 草綠色^{초록색}"292) 292) 이상, 「倦怠^{권태}」, 《朝鮮日報^{조선일보}》, 1937. 5. 4.~5. 11. ; 『이상 전집 4』, 권영민 편, 275쪽.이라고 했던 사람이다. 그가 자신의 시대를 "유우크리트는死亡^{사망}"293) 293) 이상, 「三次角設計圖^{삼차각설계도}」, 《朝鮮^{조선}と建築^{건축}》, 1931. 10. ; 『이상 전집』, 임종국 편, 임종국 역, 1956.해 버린 시대라고 선언하고 공상을 통해 존재의 다른 가능성을 탐색했다고 해서, 그를 과학과 수학 같은 모더니티의 지배적 기제에 대한 전면적 거부나 부정을 통해 당대성을 초월한 새로운 주체라고 규정하는 견해294) 294) 신범순, 『이상의 무한정원 삼차각나비』, 143-243쪽 ; 송민호, 「이상의 〈선에관한각서〉에 나타난 시공간 차원과 분신의 주제」, 『이상의 사상과 예술』, 250-260쪽; 박슬기, 「'질주'의 이중적 계보학」, 『이상의 사상과 예술』, 314쪽.

는 일면적이며 과장된 면이 있어 보인다. 짧은 생애를 살다간 이상의 텍스트 생산 시기에서 그 텍스트에 내재한 무의식-욕망이 합리적 질서로 구축된 모더니티 자체를 삭제했다고 보기는 어려우며,295) 295) 수학·과학과 도시적인 것(모더니티)에 대한 매료와 "고대스러운 꽃"으로 표상되는 모더니티에 대한 거리 감각이 공존하는 이상의 아이러니한 욕망의 벡터는, 한때는 예외없이 비판적 정치 이성(혁명)의 열광적인 지지자였던 '현대 시인'들이 숙명적으로 그에 대한 혐오자로 바뀌었던 미적 모더니티의 역사적 실례 속에서도 생각해 볼 만한 지점이 있다. 현대성(모더니티)이 '단절'을 의미한다면, 현대 시인들이 꿈꾸는 시간은 현실의 시간과 단절된 '다른 시간', '원형의 시간'이라고 할 수 있다. 현대 시인들에게 현실의 비판적 이성(모더니티)은 처음에는 그것이 전통적 시간과의 결별을 뜻한다는 점에서 '다른 시간'으로 받아들여졌다. 비판적 이성이 수행하는 정치 혁명(역사의 진보)에 대한 그들의 열광은 여기에서 비롯된다. 그러나 그들은 곧 비판적 이성이 수행하는 시간이 역사적 시간에 속해 있으며, 특히 그것의 본질이 부르주아에 의해 주도된 과학·기술주의의 시간성이 무의식적으로 투사된 유토피아적 미래임을 알게 된다. 현대시의 시간은 여기에서 다시 비판적 이성이 주도하는 역사의 시간, 진보의 가치와 대립한다. 비판과 열정으로 가득 차 있다는 점에서 현대시(미적 모더니티)는 비판·이성 시대의 산물이자 그런 점에서 모더니티의 쌍생아이지만, 현실의 시간과는 '다른 시간'을 지향한다는 차원에서 그것은 모더니티의 부정이다. O. Paz, 『흙의 자식들』, 55-63쪽.

더욱이 모더니티 자체를 객관적으로 바라볼 수 있는 충분한 거리를 확보하기에 그의 생애는 지나치게 짧았다. 마치 마르크스의 자본주의 비판이 역사의 진보에 대한 낙관, 이성에 대한 신뢰, 생산력(경제) 중심의 유물론적 사고와 같은 모더니티의 철학적 비전을 통해 이루어지는 아이러니를 보여 주듯이, 이상의 시 텍스트 도처에 나타난 수식과 기호의 활용은 세상의 질서를 합리적 체계로 환원시켜 이해하는 그 육체의 훈련되고 각인된 모더니티를 드러낸다.296) 296) 함돈균,「우리의 포스트모던적 모던」,『얼굴 없는 노래』, 문학과지성사, 2009, 264-266쪽. 그는 한 편지에서 "암만해도 나는 十九世紀^{십구세기}와 二十世紀^{이십세기} 틈사구니에 끼워 卒倒^{졸도}하려 드는 無賴漢^{무뢰한}인 모양이오. 完全^{완전}히 二十世紀^{이십세기}사람이 되기에는 내 血管^{혈관}에는 너무도 많은 十九世紀^{십구세기}의 嚴肅^{엄숙}한 道德性^{도덕성}의 피가 위협하듯이 흐르고 있소그려"297) 297) 이상,「私信^{사신} 6」,『이상 전집 4』, 권영민 편, 329쪽.라고 고백했던 적이 있고, 그가 "오들오들떨면서" 가장 두려워했던 것은 "墳塚^{분총}에게신白骨^{백골}까지가내게血淸^{혈청}의原價償還^{원가상환}을强請^{강청}하고"298) 298) 이상,「危篤^{위독} ; 門閥^{문벌}」. 있는 상황이었다. 즉 그가 스스로 압살당해 죽을 것 같다고 느끼던 공포의 가장 중요한 실체 중 하나에는 식민지 조선에서도 여전히 사라지지 않는 봉건적 잔재와 그 때문에 성취되지 않는 모더니티의 지체 현상이 있었던 것이다. 이상이 그 자신의 짧은 생애의 마지막 즈음에 "東京^{동경}이란 참 치사스런 都^도십디다……(중략)……참 東京^{동경}이 이따위 卑俗^{비속} 그것과 같은 물건(シナモノ)인 줄은 몰랐오. 그래도 뭐이 있겠거니 했더니 果然^{과연} 속빈 강정 그것이오."299) 299) 이상,「私信^{사신} 5」,『이상 전집 4』, 권영민 편, 328쪽.라고 했어도, 그것이 "지금쯤은 이 이상이 동경 사람이 되었을 것인데"300) 300) 이상,「私信^{사신} 4」,『이상 전집 4』, 권영민 편, 326쪽.라고 했던, 즉 그 자신의 짧은 생애를 관통하고 있었던 (현대) 도시 자체에 대한 욕망의 거세를 의미한다고 보기는 어렵다. 그 절망은 "내가 생각하던 「마루노우쩌삘딍」—俗稱속칭마루비루—는 적어도 이 「마루비루」의 네갑절은 되는 雄壯웅장한 것이었다. 뉴욕 「부로-드웨이」에 가서도 나는 똑같은 幻滅환멸을 당할른지"301) 301) 이상, 「東京동경」, 『이상 전집 4』, 권영민 편, 309쪽.와 같은 대목에서 나타나는 바, 모더니티 자체에 대한 부정이 아니라 오히려 모더니티의 주변부 지식인이 지닌 트라우마에서 기인하는 것으로 볼 여지가 더 많기 때문이다. 이런 차원에서 보면 이상의 텍스트는 탈현대적(탈근대적) 텍스트라기보다는 오히려 모더니티의 적자라고 불릴 만한 텍스트라고 할 수도 있는 것이다.

이상 시의 아이러니를 미적 모더니티의 관점에서 이해할 때 가장 중요하게 고려해야 할 문제 중 하나는 바로 이러한 텍스트의 이면(무의식)에 내재한 욕망의 양가성(모순)에 관한 문제다. 특히 이상의 시가 처해 있던 식민지라는 상황은 중요한 해석적 상수로 고려될 필요가 있어 보인다. 일반적으로 식민지(이는 후발 도상국의 경우에도 해당한다)의 미적 모더니티에는 서구 문학사에서 전개되는 미적 모더니티의 관점에 더하여 고려되어야 할 특수성이 존재한다. (서구적) 모더니티의 중심부에 서지 못하는 세계 체제 주변부 사회의 지식인들에게 모더니티는 동경의 대상이자, 자신 사회의 후진성을 객관적으로 조망하고 그 후진성을 혁파해 나갈 수 있는 중요한 수단으로 여겨진다는 사실이 그것이다. 이상이 회원으로 있던 구인회뿐만 아니라 식민지 시대 대부분의 지식인들, 예컨대 혁명가 임화 같은 이들조차도 모더니티에 대한 동경을 뿌리칠 수 없었던 것은 이 때문이다.302) 302) 함돈균, 「우리의 포스트모던적 모던」, 『얼굴 없는 노래』 참조.

이상의 편집증적 언어를 과학적 훈련을 받은 건조한 언어로 규정하고, 그 건조한 언어가 때때로 노출하는 당혹스러움을 식민지 현실에서 기인하는 모더니티의 좌절과 관련짓는 관점은 이런 점에서 경청할 만하다.[303] 303) 황현산, 「모국어와 시간의 깊이」, 『말과 시간의 깊이』, 420쪽. 미적 모더니티에 내재한 이러한 욕망의 양가성에 대한 고찰은 우리가 지금까지 이상 시의 아이러니를 고장난 환상, 실패하는 욕망의 변증법이라는 관점으로 해석해 온 것과도 논리적으로 배치되지 않는다. 모더니티의 지배적 기표라고 할 이성과 과학과 도시의 물신적 가치 등에 대해 이상의 텍스트가 보여 주는 아이러니는, 당대의 지배적 기표들과의 상상적 동일시에 실패하는 시적 주체의 히스테리적 물음인 동시에, 반복되는 물음을 통해 모더니티에 내재해 있는 모종의 결여에 대한 자각, 즉 '모더니티라는 증상'을 강박적으로 드러내는 미적 증후라고 해석할 수 있을 것이다.

여덟.

이상, 식민지 모더니티의 시적 증상

3. 이상한 시계와 일치하지 않는 시간

1) 모조 시계와 살해하는 시계

이상의 시에서 모호한 해석의 대상으로 등장하는 '시계'라는 기표는 이런 점에서 문제적이다. 이상의 시에서 '아버지'가 시인의 개인적 실존과 관련되는 동시에 '門閥^{문벌}'의 상징이며, 그가 의식적·무의식적으로 마주하고 있던 사회적 대타자를 의미하는 언표였던 것처럼, '시계'는 시적 주체의 실존적 시간과 사회적 대타자의 시간(시대) 모두를 포괄하는 증후적 언표인 듯이 보인다. 흥미로운 사실은 그의 텍스트에서 이 '시계'는 가짜이기도 하고, 반대로 가기도 하며, 바늘이 셋이기도 하고, 정확한 시각을 지시하면서도 시적 주체에게 좀처럼 수긍이 가지 않는 '이상한 시계'로 표상된다는 사실이다.

> 時計^{시계}가뻐꾸기처럼뻐꾹거리길래쳐다보니木造^{목조}뻐꾸기하나가 와서모으로앉는다그럼저게울었을理^{리}도없고제법울까싶지도못하고그럼아까운뻐꾸기는날아갔나

—「正式^{정식} VI」$^{304)}$ 304)《가톨릭청년》, 1935. 4. 전문

이상의 '이상한 시계' 중에서 우선 눈에 띄는 것은 「正式^{정식} VI」에 등장하는 "木造^{목조}뻐꾸기" 시계이다. "時計^{시계}가뻐꾸기

처럼뻐꾹거리"는 것을 확인하고서 시적 화자는 "그럼저게울었을리도없고제법울까싶지도못하고"라고 의심한다. 여기에서 시적 화자에게 시계는 진짜인지 가짜인지를 가늠하기 힘든 의심의 대상으로 등장한다. 그런 점에서 '木造^{목조}뻐꾸기 시계'라는 언표는 시적 화자가 시계가 지시하는 시각을 믿을 수도 없고, 그렇다고 전적으로 부정할 수도 없는 시간 감각의 혼란 속에 있다는 사실을 암시하는 언표라고 할 수 있다. 그것은 사태에 대한 긍정도 부정도 가능하지 않은 시적 주체의 난처한 상황 인식을 드러냄으로써, 이상 시에 내포된 시간 의식의 핵심에도 역시 아이러니의 문제가 도사리고 있음을 잘 보여 준다. 텍스트 바깥에 존재하는 시인과 텍스트 내부의 시적 화자·주체가 거의 일치하는 이상 시의 특수성을 감안한다면, 이러한 시간 의식의 혼란은 기본적으로 시인 자신이 개인적으로 처해 있는 실존적 시간에 대한 불화 의식에서 비롯되는 것이라고 할 수 있다. 예컨대 시인이 자신의 "안해"와의 불화를 드러내고 있는 한 시에서 "내것 아닌指紋^{지문}이 그득한네肉體^{육체}"를 보면서, "時計^{시계}를 보면 아무리하여도 一致^{일치}하는 時日^{시일}을 誘引^{유인}할 수 없"[305] 305)《貌^{맥} 제4호》, 1938. 12. ;「無題^{무제}」라는 제목은 발표지면의 편집자가 임의로 붙인 것이다. 임종국 편 전집에서는 「理由以前^{이유이전}」이라는 제목이 붙어 있다. 다고 절망하는 대목이 그러하다. 그런 점에서 이상 시의 시간 의식의 혼란 역시 "내것 아닌指紋^{지문}이 그득한네肉體^{육체}"로 인해 동일시의 대상이 될 수 없는 타자, 즉 주체의 변증법의 실패에서 연유하는 것이라고 할 수 있다. 이상의 시에 대한 해석에 있어 언제나 일차적으로 전제되어야 할 사실이 바로 이 부분, 즉 그의 시의식의 출발은 언제나 지극히 실존적인 지점으로부터 출발한다는 사실이다. 그럼에도 불구하고 그 시의 문제성은 지극히 실존적인 지점에서 출발한 시의식이 자신이 속한 시대와 세계 자체에 대한 질문을 포괄하고 있다는 점에 있다. 그 시에 나타난 실존적 차원의 주체의 변증법의 실패를 사회적이고 이데올로기적인 환상의 실패와 연결지을 수 있는 까닭도 이 때문이다.

이러한 관점에서 주목할 언표는 의심의 대상으로 전락한 시계가 하필이면 "木造목조뻐꾸기"라고 하는 의사(擬似) 이미지로 제시된다는 사실이다. 정신 분석이 제시하는 환상의 드라마라고 하는 관점에서 보면, 이 오브제는 환상의 대상이자 원인이 되는 데에 실패한 기표라고 할 수 있다. 사이비로 인식되는 '木造목조뻐꾸기 시계'란 시적 주체에게 그것의 실체성이 허구적인 것으로 인식되는 의심의 대상이라는 뜻이다. 시계가 지시하는 시간은 그러므로 시적 화자에게 온전한 실재로 받아들여지지 못한다. 그것은 이 텍스트에서 시적 주체가 스스로를 자신이 속한 시간의 드라마의 주인공으로 여기는 것이 아니라, 이미 그 시간에서 이탈하여 자신이 선 시간의 무대와 객관적인 거리를 두고 있음을 의미한다. 시계가 지시하는 시간과의 동일시에 실패한 시적 화자에게 환상은 실패하고 만다. 그런데 여기에서 시적 화자로 하여금 시간의 아이러니를 인식하게 만드는 언표인 '木造목조뻐꾸기 시계'를, 작가 이상의 시대적 상황과 연관하여 이해하는 일은 스스로를 "十九世紀십구세기와 二十世紀이십세기 틈사구니에 끼워 卒倒졸도하려 드는 無賴漢무뢰한"306) 306) 이상, 「私信사신 6」, 『이상 전집 4』, 권영민 편, 329쪽.이라고 한 작가의 상황을 상기해 볼 때 무리한 일이라고 할 수 없다. '木造목조뻐꾸기 시계'를 이상 시에 광범위하게 등장하는 '모조 이미지'의 연장선상에서 이해하는 해석은 이런 점에서 참고할 만하다. 이에 따르면 이상의 시대는 이미 전기로 만든 십억 촉광의 "人工太陽인공태양"으로 낮과 같이 밝은 밤을 만들고, "人工强雨法^{인공강우법}" 실험으로 가뭄 든 땅에 비를 뿌리고자 한 시대이다.307) 307)《동아일보》, 1929. 2. 27. ; 1929. 9. 16. ; 조윤정, 「이상 문학에 나타난 '모조' 이미지 연구」, 『이상의 사상과 예술』, 376쪽에서 재인용.

    자신의 시대가 지닌 인공성에 대한 목격은 이상 문학에서 자연적 이미지와 결합될 뿐만 아니라, 신체와 사랑의 이미지와도 겹쳐짐으로써 그의 문학 전반을 관통한다. 특히 자연과 인공의 구별이 모호해지는 모조(模造) 이미지는 생녕력을 상실한 근대 사회에 대한 작가의 비판적 무의식을 반영하는 이미지로 나타난다. 그런 점에서 이상의 "木造^{목조}뻐꾸기" 시계는 이상의 다른 시인 「建築無限六面角體^{건축무한육면각체} ; AU MAGASIN DE NOUVEAUTES」에서 "地球^{지구}를模型^{모형}으로만들어진地球儀^{지구의}를模型^{모형}으로만들어진地球^{지구}"라는 표현에 대응하는 시계라고 할 수 있다. "地球儀^{지구의}"와 "木造^{목조}뻐꾸기" 시계가 공간의 축소적 제시와 시간의 알림을 위해 고안된 대상이라는 점에서, 이 오브제들은 모형이 원본의 위치를 의심하게 하는 현대의 생명력 상실에 대한 작가의 비판적 무의식을 반영하고 있다.308) 308) 조윤정, 「이상 문학에 나타난 '모조' 이미지 연구」, 『이상의 사상과 예술』, 376-377쪽 ; 김수이 역시 이상의 시와 산문에 나타난 '모형'과 '위조' 이미지를 주목하고 그의 텍스트에 이와 관련된 근대의 시각주의의 경험이 내재해 있음을 지적하고 있다. "'모형'과 '위조'는 시각적 변형과 오인(誤認)에 기초한 대상 재현의 방식으로 대상-진본의 허위적이며 기만적인 재현을 특징으로 한다. '모형'과 '위조'는 대상을 진본에 가깝게 재현하는 동시에 부정하면서, 대상-진본의 결핍과 부재를 가시화한다. 이상이 '모형'과 '위조'에서 죄(의식)를 읽어내는 것은 그 속에서 근대 문명의 허위와 파행성을 보았기 때문이며, 더불어 그 속에서 식민지의 몰주체적 인간으로서 자신이 겪는 깊은 절망감과 자괴감을 확인했기 때문이었다고 할 수 있다." 김수이, 「모더니즘 글쓰기 주체의 시각 중심주의 고찰」, 《한국문예창작》 제6권 제1호, 한국문예창작학회, 2006, 12-13쪽.

이러한 관점의 연장선상에서 이상의 "木造^{목조}뻐꾸기" 시계가 제시하는 의사 이미지를 하이데거가 현대의 '근본 기분(Grundstimmng)'309) 309) 하이데거에게 있어 '기분(Stimmung)'은 하이데거 자신 고유의 의미를 지닌 것으로서, 일반적인 의미와는 조금 다르게 쓰인다. 『존재와 시간』에서 하이데거는 '기분'의 의미를 '세계-내-존재'(In-der-Welt-Sein)로서의 현존재가 '이미 세계에 던져져 있음' 혹은 '열려 있음'을 고지(告知)하는 것으로서 사유한다. 즉 그것은 세계와 현존재가 서로 소통하고 있음을 알려 주는 어떤 느낌이며, 현존재가 세계와 관계 맺는 태도와 관련된다.(M. Heidegger, 『존재와 시간』, 이기상. 역, 까치, 1998. 참조) 그러나 '기분'에 대한 이러한 개념은 하이데거 후기 사유에서는 그 의미에 변화를 겪는다. 『형이상학이란 무엇인가?』에서 그는 '불안' 혹은 '무'라는 단어를 통해 '기분'의 의미를 '근본 기분'과 관련시킨다. 후기의 존재론적 관점에서 사유되는 '기분'은 개인의 주관적 체험이 아니라 한 시대 전체가 존재와 맺는 존재론적. 체험이다. 현대의 근본 기분으로 체험되는 '불안'과 '무'는 존재자에게서 존재가 빠져 나갔다는 것을 경험하는 '낯선' 체험이며 '공허'와 마주하는 상실의 체험이다. 이런 점에서 하이데거는 이를 '경악'의 체험이라고도 말한다. 이 '경악'의 체험은 인간의 의지와는 무관한 것으로 체험되며, 오히려 존재가 인간에게 와 닿는 방식으로만 경험된다. 존재가 인간에게 와 닿는다는 점에서 이것은 존재가 인간에게 말하는 방식이기도 하다.(M. Heidegger, 『형이상학이란 무엇인가?』, 이기상 역, 서광사 참조)

이라고 한 니힐리즘(nihilism)의 존재론적 체험과 관련하여 해석하는 일도 가능해 보인다. 하이데거에 따르면 존재론적 차원에서 니힐리즘은 존재자(사물)에서 존재가 빠져 나가는 현상을 현존재(인간)가 맞닥뜨릴 때 느끼는 기분, 근원적인 공허 체험이라고 할 만하다. 충만한 세계 체험의 상실과 망각(니힐리즘)은 기술 시대의 근본 체험을 이룬다는 점에서 모더니티의 근본 기분이다. 여기에서 존재자에 대한 인간의 의심(疑心)은 니힐리즘적 태도의 핵심적 양상을 이룬다. 이 시에 나타난 의사 이미지를 모더니티가 제공하는 인공성에 대한 체험에서 비롯되는 것으로 해석하는 것이 가능하다고 할 때, 의심의 태도로 나타나는 '木造^{목조}뻐꾸기 시계'에 대한 시적 화자의 아이러니적 태도는 시간의 시간성의 무화, 존재론적 공허에 대한 근본 기분이 기저를 이루고 있는 언표라는 점에서 니힐리즘의 차원에서도 이해될 수 있어 보인다.

'木造목조뻐꾸기 시계'라고 하는, 즉 사이비 대상으로 전락한 시간성에 대한 시적 화자의 아이러니적 태도가 지닌 존재론적 의미는, 이상이 성천 체험을 통해 보여 준 '권태(倦怠)' 체험과의 연관성 속에서도 이해될 수 있다. 한 연구에 따르면 이상이 자연 앞에서 느끼는 '권태'는 고대인의 자연 경험이 완전히 망각된 역사적 기억의 퇴층을 기반으로 한다. 그런 의미에서 이상의 권태는 현대적 인간의 자연 이해의 귀결점이다. 이 역사적 귀결점으로서의 권태는 자연에 대한 경이감의 완전한 소멸, 흥미와 경탄의 전적인 부재를 말한다. 경이감의 근거가 비밀이라면, 권태는 자연의 비밀에 대한 완전한 정복을 확신하는 시대 즉, 과학적 합리주의가 현실적으로 완성되는 시기에만 성립할 수 있는 기분이다.[310] 310) 김상환, 「이상 문학의 존재론적 이해」, 『이상 문학 연구 60년』, 권영민 편, 문학사상사, 1998, 147-148쪽. 여기에서 다시 한 번 확인할 수 있는 것은 "木造목조뻐꾸기" 시계를 통해 드러나는 시간성에 대한 이 텍스트의 아이러니는, 그가 속한 시대의 시간성에 대한 근본적 단절이나 거부 자체를 의미하는 것은 아니라는 사실이다. '木造목조뻐꾸기 시계'에 대한 시적 화자의 아이러니는 모더니티에 대한 현대인의 근본 기분을 전제하고 있는 것으로 볼 수 있기 때문이다.[311] 311) 나름의 논리적 타당성에도 불구하고 이상의 '이상한 시계'를 탈근대적 관점에서 해석하는 많은 연구들이 대체로 간과하는 듯이 보이는 것이 바로 이 문제이다. 크게 볼 때 이러한 연구들에서 지적될 수 있는 문제점은 두 가지라고 생각된다. 첫째 이상의 대부분의 시들은 일차적으로 시인 자신의 개인적 실존의식으로부터 비롯되는 것으로 판단됨에도 불구하고, 이러한 방향의 연구들은 대개 실존적 문제 의식을 아예 삭제하고 이상의 시계를 곧바로 '근대적(현대적) 시계'(현대의 기계적 시간성)로 환원하는 경향이 있다. 이상의 '이상한 시계'가 모더니티의 오브제라는 것은 분명하지만, 이러한 환원주의적 해석은 시적 언표가 산출하는 의미론적 풍성함을 축소하는 결과를 낳을 수 있다. 특히 이상의 시가 다의성을 지니면서 해석적 운동을 계속할 수 있었던 까닭이, '시계'와 같은 시적 언표들에 포함된 시대 의식이 손쉽게 치환될 수 있는 의도적 은유의 결과가 아니라, 그 시의식에 부지불식간 침투한 무의식적 언표였기 때문이라는 사실은 충분히 고려될 필요가 있다. 둘째 이상의 '이상한 시계'에 대한 시적 주체·화자의 태도는 기본적으로 모더니티의 '근본 기분'을 바탕으로 하고 있다. 다시 말해, 시적 주체·화자의 태도는 본질적으로 현대인의 시대 기분을 바탕으로 한 것이다. 그러므로 이상의 '이상한 시계'에 대한 시적 주체·화자의 태도를 모더니티 자체에 대한 부정과 거부, '탈주'로 이해하는 관점은, 나름의 논리적 근거에도 불구하고 텍스트의 일면만을 지나치게 부각시킨 결과로 생각된다. 이상 시의 시간 의식을 탈근대적 관점에서 해석한 다음의 연구들은 나름의 성과를 보여 주고 있음에도 불구하고 이런 관점에 대한 고려가 더 필요한 것이 아닌가 생각된다. 한상규, 「1930년대 모더니즘 문학의 미적 자의식」, 『이상 문학 전집 4』, 김인식 편, 167쪽 ; 조해옥, 『이상 시의 근대성 연구』, 129-146쪽 ; 김승구, 「이상, 욕망의 기호」, 106쪽 ; 신범순, 『이상의 무한정원 삼차각나비』, 251-261쪽 ; 조은주, 「이상의 〈獚〉 연작시와 '개' 이미지」, 『이상의 사상과 예술』, 128쪽 ; 정하늬, 「이상 문학에 나타난 '길'의 의미 고찰」, 『이상의 사상과 예술』, 350-351쪽.

파스의 관점을 빌리면, 이러한 시간성에 대한 시적 '기분'이야말로 현대시의 본질을 이루는 아이러니를 의미한다. 그것은 현대시의 시간이 더 이상 주체(시인)와 만물 사이에 이루어지는 우주적 상응과 교감, 신화적 비전, 즉 아날로지의 시간성 속에 있지 않음을 드러낸다. 이 기분은 시적 주체의 시간이 직선적/역사적/연속적/불가역적 시간이라는 모더니티의 시간성 속에 편입되어 있으며, 이에 대한 기분 자체가 모더니티라는 시간성의 산물임을 알고 있다.[312] 312) O. Paz, 『흙의 자식들』, 83-100쪽. 따라서 모조 이미지로 드러나는 이러한 시간성에 대한 '기분'은 총체성의 깨어짐, 존재의 결여에 대한 인식과 결부된다는 점에서 시적 아이러니가 모더니티의 시간성을 무(無)로 인식하는 현대시의 본질에 속하는 것임을 드러내는 증후라고 해석할 수 있다.

「正式 VI」에서 시간성에 대한 시적 화자의 태도가 "그럼저게 울었을理리도없고제법울까싶지도못하고그럼아까운뻐꾸기는 날아갔나" 하는 물음 형식의 언술로 제시되고 있는 것은 이런 점에서 주목할 만하다. 여기에서 '시계'에 대한 화자의 태도는 전적인 부정이나 비판이 아니라, 그 시계의 시간성에 대한 '의심'이다. 즉 이러한 물음 형식의 언술은 시계에 내재해 있는 모종의 결여에 대한 화자의 직관적 인식에도 불구하고, 시계가 지시하는 시간의 실재성에 대해 정확한 판단을 내릴 수는 없는 화자의 난처함을 동시에 드러내고 있는 것이라고 볼 수 있다. 아이러니를 담보한 시적 주체가 답이 아니라 물음만을 가지고 있는 것은 이 때문이며, 이상 시의 전체가 일관된 질문 형식을 통해 시적 아이러니를 강박적으로 반복하고 있는 것도 이 때문이다. 그것은 사회적이고 이데올로기적인 호명의 실패가 히스테리석 실문의 형식으로 출현하는 이유와도 상통한다. 이런 차원에서 아이러니에 내재한 욕망의 양가성을 모더니티의 문제와 연관지은 마셜 버먼의 관점은 시사적이다.

버먼에 따르면 아이러니는 모더니티가 스스로를 드러내는 지표라는 점에서 현대의 본질적인 시대 증상이다. 이는 아이러니가 모순이 공존하는 모더니티를 그 자체의 형식을 통해 거울처럼 고스란히 반영하는 형식을 가지고 있기 때문이다. 한 예로 모더니티에 대한 가장 강력한 비판자였던 마르크스의 텍스트들은 무한한 발전과 욕망의 허용을 부르짖는 부르주아적 가치들에 대한 니힐리즘적 비판을 수행하면서도, 역사의 시간성에 대한 부르주아적 가치들을 고스란히 공유하는 아이러니를 보여 준다. 같은 관점에서 현대 도시에 대한 보들레르의 우수는 부르주아적 가치에 대한 환멸과 매료가 공존하는 아이러니의

산물이다.[313] [313] M. Berman, 『현대성의 경험』, 136-257쪽. ; 이 책 〈둘. | 모더니티, 미적 모더니티, 아이러니 | 3. 모더니티의 증상으로서 아이러니〉 참고. 보들레르의 당디(dandi)는 도시 군중의 속물성으로부터 제 자신을 구별하려 하지만, 동시에 군중의 흐름 속에서 호흡하고 군중의 정념을 공유한다.[314] [314] Ch. Baudelaire, 「현대적 삶의 화가」, 《세계의 문학》 2002 봄호, 31쪽. 이상의 '이상한 시계'에 대한 접근은 그러므로 작가 이상이 모더니티에 대한 절대적 부정자나 탈주자가 아니라 "十九世紀^{십구세기}"에 대한 거부감을 지닌 모더니스트이기도 했다는 사실을 전제한 채 이루어질 필요가 있다. 물론 모더니스트로서의 작가 이상을 상정한다 하더라도, 이러한 아이러니는 이상 텍스트의 시적 주체·화자가 자신 시대의 시간성과 동일시에 실패하고 있다는 사실을 의미한다는 점에서, 이 아이러니가 이데올로기적 호명의 실패와 연관될 수 있다는 사실에는 변함이 없다. 호명의 실패는 욕망 자체의 거세가 아니라 다만 욕망의 고장난 형식일 뿐이기 때문이다. 이상의 이러한 '이상한 시계'는 다음 텍스트에서처럼 "左向^{좌향}으로 움직"이는 시계의 형상으로 나타나기도 한다.

이 簡單^{간단}한 장치의 靜物^{정물}은 '투탕카멘'처럼 寂寂^{적적}하고 기쁨을 보이지 않는다.

時計^{시계}는 左向^{좌향}으로 움직이고 있다. 그것은 무엇을 計算^{계산}하는 '미터'일까. 그러나 그 사람이라는 사람은 疲困^{피곤}하였을 것도 같다. 저 '칼로리'의 削減^{삭감}—모든 機構^{기구}는 年限^{연한}이다. 거진 거진—殘忍^{잔인}한 靜物^{정물}이다. 그 剛毅不屈^{강의불굴}하는 詩人^{시인}은 왜 돌아오지 아니할까. 과연 戰死^{전사}하였을까.

靜物^{정물}가운데 靜物^{정물}이 靜物^{정물}가운데 靜物^{정물}을 저며내고 있다.
잔인하지 아니하냐.

― 「失樂園^{실낙원} ; 面鏡^{면경}」315) 부분

315) 「朝光^{조광}」, 1939. 2. ; 이상의 유고 텍스트로서 발표 당시 '新散文^{신산문}'이라는 명칭을 부기해 놓았다. 이어령·김윤식(문학사상사)·권영민 편 전집에서는 수필로 분류하고 있으며, 오규원 한글판 시전집에서도 이를 제외하여 산문집(『날자, 한 번만 더 날자꾸나』, 오규원 편, 현대문학, 2006)에 싣고 있다. 김주현 편 시전집에서는 이상의 계열시(연작시)적 특성에 주목하여 「失樂園^{실낙원}」의 계열시 중 하나로 보고 있다.

「失樂園^{실낙원} ; 面鏡^{면경}」에서 "이 簡單^{간단}한 장치의 靜物^{정물}"은 "左向^{좌향}으로 움직이"는 "時計^{시계}"를 말한다. 시적 화자에게 이 "靜物^{정물}"은 "무엇을 計算^{계산}하는 미터"로 인식된다. 시적 화자의 궁극적인 판단에 따르면, "모든 機構^{기구}는 年限^{연한}"으로서 사물의 수명을 "計算^{계산}"하는 "機構^{기구}"이다. "靜物^{정물}가운데 靜物^{정물}이 靜物^{정물}가운데 靜物^{정물}을 저며내고 있다"는 언술은, 사물("靜物^{정물}")의 하나인 "時計^{시계}"가 다른 사물("靜物^{정물}")을 잘게 쪼개고 측정하는 도구로서 잘라내고 있음("저며내고 있다")을 암시하고 있다. 여기에서 "저며내고"라는 언표는 시적 화자에게 "時計^{시계}"가 사물에 대한 살해의 이미지를 담고 있는 것으로 인식되고 있음을 시사한다. 그런데 "靜物^{정물}가운데 靜物^{정물}"이라는 표현을 좀 더 정확히 이해하기 위해서는, 이 텍스트에 '거울'이 등장하지 않으면서도 '面鏡^{면경}'이라는 제목이 붙은 까닭을 염두에 두어야만 한다. 즉 이 텍스트에서 "時計^{시계}"는 "秒針^{초침}을 包圍^{포위}하는 유리덩어리"로서 사물들이 마주하고 있는 '거울'('面鏡^{면경}')에 상응하는 "靜物^{정물}"로 간주되고 있는 것이다. 이 "時計^{시계}"가 "'투탕카멘'처럼 寂寂^{적적}"한 까닭은 이 때문이다. 이는 이상의 시에서 '거울'이 "저렇게까지조

용한세상"316) 316) 이상, 「거울」.인 것과 호응한다. 이런 관점으로부터 "靜物정물가운데 靜物정물이 靜物정물가운데 靜物정물을 저며내고 있다"는 표현에 대한 해석의 실마리가 도출된다. 그것은 "時計시계"가 사물의 시간성을 담고(비추고) 있다는 의미에서 하나의 거울("面鏡면경")이라는 사실을 전제한다. 그러므로 "靜物정물가운데 靜物정물"이란 거울(시계)이라는 "靜物정물"에 비친("가운데") "靜物정물"을 의미하는 것이라고 볼 수 있다. 즉 그것은 거울 속에 비친 "靜物정물"로 이미지화된 "靜物정물"의 수명("年限연한")에 대한 표현인 것이다.

그렇다면 "靜物정물가운데 靜物정물"이 "靜物정물가운데 靜物정물을 저며내고 있다"는 동어반복적 표현은 무슨 뜻인가? 그것은 "靜物정물"을 반영하는 거울 속의 이미지가 거울에 비친 "靜物정물"을 죽이는 이미지라는 뜻으로 해석할 수 있다. "靜物정물"을 반영하는 거울 속의 이미지("靜物정물가운데 靜物정물")란 거울에 비친 "靜物정물" 자체("靜物정물가운데 靜物정물")이기도 한데, 거울 속의 이미지는 "靜物정물"을 반영하면서도 "靜物정물"의 원상을 부정하는("저며내는") 사이비 이미지이기 때문이다. "거울속의 나는" "또꽤닮았"지만 "참나와는反對반대"317) 317) 이상, 「거울」.라는 이상 시 고유의 세계관이 여기에도 투사되어 있다고 볼 수 있다. 원상과 모상이 분열되어 있으면서도 구별되지 않게 얽혀 있기도 한 "내가그때문에囹圄영어되어있듯이그도나때문에囹圄영어되어떨고있"318) 318) 이상, 「烏瞰圖오감도 ; 詩第十五號시제십오호」.는 거울 속의 풍경은, "靜物정물가운데 靜物정물이 靜物정물가운데 靜物정물을 저며내고 있"는 풍경과 다르지 않다. 이 텍스트의 화자는 "時計시계"야말로 모든 사물의 시간성("年限연한")을 "削減삭감"하는 "미터"이고, 어떤 "靜物정물"도 시간성의 바깥에 있을 수는 없다는 점에서 시계를 "靜物정물"들이 마주하고 있는 '面鏡면경'이라고 보고 있는 것이다. "모든 機構기구는 年限연한이다"라는 언술은 이런 점에서 모든 사물은 시간의 한계를 가지고 있다는 뜻으로서, '時計시계=面鏡면경'이라는 관점의 다른 표현이라고 볼 수 있을 것이다. 거울에 반영된 "靜物정물"의 이미지가 원상이 되는 "靜物정물"의 실재를 살해하는 것과 마찬가지로, "靜物정물"의 시간성을 "計算계산하는 '미터'"로서의 "時計시계" 역시 "殘忍잔인"한 속성을 지닌다. 이 "時計시계가 左向좌향으로 움직이고 있"는 까닭은, 시계의 "殘忍잔인"함이 오른손을 내밀면 "거울속의나는" "악수를모르는왼손잡이"319) 319) 이상, 「거울」.가 되는 거울 속 사물의 전도된 이미지와 포개어졌기 때문이라고 추측해 볼 수 있다. "時計시계"라는 '面鏡면경' 속에서 "사람은 疲困피곤"하고, "剛毅不屈강의불굴하는詩人시인"마저 "돌아오시 아니"하는 이유도 이 때문이다. 이런 점에서 "詩人시인"의 "戰死전사"마저 염려하게 하는 이 "左向좌향으로 움직이"는 "時計시계"에 내재한 "殘忍잔인"함은 다분히 "時計시계"가 지닌 냉혹한 계량성의 측면에 연유한다고 할 수 있을 것이다. "時計시계"에 대한 시적 화자의 이러한 관점은 역시 앞서와 마찬가지로, 그가 "時計시계"에 대해 취하고 있는 분명한 거리 감각을 보여준다. 일차적으로 이러한 거리 감각은 시적 화자가 처한 실존적 시간의식에서 연유하는 것일 것이다. 하지만 이 텍스트에는 "時計시계"가 지닌 계량적 속성에 대한 시적 화자의 자각이 특히 두드러진다는 점에서, 이를 현대의 계량적이고 기계적인 속성들에 대한 불안과 강박이 드러나는 무의식적 표지라고 해석하는 일은 크게 무리가 없어 보인다.

여덟.

이상, 식민지 모더니티의 시적 증상

3. 이상한 시계와 일치하지 않는 시간

2) 태양의 시간 운동과 '나'의 하강 운동 ; 비전체로서의 모더니티

> 一層^{일층}위에있는二層^{이층}위에있는三層^{삼층}위에있는屋上庭園^{옥상정원}에올라서南^남쪽을보아도아무것도없고北^북쪽을보아도아무것도없고해서屋上庭園^{옥상정원}밑에있는三層^{삼층}밑에있는二層^{이층}밑에있는一層^{일층}으로내려간즉東^동쪽에서솟아오른太陽^{태양}이西^서쪽에떨어지고東^동쪽에서솟아올라西^서쪽에떨어지고東^동쪽에서솟아올라서西^서쪽에떨어지고東^동쪽에서솟아올라하늘한복판에와있기때문에時計^{시계}를꺼내본즉서기는했으나시간은맞는것이지만時計^{시계}는나보다도젊지않으냐하는것보다는나는時計^{시계}보다는늙지아니하였다고아무리해도믿어지는것은필시그럴것임에틀림없는고로나는시계를내동댕이쳐버리고말았다.

― 「鳥瞰圖^{조감도} ; 運動^{운동}」³²⁰⁾ 전문

320) 《朝鮮^{조선}と建築^{건축}》, 1931. 8. ; 원문은 일문(日文)이며, 이승훈 · 김주현 · 권영민 편 전집에 공히 실린 임종국 편 전집의 번역을 따랐다.

「鳥瞰圖^{조감도} ; 運動^{운동}」에서 시적 주체인 "나"는 태양의 움직임을 통해 시간의 운동을 관찰하고 있다. 그런 점에서 시의 제목인 '運動^{운동}'은 기본적으로 "太陽^{태양}"의 운동을 지시하는 것이

라고 해석할 수 있다. 그런데 여기에서 주의할 것은 이 시가 단지 태양의 움직임 즉, 시간의 운동만을 보여 주는 것이 아니라, 무언가를 찾기 위한 '나'의 움직임을 통해 결과적으로는 '나'의 운동까지를 보여 주고 있다는 사실이다. 그러므로 이 시의 '運動운동'은 표면적으로 우선 독자의 시선을 끌고 있는 태양의 운동 외에, 무언가를 애써 찾고 있는 '나'의 움직임까지를 운동으로 포함하는 두 개의 운동을 보여 주는 시로 해석될 수 있다. 이 텍스트는 "屋上庭園옥상정원"을 중심으로 "나"의 운동이 이루어지는 부분, "一層일층에내려간" 이후 "太陽태양"의 운동이 이루어지는 부분, 그리고 "時計시계"를 통해 시간성을 확인하고 그에 대해 심리적 반응을 보이는 마지막 부분, 이렇게 세 부분으로 나누어져 있는 것으로 볼 수 있다.

우선 "屋上庭園옥상정원"을 중심으로 한 "나"의 운동에 대해 살펴보자. "一層일층위에있는二層이층위에있는三層삼층위에있는屋上庭園옥상정원에올라서"라는 구절이 일단 눈에 띈다. 무엇보다 여기에서 의문시되는 것은 "一層일층위에있는二層이층", "二層이층위에있는三層삼층", "三層삼층위에있는屋上庭園옥상정원"과 같이 왜 매우 당연한 사실을 확인하는 듯한 방식으로 진술되고 있느냐는 것이다. 물론 이것은 "屋上庭園옥상정원"에서 "나"가 내려가는 대목인 "屋上庭園옥상정원밑에있는三層삼층", "三層삼층밑에있는二層이층", "二層이층밑에있는一層일층"이라는 대목에서도 마찬가지다. 이러한 표현이 의도하는 효과는 지금까지 이 텍스트에 대한 연구사에서 적절한 해명을 얻지 못한 부분이기도 하다. 그러나 이 의문은 이 시가 사실 두 개의 운동을 보여 주는 시라는 관점을 택하게 되면 의외로 쉽게 풀린다. 즉 이 표현은 "屋上庭園옥상정원에"까지 이르기 위해서 "一層일층위에있는二層이층",

"二層이층위에있는三層삼층", "三層삼층위에있는屋上庭園옥상정원"으로 이동하는 "나"의 동선을 그 자체로 보여 주는 '運動운동'의 시적 표지라고 해석할 수 있다. 이러한 언술 형식이 주는 효과는 단지 "屋上庭園옥상정원"이라는 특정한 장소만이 아니라, "一層일층위에있는二層이층"을 거치고 "二層이층위에있는三層삼층"을 거쳐 마침내 "三層삼층위에있는屋上庭園옥상정원"에까지 힘겹게 이르는 "나"의 '運動운동' 과정 자체, 즉 시적 주체의 의지를 부각시킬 수 있다는 데에 있다. 여기에서 시적 주체인 "나"가 찾으려고 하는 대상이 무엇인지는 특정되고 있지 않으나, 강박적 형식으로 노출된 이 운동의 동선은 "나"의 노력이 절박하고 집요하다는 사실을 환기한다. 이 책 〈다섯. | 절단된 신체 ; 환상의 실패로서의 환각〉의 환각 이미지에 대한 분석에서 언급된 바 있지만, 이러한 표현 방식은 이 언술이 단지 사실적(물리적) 상황에 대한 실제 묘사라기보다는, 오히려 시적 주체의 보이지 않는 심리 상황을 가시적으로 드러내는 데에 탁월한 이상 시 특유의 심상(心象)적 표현 구조를 보여 주는 언술이라고 해석할 수 있다. 이상의 시에서 비슷한 언표들이 중첩·반복되는 경우는 적지 않으나, "一層일층위에있는二層이층", "二層이층위에있는三層삼층", "三層삼층위에있는屋上庭園옥상정원"과 같이 객관적·물리적으로 지극히 단순한 사실의 반복이 객관적 사실 그 자체를 재확인하기 위해 반복되는 경우는 거의 없다. 대개의 경우 그것은 심리적 상황에 대한 가시적 이미지화이거나, 나름의 존재론적 의미를 담고 있는 무의식적 표지이다.

|

한편 이러한 언술 방식은 이상 시에 대한 주목할 만한 한 해석적 관점을 참조한다면, 모더니티의 기표로서 수입된 새로운 사물과 그에 대응할 수 있는 말이 적절하게 일치하지 못했던 식

민지의 궁핍한 언어 현실 속에서, 강박적인 방식의 언어 검열을 수행할 수밖에 없었던 이상 시의 당혹감이 노출되는 순간이라고 해석할 수도 있다.321) 321) 동어반복적이고 어절이 중첩되거나 강박적인 형태로 표현되는 이상 시의 언표를 해석할 때에, 다음과 같은 견해는 중요한 참조 사항이 될 만하다. "이상이 문학에 뜻을 두면서 가장 먼저 직면했던 것은 모국어의 궁핍함이며 일상어의 부조리함이었다. 한국의 현대시에서 그의 언어에서보다 더 궁핍한 언어를 발견하기는 어렵다. …(중략)… 그의 건조한 언어는 우선 과학적 언어에 대한 그의 편집증에서 기인하는 것처럼 보인다. 건축 기사로 훈련을 받았고, '과학'에 의해 자신이 살던 세계로부터 뽑혀나왔던 그에게 문학은 과학과 똑같이 근대적 기획의 하나였다. 그는 이런저런 글에서 낱말들의 관용적 의미를 학술적 정의로 대치하려 하거나 수식의 전개 방식을 문장 서술에 대입하려는 등, 자신이 사용하는 말들에 과학적 사고의 검열을 강제하였다. 말이 메말라질 것은 당연하다. 그러나 그에게서 말에 대한 이 과학적 열정은 문학 생산 자원으로서의 말의 궁핍함에 그 나름으로 대응하는 방식이기도 했다. 실제로 그의 많은 시는 일상적·관용적인 말투와 과학적 표현의 대질에 착상하고 있다. …(중략)… 이상은 자신의 모국어를 이렇듯 과학적 사고의 점검으로 건조하게 '순화'하면서, 다른 한편으로는 의미 표현의 섬세화나 입체화를 기하려는 듯, 어절을 중첩하여 복잡한 글쓰기를 시도하였다. …(중략)… 물론 이런 종류의 문장들이 어떤 복잡한 내용을 입체적으로 담고 있는 것은 아니다. 동어반복의 어절을 겹겹이 이어 붙이고 있을 뿐인 이들 문장은 한 시인이 확보할 수 있었던 말의 메마름과 그것으로 담을 수 있는 내용의 궁핍을 다른 방식으로 확인해 줄 뿐이다. 식민지 시인인 이상에게 이런 종류의 검열과 확인은 그의 문학적 실천이 반드시 거쳐야 할 시련으로서의 의의를 지니고 있었다." 황현산, 「모국어와 시간의 깊이」, 『말과시간의 깊이』, 420-422쪽. 이 경우 "一層일층위에있는 二層이층위에있는三層삼층위에있는"이라는 지극히 객관적이고 물리적인 수식어는 "屋上庭園옥상정원"이라는 현실의 사물에 대한 논리적인 언어 검열을 강제하고 있는 시인의 강박을 드러냄으로써, 식민지의 궁핍한 말의 현실을 환기하고 있는 언술 형식이라고 하겠다. 이러한 관점은 "屋上庭園옥상정원밑에있는三層삼층밑에있는二層이층밑에있는一層일층으로내려간즉"이라는 표현에도 동일하게 적용시킬 수 있다. "屋上庭園옥상정원"을 찾아올라가는 것과 마찬가지로 그 곳을 내려오는 것도 단지 그냥 내려오는 것이 아니라, "屋上庭園옥상정원밑에있는三層삼층", "三層삼층밑에있는二層^{이층}", "二層^{이층}밑에있는一層^{일층}"이라는 하강의 과정 자체가 운동의 동선을 보여주는 것으로서, 무언가를 찾기 위한 "나"의 노력이 여전히 집요하게 계속되고 있음을 보여 주는 표현이라고 할 수 있다. 이런 점에서 "南^남쪽을보아도아무 것도없고北^북쪽을보아도아무것도없고해서"라는 구절에서 "해서"라는 언표는, 이 하강 역시 단순한 하강이 아니라 무언가에 대한 절박한 탐색의 과정으로서 "나"의 '運動^{운동}'이 지속되고 있음을 증거하고 있다. 322) 322) 이윤경의 연구에 따르면, 이러한 표현 기법은 시간의 연속성에 대한 암시와 더불어 독자의 기대 심리를 허무는 역할을 하기도 한다. "시선의 이동과 함께 '一層^{일층}우에있는二層^{이층}우에있는三層^{삼층}우에있는' 하면서 독자의 시선을 역동적으로 끌어 올리다가 아무 것도 없는 허망한 상황을 만들어 기대를 한꺼번에 허물어 놓고 선, 허망한 시선으로 따라간 '屋上庭園^{옥상정원}밑에있는三層^{삼층}밑에있는二層^{이층}밑에 있는一層^{일층}으로'에서 시간의 흐름이 계속해서 이뤄지고 있는 역동적인 상황을 만들어 놓고 있다". 이윤경, 『이상 시의 변형 세계 연구』, 국민대학원 박사학위 논문, 2003, 48쪽.

그런데 이 상승 운동과 하강 운동의 의미를 보다 풍부하게 이해하기 위해서는 해석의 층위를 몇 갈래로 나누어 볼 필요가 있다. 일단 이상의 시가 그 시창작의 모티프를 언제나 시인 자신의 실존 체험으로부터 발견하고, 그것을 비가시적 심리의 가시화라고 하는 특유의 심상적 언술 구조를 통해 표현하고 있다는 사실을 상기해 보자. 이 때 "屋上庭園^{옥상정원}"을 향한 "나"의 상승 운동과 하강 운동은, "나"가 찾고 있는 대상이 지상 또는 현실을 이탈한 자리에는 존재하지 않음을 확인하는 '사고의 운동' 과정으로 보인다. 즉 이 상승과 이어지는 하강 운동은 현실을 떠난 관념의 자리에는 아무 것도 존재하지 않음을 자각하는 지식인 이상의 생에 대한 자각을 담고 있는 심상적 언술 구조로 해석될 수 있다는 것이다. 여기에서 "屋上庭園^{옥상정원}"이라는 언표는 땅에서 가장 멀리 떨어져 있는 자리라는 점에서 현실의 일탈, 일종의 관념의 자리로 해석될 수 있다. 여기에서 이상이 여러 가지 이유로 인해 그 자신에게 제약을 가했던 현실 상황을 넘어서기 위해 다양한 관념의 모험을 거듭 하였던 사실을 상기해 보는 일은 참고할 만하다.

예컨대 성을 모티프로 한 그의 메마른 시에서 관능미를 느낄 수 없는 까닭은[323] 323) 황현산,「모국어와 시간의 깊이」,『말과 시간의 깊이』, 420쪽. 그런 시가 실은 작가의 실제적인 성의 실패를 보상받기 위한 관념의 유희였던 측면이 있기 때문이다.[324] 324) 이는 사드(Sade)의 에로티시즘이 모더니티의 전도적 형식으로서 전혀 에로틱하지 않다는 벨쉬의 지적과 상통하는 면이 있다. W. Welsch,『우리의 포스트모던적 모던 1』, 198쪽. ; 신형철의 다음과 같은 비평적 관점도 음미해 볼 만하다. "섹스에 대해서 말한다는 것은 결국 섹스를 하지 않는다는 것이다. 좋은 시는 섹스에 대해 '말하는' 시가 아니라 섹스를 '하는' 시다. 신형철,「시는 섹스를 한다」,『몰락의 에티카』, 문학동네, 2008, 613쪽.

그런 점에서 그의 텍스트에 나오는 여자와 아내는 '절름발이'처럼 맞지 않는 세계에 대한 유비로 확장될 수 있는 상상 속의 추상물들이라고 해석 될 수도 있을 것이다.[325] 325) 김인환,「이상 시의 계보」,『기억의 계단』, 289쪽. 그는「線선에 關관한 覺書각서」연작에서 과학의 논리를 초월하여 빛의 속도를 넘어서 질주하는 방식으로, 새로운 차원 이동과 주체의 다른 존재 양태를 모색하는 관념적 실험에 집중하기도 하였다. 한편 "知識지식의 尖銳角度첨예각도 0°를 나타내는 그 커다란 建築物건축물"의 "落成式場낙성식장"에 참여했다가 "悲哀비애와 孤獨고독으로 안절부절 못하"던 식민지 지식인의 모멸의 경험을 보상받고자, 이상은 "汽笛一聲기적일성 北極북극을 향해서 南極남극으로 달리는 한 대의 機關車기관차"를 상상해 보기도 하고, "記憶기억이 關係관계하지 않는 그리고 主意주의가 音響음향하지 않는 그 無限무한으로 通통하는

方丈^{장부}의 第三軸^{제삼축}"을 매개할 수 있는 "한장의 거울을 設計^{설계}"해 보기도 하였다.326) 326) 이상, 「얼마 안되는 辨解^{변명}」, 《現代文學》, 1960. 11.(1932. 11. 6.), 김수영 역 ; 『이상 문학 전집 3』, 김주현 편, 143, 146쪽. 그러나 현실의 추상으로부터 관념이 발생할 수는 있어도 현실에 기반하지 않은 관념의 실험 자체가 현실이 될 수는 없는 노릇이다.327) 327) 황현산의 관점에 따르면 이상의 「꽃나무」에서 "꽃나무는제가생각하는꽃나무를 熱心^{열심}으로생각하는것처럼 熱心^{열심}으로꽃을피워가지고섰"지만, "꽃나무는 제가생각하는꽃나무에게갈수없"는 것은 이런 이유 때문이다. 황현산, 「모국어와 시간의 깊이」, 『말과 시간의 깊이』, 423쪽. 지상으로부터 가장 멀리 떨어진 "屋上庭園^{옥상정원}에올라서南^{남}쪽을보아도아무것도없고北^{북}쪽을보아도아무것도없"는 상황을 확인하는 순간이란, 따라서 현실에 기반하지 않은 관념의 실험은 다만 공허한 유희에 불과할 뿐이라는 사실을 "나"가 당혹스럽게 확인하는 순간이라고 할 수 있을 것이다. 그런 점에서 "나"의 지상으로의 하강 운동은 그 당혹스러움을 확인한 주체의 다른 방식의 운동의 결과라고 볼 수 있다.

시적 주체의 이러한 상승·하강 운동은 자신을 움직이던 관념의 운동이 실은 허구적이며 왜상적인 것에 불과하다는 사실을 확인하게 한다는 점에서 시적 아이러니를 동반한다. 욕망하는 주체의 드라마라는 관점에서도 이 부분은 해석이 가능하다. 이 관점에서 "나"가 어떤 대상의 처소라고 믿고 열심히 올라간 "屋上庭園^{옥상정원}"은, 욕망의 대상이자 원인이 되는 기표(대상 a)라고 할 수 있다.328) 328) 정신 분석에서 대상a는 환상의 공간을 구성하는 주체의 표적물로서 $\sqrt{-1}$처럼 부재하는 방식으로 존재하는 팔루스에 대응한다. 그런 차원에서 대상a는 특정한 대상이라기보다는 (대)타자의 결여 자체를 표시한다. 유동하는 기표 체계 속에서 주체는 대상a에서 일시적인 욕망의 정박점을 찾음으로써 대타자와 주체 자신의 균열을 외면하려고 하지만, 충족될 수 없는 요구의 절대성으로 인해 욕망은 다시 작동한다. 〈라

깡의 욕망 그래프 III)에서 ◇a라는 표현은 상징계에서 소외된 주체(빗금쳐진 주체)가 타자와의 완전한 합일을 통해 존재의 완전성을 추구하려고 하지만 이것이 실패로 돌아갈 수밖에 없음을 표현한다. 눈속임을 통해 환상을 무대화하는 욕망의 대상-원인이자 욕망의 잔여인 대상a를 라캉은 상징계의 공백이자 간극이라고 말한다. 그에 따르면 궁극적으로 그것은 무(無)이다. 이 책〈셋. | 시적 아이러니와 정신 분석적 주체·담론의 해석학 | 2. 정신 분석적 주체와 이데올로기적 주체〉논의 참조.

그러나 "나"는 "南남쪽을보아도아무것도없고北북쪽을보아도아무것도없"다는 사실만을 확인한다. 욕망의 대상이었던 "屋上庭園옥상정원"은 여기에서 공허의 표지로 확인된다.「꽃나무」에서 "꽃나무는제가생각하는꽃나무를 熱心열심으로생각하는것처럼 熱心열심으로꽃을피워가지고섰"지만, "꽃나무는 제가생각하는꽃나무에게갈수없"었던 상황은 여기에서도 반복된다. 이상 시의 "나"가 또다시 확인하는 것은 욕망의 대상인 "屋上庭園옥상정원"이 실체가 없는 텅빈 기표라는 사실이며, 주체의 운동을 가능하게 했던 환상의 드라마는 여기에서도 실패하고 만다.

그런데 여기에서 "나"가 무언가가 있을 법하다고 생각하여 선택한 장소이자 욕망의 대상이 하필이면 "屋上庭園옥상정원"이라는 사실은 상호 텍스트성의 문제나 모더니티의 문제와 관련하여 쉽게 지나칠 만한 문제라고 할 수 없다. "屋上庭園옥상정원"이라는 언표는 「建築無限六面角體건축무한육면각체 ; AU MAGASIN DE NOUVEAUTES」329) 329)《朝鮮조선と建築건축》, 1932. 7.에 나오는 언표로서, 이상의 시적 주체가 "地球지구를模型모형으로만들어진地球儀지구의를模型모형으로만든地球지구"를 관찰하였던 백화점의 옥상이었으며, 「날개」의 주인공이 아내의 집으로부터 탈출을 감행하여 오른 "미쓰꼬시 옥상"이기도 하기 때문이다. 이 옥상에서 「날개」의 주인공인 "나는 또 회탁의 거리를 내려다보앉"고, "거기서는 피곤한 생활이 똑 금붕어 지느러미처럼 흐늑흐늑 허비적거"린다는 사실을 확인한다.330) 330) 이상, 「날개」, 《朝光조광》, 1936. 9. ; 『이상 전집 2』, 권영민 편, 뿔, 2009. 99쪽. "屋上庭園옥상정원"을 모더니티의 문제와 관련하여 해석한다면, "나"의 상승·하강 운동은 모더니티의(라는) 환상을 촉발시키기 위해 사회적 대타자가 호출한 주인 기표라 할 도시 문명의 물신적 기제에 대한 "나"의 매혹과 환멸을 동시에 보여 주는 심리적 표지라고 할 수 있다. 이 텍스트를 미적 모더니티의 한 흥미로운 문학적 실례로 거론할 수 있는 증거가 되는 지점이 바로 이 지점이다.

여기에서 강조할 점은 "屋上庭園옥상정원"을 둘러싼 "나"의 '運動운동'은 "屋上庭園옥상정원"에 대한 환멸이나 그것을 공허의 표지로만 받아들이는 일방적인 비판적 인식을 보여 주는 것이 아니라, 우선 "屋上庭園옥상정원"에 대한 주체의 매혹의 경험을 전제하는 심리적 운동이라는 사실이다. 이 텍스트의 "屋上庭園옥상정원"을 탈근대적 관점에서 해석하는 많은 연구들이 간과하고 있는 것과는 달리, "나의 '運動운동'의 방향 축이 "屋上庭園옥상정원"을 향한 상승 운동과 하강 운동 두 축으로 나뉘어 있음을 주목해야 하는 것은 이 때문이다. 이 때 "나"의 상승 운동은 "屋上庭園옥상정원"이 "나"에게 애초에는 환상의 대상으로 다가왔음을 의미한다. 모더니티의 문제와 관련하여 볼 때, 이는 시인을 대리하고 있는 것으로 보이는 시적 주체인 "나"가 모더니티 자체를 전면적으로 부정하거나 거부하는 것이 아니라, 오히려 그에 대한 강렬한 매혹(욕망)을 가지고 있음을 무의식적으로 드러내는 시적 언표이다. 이는 앞서 언급했던 것처럼 모더니티에 대한 환멸과 모더니티에 대한 매혹 사이에서 진동하는 미적 모더니티의 양가적 욕망을 환기한다.331) 331) "지금쯤은 이 이상이 동경

사람이 되었을 것인데"(이상,「私信사신 4」)라는 진술과 "東京동경이란 참 치사스런 都도십다. …[중략]… 참 東京동경이 이따위 卑俗비속 그것과 같은 물건(シナモノ)인 줄은 몰랐오. 그래도 뭐이 있겠거니 했더니 果然과연 속빈 강정 그것이오."(이상,「私信사신 5」)라는 진술의 공존은, 이상 시가 보여 주는 모더니티에 대한 매혹과 환멸, 동경과 좌절이라는 아이러니를 잘 드러내고 있다. 또 "내가 생각하던「마루노우찌삘딩」—俗稱속칭마루비루—는 적어도 이「마루비루」의 네갑절은 되는 雄壯웅장한 것이었다. 뉴욕「부로-드웨이」에 가서도 나는 똑같은 幻滅환멸을 당할른지"(「東京동경」)와 같은 진술은 이상이 환멸과 좌절감을 느낄 때조차도, 그것의 감정적 기저가 모더니티 자체에 대한 부정에 있지 않다는 사실을 암시하고 있다. 모순적 욕망이 뒤섞여 있는 이상의 이러한 진술들은 아이러니가 모더니티의 내적 결여를 드러내는 증상으로서 미적 모더니티의 핵심적 기저를 이룬다는 사실을 증거할 뿐만 아니라, 식민지 모더니티의 특수성을 이해하는 데에도 의미심장한 시사점을 제공한다.

이런 점에서 이상의 이 시가 드러내는 아이러니는 모더니티에 대한 욕망을 드러내는 시적 표지이자 모더니티의 결여를 표현하는 시적 증상이라고 할 만하다.332) 332) 이 시에 대해 이루어진 근자의 몇몇 연구들은 이 문제와 관련하여 해석상의 논리적 난점을 야기하는 듯이 보인다. **조해옥**은 이상 시 연구사에서 드물게 이 시의 제목 '運動운동'이 지닌 의미가, 나의 운동과 태양의 운동 두 가지를 포괄하는 것이라고 보고 꼼꼼한 해석을 하고 있다는 점에서 주목할 만하다. 그런데 이 연구는 "나"의 운동성이 지닌 두 방향, 즉 상승과 하강 운동을 포착하는 해석적 통찰을 보여 주면서도, 이 운동에 내재한 욕망의 양가성에 대한 관찰에는 상대적으로 무심한 듯이 보인다. 그 결과 이 논문은 "나"가 "屋上庭園옥상정원"에서 사물의 무의미성을 발견한다고 지적하면서도, "나"의 운동과 "태양"의 운동이 "기계적 운동을 되풀이하는 사물들"의 운동이라는 점에서는 '같은 운동'이라고 해석하고 있는데, 이는 논리적으로 상충되는 결론이 아닌가 판단된다. 조해옥,『이상 시의 근대성 연구』, 140-142쪽. ; **신범순**은 "一層일층위에있는二層이층위에있는三層삼층위에있는屋上庭園옥상정원"이란 표현이 "무슨 복잡한 말이 필요 있느냐 하는 표정으로" 근대 세계의 "획일적인 수량화의 기계적인 논리"논리를 "가장 간단한 화법적 공식 속에 밀어 넣는" 방식으로 비판하고 있다고 해석한다. 이에 따르면 "너무나 당연한 이 말을 이상은 태양의 운동에도 그대로 적용한다". 즉 이 표현은 태양이 동쪽에서 떠서 서쪽으로 진다는 너무도 당연한 태양 운동에 대한 진술과 화법적 유사성을 공유한다는 것이다. 그리고 이 연구는 이 시에 나타난 정오의 시각("하늘한복판에와있기때문에")이 백화점의 꼭대기에 떠 있는 시간의 꼭짓점과 같은 것이라고 해석한다. 그런데 이러한 해석 방식에는 몇 가지 논리적 난점이 야기되는 것으로 보인다. 우선 "一層일층위에있는二層이층위에있는三層삼층위에있는屋上庭園옥상정원"이란 표현과 "東동쪽에서솟아오른太陽태양이西서쪽에떨어지고東동쪽에서솟아올라西서쪽에떨어지고東동쪽에서솟아올라서西서쪽에떨어지고東동쪽에서솟아올라하늘한복판에와있기때문에"라는 표현이 지닌 화법의 형식적 유사성을 구체적 해석을 생략한 채 내용적으로도 같다고 보면서, 이를 근대세계의 "획일적인 수량화의 기계적인 논리"라고 단정하는 일이 논리적으로 성립될 수 있는가 하는 문제이다. 또 비슷한 어구가 반복되기는 하지만 이 두 화법이 같은 형식에 속하는 것인가 하는 점도 의문이다. 지금까지 이 책의 해석적 관점에 따르면 "一層일층위에있는二層이층위에있는三層삼층위에있는屋上庭園옥상정원"과 같은 어구는 단순히 같은 어구를 반복한 것이 아니라(실제로 이 구절은 같은 언표를 반복하고 있지 않다), 시인 이상이 행한 일종의 언어 검열이라는 차원에서 해석할 수 있는 여지가 있는 데에 반해, "東동쪽에서솟아오른太陽태양이西서쪽에떨어지고東동쪽에서솟아올라西서쪽에떨어지고東동쪽에서솟아올라서西서쪽에떨어지고東동쪽에서솟아올라하늘한복판에와있기때문에"는 같은 구절을 실제로 동어반복하고 있다는 점에서 화법의 형식이 같다고 판단되지 않는다. 한편 이 연구는 정오의 시간이 백화점의 꼭대기 시간을 지시하는 것이라고 해석하고 있는데, 만일 그렇다면 이 텍스트에서 "屋上庭園옥상정원"에 내가 올라갔을 당시에는 왜 "나"는 이 사실을 확인하지 못하고 "아무것도없"다고 했는지가 구체적으로 해명될 필요가 있어 보인다. "나"가 태양의 운동을 확인하는 것은, "南남쪽을보아도아무것도없고北북쪽을보아도아무것도없고해서屋上庭園옥상정원밑에있는三層밑에있는二層밑에있는一層으로내려간즉" 지상에서이다. 이 부분은 지상에서 확인한 태양의 운동과 정오의 시각을 "屋上庭園옥상정원"의 시각과 같은 것이라고 바로 연결하는 해석에 대해 구체적인 해명을 요구하는 부분이라고 할 수 있다. 신범순, 『이상의 무한정원 삼차각나비』, 252-253쪽.

물론 이러한 '증상'은 이데올로기적 차원에서는 현대성이라는 하나의 체계를 전체화(totalization)하고 "나"를 현대라는 역사의 주인공으로 호출하여 주체로 누비는 이데올로기적 호명이 실패하는 현장이라는 차원에서 이해될 수 있다. 그리고 호명이 실패하는 이 지점에서 역시 주체는 역시 히스테리적인 운동 방식을 보여 준다.

"나"의 하강 운동이 이루어진 직후인 "一層일층으로내려간" 이후의 상황을 살펴보자. 욕망의 대상을 찾아 "屋上庭園옥상정원"으로 올라갔으나, "나"가 거기서 발견한 것은 "아무것도없"었다. 그런 점에서 "屋上庭園옥상정원"은 환상이 실패하는 지점으로서 욕망의 대상이 공허의 표지로 변질되는 순간과 관련된다. "나"

의 하강운동은 그런 점에서 "屋上庭園옥상정원"에서 찾을 수 없었던 욕망의 대상에 대한 "나"의 새로운 모색의 과정을 의미한다. 따라서 이 텍스트의 해석에서 눈여겨볼 지점은 "一層일층으로내려간" 이후의 시간, 즉 지상의 시간이란 "나"의 탐색의 과정 또는 그 탐색의 결과로서 도달한 시간이라는 사실이다. 앞의 해석을 상기한다면, 이 지상의 시간이란 "屋上庭園옥상정원"에서 내려온 시간이라는 점에서 관념의 시간이 아니라 현실의 시간이리고 할 수 있다. "나"의 상승 운동이 현실을 이탈한 관념의 시간에서 환상의 충족이 가능할 것이라고 보았던 "나"의 욕망의 드라마를 보여 준다면, 관념의 시간에서 환상의 지속이란 불가능하다는 사실을 깨달으며 현실의 자리로 복귀하는 것이 이 하강 운동의 실존적 의미인 것이다.

그렇다면 하상 운동의 결과로 복귀한 현실의 시간에서 "나"가 발견한 대상이 무엇인가 하는 점이 중요한 문제가 될 것이다. "나"는 지상 또는 현실의 자리에서 "東동쪽에서솟아오른太陽태양이西서쪽에떨어지고東동쪽에서솟아올라西서쪽에떨어지고東동쪽에서솟아올라서西서쪽에떨어지고" 하는 태양의 운동을 목격하게 된다. 그것은 바로 동일한 패턴으로 무한히 반복되는 일상적 시간의 발견을 의미한다.[333] 333) 조해옥,『이상 시의 근대성 연구』, 141-142쪽. 현실을 벗어난 관념적 모험(유희)에서 환상의 불가능성을 확인한 "나"가, 현실의 자리로 돌아와 자신의 시간이 벗어날 수 없는 메마른 일상의 시간에 속한다는 사실을 확인하는 것이 바로 이 텍스트의 두 가지 '運動운동'의 축이 암시하는 드라마의 내용인 것이다. 그런 점에서 보면 결과적으로 "나"의 환상은 "屋上庭園옥상정원"에서도 실패하지만, 지상에서도 실패하는 것이라고 보아야 한다. 주체를 온전히 충족시킬 수 있는 충만한 존재의 처소란 어디에도 없다. 그런 점에서 "나"가 "屋上庭園^{옥상정원}"에서 "南^남쪽을보아도아무것도없고北^북쪽을보아도 아무것도없고"라고 한 대목은 "아무것도" 발견하지 못한 것이 아니라, "나"가 지상에서 "東^동쪽에서솟아오른太陽^{태양}이西^서쪽에떨어지고東^동쪽에서솟아올라西^서쪽에떨어지고東^동쪽에서솟아올라서西^서쪽에떨어지고"라는 기계적이고 무의미한 시간을 발견하는 것과 동일한 발견의 의미를 지닌다고 볼 수 있다. 그러므로 이 텍스트에 나타난 두 가지 축의 '運動^{운동}'의 의미는 세계, 특히 현대라고 하는 시간성의 공허와 무의미성은 결코 완전히 채워질 수 있는 것이 아니라는 시적 주체의 인식으로 귀결되는 것으로 보인다.

|

아이러니의 형식으로 이루어지는 시적 주체의 이러한 '運動^{운동}'의 결과는 환상의 실패를 다시 한 번 극적으로 드라마화하면서, 세계에 충만한 의미의 불가능성, 온전하고 유기적인 전체로 이루어진 세계란 불가능하다는 사실을 드러낸다는 점에서, 이상의 시를 '전체는 불가능하다(비전체, pas-tout)'는 사실을 현시하는 미적 증후로 해석할 수 있는 가능성을 재확인시킨다. 그러나 시적 아이러니를 인식론적 차원에서 해석하는 키에르케고르의 관점에 따르면, 이상의 시적 주체가 담보하는 이러한 아이러니적 운동의 결론은 최종 결론이 아니며, 의미를 찾는 하나의 도정에 불과하다는 점에서 단지 '진리'의 실패를 의미하는 것이라고 할 수도 없다. 아이러니를 무한한 절대적 부정성(infinite absolute negativity)이라는 차원에서 헤겔의 절대지의 과정과 비슷하다고 보는 그의 관점을 빌리면, 아이러니는 사태의 무한한 부정을 통해 진리에 무한히 접근하는 수단이 된다. 진리를 최종적 결론에 이른 소유의 개념이 아니라 그에 이르는

무한한 과정이라는 차원에서 해석할 때, 아이러니는 무한한 부정을 통해 허위를 배제하는 방법이며, 거기에서 주체는 부정적으로(negative) 자유롭다.[334] 334) S. Kierkegaard, 『The Concept of Irony』, pp241-288. : 이 책 〈둘. | 모더니티, 미적 모더니티, 아이러니〉 참고. 지젝에 따르면 그러므로 진리는 소유물이 아니라 그것을 찾는 과정 자체, 즉 그것을 인식하려는 실패한 진리들의 논리적 배열이라는 아이러니 자체라고 할 수 있다.[335] 335) S. Žižek, 『그들은 자기가 하는 일을 알지 못하나이다』, 280쪽. 그런 점에서 가치 있는 무언가를 위한 탐색의 과정에서 세계의 공허와 반복적으로 맞닥뜨리는 이상 텍스트의 아이러니한 시적 운동은, 일련의 아이러니한 운동 과정 자체를 통해 증상으로서의 세계라는 실재에 무한히 접근하는 인식론적 운동을 형상적으로 보여 주는 미적 드라마라고 해석할 수 있을 것이다.

|

욕망의 드라마가 세계의 공허와 결여에 대한 인식으로 귀결되는 이 시의 아이러니는 공허와 결여라는 '세계의 증상'을 '증상이라는 이름의 세계'로 현시한다는 점에서 세계에 대한 존재론적 증후가 될 만하다. "나"가 "時間시간은맞기는하지만"이라고 인정하는 대목은 세계를 '증상이라는 이름으로서의 세계'로 인식하는 시적 주체의 태도를 명시적으로 보여 준다. 이 태도는 적어도 공허와 결여라는 세계의 '증상'을 무의식적인 차원에서 부정하지 못하는 주체의 태도를 보여 준다는 점에서 실재와 마주하려는 주체의 '윤리적' 가능성에 근접한다. 하지만 설령 그것이 사실일지라도 자신이 살고 싶은 욕망의 시간과 공허로 가득한 현실의 시간과의 불일치를 "나"가 심정적으로 쉽게 받아들이기는 어려웠을 것이라는 점을 이 텍스트는 짐작하게 하기도 한다. "내키는커서다리가길고왼다리아프고안해키는적어서

다리는짧고바른다리가아프니""이夫婦^{부부}는부축할수없는절름발이가"³³⁶⁾ 336) 이상,「紙碑^{지비}」,《朝鮮中央日報^{조선중앙일보}》, 1935. 9. 15. 되듯이, 또는 거울 속의 "나"가 "참나와는反對^{반대}"³³⁷⁾ 337) 이상,「거울」.이듯이, 시적 주체인 "나"는 자신이 살고 싶은 욕망의 시간과 현실의 시간이 맞지 않는다는 사실을 고통스럽게 확인하고 있기 때문이다. "時計^{시계}를꺼내본즉서기는했으나시간은맞는것이지만時計^{시계}는나보다도젊지않으냐하는것보다는나는時計^{시계}보다는늙지아니하였다고아무리해도믿어지는것은필시그럴것임에틀림없는고로"라는 언술은 그러한 "나"의 불화의 시간 인식을 보여 주는 표지이다. 이 "時計^{시계}"는 벗어나는 것이 불가능하며 환상의 가능성이 철저히 제거되어 있는 탈신화적 시간으로서 일차적으로는 작가 자신이 느낀 일상적 실존 시간과 관련되었을 것이라고 추측해 볼 수 있다.

하지만 이상의 많은 텍스트에서 노출되는 시대와의 불화 의식을 고려해 볼 때, 이 "時計^{시계}"가 지시하는 한 낮의 시간, 일상적 시간을 기계적 운동을 되풀이하는 획일적 시간으로서 당대성에 대한 표지라고 해석하는 일은 충분히 가능한 일이다.³³⁸⁾

338) 한상규,「1930년대 모더니즘 문학의 미적 자의식」,『이상 문학 전집 4』, 김윤식 편, 167쪽 ; 조해옥,『이상 시의 근대성 연구』, 129-146쪽 ; 신범순,『이상의 무한정원 삼차각나비』, 251-261쪽 ; 조은주,「이상의〈獚^황〉연작시와 '개' 이미지」,『이상의 사상과 예술』, 128쪽 ; 정하늬,「이상 문학에 나타난 '길'의 의미 고찰」,『이상의 사상과 예술』, 350-351쪽 ; 한상규는 시간과 공간의 역동성에도 불구하고 진정한 시간적·공간적 변화를 찾아볼 수 없다는 차원에서, 조해옥은 태양 운동이 균질적이고 기계적으로 반복되는 시간이라는 점에서, 신범순은 시계가 지닌 획일적 수량화의 논리 속에서 이 운동의 시간을 근대적인 시간에 대한 비판적 텍스트로 이해한다. 조은주 역시 다른 시들에서 이상의 시계가 자동화된 기계적 이미지를 통해 근대적 정신과 경험을 함축한다는 사실을 들어 이 시의 시계를 같은 시계로 해석한다. 정하늬는 1930년대 경성을 가로지르는 '길'과 관련하여 이 텍스트가 구체적으로 그것을 지시하고 있다고 해석한다. 이 해석에 따르면 이 텍스트의 "나"가 "屋上庭園^{옥상정원}"에서 본 남쪽과 북쪽은 당시의 남대문통을 말한다. 당시의 남대문통

은 종로통과 만나고 황금정통과 만나고, 그 끝에는 조선은행, 본정통, 미쓰꼬시 백화점 등 근대 자본주의가 잔뜩 모여 있었다. 해가 떠서 지는 동서 방향은 경성을 가로지르는 종로통의 방향으로, 북촌과 남촌을 가르는 경계(동서로)이자 전근대적인 것—화신상회 북쪽으로 난 길(공평동길)은 갑신정변이 발생한 곳(우정국터)이며 구한말 중요 인사들이 살았다—과 자본주의적 통로의 경계였다. 정하늬는 이 동서 방향이 「수염」에 나오는 "一小隊^{일소대}의軍人^{군인}이東西^{동서}의方向^{방향}으로前進^{전진}"하는 방향과 같은 방향이라고 본다. 시인의 시창작의 실제가 이렇게 복잡한 지식을 염두에 두고 기계적으로 이루어지지는 않는다는 점에서 이러한 해석 방식은 다소 자의적인 면이 있어 보이나, 하나의 참조 사항은 될 만하다고 생각된다. ; 한편 김승구는 이 시가 묘사의 중심을 화자의 운동이 아니라, 화자의 움직임에 따라 상대적으로 운동의 차원을 확보하는 건축물의 근대적 구조에 둠으로써 건물을 동역학적으로 변화시킨다고 해석한다. 그런데 여기에서 김승구는 다른 설명없이 이러한 묘사 자체가 이상의 '일상적 시간의 거부', '역사에 대한 거부'를 표현하고 있다고 해석하는데, 이는 구체적인 해석적 근거가 없는 주장이라는 점에서 논리적 비약인 듯이 보인다. 김승구, 『이상, 욕망의 기호』, 106쪽. ; 한편 이상의 소설 전반에 나타나는 시간 감각이 근대적 표상이라고 지적하는 김성수의 연구를 참조할 만하다. 이 연구에 따르면 「지도의 암실」에서는 전통적 시간의 표지로서 '사원의 종소리'와 도시 청사나 광장에 세워져 근대 초기부터 형성된 수공업과 상업의 정밀한 시간을 구현하는 근대적 기계 시간의 이미지를 대비시켜 도시 공간의 일상이 객관적 시간에 의해 규율되기 시작했음을 보여 준다. 「날개」에서는 화폐 물신성과 관련하여 경성역의 시계가 주인공에게 강박을 부여하는 중요한 근대적 표상으로 등장한다. 김성수, 「이상 문학에 나타난 화폐 물신성과 감각의 모더니티」, 《국제어문》 제46집, 국제어문학회, 2009. 8. 207-209쪽. 그럼에도 불구하고 다시 한 번 강조되어야 할 사실은 자신의 현실적 시간에 대한 그의 불화 의식이 전적으로 모더니티에 대한 일방적 적대감만을 의미하는 것은 아니었다는 사실이다. 그의 시간 의식은 단지 "十九世紀^{십구세기}"만의 문제도 아니었고 "二十世紀^{이십세기}"만의 문제도 아니었으며, 정확히 말해 "十九世紀^{십구세기}와 二十世紀^{이십세기} 틈바구니에 끼워 卒倒^{졸도}하려 드는 無賴漢^{무뢰한}"339) 339) 이상, 「私信^{사신} 6」.의 불화 의식이었기 때문이다. 이상 시에서는 매우 드물게 "時計^{시계}를내동댕이쳐버리고"마는 모습까지를 보여 주는 이 시의 마지막 장면은, 이데올로기적 차원에서 시대의 현실적 시간과 자신의 시간을 일치시키지 못하는 주체의 신경증적 상황(욕망의 양가성)을 보여 준다는 점에서, 전형적으로 히스테리적 주체의 존재 양상을 보여 준다.340) 340) 신범순은 이 시의 "屋上庭園^{옥상정원}"을 소설 「날개」의 주인공이 올랐던 "미쓰꼬시 옥상"으로 해석하고, "東^동쪽에서솟아올라하늘한복판에와있기때문에時計^{시계}를꺼내본즉"의 시각을 「날개」의 주인공이 "미쓰꼬시 옥상"에서 맞이한 정오의 시각과 같은 의미를 지닌 시각으로 해석한다.(신범순, 『이상의 무한정원 삼차각나비』, 251-261쪽) 그리고 이 시의 시적 주체가 이른 최종 결론을 "시계의 리듬에 자신의 삶을 맞추며 살아가는 것을 거부"(신범순, 「실낙원의 산보로 혹은 산책의 지형도」, 『이상 문학 연구의 새로운 지평』, 82쪽.)하는 것으로 해석한다. 이러한 상호 텍스트적 시각은 시와 소설 간에 밀접한 상호 텍스트성이 존재하는 이상의 텍스트에서는 자연스러운 시각이라고 할 수 있다. 문제는 이러한 상호 텍스트적 시각이 텍스트 내부의 시적 논리에 대한 구체적 해명 없이 직관에만 의존할 경우 일정한 한계를 노출할 수밖에 없다는 사실이다. 예컨대 직관적인 상호 텍스트성에만 의존할 경우, 「날개」에서는 백화점 옥상에서 인식한 정오의 시각을, 왜 이 시의 시적 주체는 "屋上庭園^{옥상정원}"에서는 발견하지 못했는가 하는 문제가 제기될 수 있고, 왜 "屋上庭園^{옥상정원}"에서는 발견하지 못한 시각(태양의 운동)을 하강 운동 이후에 지상에서는 발견할 수 있었는가 하는 등의 문제가 연이어 제기될 수 있는 것이다. 이러한 연구 시각에서 충분히 고려되지 않고 있는 것은, 이상 텍스트 전체를 관통하는 아이러니에 관한 문제 의식이다. 이상의 텍스트 전체를 관통하고 있는 미적 인식론이자 창작 방법론이기도 한 아이러니는, 그 텍스트 속의 주체가 자신의 현실과 불화하면서도 그 현실 바깥으로 나가는 것은 불가능하다는 사실을 확인하는 난처한 자리에서 비롯된다. "나는시계를내동댕이쳐버리고말았다"는 표현이 이상의 텍스트에서는 매우 이례적으로 나타나는 강력한 감정의 표시인 것은 사실이지만, 이는 '시계' 즉, 자신의 현실 시간에 대한 시적 주체의 불화 의식이 돌출된 히스테리적 증상의 표지이지, 그 자체를 거부하는 어떤 '초극'의 모색이라고 보기는 어려워 보인다. 「날개」와의 상호 텍스트성과 관련하여서도 오히려 주목할 만한 사실은, 이 시가 "屋上庭園^{옥상정원}"으로의 상승 운동 이후 하강 운동을 통해 지상으로 복귀하고, 거기에서 일상적 삶의 변함 없는 지속을 확인하고 그 현실의 자리를 존재의 유일한 거처로 인정하듯이("時計^{시계}를꺼내본즉서기는했으나시간은맞는것이지만"), "미쓰꼬시 옥상"에 올라갔던 주인공도 거기서 "회탁의거리"와 "피곤한 생활"을 목격하지만 "나는 피로와 공복 때문에 무너져 들어가는 몸뚱이를 들고 그 회탁의 거리 속으로 섞여 들어가지 않는 수도 없다 생각하"(이상, 「날개」, 『이상 전집 2』, 권영민 편, 99쪽.)면서 현실의 자리로 돌아오는 하강 운동을 보여 준다는 사실이다. ; 그러나 이러한 하강 운동과 현실적 시간의 '인정'을 통해 드러나는 아이러니야말로 이상 시의 특유의 윤리적 가능성을 보여 주면서, 현대시에서 미적 주체의 윤리적 가능성이란 어떤 방식으로 궁구될 수 있는지를 사색하게 한다. 군중의 속물성과 거리를 두면서도 그 자신이 군중 속으로 걸어 들어가서 군중과 함께 살 수밖에 없다고 생각했던 보들레르의 아이러니에서처럼(Ch. Baudelaire, 「현대적 삶의 화가」, 《세계의 문학》 2002 봄호, 31쪽.), 이상의 텍스트가 '현대시'로서의 윤리적 가능성을 드러내는 것은 바로 이러한 아이러니적 상황에서이다. 로티가 아이러니를 현대성의 윤리적 계기로 해석한 것 역시 바로 고통과 치욕의 순간들을 자신의 것으로 받아들이는 인정의 용기와 관련한 것이었다.(R. Rotty, 『우연성, 아이러니, 연대성』, 63-74쪽.) 보들레르의 아이러니에 대한 폴 드 만의 해석을 참조한다면, 이상의 하강 운동과 '시계'에 대한 태도를 통해 표출되는 시적 아이러니는 '지금-여기'라고 하는 유일한 시간으로서의 현대성에 대한 자각을 의미한다. 폴 드 만에 따르면 이는 현대성(모더니티)과 대립하는 미적 모더니티의 부정인 동시에, 모더니티(자신의 시대의 시간성으로서의 '현대성')에 대한 인정을 전제로 해서만이 그 자신을 존립시킬 수 있는 미적 모더니티의 아이러니를 보여 준다. 그런 점에서 모더니티는 미적 모더니티의 조건이 되는 셈이다.(Paul de Man, 『Literary History and Literary Modernity』, pp142-165.) ; 이상은 여러 형태의 다소 유치한 관념의 모험을 수행하기도 했으나, 자신의 현실 시간에 기반하지 않은 관념의 모험은 지적 유희에 불과하며, 현실을 통해 관념이 추상이 될 수는 있어도 관념 자체가 현실로 변형될 수는 없다는 사실을 알고 있었다.(황현산, 「모국어와 시간의 깊이」, 『말과 시간의 깊이』, 423쪽.) 욕망의 드라마라는 관점에서 이상의 시적 주체가 "熱心열심으로꽃을피워가지고섰"지만 언제나 "제가생각하는꽃나무"에게 갈 수 없었던 것, 즉 강박적으로 반복되는 그 시 속의 환상의 실패야말로 현실의 자리 외에 존재의 다른 처소는 존재하지 않는다고 보는 그의 시적 무의식을 드러내는 표지라고 할 수 있다. 그리고 이것이야말로 그 시의 아이러니가 역설적으로 포함하는 '현대시'의 윤리적 가능성의 핵심을 이룬다. 이상의 시가 1930년대에 보여 준 이러한 아이러니의 윤리학은, 이후 1950~1960년대 김수영의 시적 아이러니에서 또 하나의 중요한 방법론적 계기를 이루는 것으로 보인다.(함돈균, 「우리의 포스트모던적 모던」, 『얼굴 없는 노래』, 262-275쪽.)

히스테리적 주체의 존재 양상이 강박적으로 반복되는 이상의 시는, 이런 강박적 표지를 통해 그 시 속의 아이러니가 세계의 존재론적 결여를 환기하는 증상이라는 사실을 잘 보여 준다. 미적 모더니티의 관점에서 반복되는 이러한 시적 아이러니는 모더니티에 내재한 결여를 드러내는 증상이라고 할 만하다. 그것은 모더니티가 내세우는 환상의 기표들에 의해 하나의 시대가 결코 전체화될 수 없으며, 주체가 이데올로기적인 방식으로 온전히 호명될 수도 없다는 사실을 보여 준다는 점에서 주체의 실패인 동시에 모더니티의 실패를 드러내는 미적 증후라고 할 만하다.

여덟.

이상, 식민지 모더니티의 시적 증상

4. 백화점이라는 이름의 도시

1) 식민지 경성의 스펙터클과 이데올로기적 환상으로서의 백화점

이상의 시는 그동안 미적 모더니티의 관점에서 적잖은 연구자들의 관심을 끌어왔으나, 정작 그 시 중에서 모더니티의 오브제가 그 자체로 자세한 시적 묘사의 대상으로 전면화되는 것은 사실상 「建築無限六面角體건축무한육면각체 ; AU MAGASIN DE NOUVEAUTES」가 유일하다. 이는 이상의 시가 주로 작가 자신이 처해 있던 개인적 실존 상황에 대한 문제 의식으로부터 비롯된다는 사실과도 관련이 있다. 이상의 여러 종류의 텍스트에서 모더니티에 대한 그의 인식과 태도를 읽어내려고 할 때, 그의 무의식을 교묘히 숨기고 있는 세밀한 언표들에 주의해야 하는 것도 이 때문이다. 이렇게 보면 모더니티의 극적인 오브제인 백화점 풍경 자체를 시적 모티프로 삼고 있는 「建築無限六面角體건축무한육면각체 ; AU MAGASIN DE NOUVEAUTES」는 이상 시에 있어서는 오히려 특이한 시라고 볼 수 있다. 그러나 이를 다른 차원에서 생각해 보면, 백화점이라는 모더니티의 대표적 오브제가 이상에게도 시적 모티프가 될 만큼 당대의 지대한 관심의 대상이었다는 사실을 뜻하며, 이는 그가 살던 1930년대에 이미 백화점이 대중들로 하여금 모더니티에 대한 환상을 가능하게 할 만한 욕망의 기표이자 이데올로기적 대상이었다는 사실을 추측케 하는 일이기도 하다. 따라서 이 시의 해석을 위해서는 이상이 살던 1930년대의 경성에서 백화점이 어떤 방식으로 모더니티의 환상을 대표하는 기표로 자리하게 되었는가 하는 시대적 맥락을 간략하게나마 살펴보지 않을 수가 없다.[341]

[341] 식민지 사회는 정의상 독자적 사회가 아니라 제국 본국에 절합된 종속적 사회다. 식민지 시기 문화의 본질을 규명하는 데에는 오늘날 한국 사회의 현대성과의 시간적·수직적 연관성보다는 당시 제국 일본과의 공간적·수평적 연관성을 파악하는 작업이 선차적 중요성을 띤다. 김백영, 『지배와 공간—식민지 도시 경성과 제국 일본』, 문학과지성사, 2009, 476쪽 ; 식민지 도시 공간에 대한 신뢰할 만한 연구가 많지 않은 상황에서 김백영의 최근 연구는 특히 주목할 만하다. 이 단락에서 주로 인용의 논거로 사용된 김백영의 논의는 모두 이 글에서 요약·발췌한 것임을 밝혀 둔다.

모더니티라는 현상은 도시 공간을 무대로 발현한다. 그것은 가변성과 유동성, 변화와 혁신, 성장과 발전의 새로운 정신적·물질적 장치를 도입하여 오래된 것의 권위와 집합적 습속의 관성에 침잠되어 온 전통적 삶을 순식간에 파괴하고 해체해 버린다. 피지배 식민지국이라는 상황의 특수성에도 불구하고, 이미 1910년대의 경성은 강제와 폭력의 헤게모니적 통치 방식 외에 매혹과 스펙타클의 헤게모니적 장치를 통해 대중의 탈정치화와 평화적 일상의 연출을 위한 환상의 무대로 도시화되고 있었다. 예컨대 경성신사(京城神社)의 대제(大祭)는 매년 거행되었는데, 원색적 도구들로 치장한 가시적 이벤트는 식민지 사회에서 일본인의 문화적 일체감을 확보하는 중요한 문화적 장치였을 뿐만 아니라, 거리 행렬을 통해 조선인 대중의 이목을 집중시키는 경성부 전체 차원의 문화 행사였다. 나들이 문화는 조선 사회에서는 이전에 보기 어려웠던 새로운 도시 생활의 풍속도로 일찌감치 자리잡았다. 그 대표적인 예가 봄철의 벚꽃놀이에서 절정을 볼 수 있는 창경원 나들이로서, 이미 1917년에 봄철 휴일의 관람자가 1만 명을 넘어섬으로써 신분·계층·민족적 차이를 뛰어넘는 대단한 군중 스펙터클의 양상을 띠게 된다. 이러한 양상은 경성 야시(夜市)의 경우에도 마찬가지로 나타난다. 1914년 태평통 야시를 기점으로 전통적으로 조선인의 상권이었던 종로에도 1916년 여름부터 야시가 개설된다. 종로 야시는 개장 첫날부터 수만의 인파가 운집하여 불과 열흘 만에 야시 구역을 확장하는 등 대단한 인파를 모으며 번성했으며, 이후 매년 여름 상당한 인기를 끌면서 성황리에 지속되었다. 여름 밤을 장식한 또 다른 도시 이벤트로는 여름철 한강변에서 개최된 '한강 관화(觀火) 대회'를 들 수 있는데, 조선의 전통적 행사를 식민 권력이 병합 초기 식민지 도시 사회의 안정을 위해 재창조·발명해 낸 것으로 추측된다.[342] 342) 김백영, 『지배와 공간─식민지 도시 경성과 제국 일본』, 473-483쪽 ; 이들 행사의 공통점은 시기적으로 이 행사들이 1916~1917년을 전후한 시점에 출발했다는 사실이며, 이 행사들의 상당수가 총독부와 긴밀한 관계를 맺고 있는 경성일보사(매일신보사)의 주도로 개최되었다는 사실이다. 김백영의 관점에 따르면, 이는 1914년 경성부의 성립과 1915년 시정 5주년 기념 공진회의 성공적 개최를 계기로 식민 통치가 정치적으로 안정화되었음을 확인하고, 대중적 소비 문화 양식의 창출을 통해 여전히 정치적으로 불안한 도시 사회의 안정을 모도하려는 정치적 의중의 산물이었을 가능성이 크다. 김백영, 『지배와 공간─식민지 도시 경성과 제국 일본』, 483-484쪽.

1915년부터 총독부가 식민지 기간에 총 세 번 주최한 박람회는 식민지 스펙터클의 하이라이트 중 하나였다. 박람회가 시작되면 경성의 인구는 30만에서 100만~200만 명으로 늘어났다. 시골 사람들은 논밭을 팔아 경성으로 올라와 근대가 만들어낸 인공 도시를 경험하고 현대의 상품에 맛을 들인 뒤 현대의 소비자로 등록되었다.[343]

343) 신명직, 『모던보이 경성을 거닐다』, 현실문화연구, 2003, 288-299쪽 ; "박람회다! 박람회다! 이 때를 놓치면 큰 낭패다! 삼십만 서울은 백만이백만이 된다. 여관업이다. 음식점이다. 평양에서는 기생들이 총동원으로 서울에 원정을 온단다. 술장사 밥장사─계집장사! 협심패! 날랑패! 부장자! 거편 둥둥둥─이렇게 아

직도 석달이나 남은 박람회의「포스터-」를 둘러싸고서 야단법석이다. …[중략]…
이렇게 시골, 서울 할 것 없이 박람회만 열리면 무슨 큰 수나 날 것같이 뒤범벅이
되어 펄쩍 떠든다. 집팔아 논팔아 딸팔아! 박람회를 이용하여 돈을 벌려는 사람
들— 한 달 동안에 거부가 되어 흥청거리고 살아볼 꿈을 꾸는 가여운 사람들!"《朝
鮮日報조선일보》, 1929. 6. 8.) 주목할 또 하나의 사실은 종로 야시가 개
장한 1916년에 본정 오거리에 일본의 대표적 백화점 자본인 미
쓰코시 오복점(三越吳服店)이 신축 낙성된 사실이다. 1930년
대 경성의 상층부 소비 자본주의적 도시 문화를 주도하게 될 일
본의 대표적 백화점 자본의 경성 진출은 바로 이 시기부터 시작
된다.[344] 344) 김백영,『지배와 공간—식민지 도시 경성과 제국 일본』, 484쪽.

당대 식민지 조선에서 백화점이 지닌 문제를 모더니티의 문제
와 관련지어 좀 더 균형 있게 이해하기 위해서는 1920~30년대
경성의 도시 공간에 나타난 세 가지 징후적 변화를 함께 고려
할 필요가 있다. **첫째**, 경제 중심과 정치 중심의 분화를 비롯한
도시 공간의 기능적 분화다. 총독부 청사와 경성부 청사가 광
화문통으로 신축 이전되어 정치 권력의 중심이 북촌 방면으로
이동함과 동시에 선은전(鮮銀前, '센긴마에') 광장[345] 345) 식민
화 초기 선
은전 광장(현재의 한국은행 앞)은 조선은행, 경성부청, 조선우체국과 같은 랜드
마크 건축물에 의해 둘러싸인 공간이자 남대문통에서 본정통으로 진입하는 관문
으로 식민지 지배 권력의 정치·행정과 경제·금융 기능이 복합된 단일한 도심
부를 구성하고 있었다. 김백영,『지배와 공간—식민지 도시 경성과 제국 일본』,
487쪽. 이 명실상부한 경제·금융 중심지로서의 성격을 확고히
하게 되어, 도시 전체적으로는 정치 중심(광화문통), 경제 중심
(본정), 군사 중심(용산), 교육 중심(동숭동) 등이 형성되어 도
심지 공간의 기능 분화가 이루어진다. **둘째**, 1920년대 중반을
거치면서 도시 외곽 지역으로의 이입 인구를 중심으로 인구가
폭발적인 증가세를 띠면서, 1914년 경성부 성립 당시의 표주박

형의 협소한 시가지는 남촌과 북촌의 이중적 구성을 보이는 중심부 시가지와, 동·서·남 세 방향으로 무질서한 확장의 성격을 띠면서 전개된 주변부 시가지가 결합되어 대폭 확장된 부채꼴형 구조로 전환된다. **셋째**, 경성을 비롯한 전국의 실업률이 1930년대 전반 경제 공황기를 최고점으로 하여 1930년대 중반에는 감소하는 경향을 보이고 있다는 사실이다. 이는 비록 이입 인구는 계속 증가하여 도시 빈민이나 실업 인구의 숫자는 늘어났으나, 산업화로 인해 일자리 또한 상당히 증가하고 있었음을 의미한다. **그 결과** 1930년대 중반에 이르면 조선 왕조 5백년의 전통적 도읍지 한양의 모습은 상당히 사라지고, 빈부의 현저한 계층적 양극화와 시가지의 수평적 확장, 도심부 경관의 수직적 변화로 특징지어지는 자본주의적 대도시화 양상이 본격적으로 전개되기에 이른다.[346] 346) 김백영, 『지배와 공간—식민지 도시 경성과 제국 일본』, 487-490쪽. 이러한 도시 공간의 확장과 개편은 조선이 근대로 변모하는 과정이기도 했지만, 일제의 침략 논리를 공간적으로 구체화함으로써 오랫동안 한양이 지녔던 도성으로서의 권위를 해체하는 결과를 가져왔다.[347] 347) 김진송, 『서울에 딴스홀을 허하라』, 현실문화연구, 2003, 248쪽.

이상의 소설 「날개」에 상징적 배경으로 등장하고, 「建築無限六面角體건축무한육면각체 ; AU MAGASIN DE NOUVEAUTES」에서 시적 모티프로 전면화되는 대형 백화점은 바로 이러한 식민지 도시 공간의 재편 과정 속에서 이해될 수 있는 매우 증후적인 모더니티의 기표라고 할 수 있다. 즉 당대의 대형 백화점은 1926년 경성부 청사의 이전과 1930년대 조선 공업화 정책의 실시에 따른 산업 구조의 변화와 도시 중산층의 성장, 소비 시장의 확장과 구매력의 증대 등을 배경으로 하여, 경성 최대의 번

화가인 본정을 중심으로 경성의 상점가 전반에 일어난 엄청난 변화를 상징하는 증후적 기표인 것이다. 1926년 경성부청이 태평통의 옛 경성일보 사옥의 자리로 이전함으로써 그 이전에 본정이 누렸던 행정적·경제적 독점적 도심지로서의 기능은 약화되었지만, 이후 그 일대는 백화점을 비롯한 상업·금융 시설의 밀집으로 인해 경제적 위상은 오히려 더욱 강화된다. 미쓰코시(三越) 백화점이 들어선 이후 본정 일대에는 미나카이(三中井) 백화점, 히로다(平田) 백화점이 잇따라 신축·증축되고 남대문로에도 조지야(丁字屋) 백화점이 신축되어 남대문로~본정1정목은 경성을 대표하는 백화점 거리로 조성되었다.[348]

[348] 더불어 도시 중산층을 대상으로 한 유흥업종의 급격한 확산 역시 이 시기의 중요한 특징이라고 할 수 있다. 김백영, 『지배와 공간—식민지 도시 경성과 제국 일본』, 493쪽 ; 백화점 이전에 상가를 지배한 대형 소매점으로는 종로에서는 포목점을, 본정에서는 오복점(吳服店)을 들 수 있는데, 오복점은 백화점의 전신으로 규모가 큰 잡화점의 성격을 띠고 있었나. 1906년, 경성에 가장 먼저 신출한 미쓰코시 오복점 경성출장소가 미쓰코시 백화점 경성 지점으로 승격한 것은 1929년이다. 또 조지야 오복점은 1921년, 미나카이 오복점은 1922년, 히로다 오복점은 1926년 각각 설립되었는데, 1927년 미쓰코시 오복점이 옛 경성부 청사 부지를 매입하여 새 건물을 착공하고 1934년 완공하게 되는 것을 전후하여, 미나카이 오복점도 1932년 본정1정목에 대형 점포를 신축하고, 조지야 오복점도 1939년 남대문로에 새 건물을 신축하게 된다. 김백영, 『지배와 공간—식민지 도시 경성과 제국 일본』, 493쪽.

중요한 것은 대형 백화점으로 상징되는 이러한 도시 공간의 소비 자본주의화 경향이 단지 공간의 변화가 아니라 주체의 변화를 야기했다는 사실이다. 이 시기 조선에 진출한 일본 백화점은 비약적인 상권의 신장을 기록하면서 백화점에서 판매하는 일본제 상품들에 대한 대중의 폭발적인 수요를 창출하였다. 그리고 이 상품들은 잡지, 영화, 패션, 유성기 등과 더불어 당대의 유행을 창출하는 데에 핵심적인 오브제로 활용되었다. 식민지 도시 경성에서 백화점이라는 소비 대자본이 끼친 사회적 효과의 독특성은 적대적인 민족 간 경계를 넘어서 공유되는 소비와 기호의 새로운 실천 규범을 창출해 낸 데에 있다. 여기에서 소비 자본주의적 문화 상품에 대한 매혹이 소비자로서의 피식민 주체에게 의미하는 것은 현실의 박탈감과 무력감에서 벗어나 상품 세계의 환상으로의 일시적 도피, 즉 외래 상품을 통해 '제국의 힘'을 상상하고 경험하는 것이었다. 따라서 그들에게 중요한 것은 상품의 사용 가치 그 자체가 아니라, '하쿠라이〔舶來박래〕'라는 힘의 상징, 문명의 기호였다.[349] 349) 1930년대 백화점 풍경을 묘사한 한 잡지의 르뽀는 백화점의 경험이 전형적인 '하쿠라이〔舶來박래〕' 체험이라는 사실을 보여 준다. 꽃구경을 하고 온 젊은 부부와 두 아이는 'W백화점'의 5층 식당에 들어가서 재즈를 들으면서 양식과 일식 조선식이 섞여 있는 음식을 먹는다. "레코드가 울고 그랜드 피아노가 흑요석 같이 빛나고 있"는 4층 음악실에서는 '슈베르트의 소야곡' 레코드를 사는 젊은 남녀가 목격된다. 사진기실에는 '일리안 키쉬'와 '꾸레타 갈보' 같은 표정으로 사진을 찍고 싶다며 '미국제 사진기'를 사는 남녀가 있다. 포목주단실에는 '장미를 수놓은 하부다이 저고리'를 사는 소녀가 있다.《朝光조광》, 1937. 4.

식민지적 현실의 난센스로부터 벗어날 수 없는 피식민 대중은 이러한 '기호의 상상계' 속에서 심리적 위안을 찾았다. 그런 점에서 백화점은 1910년대부터 시작된 일련의 도시적 스펙터클의 꽃으로서, 문명의 위세를 과시하고 매혹을 선사하는 제국의 스펙터클이 상연되는 환상의 극장이었다고 할 수 있을 것이다.[350] 350) 김백영, 『지배와 공간―식민지 도시 경성과 제국 일본』, 498-520쪽 ; 그러나 현실적으로 당시 경성부민의 대다수는 절대 빈곤층이었으므로, 이러한 제국의 매혹에 일상적으로 접근할 수 있는 피식민 대중은 극소수에 불과했다. 따라서 모던 보이와 모던 걸, 하쿠라이와 패션, 혼부라와 밤벚꽃 놀이를 향유하기 어려운 대다수 민중들은, 극히 전통 방식에서부터 유행의 '싸구려' 모사품에 이르기까지 다양하고 이질적인 문화적 장치들을 고안해내는 방식으로, 일상 생활 속에서 민족성과 민중성이 혼성된 새로운 정체성을 형성해 가고 있었다. 김백영, 『지배와 공간―식민지 도시 경성과 제국 일본』, 512쪽 ; 유선영의 연구에 따르면 1930년대에 대중 문화를 안정적으로 향유할 수 있는 중산층 이상의 소비 집단은 전체 인구의 17% 정도였다고 한다. 유선영, 「근대적 대중의 형성과 문화의 전환」, 『언론과 사회』, 성곡언론재단, 2009, 76-77쪽 ; 한편 서지영은 당대 백화점과 유행의 주소비자였던 여성들의 신체가 백화점의 소비 상품들을 통해 자기 동일시되는 과정에 주목한다. 이 연구에 따르면 식민지 백화점의 주소비 계층이었던 여성들의 소비 행위와 상품에 대한 매혹은 식민지 가부장 사회라는 이중의 질곡에 놓여 있던 당시 공적 영역에서의 차단된 사회화, 즉 여성들의 소외와 권력을 드러내는 동시에, 소비 주체로 호명되는 이데올로기적 과정을 통해 환상과 실재, 가짜 자아와 진짜 자아 사이의 경계에서 부유하는 존재가 되는 것을 의미한다. 서지영, 「소비하는 여성들 : 1920~30년대 경성과 욕망의 경제학」, 『한국여성학』 제26권, 한국여성학회, 2010, 144쪽.

여덟.

이상, 식민지 모더니티의 시적 증상

4. 백화점이라는 이름의 도시

2) 하쿠라이〔舶來^{박래}〕; 의사(擬似) 기표들

모더니스트였음에도 불구하고 모더니티의 중요 오브제가 시적 모티프로 전면화되는 일이 거의 없는 이상의 텍스트에서, 유독 백화점이「建築無限六面角體」^{건축무한육면각체}; AU MAGASIN DE NOUVEAUTES」라는 제목으로 등장하는 데에는 이처럼 이 오브제가 당대성을 직접적으로 현시하는 중요한 상징성을 지니고 있기 때문이다. 한편으로 그것은 백화점이라는 '하쿠라이〔舶來^{박래}〕'에 대한 작가 자신의 관심을 전제한다고도 할 수 있다. 욕망하는 주체의 관점에서 볼 때 이러한 관심은 물질적 대상이 촉발시키는 환상의 일종이라는 점에서, 당대의 통상적 주체들이 그러하듯이 '하쿠라이'에 대해 지니고 있던 페티쉬(fetish)적 욕망을 그의 무의식 역시 일정한 수준에서는 공유하고 있었음을 암시하는 것이다.[351] 351) 이상이 당대의 한 유행이 되었던 도시 내부로의 '산책'을 즐겼다는 사실, 그리고 그 산책의 주요 경로 중에 백화점이 있었다는 사실은 기본적으로 그가 모더니스트로서의 욕망-무의식을 지니고 있었다는 사실을 반영한다. 가을의 짧은 산책에 대한 감상을 적은 한 수필에서, 이상은 도시의 풍경에 대한 소설가 박태원의 신랄한 시선과는 달리 담담하게 백화점의 풍경을 관조하는 모습을 보여준다. 이상,「散策^{산책}의 가을」,《新東亞^{신동아}》, 1934. 10.

백화점이 지닌 이러한 상징성을 전제한다면, 이 시는 조밀한 내재적 분석과 더불어 당대성을 염두에 둔 증후적 독해가 동시에 이루어져야 마땅

할 것이다.

　　四角形사각형의 內部내부의 四角形사각형의 內部내부의 四角形사각형의 內部내부의 四角形사각형의 內部내부의 四角形사각형.

四角사각이난圓運動원운동의 四角사각이난圓運動원운동 의 四角사각 이 난 圓원.

비누가通過통과하는血管혈관의비눗내를透視투시하는사람.

地球지구를模型모형으로하여352)만들어진地球儀지구의를模型모형으로하여만들어진地球지구

去勢거세된洋襪양말. (그女人여인의이름은워어즈였다)

貧血緬䋈빈혈면포, 당신의얼굴빛깔도참새다리같습네다.

平行四邊形對角線方向평행사변형대각선방향을推進추진하는莫大막대한重量중량.

마루세이유의봄을　解纜해람한코티의香水향수의마시한東洋동양의가을.

快晴쾌청의空中공중에鵬遊붕유하는Z伯號백호. 蛔蟲良藥회충양약이라고쓰여져있다.

屋上庭園옥상정원. 猿猴원후를흉내내고있는마드무아젤.

彎曲만곡된直線직선을直線직선으로疾走질주하는落體公式낙체공식.

時計文字盤시계문자반에XII에내리워진二個이개의侵水침수된黃昏황혼.

도아-의內部내부의도아-의內部내부의鳥籠조롱의內部내부의카나리야의內部내부의嵌殺門戶감살문호의內部내부의인사.

食堂식당의門문깐에方今到達방금도달한雌雄자웅과같은朋友붕우가헤여진다.

검은잉크가엎질러진角雪糖각설탕이三輪車삼륜차에積荷적하된다.

名銜명함을짓밟는軍用長靴군용장화. 街衢가구를疾驅질구하 는 造화 花조 金금 蓮련.

위에서내려오고밑에서올라가고위에서내려오고밑에서올라간사람은밑에서올라가지아니한위에서내려오지아니한밑에서올라가지아니한위에서내려오지아니한사람.

저여자의下半^{하반}은저남자의上半^{상반}에恰似^{흡사}하다.(나는哀憐^{애린}한邂逅^{해후}에哀憐^{애린}하는나)

四角^{사각}이난케-스가걷기始作^{시작}이다.(소름끼치는일이다)

라지에-타의近傍^{근방}에서昇天^{승천}하는꼳빠이.

바깥은雨中^{우중}. 發光魚類^{발광어류}의群集移動^{군집이동}.

— 「建築無限六面角體^{건축무한육면각체} ; AU MAGASIN DE NOU-VEAUTES」[353) 전문

352) 임종국의 최초 번역은 "地球^{지구}를模型^{모형}으로"이며, 이후의 모든 전집들이 이를 따라 싣고 있는데, 이건제의 연구에 의하면 정확한 번역은 "地球^{지구}를模型^{모형}으로하여"이다.(원문은 地球に倣つて) 이건제, 『이상 시의 텍스트와 시의식 연구』, 37쪽.
353) 《朝鮮^{조선}と建築^{건축}》, 1932. 7. ; 일문시로 임종국 편 전집에 임종국의 번역으로 실렸다. 이승훈·김주현·권영민 편 전집도 이 번역을 따라 싣고 있다.

일단 이 시 「建築無限六面角體^{건축무한육면각체} ; AU MAGASIN DE NOUVEAUTES」가 백화점 자체를 시적 대상으로 하고 있다는 점에 주목하여 내재 분석을 시도해 보자. "四角形^{사각형}의內部^{내부}의四角形^{사각형}의內部^{내부}의四角形^{사각형}의內部^{내부}의四角形^{사각형}의內部^{내부}의四角形^{사각형}"이라는 구절은 많은 논란 속에서도 주목할 만한 방식의 몇 가지 독해가 이미 이루어진 바 있다. 그 중에서도 이 텍스트가 시적 화자의 눈에 비친 백화점 풍경의 가시화라는 점을 생각해 볼 때, "四角形^{사각형}"이 백화점의 건축 프레임을 기하학적으로 단순화한 표현이라는 사실은 분명해 보인다. 이는 이상이 시인이기 이전에 수학과 기하학이라는 모더

니티의 근본적 기제를 통해 훈련받고 자신의 사회로부터 불려 나왔던 건축학도였다는 사실을 상기해 보면 자연스러운 일이라고 할 수 있다. "四角形사각형의內部내부의四角形사각형의內部내부의四角形사각형의內部내부의四角形사각형의內部내부의四角形사각형"은 그런 점에서 사각형의 기하학적 프레임의 연속으로 이루어진 백화점의 건축 구조에 대한 투시도법적 표현이라고 추측할 수 있다. 이 표현이 일종의 건축학적 투시도법으로 제시된 백화점 구조의 기하학적 단순화라는 사실을 전제한다면 "四角사각이난圓運動원운동의四角사각이난圓運動원운동 의 四角사각 이 난 圓원"은 첫 행을 다른 방식으로 표현한 같은 의미의 진술이라는 추측이 가능해진다. "四角形사각형의內部내부의四角形사각형의內部내부의四角形사각형의內部내부의四角形사각형의內部내부의四角形사각형"은 무한소(無限小)를 향해 가는 "四角形사각형"의 운동이라는 점에서 "四角사각이난圓運動원운동의四角사각이난圓運動원운동 의 四角사각 이 난 圓원"의 무한소적인 운동으로 수렴될 수 있기 때문이다. 여기에서 첫 번째 행과 두 번째 행의 마지막 언표가 사물의 형상을 구체적으로 묘사하는 언표가 아니라, 각각 "四角形사각형"과 "圓원"이라는 명사형의 기하학적 언표로 마무리되고 있음은 주목할 만하다.354)   354) 이에 대해서는 이어령의 주석이 적절한 설명을 제시하고 있는 듯이 보인다. 이승훈 편의 전집도 이 견해를 지지하고 있으며, 김승구도 비슷한 견해를 피력하고 있다. 이어령,『이상 시 전작집』, 이어령 교주, 138쪽 ; 이승훈,『이상 문학 전집 1』, 이승훈 편, 198쪽 ; 김승구,『이상, 욕망의 기호』, 103쪽 ; 한편 권영민은 "四角形사각형의內部내부의四角形사각형의內部내부의四角形사각형의內部내부의四角形사각형"을 건물의 외양 묘사로, "四角사각이난圓運動원운동의四角사각이난圓運動원운동의四角사각이난圓원"은 사람들이 드나드는 백화점의 회전문을 묘사한 것으로 보고 있다. 그러나 사물(백화점)의 전체를 기하학적으로 단순화하던 시선이("四角形사각형의內部내부의四角形사각형의內部내부의四角形사각형의內部내부의四角形사각형"), 갑자기 바로 뒤에서 사물의 일부를 이루는 부분적 대상(백화점의 회전문)의 구체적 형상으로 전환된다는 것은 시적 흐름상 자연스러워 보이지 않는다. : 한편 고봉준은 "四角사각이난圓運動원운동의四角사각이난圓運動원운동의四角사각이난圓원"은 사각형의 점포들 사이를 걸어다니는 '산책자'의 눈에 지각된 백화점 내부의 풍경으로서, 사각형의 내부 홀을 가지고 있는 백화점의 내부를 아래에서 올려다보는 시선에 기인하는 것이라고 해석한다. (고봉준, 『한국 모더니즘 문학의 미적 근대성 연구』, 경희대 대학원 박사 학위 논문, 2005, 72쪽.) 이 시의 백화점에 "屋上庭園^{옥상정원}"이 있는 것으로 보아, 이 시가 실제 1930년대의 미쓰코시 백화점을 대상으로 한 시라는 사실을 가정한다면, 고봉준의 해석은 간단하지만 일리가 있는 해석으로 보인다. 미쓰코시 백화점이 현재 신세계 백화점의 전신이라는 사실을 상기할 때, 당시의 건물 뼈대를 보존하고 있는 이 건물의 현재 구조를 보면 건물 중앙이 위로 뻥 뚫린 구조로서 중앙홀의 아래서 위로 올려다보거나 중앙홀의 위에서 아래로 내려다보면, 사각형 내부에 원이 들어 있는 구조라는 사실을 확인할 수 있기 때문이다. 이 때 "四角^{사각}이난圓運動^{원운동}의四角^{사각}이난圓運動^{원운동} 의 四角^{사각} 이난 圓^원"처럼 "四角^{사각}이난圓運動^{원운동}"이 반복되는 까닭은 "四角^{사각}"이 백화점 건물의 전체 프레임이기도 하지만, 각층의 프레임이 "四角^{사각}"이기도 하므로, 각층의 사각형과 그 속의 원이 위에서 아래로, 혹은 아래에서 위로 반복되는 기하학적 구조를 가지고 있는 것으로 이해할 수 있다.

무한소적인 사각형의 연쇄 운동이기도 하고 "四角^{사각}이난圓運動^{원운동}"이기도 한 백화점의 건축학적 프레임을 기하학적 시선으로 단순화한 후에, 텍스트의 행간에 표면적으로 나타나지는 않는 시적 화자는 백화점의 세부 풍경을 본격적으로 묘사하기 시작한다. 풍경이 구체화될 때 이 시선 속에서 포착되는 것은 크게 보아 ① **백화점의 진열대를 구성하고 있는 개별적 상품들**, ② **백화점의 풍경을 구성하는 오브제들**, ③ **백화점에서 목격된 거리 풍경** 등으로 나뉜다. 여기에서 중요한 것은 이 사물들의 묘사를 통해 드러나는 백화점 풍경에 대한 시적 화자의 태도다. 우선 ① **백화점의 진열대를 구성하고 있는 개별적 상품들**을 살펴보면, 시선의 대상이 되는 것은 "地球^{지구}를模型^{모형}으로하여만들어진地球儀^{지구의}", "去勢^{거세}된洋襪^{양말}", "貧血緬絶^{빈혈면포}", "마르세이유의봄을 解纜^{해람}한코티의香水^{향수}" 등이다. 시선에 포착된 각각의 상품들에는 그 대상에 대한 화자의 태도를 짐작할 수 있는 수식어나 서술어가 딸려 있다. 이 때 상기해 볼 점은 1930년대 당대적 맥락 속에서 이 상품들이 지닌 의미이다.

화자의 시선 속에 포착된 이 상품들은 전형적인 '하쿠라이〔舶來박래〕'로서 당대 대중들에게 사용 가치로서보다는 모종의 '상상적' 만족을 충족시키는 환상의 대상들이었다. 이 때 하쿠라이적 체험은 상품을 통해 민족적 차이와 성차의 경계를 허물고, 상품의 운동이라는 자본주의적 보편 질서로의 이행을 촉발하는 주체의 변화를 가능하게 했다는 점에서, 식민지 공간 속의 피지배 민중을 소비 주체이자 탈정치화된 개인들·대중들로 호명하는 이데올로기적 호명 장치의 하나였다.[355] 355) 김백영, 『지배와 공간—식민지 도시 경성과 제국 일본』 참조. 이 경우 교환 가치를 매개로 하여 이루어지는 상품의 보편적 자기 운동 속에서 주체가 처한 피식민지 대중이라는 사회적·역사적 특수성은 무화되며, 그의 특수성은 모더니티의 환상을 구축하는 자본주의적 기표들과의 동일시를 통해 사회를 전체화하는 이데올로기적 방식으로 이루어진다. 식민지 내부에서 한국적 모더니티가 겪은 특수성은 봉건 체제의 적대적 모순이 지양된 결과로서의 모더니티가 자율적 자기 운동의 결과가 아니었기 때문에, 오히려 자기 체제의 모순을 심화·은폐하는 결과를 낳았다는 사실이다. 거기에서 모더니티는 한 체계의 역사적 자기 지양의 결과가 아니라, 하나의 정치체가 또 다른 정치체를 자신의 체제로 편입·종속시키는 질곡의 문제가 되는 동시에, 개별적 정치 체제의 특수성을 자본주의와 현대적 질서(근대 체제)[356] 356) 이 경우 자본주의는 모더니티라는 사회적 대타자의 하부를 이루는 주인 기표(헤게모니적 질서) 중 하나가 된다.

로 지양해 버리는 역사적 운동의 결과물이라는 성격을 띤다. 여기에서 박래품(舶來品, 하쿠라이)으로 도래하는 식민 체제 내의 소비 상품의 유통과 패션의 유행 같은 모더니티의 기표들은, 개인적 취향으로 세분화되는 현대적 개인을 탄생시키는 동시에 이데올로기적 환상을 통해 한 사회에 내재해 있는 역사적 특수성과 왜상적(anamorphosis) 표지를 봉합·은폐하는 헤게모니적 기제의 일부가 된다. 백화점을 비롯하여 식민지 모더니티의 여러 문화·상품 기표들이 당대 대중으로부터 얻은 폭발적 호응은 이 기표들에 부착된 이데올로기적 효과의 위력을 잘 보여 주고 있다. 특히 모더니티의 기표들을 일상적으로 소유할 수 있었으며, 그 기표들과의 동일시를 통해 스스로를 '모던보이', '모던걸', '신여성'으로 지칭하고 다니던 이들이 중상층 이상의 경제적 능력을 지닌 계층이거나 고학력 계층이었다는 사실을 상기해 본다면, 우리의 경우에 있어 모더니티가 그려내는 환상은 당대 부르주아 계급·지식인 계층을 이데올로기적 주체로 호명하는 데에 탁월한 효과를 보여 주었다고도 할 수 있을 것이다.

이 텍스트에 나타난 백화점과 그 곳에 진열된 상품들, 그리고 백화점의 안팎에서 목격되는 풍경의 대상들에 대한 화자의 시선은 이러한 당대적 맥락 속에서 이해되어야만 한다. 그런 점에서 이 시선에 내재한 비평적 태도는 당대적 맥락에서는 특이한 것이라고 할 수 있다. "地球(지구)를模型(모형)으로하여만들어진地球儀(지구의)"라는 언표를 보자. "地球儀(지구의)"의 정의가 본래 "地球(지구)를模型(모형)으로하여만들어진" '지구'라는 점에서 이 언표는 동어반복적인 언표이다. 그러나 "一層(일층)위에있는二層(이층)위에있는三層(삼층)"과 같이 매우 당연해 보이는 진술이나 동어반복적 진술을 통해 자신의 관점을 드러내는 이상 시 특유의 화법으로 볼 때, 이는 단순한 동어반복적 표현이 아님을 짐작할 수 있다. "地球^{지구}를模型^{모형}으로하여만들어진地球儀^{지구의}"가 지시하는 것은 말 그대로의 의미에서 "模型^{모형}", 모조품으로서의 "地球儀^{지구의}"다. 여기에서 명백히 강조되고 있는 것은 "地球儀^{지구의}"의 내용적 정의가 아니라, 그것이 사이비(似而非)에 불과하다고 보는 시적 화자의 태도이다. 그런 점에서 이 언표는 그 자체로 대상에 대한 거리 감각을 표하고 있는 아이러니적 언표라고 할 수 있다. 욕망하는 주체의 드라마라는 관점에서 여기에서 작동되지 않는 것은 주체의 환상이다. 따라서 "地球^{지구}를模型^{모형}으로하여만들어진地球儀^{지구의}"는 이것이 의사(擬似) 기표, '텅 빈 기표'로 시선의 주체에게 인식되고 있음을 뜻한다.

흥미로운 사실은 이 "地球^{지구}를模型^{모형}으로하여만들어진地球儀^{지구의}"를 다시 "地球^{지구}"가 모방함으로써 "地球^{지구}를模型^{모형}으로하여만들어진地球儀^{지구의}를模型^{모형}으로하여만들어진地球^{지구}"가 탄생한다는 사실이다. 여기에서 하나의 대상을 탄생하게 한 체계("地球^{지구}")는 자신이 탄생시킨 대상에 의해 역으로 규정당하는 아이러니가 발생한다. 여기에서 원상과 모상, 실제와 이미지는 둘 다 사이비 이미지의 위치를 벗어나지 못한다. 우리는 이상의 거울 모티프 시들에서 이러한 무의식의 논리를 이미 확인하였거니와, 「正式^{정식} VI」의 "木造^{목조}뻐꾸기" 시계의 의사 이미지에 대한 분석에서도 나타난 바와 같이 여기에서 대상은 실체성을 의심받고 있으며, 이는 시선의 주체가 대상에 동일시되지 못하는 거리 감각, 즉 아이러니적 태도를 전형적으로 드러내는 언술이라고 할 수 있다. 여기에서 사이비 대상으로 전락하는 것은 "地球儀^{지구의}"라는 대상뿐만이 아니라, 그 대상을 생산하고 그 대상에 의해 규정되는 "地球^{지구}"라는 세계 자체다. 시적 화자에게 의심의 대상이 된 세계란 곧 이데올로기적 호명에 실패한 사회적 대타자라는 점에서, 이 아이러니적 언표에 내재한 궁극의 의미는 히스테리적 주체의 존재 양상과 다시 맞물린다. '나는 왜 당신이 호명하는 그인가?'라는 히스테리적 질문은, 여기에서 '나를 호명하는 당신은 대체 누구인가?'라는 회의적 질문으로 변형된다.

이러한 의사 이미지에 내재하는 시대성 또는 모더니티의 문제를 앞 장에서 살펴보기도 했지만, 이 장에서 나아가 더 생각해 볼 문제는 의사 이미지로 제시된 대상이 하필이면 "地球儀^{지구의}"라는 사실이다. "木造^{목조}뻐꾸기" 시계가 시간성에 관계된 오브제라는 점에서 모더니티의 문제를 시적 주체 개인의 실존적 시간과 관련하여서도 보다 포괄적으로 생각해 볼 여지를 주는 오브제였다고 한다면, "地球儀^{지구의}"는 백화점에 진열되어 있는 박래품, 즉 당대적 차원에서는 중요한 환상의 대상이었다는 점에서 보다 직접적으로 사회적이고 이데올로기적인 차원의 해석 가능성을 제기한다. 이는 백화점에서 화자의 시선에 포착된 상품들이 공통적으로 "去勢^{거세}된洋襪^{양말}", "貧血緬袍^{빈혈면포}"357)

357) 권영민의 주석에 따르면, "去勢^{거세}된洋襪^{양말}"은 비유로 표현한 여성용 스타킹, "貧血緬袍^{빈혈면포}"는 창백한 빛깔로 살결을 내비치는 여성용 양말의 외양에 대한 묘사다. 이승훈과 고봉준은 "貧血緬袍^{빈혈면포}, 당신의얼굴빛깔도참새다리같습네다."를 '빈혈면포'를 쓴 마네킹으로 본다. 이 주석대로 비유의 의미를 확정할 수 있을지는 확신하기 어렵지만, 이 상품이 박래품의 이미지를 지니고 있는 것만은 분명해 보인다. 권영민,『이상 텍스트 연구』, 209-210쪽 ; 이승훈,『이상 문학 전집 1』, 이승훈 편, 168쪽 ; 고봉준,『한국 모더니즘 문학의 미적 근대성 연구』, 72쪽.

, "마르세이유의봄을 解纜^{해람}한코티의香水^{향수}"처럼 박래품이라는 사실에서도 재확인된다. 즉 "地球儀^{지구의}(를模型^{모형}으로하여만들어진地球^{지구})"에 대한 시적 화자의 아이러니적 태도는, 교환 가

치가 사용 가치를 압도함으로써 사물이 상품 형식으로만 존재하고, 하쿠라이 체험에 의해 기호의 상상계가 본격적으로 구축되던 1930년대의 경성에서, 모더니티의 환상적 기표를 통해 식민지 대중을 소비 주체로 호명하고, 민족적·성별적·계급적 차이라고 하는 사회적 적대를 무화시키면서 한 사회를 전체화하던 식민지 모더니티 헤게모니적 장치의 균열을 보여 주는 미적 증상이 된다.

이러한 해석 시각이 설득력을 갖기 위해서는 이상의 다른 텍스트를 참고하는 일이 필수적이다. 이상은 식민지 특수성에 내재한 가장 중요한 사회적 적대인 제국주의와 파시즘의 문제를 자신의 문제 의식으로 포섭하지는 못하였으나, 그 자신의 의도와 무관하게 도시 빈민·무산 지식인 계급에 속함으로써 식민지 현실을 지배하는 자본주의의 문제를 최소한 무의식의 차원에서나마 제 자신의 시적 자산으로 삼을 수 있었다.[358] 358) 김인환, 『기억의 계단』, 291쪽. 그는 자신이 살고 있는 세계를 조감한다는 뜻을 지닌 일문 시 「鳥瞰圖조감도」 연작 중 하나인 「二人이인....1....」[359] 359)《朝鮮조선と建築건축》, 1931. 8. 11.; 임종국 편, 유정 역, 『이상 전집 2』, 1956.에서 자신의 시대를 "뚱뚱보카아보네가볼의傷痕상흔을씰룩거리면서入場券입장권을팔고있"는 도시로 그렸고, '하얀 그림'이라는 제목으로 이미 시대에 대한 작가의 아이러니적 시선을 노출하고 있는 「白晝백주」[360] 360)《朝鮮日報조선일보》, 1936. 10. 6.에서는 "貞操정조"가 "얼마짜리貨幣화폐"로 교환되는 풍경을 보여 주었다. 자신의 시대를 '하얀 그림', 즉 텅 빈 기표로 이해하는 이 시선에는 사람의 몸('이')이 화폐와 등가적으로 교환되는 세계에 대한 비평적 태도가 스며 있다. 「鳥瞰圖조감도」 계열의 연작시들인 「狂女광녀의 告白고백」과 「興行物흥행물 天使천사―어떤後

日譚후일담으로」361) 361)《朝鮮조선と建築건축》, 1931. 8. 11. ;『이상 전집 2』, 임종국 편, 유정 역, 1956.에서 시적 대상이 되는 여성의 이미지는 문란하며 개방적이고 불가지(不可知)적인 것으로 나타난다. 이러한 여성 이미지의 묘사에는 이상의 개인적 여성 체험뿐만 아니라, 성과 화폐가 등가적으로 교환되는 새로운 시대(현대, 모더니티)의 불가피한 도래에 대한 비판적 무의식이 들어 있다. '망가진 표제(標題)'라는 제목이 붙은 유고시「破帖파첩」362) 362)《子吾線자오선》, 1937. 10.에서 "市街戰시가전이끝난都市도시", "死滅사멸의가나안"으로 묘사된 이상의 도시는 "淫亂음란한外國語외국어가허고많은細菌세균처럼꿈틀거리는" 거대한 매춘굴이기도 하다. '거리 바깥의 거리'라는 뜻의 제목이 붙은「街外街傳가외가전」363) 363)《詩子시자와 小說소설》, 1936. 3.에서 도시의 미로와 같은 "골목안에는奢侈사치스러워보이는門문이있다. 門문안에는金금니가 있다. 金금니안에는추잡한혀가달린肺患폐환이있다". 질병과 등가적으로 묘사된 이 거리의 풍경을 이상은 단적으로 "貨幣화폐의스캔달"이라고 규정한다.364) 364)「街外街傳가외가전」이라는 제목을 '家外街가외가'와 '街外家가외가'의 말놀이(pun)로 이해하고, 이것이 집(家) 바깥의 거리(街), 즉 근대적 교환 가치 체계 속에서 탄생하고 확산되었던 도시의 유곽 및 거기에서 파생되는 매춘 및 성병에 대한 은유라고 해석한 이경훈의 관점은 하나의 참조가 될 만하다. 이경훈,「가외가전(街外街傳) 주석」,『이상, 철천의 수사학』, 소명출판, 2000, 248-263쪽.

이러한 작가 의식은 당대성에 대한 시적 무의식이 담긴 기표인 '백화점-미쓰꼬시 옥상'과 "경성역 시계"가 등장하는 소설「날개」에서도 확인이 가능하다.「날개」에서 아내의 몸[性성]은 돈을 매개로 하여 타인에게 양도될 수 있는 것이었고, 주인공인 '나'가 아내를 소유할 수 있는 유일한 방법도 역시 돈이었다. 돈이 없을 때 '나'는 아내의 몸을 소유할 수 없으며, 돈을 가지고 있을 때에야 비로소 아내의 몸을 의사(擬似)적인 방식으로 나마 소유할 수 있게 된다. 수차례에 걸친 '나'의 외출에서 '나' 는 주머니에 돈을 가지고 있긴 하지만, 그 때에 '나'는 돈을 사용하는 방법을 알지 못하기 때문에 아무 것도 살 수가 없다. 성과 화폐가 맺는 함수 관계를 인식한 후에 '나'는 마지막 외출을 감행하지만, 그 때에 '나'의 주머니에는 돈이 없음으로써 '나'는 역시 아무 것도 사지 못한다. 「날개」는 사람의 몸〔性성〕이 화폐 교환 관계 속으로 편입되며, 물건이 상품으로만 존재하는 새로운 시대의 폭력적인 도래에 대한 비판적 무의식이 고스란히 드러난 증후적 텍스트이다. '나'가 강박적으로 확인하는 "경성역의 시계"와 "미쓰꼬시 옥상"에서 들었던 "정오의 사이렌" 소리는, 이런 관점에서 사물과 사람의 화폐적 변질, 즉 사물의 본래적 기의가 사라지고 그것이 텅 빈 기표로 전락한 '새로운 시대'의 도래를 피하는 일은 이제 가능하지 않다는 사실을 드러내는 증후적 언표라고 할 수 있다.

소설가 이광수가 『무정』의 끝에서 당대를 모더니티가 도래하는 진보의 낙원으로 본 데 반해, 염상섭이 『만세전』의 끝에서 그 시대를 구더기가 우글거리는 무덤으로 보았다면,[365]) [365]) 김인환, 「한국 현대 소설의 계보」, 『기억의 계단』, 83쪽. 시인 이상은 「建築無限六面角體건축무한육면각체 : AU MAGASIN DE NOUVEAUTES」에서 자신의 시대를 "地球지구를模型모형으로하여만들어진地球儀지구의를模型모형으로하여만들어진地球지구", 즉 사이비 이미지의 시대로 보았다. "地球지구를模型모형으로하여만들어진地球儀지구의"와 다시 그러한 "地球儀지구의를模型모형으로하여만들어진地球지구"는 이상의 시적 무의식이 당대 사회에서 모종의 결여를 간파하고 있음을 증후적으로 보여 준다. 그것은 주체를 호명하기 위해 더불어 호출된 모더니티의 환상의 기표의 실패를 의미하는 동시에, 모더니티의 환상을 통해 온전히 주체화되지 못하는 주체의 실패를 동시에 보여 준다. 그러나 이러한 이데올로기적 호명의 실패에서 궁극적으로 실패하는 것은, 환상을 통해 한 사회를 유기적인 것으로 전체화하지 못하는 "地球^{지구}", 사회적 대타자로서의 한 체계, 식민지 모더니티 자체라고 해야 할 것이다.

|

이데올로기적 환상을 통해 주체를 누비지 못하는 것은 "洋襪^{양말}"과 "緬絁^{면포}"와 "코티의香水^{향수}" 역시 마찬가지이다. "洋襪^{양말}"은 "去勢^{거세}"되어 있으며 "緬絁^{면포}"는 "貧血^{빈혈}"에 걸렸다. "貧血緬絁^{빈혈면포}"에 이어지는 언술인 "당신의얼굴빛깔도참새다리같습네다"에 대한 해석은 지금까지 대체로 두 방향으로 나뉜다. 하나는 "貧血緬絁^{빈혈면포}"를 쓰고 있는 마네킹에 대한 화자의 시각을 드러낸 것이라는 해석인데,³⁶⁶⁾ 366) 이승훈, 『이상 문학 전집 1』, 이승훈 편, 168쪽; 고봉준, 『한국 모더니즘 문학의 미적 근대성 연구』, 72쪽. 이 때 "貧血緬絁^{빈혈면포}"는 면사포로 해석되고 "貧血^{빈혈}"은 면사포를 쓴 마네킹의 표정과 관련된다.³⁶⁷⁾ 367) 이승훈, 『이상 문학 전집 1』, 이승훈 편, 168쪽. 또 다른 해석은 "貧血緬絁^{빈혈면포}"를 마네킹의 모형 다리에 신겨져 있는 여성용 스타킹("去勢^{거세}된洋襪^{양말}")의 형상을 표현한 것으로 보고, 이 때 "貧血^{빈혈}"을 그 다리에 내비친 살결에 대한 묘사로 보는 해석이다. 이럴 경우 "당신의얼굴빛깔도참새다리같습네다"는 "貧血緬絁^{빈혈면포}"를 보충하는 언술로서, 모형 다리에 신긴 여성용 스타킹의 가느다란 형상이 "참새다리"로 묘사된 것이라고 해석된다.³⁶⁸⁾ 368) 권영민, 『이상 텍스트 연구』, 209-210쪽. 이 두 해석 간에 어느 하나를 확정짓기는 쉽지 않지만, 면사포의 한자는 "面紗布^{면사포}"이고,³⁶⁹⁾ 369) 이

건제, 『이상 시의 텍스트와 시의식 연구』, 37-38쪽. "貧血빈혈"은 "緬絶면포"를 직접 수식하고 있기 때문에 전자로 해석하기는 쉽지 않아 보인다. 팔자의 관점에서는 후자의 해석이 조금 더 신빙성이 있어 보이는데, 그 까닭은 "去勢거세된洋襪양말"이 "그女人여인"이라고 했으므로 "貧血緬絶빈혈면포"에 이어지는 "당신"이라는 언표가 "그女人여인"과 호응하며, "緬絶면포"를 직접 수식하는 "貧血빈혈"이 창백한 빛깔을 표현한 감각적 이미지가 되므로 "당신의얼굴빛깔"과 "貧血緬絶빈혈면포"라는 표현이 논리적으로 호응하기 때문이다. 이런 점에서 '去勢거세된洋襪양말=그女人여인=당신(의얼굴)'이라는 공식과 '貧血빈혈=빛깔'이라는 공식이 성립하며, 결론적으로 '去勢거세된洋襪양말=그女人여인=당신(의얼굴)=緬絶면포'라는 공식 하에서 '貧血緬絶빈혈면포=당신의얼굴빛깔=참새다리'라는 결론이 도출되는 셈이다.

그렇다 하더라도 여기에서 "참새다리"가 반드시 마네킹의 다리에 신긴 스타킹의 긴 다리 형상에 대한 구체적 언표라고 단정할 수는 없다. 일상어를 단순하게 강박적으로 반복하는 경우와는 정반대로, 이상이 비유를 사용할 때에는 상투적 수사를 거의 쓰지 않기 때문이다. 그런 점에서 "참새다리"는 비유라기에는 지나치게 상투적 수사로 보인다. 그러므로 이 표현이 설령 외양적 묘사와 관련된다 하더라도, "貧血빈혈"이 "緬絶면포"에 대한 시적 화자의 아이러니적 태도를 내재한 수사였듯이, "당신의얼굴빛깔"을 묘사하는 "참새다리"도 화자의 아이러니적 태도를 내포한 서술어로 읽는 것이 자연스러워 보인다. 이 때 "참새다리"는 '당신의얼굴=緬絶면포'라는 점에서 "貧血빈혈"과 등가적인 태도를 내재한 언표라고 볼 수 있다. 결론적으로 시적 화자에게 모더니티의 박래품인 "洋襪양말"은 "貧血빈혈"처럼 창백하고 "참새다리"처럼 앙상한 대상으로 인식되고 있다고 해석할 수 있는 것이다. "마르세이유의봄을 解纜해람한코티의香水향수가맞이한東洋동양의가을"은 "코티의香水향수"에 대한 설명이기도 하지만, 화자의 시선에 포착된 상품의 대상으로서는 마지막에 언급됨으로써 앞서 나열한 백화점의 모든 상품들이 박래품이며, 그런 점에서 본래의 것을 모방한 사이비 대상이라는 뜻을 포괄하는 시적 효과를 동시에 발휘한다. 이 상품들의 묘사에서 드러나는 이상의 위트는 그가 '태생적인' 모더니스트라는 사실을 다시 한 번 확인시켜 주는 동시에, 그 이미지에 각인된 시적 무의식을 통해 이 모든 것들을 사이비 사물로 인식하고 있음을 보여 준다. "去勢거세"와 "貧血빈혈"은 그것을 채울 기의(양말을 집어넣는 '다리', 혈관을 채울 '피')를 상실한 텅 빈 기표들이다.[370] 370) 특히 성(性)에 많은 관심을 가지고 있었던 이상의 시적 무의식을 상기해 보면, 이러한 "去勢거세" 이미지는 충만한 기의로서 환상의 대상을 구성해 주는 정신 분석적 의미의 팔루스(phallus)의 결여에 대한 인식을 잘 보여 준다. 세계의 거세에 대한 주체의 인식이란 환상의 불가능성이란 문제를 제기하며, 이데올로기적 환타지 역시 제대로 작동하기 어려운 주체의 상황을 암시한다. 시적 화자의 아이러니적 태도를 수반하고 있는 이러한 감각적 묘사는 모더니티의 기표들을 탈이데올로기화함으로써, 이상의 시적 언술들을 미적 모더니티의 관점에서 해석할 수 있는 가능성을 여실히 열어 놓는다. 그런 점에서 이러한 언표들은 식민지 (의사) 모더니티의 이데올로기에 내재한 봉합할 수 없는 적대가 드러나는 균열의 표지이자 의미심장한 미적 증상이라고 할 만하다.[371] 371) "去勢거세된洋襪양말"이라는 언표 뒤에 이를 대리·보충하는 언표인 "(그女人여인의이름은워어즈였다)"라는 언표는, 시와 소설을 포괄하는 이상 텍스트 전체의 무의식을 암시하는 언표로 보인다는 점에서 이 책의 특별한 관심을 끈다. 괄호 표시를 통해 분명히 확인되는 것은 우선 '去勢거세된洋襪양말=그女人여인=워어즈'라는 함수이다. 이 함수가 의미하는 바를 순차적으로 추정해 보자.

첫째, 이 언술이 표면적 층위의 사물의 묘사, 즉 백화점 진열대에 놓인 상품에 대한 묘사라는 점을 감안한다면, 이는 "去勢거세된洋襪양말"의 식별이 "그女人여인"이라는 사실을 의미한다. 즉 이 양말은 여자들이 사용하는 물건이라는 뜻이다. 이런 점에서 "去勢거세된洋襪양말"을 여자 스타킹으로 보는 권영민의 주석은 눈여겨볼 만하다. 이 때 "워어즈"는 "그女人여인의이름"이므로 여자 스타킹에 붙은 상표라는 추측은 일리가 있어 보인다.(권영민, 『이상 텍스트 연구』, 209-210쪽) 여기에서 "그女人여인"은 앞의 언표인 "去勢거세된洋襪양말"을 보충하는 언표가 된다. **둘째**, 그런데 흥미로운 사실은 이 보충의 방향을 거꾸로 뒤집어도 해석이 통한다는 사실이다. 즉 "그女人여인"이 "去勢거세된洋襪양말"의 의미를 보충하는 언표가 아니라, "去勢거세된洋襪양말"이 "그女人여인"을 보충하는 언표일 수도 있다는 사실이다. 이렇게 볼 때 "去勢거세된洋襪양말"이란 양말에 넣을 발(다리)이 없는 존재로서, 그 자체가 주머니에 담을 남근적 실체를 상실한 거세된 존재가 된다. 성적 말놀이를 즐겼던 이상의 관점에서 볼 때, 이 거세된 빈 주머니로서의 "洋襪양말"이란 그 자체로 "女人여인(의性성)"에 대한 정의가 될 수 있다. 여기에서 직접적으로 드러나는 것은 '여인은 거세된 존재'라는 시적 화자의 시각이다. **셋째**, "去勢거세된洋襪양말"이란 발을 상실한 존재라는 점에서 '절름발이'이다. 이상의 텍스트에서 이 절름발이는 "부축할수없는" 존재가 억지로 결합하여 사는 "夫婦부부"의 은유로 자주 등장한다.(「紙碑지비」) 절름발이의 한 쪽이 '나'라면 다른 한 쪽은 "女人여인(아내)"이다. 그것은 타자의 결여의 표지이 동시에 주체 자신의 결여를 상징한다. 타자의 결여를 인지하고 변증법적 종합을 성취하지 못하는 이상의 실패한 욕망의 드라마를 상기해 본다면, 이러한 언표는 매우 증후적이다. **넷째**, 이상의 텍스트에서 "女人여인"은 세상살이의 비유로 확장된다. 그것은 세상살이가 무언가 자신과 맞지 않는다고 생각하는 주체의 태도 속에서 마주한 타자로서의 세계이다. 그런 점에서 "女人여인"과 등가적으로 인식된 "去勢거세된洋襪양말"은 세계의 결여를 인식한 주체의 아이러니적 태도를 드러내는 언표로서, 비동화적 표지로 드러난 세계의 미적 현시라고 해석할 수 있다. **다섯째**, "去勢거세된洋襪양말"이 "女人여인"과 등가라는 사실에 더하여, "그女人여인의이름은워어즈"라는 사실이 눈에 띈다. 영문표기가 표시되지 않았기에 "워어즈"의 의미를 정확히 확정할 수 없으나, 세계를 거대한 말들의 집합소인 '도서관'과 '책'으로 비유하기를 즐겼던 그의 성향을 추측건대, "워어즈"의 영문 표기가 'words'였을 가능성을 충분히 가정해 볼 수 있다. 이러한 가정 하에 정신 분석의 증후적 독해를 시도해 본다면, 이 때 말들로 이루어진 세계란 상징과 규칙으로 이루어진 대타자로서의 세계(상징계)라고 추측해 볼 수 있다. 그에게서 대타자로서 존재하는 말("워어즈")과 규칙의 세계란 이미 "去勢거세"된 세계이자 절름발이이다. 이런 점에서 "去勢거세된洋襪양말.(그女人여인의이름은워어즈였다)"는 언표는 대타자의 파열을 그대로 노출하는 증상적 언표이다. 특히 이 책의 일관된 관점을 적용하면, "去勢거세된洋襪양말"로서의 "女人여인의이름은워어즈(words)"는 '女人여인-워어즈-대타자'의 "이름" 자체가 "去勢거세"라는 사실을 드러내는 '증후(sinthome)'로 읽을 수 있다. 즉, "去勢거세"는 '女人여인-워어즈-대타자'의 본질이다. 이런 인식을 엿볼 수 있는 이상 텍스트의 증후적 언술은 "어디에도 幸福^{행복}은 없다. 天使^{천사}는 죄다 少年軍^{소년군}처럼 都市^{도시}로 모여들고 만 것이다"(이상, 「첫번째 放浪^{방랑}」,《文學思想^{문학사상}》, 1976. 7., 유정 역 ;『이상 문학 전집 3』, 김주현 편, 192쪽.)라는 언술이다. **마지막으로** 시와 소설을 포괄하는 이상의 텍스트 전체에서 "女人^{여인}"이 지닌 의미를 추정하여 정신 분석의 증후적 독해를 확장할 수 있다. 이상의 텍스트에서 "女人^{여인}"의 이미지는 일관된 정체성을 가진 존재, 즉 '나'에 의해 그 정체성이 인식론적으로 분명히 포획되는 존재가 아니라, 혼종성과 양가성, 불가지성을 지닌 존재이다.(임명숙, 「이상 시에 드러난 여성의 이미지, 혹은 '몸' 읽기」,『겨레어문학』 제29집, 겨레어문학회, 2002, 153-171쪽 ; 정주아, 「평면으로부터의 탈주와 반원근법의 설계도」, 『이상의 사상과 예술』, 293-298쪽) 이상의 텍스트가 여인과의 사랑에 실패하는 강박적 드라마를 반복적으로 연출하는 까닭은, 그 텍스트의 주체(주인공)가 "그女人^{여인}"을 자신이 알고 있는 존재라고 생각하기 때문이며, 그러한 인식론적 전제에 따라 "그女人^{여인}"의 (가정된) '하나의' 정체성을 상정한 이후에 "그女人^{여인}"을 자신과 동일시하기 때문이다. 여기에서 "그女性^{여성}"은 주체에게 모든 "정절"을 바쳐야만 하는 존재로서, 그 약속이 지켜지는 한에서만 단 하나의 동일성을 지닌 존재로서 "天使^{천사}"가 된다.(이 문제에 대해서는 오주리의 연구를 참조할 만하다. 오주리, 「이상 시의 '사랑의 진실' 연구」,『이상의 사상과 예술』, 450-492쪽.) 이 때 타자를 인식론적 대상으로 상정한 주체는 '모든 것을 안다고 생각하는 주체'가 된다. 라캉에 따르면, 사랑(sex)의 논리에 수반되는 이러한 문제는 '하나라는 어떤 것이 있다(There is something of One)'라는 오인에서 비롯된다. 그러나 라캉의 '∀xΦx'라는 기호는 대타자의 거세 또는 분열을 의미하는 것으로서, '하나(One)'라는 어떤 것은 불가능하며, 대타자는 비전체(pas-tout / not whole)라는 사실을 의미한다. 특히 "어떤 말하는 존재가 스스로를 여성의 깃발 아래 위치시킬 때, 그것이 뜻하는 바는 팔루스적 기능에 스스로를 위치시킬 때의 전체가 아닌 존재로서 그 스스로를 근거짓는다는 뜻이다." "여성(Woman)은 오직 그것(여성)을 관통하는 빗금을 가지고서만 표기될 수 있다. 보편적인 것들을 지시하는 대문자 W를 가지고 있는 여성, 그런 여성 같은 것은 존재하지 않는다." "왜냐하면 그녀의 본질은 비전체"라는 사실에 있기 때문이다. J. Lacan, 「God and Woan's jouissance」,『The Seminar XX』, pp66-73) 이런 관점을 참고한다면, '去勢^{거세}된洋襪^{양말}=그女人^{여인}=워어즈'라는 언표는 대타자의 거세 또는 분열을 의미하는 '∀xΦx'라는 라캉의 기호에 호응하는 시적 언표인 동시에, 말("워어즈")의 세계 내에서 보편적인 것을 지칭하는 대문자 여성 같은 것은 존재하지 않는다는 사실에 대한 무의식적 자각을 보여 주는 증후적 언표로 해석할 만하다. 담론적 차원에서 이는 팔루스를 소유하고 있는 것으로 가정한 주인 기표의 실재성에 대해 의문을 제기하는 '여성의 말'로서, '히스테리적 담론'에 해당한다고 할 수 있다. 이는 '말하는 사람들의 세계(상징계)'가 유기적인 전체로 통합되지 않으며, 충만한 기의로서의 팔루스란 존재하지 않는다는 사실을 환기하는 비전체의 증후이다. 이상의 텍스트에서 이를 가장 증후적으로 드러내는 언술은 "天使^{천사}는 아무데도 없다. 「파라다이

스」는 빈터다."(이상, 「失樂園실낙원」, 《朝光조광》, 1939. 2. ; 『이상 문학 전집 3』, 김주현 편, 128쪽.)라는 언술이다. 반면 남근적(팔루스) 시선으로 표현된, 이와 관련한 가장 도착적 언술은 다음과 같다. "sCANDAL이라는것은무엇이냐.「너」「너구나」/「너지」「너다」「아니다 너로구나」"(「烏瞰圖오감도 ; 詩第六號시제육호」, 《朝鮮中央日報조선중앙일보》, 1934. 7. 31.)

여덟.

|

이상, 식민지 모더니티의 시적 증상

|

4. 백화점이라는 이름의 도시

|

3) 무한사각형의 모더니티와 증후로서의 시적 아이러니

|

그렇다면 시선의 다른 포착 대상인 ② **백화점의 풍경을 구성하는 오브제들**의 경우는 어떠한가? 이에 해당하는 대상은 Ⓐ "快晴^{쾌청}의空中^{공중}에鵬遊^{붕유}하는Z伯號^{백호}", "마드무아젤", "時計文字盤^{시계문자반}에XII"라는 보다 구체적으로 명시된 사물들과, Ⓑ "平行四邊形對角線方向^{평행사변형대각선방향}을推進^{추진}하는莫大^{막대}한重量^{중량}", "彎曲^{만곡}된直線^{직선}을直線^{직선}으로疾走^{질주}하는落體公式^{낙체공식}", "도아-의內部^{내부}의도아-의內部^{내부}의鳥籠^{조롱}의內部^{내부}의카나리야의內部^{내부}의嵌殺門戶^{감살문호}의內部^{내부}의인사", "四角^{사각}이난케-스가걷기始作^{시작}이다", "라지에-타의近傍^{근방}에서昇天^{승천}하는꾼빠이"라는 상대적으로 좀 더 추상화된 언표로 표현된 대상들이다. 언술의 문맥적 흐름과 시선의 논리를 고려하건대 Ⓐ는 화자가 "屋上庭園^{옥상정원}"에 위치한 상태에서 목격된 대상들로 보이고, Ⓑ는 백화점에서 포착된 특정한 풍경들의 특징을 특유의 기하학적 시선을 통해 추상화시킨 표현인 듯하다. 이 대상들 중 Ⓐ는 ①과 마찬가지로 앞뒤에 수식 어구나 서술 어구가 붙어 있는데, ①에 대한 해석에서 본 바와 마찬가지로 이 수식·서술 어구들 역시 시적 화자의 태도를 반영한 비평적 언표들이라고 할 수 있다. 또 기하학적 시선으로 추상화된 듯 보이는 Ⓑ의 경우에도 그 시선의 추상화 과정에 시적 화

자의 태도가 스며 있는 것으로 보인다. 일단 Ⓐ에 대해서 살펴보도록 하자.

"快晴쾌청의空中공중에鵬遊붕유하는Z伯號"는 하늘을 나는 새처럼 떠있는 비행선으로서 이 시기에 광고용으로 많이 쓰인 비행선이다. Z라는 이니셜은 세계 최초로 비행선을 제작한 독일인 체펠린(Zeppelin)을 지칭하는 기호로 보인다.[372] 372) 권영민, 『이상 텍스트 연구』, 211쪽. "마드무아젤"은 젊은 여성을 지칭하는 불어이다. "時計文字盤시계문자반"은 시계 바늘이 황혼에 젖어 있다고 묘사한 것("二個이개의浸水침수된黃昏황혼")으로 보아서 백화점 건물 내에 부착된 시계라는 사실을 알 수 있다. 이 대상들의 공통점은 ①과 마찬가지로 모더니티의 대표적 오브제로서 역시 박래품이라는 사실이다. 여기에서도 주목되는 것은 시적 화자의 태도를 드러내는 이 대상들의 수식어와 서술어들이다. "快晴쾌청의空中공중에鵬遊붕유하는Z伯號백호"가 선전하고 있는 것이 하필이면 "蛔蟲良藥회충양약"이라는 상품이라는 사실은 주목할 만하다. 이 진술에서 일단 성립하는 것은 'Z伯號백호=蛔蟲良藥회충양약'이라는 공식이다. 여기에서 위용을 갖춘 "Z伯號백호"는 "蛔蟲良藥회충양약"으로 변질됨으로써 기표는 순식간에 가치 하락을 경험하게 된다. 흥미로운 것은 여기에 숨겨져 있는 시적 무의식이다. 'Z伯號백호=蛔蟲良藥회충양약'이라는 공식이 성립될 때, "蛔蟲良藥회충양약"이 떠다니는 "快晴쾌청의空中공중"이란 무엇이 되는가 하는 점을 생각해 보지 않을 수 없게 되는 것이다. "蛔蟲良藥회충양약"이 떠다니는 "快晴쾌청의空中공중"은 회충약을 필요로 하는 신체에 대한 유비가 된다는 점에서, 이는 자신이 살고 있는 세계를 회충으로 가득 찬 병든 신체로 인식하는 시적 화자의 무의식을 드러낸다.[373] 373) 이상의 세계 인식이 주로 육체적 이미지를 통해 드러난다는 것은 잘 알려진 사실이다. 이 책의 관점에 따르면, 「街外街傳가외가전」에 묘사되는 도시의 거리 풍경 역시 폐병을 앓고 있는 신체의 병증에 대한 묘사와 그대로 포개어진다. 이 문제를 테마로 한 연구사에서 참조할 만한 사례로는 조해옥의 것이 있다. 조해옥, 『이상 시의 근대성 연구』 참조 ; 한편 이 부분을 20세기를 열망하나 여전히 19세기에 머물러 있는 식민지 조선의 후진성에 대한 시적 주체(시인)의 실망과 자각을 담은 아이러니적 언표로 읽는다면, "Z伯號백호"와 같은 첨단의 현대적 산물을 가지고 겨우 "蛔蟲良藥회충양약"을 선전하고 있는가 하는 야유로 읽을 수도 있을 것이다.

그렇다면 "快晴쾌청"이란 언표 역시 그것이 표면적으로 드러내고 있는 것과는 다른 사실을 지시하고 있다고 할 수 있으며, 붕새처럼 날고 있다는 뜻으로 쓴 "鵬遊붕유"라는 언표 역시 실제로 이 하늘을 채우고 있는 것은 "蛔蟲회충"이라는 점에서 의미론적 전도가 일어나는 언표라고 할 수 있다. 그러므로 "快晴쾌청의空中공중에鵬遊붕유하는Z伯號백호"라는 언술은 이면에 반대되는 뜻을 내포하고 있는 언표들로 구성된 전형적인 아이러니적 언술이라는 사실이 드러난다.

여기에서 다시 한 번 강조되어야 할 사실은 이러한 언표에서 드러나는 아이러니적 태도는 대상에 대한 거리 감각을 노출하되, 대상에 대한 일방적 적대 의식의 표현이라고 할 수는 없다는 사실이다. 아이러니를 통해 비판적 거리 감각이 노출되는 방식은 어디까지나 특정한 오브제, 기표가 지닌 결여에 대한 시적 직관이나 무의식과 관련된다. 거기에서 당연한 것으로 전제되었던 기표의 실재성은 의문시되며, 그것은 기의의 부재·변질·전도·가치 하락을 통해 마주하게 되는 텅 빈 기표에 대한 경험이다. 거기에서 그 경험은 '나는 A라는 대상(기표)을 미워한다'는 뚜렷한 적대의 방식이 아니라, '나는 A라는 대상에 동의할 수 없다'는 방식으로 경험된다.[374] [374] 아이러니는 주인공의 몰락의 서사 또는 비극적 구성이라고 할 수 있는 '파국'도 아니고, 'A가 B를 비판한다'는 형식의 '풍자'도 아니며, 'A가 B와 화해한다'는 형식의 '화해'도 아니다. 아이러니는 그것들과 관계하면서도 그것들이 아닌 어느 난처한 자리에 서 있다. 긴장으로 가득 차 있는 착잡한 현실을 묘사하기 위해 그것은 비동화의 기법을 통해 독특한 반성적 거리 감각을 표출한다. 김인환, 「반어의 의미」, 『비평의 원리』, 나남, 1999, 196-213쪽.

이러한 아이러니는 그런 점에서 대상에 대한 주체의 비동화의 표지로서, 이는 주체가 대상과의 동일시에 실패하는 상황을 의미한다는 점에서 히스테리적인 주체의 상황과 관련된다. 여기에서 나타나는 아이러니적 언술 역시 사회적이고 이데올로기적인 환상의 차원에서도 충분히 해석할 수 있다. "屋上庭園^{옥상정원}"(백화점)의 풍경을 구성하는 "快晴^{쾌청}의空中^{공중}에鵬遊^{붕유}하는Z伯號^{백호}", "마드무아젤", "時計文字盤^{시계문자반}에XII"과 같은 오브제들이야말로 식민지 사회의 특수성이 지닌 왜상적 실재의 지점을 가리고, 당내의 민중을 '모던 보이', '모던 걸', '신여성' 등의 새로운 주체(현대적 개인)로 호명하던 대표적 헤게모니적 장치의 부속품들이기 때문이다. 하쿠라이〔舶來^{박래}〕 체험을 가능하게 했던 당대의 강력한 환상의 대상들이 텅 빈 기표로 전락하는 이 가치 하락의 상황은, 명백히 사회적이고 이데올로기적인 호명이 실패하는 순간과 관련된다. 담론적 차원에서 이는 환상의 메커니즘을 통해 사회적 헤게모니를 구축하는 지배적 대상·지식들을 유포하는 주인의 담론과 대학의 담론에 대해 의문을 제기하는 히스테리적 담론과 관련된다. 그런 점에서 이상 시의 아이러니는 주인·대학의 담론으로서의 모더니티 담론에 대해 그것의 실재성을 의문에 붙이는 히스테리적 담론으로서의 미적 모더니티의 형식을 가지고 있다고 할 수 있다. 여기에서 미적 모더니티는 주인·대학 담론으로서의 모더니티의 파열과 결여를 드러내는 미적 증상이다. 그 증상의 핵으로서 강박적인 반복으로 드러나는 이상의 시적 아이러니란 이 증상이 결코 봉합될 수 없다는 사실을 암시함으로써 그 자체로 세계의 실재를 드러내는 증후적 표지가 된다.

그렇다면 ⓑ의 경우는 어떠한가? "平行四邊形對角線方向^{평행사변형대각선방향}을推進^{추진}하는莫大^{막대}한重量^{중량}", "彎曲^{만곡}된直線^{직선}을直線^{직선}으로疾走^{질주}하는落體公式^{낙체공식}", "도아의內部^{내부}의도아의內部^{내부}의鳥籠^{조롱}의內部^{내부}의카나리야의內部^{내부}의嵌殺門戶^{감살문호}의內部^{내부}의인사", "四角^{사각}이난케-스가걷기始作^{시작}이다", "라지에-타의近傍^{근방}에서昇天^{승천}하는꾼빠이"라는 추상화된 언표로 표현된 대상들이 구체적으로 무엇을 지칭하는지에 대해서는 해석적 논란이 계속되고 있다. 그러나 추상화된 대상의 의미를 명확히 판정하여 하나의 대상으로 환원하는 일은 사실상 불가능하며, 이는 다의성을 지닌 시적 언어 고유의 특성을 생각해 볼 때에도 넌센스일 것이다. 이 책에서는 지금까지 이루어진 독해 작업 중 상대적으로 타당성이 높다고 생각되는 작업을 검토하고 새로운 해석 논리를 추가해 보는 방식을 취해 보고자 한다.

"平行四邊形對角線方向^{평행사변형대각선방향}을推進^{추진}하는莫大^{막대}한重量^{중량}"에서 눈에 띄는 것은 "平行四邊形對角線方向^{평행사변형대각선방향}"이라는 표현이다. 한 연구에 따르면 이 "方向^{방향}"은 백화점 내부의 층계를 통해 위층으로 올라가서 "屋上庭園^{옥상정원}"에 이르는 동선과 관련이 있다. 백화점 내부의 기하학적 구조를 염두에 두면 이는 일리 있는 해석으로 보이며, 특히 이 텍스트에서 개별 상품의 진열대를 바라보다가 "屋上庭園^{옥상정원}"으로 이동하는 시적 화자의 시선의 위치를 감안하면 이 해석의 설득력은 더 높아진다. 이 경우 "莫大^{막대}한重量^{중량}"은 계단을 오르내리는 붐비는 인파의 물결이다.375) 375) 권영민, 『이상 텍스트 연구』, 210쪽.

"彎曲^{만곡}된直線^{직선}을直線^{직선}으로疾走^{질주}하는落體公式^{낙체공식}"의 해석을 위해서는 백화점의 풍경을 구성하는 오브제들 중에 "彎曲^{만곡}된直線^{직선}"과 "直線^{직선}", "落體公式^{낙체공식}"이 모두 들어있는 대상을 찾아야 할 것이다. 그런 차원에서 이를 백화점에 걸려 있는 시계 바늘의 원운동이라고 본 해석은 주목된다. 이 해석에 따르면 시계 바늘의 원운동은 기계적인 태양의 원운동에 겹쳐 있으며, "黃昏"에 '떨어지는' 태양의 '落體公式^{낙체공식}'처럼 기계적인 공식의 수치로 시계 문자판에 표시되는 "直線^{직선}"은 현대의 기계적 논리를 상징한다.376) 376) 신범순, 『이상의 무한정원 삼차각나비』, 258쪽. 이 해석은 "彎曲^{만곡}된直線^{직선}을直線^{직선}으로疾走^{질주}하는落體公式^{낙체공식}"이라는 언술이, "屋上庭園^{옥상정원}. 猿猴^{원후}를흉내내고있는마드무아젤"과 "時計文字盤^{시계문자반}에XII에내리워진二個^{이개}의浸水^{침수}된黃昏^{황혼}" 사이, 즉 화자의 시선이 "屋上庭園^{옥상정원}"에 올라와 "時計文字盤^{시계문자반}에XII"를 향하고 있는 지점에서 나온 언술이라는 점에서 시행의 흐름을 고려할 때에도 설득력을 지니는 것으로 보인다. 여기에서 "彎曲^{만곡}된直線^{직선}"은 시계의 원운동을 지칭하는 표현이기도 하겠지만, 원으로 그려져 있는 "時計文字盤^{시계문자반}" 자체의 모양을 추상화한 것이라고도 볼 수 있으며, 이 경우 "直線^{직선}" 역시 "XII에내리워진二個^{이개}"라는 시계 바늘의 모양을 지시한다고도 볼 수 있을 것이다. "落體公式^{낙체공식}"이 '황혼의 시간'을 가리키는 시계 바늘-태양이 '떨어지는' 운동 시간을 가리키는지에 대해서는 다른 해석이 가능할 듯이 보인다. 왜냐하면 이 텍스트에서 시계의 실재 시간은 12시이며, "黃昏^{황혼}"은 시계의 실

제 시간을 가리키는 것이 아니라 시계에 대한 화자의 심리적 거리를 드러내는 아이러니적 표현이기 때문이다. 이 책의 관점에서 "落體公式^{낙체공식}"은 뉴턴의 만유인력의 법칙처럼, 백화점의 시계 시간이 지구 전체를 보편적으로 뒤덮는 시대가 도래했다는 사실에 대한 비평적 언표로 여겨지며, 이 언표에서 드러나는 무의식은 이러한 시계 시간의 바깥으로 벗어날 길이 없다고 느끼는 시적 화자의 강박감이다.[377] 377) 이 책 〈여덟. | 이상, 식민지 모더니티의 시적 증상 | 3. 이상한 시계와 일치하지 않는 시간 | 2) 태양의 시간 운동과 '나'의 하강 운동 ; 비전체로서의 모더니티〉의 「鳥瞰圖^{조감도} ; 運動^{운동}」에 대한 해석 참고.

한편 여기에서 쉽게 지나칠 수 없는 것은 "落體公式^{낙체공식}"이라는 방식으로 표현된 과학적 언표의 방식이다. 확실히 이러한 언표 방식은 이상이 백화점 시계를 과학적 시간의 표지로 인식하고 있다는 사실을 보여 주며, 이런 점에서 이 시계가 모더니티의 중요한 오브제였다는 사실은 분명해 보인다.[378] 378) "落體公式^{낙체공식}"에 대한 이상의 태도를 추측해 볼 수 있는 대표적인 텍스트적 사례로는 그의 일문시 「最後^{최후}」(『이상 전집 2』, 임종국 편, 임종국 역, 1956)가 있다. "사과한알이떨어졌다. 地球^{지구}는부서질정도로아팠다. 最後^{최후}. 이미如何^{여하}한精神^{정신}도發芽^{발아}하지아니한다." ; 한편 「날개」의 주인공이 경성역의 시계에 자신의 시간을 맞추려고 애쓰는 모습은, 시계(당대의 시간)에 대한 이상의 강박을 시사한다는 점에서 의미심장하다.("경성역 시계가 확실히 자정을 지난 것을 본 뒤에 나는 집을 향하였다", "나는 날마다 여기와서 시간을 보내리라 속으로 생각하여 두었다. 제일 여기 시계가 어느 시계보다도 정확하리라는 것이 좋았다. 섣불리 서투른 시계를 보고 그것을 믿고 시간전에 집에 돌아 갔다가 큰 코를 다쳐서는 안된다". 이상, 「날개」, 『이상 전집 2』, 임종국 편, 274, 276쪽.)

"도아—의內部^{내부}의도아—의內部^{내부}의鳥籠^{조롱}의內部^{내부}의카나리야의內部^{내부}의嵌殺門戶^{감살문호}의內部^{내부}의인사"에 대한 해석으로는, ⓐ 여러 겹의 감금 장치 속에 갇힌 새장 속에 있는 카나리아 자체에 대한 묘사라는 해석과[379] 379) 이승훈, 『이상 문학 전집

1』, 이승훈 편, 169쪽 ; 신범순, 『이상의 무한정원 삼차각나비』, 258쪽., ⓑ "屋上庭園^{옥상정원}"에서 길 건너편 건물의 유리창 속에 있는 사람들을 본 풍경이라는 해석[380] 380) 권영민, 『이상 텍스트 연구』, 212쪽., ⓒ "嵌殺門戶^{감살문호}"[381] 381) 감살문호(嵌殺門戶)는 채광만을 위한 문으로, 여닫이 기능이 본래 없는 창을 가리킨다.가 지닌 폐쇄성에 주목하여 조롱에 새처럼 갇힌 백화점 속 인간에 대한 비유라는 해석[382]

382) 조해옥, 『이상 시의 근대성 연구』, 96-98쪽 ; 신범순은 일차적으로는 이것이 무한한 감금 장치에 갇힌 조롱 속 새의 상황을 가리키며, 자연까지 문명의 이기 속에 감금한 이 상황이 결과적으로는 자연으로부터 멀어진 현대인의 상황을 반영한다고 본다. 신범순, 『이상의 무한정원 삼차각나비』, 258쪽.

등이 있다. 이러한 해석들을 염두에 두고 이 언표를 다시 살펴보면, 우선 눈에 띄는 것은 이것이 "도아-의內部^{내부}의도아-의內部^{내부}의鳥籠^{조롱}의內部^{내부}의"와 같은 식으로, 하나의 구조 안에 비슷한 구조가 계속 들어 있는 어떤 '구조 내부의 구조'의 끝없는 반복 상황에 대한 진술이라는 사실이다. 이는 이 텍스트의 첫 번째 언표인 "四角形^{사각형}의內部^{내부}의四角形^{사각형}의內部^{내부}의四角形^{사각형}의內部^{내부}의四角形^{사각형}의內部^{내부}의四角形^{사각형}"과 언술의 형식으로나 그 형식이 반영하는 내용이 구조적 상동성을 지닌다는 점에서, 이 언표가 백화점의 풍경과 관련된 것일 가능성을 시사한다. 이런 점에서 이 풍경이 백화점 바깥의 풍경과 관련된다고 보는 ⓑ 유형의 해석은 다른 해석들에 비해 신빙성이 상대적으로 떨어져 보인다. 또 하나 유의할 점은 이 언표의 최종적 지시점이 "카나리야"가 아니라 "카나리야의內部^{내부}의嵌殺門戶^{감살문호}의內部^{내부}의인사"라는 사실이다. 즉 이 표현은 "카나리야" 자체에 초점을 맞춘 묘사가 아니라, 카나리아를 매개로 상징화될 수 있는 어떤 상황과 관련된 묘사인 것이다. 이런 점에서 신빙성이 더 높아 보이는 해석 방향은 ⓐ보다는 ⓒ 유형의 해석 방향이다. 그러므로 이 언표에 대한 해석에서 초점이 되어야 하는 것은 "카나리야"가 아니라 그것이 "도아—의內部^{내부}의 도아—의內部^{내부}의鳥籠^{조롱}의內部^{내부}"에 갇힌 상황이라는 사실이다. 여기에서 시선의 주체에게 사람들의 "인사"는 조금은 희화화된 시선 속에서 "카나리아"의 인사, 즉 의사(擬似)적인 것으로 변질된 것으로 포착된다. 그러므로 이 비유적 시선에도 역시 모종의 비평적 시선, 즉 아이러니적 태도가 스며 있음을 추측해 볼 수 있다.³⁸³⁾ 383) 1930년대부터 식민지 경성의 풍경을 도시적인 것으로 획기적으로 바꾸어 놓는 데에 크게 일조한 것은 일인들에 의해 지어지기 시작한 "삘딍"들이다. 백화점 건물은 당대 "삘딍"의 핵심이었다. 1930년대 대중들의 기호 일반과 욕망이 상투적으로 표현되어 있는 당대 대중 가요에서도 "삘딍"과 새로운 감성으로 육체화된 현대적 주체들이 자주 등장한다. 그런데 흥미로운 사실은 대중 가요 속에서 "삘딍"과 그 건물 속 도시 군중들의 이미지가 '새장 속 카나리아의 인사' 이미지로 희화적으로 나타나기도 한다는 사실이다. 다음 노래는 당대 최고의 대중 가요 작사자였던 박영호가 가사를 짓고 가수 이난영의 남편인 김해송(본명 김송규)이 작곡하고 노래까지 불러 크게 유행한 대중 가요〈청춘삘딍〉의 1·2절 가사 전문이다. 이상의 이 표현이 '도시의 빌딩 속 인간들의 만남'을 묘사하고 있다는 사실을 짐작해 볼 수 있는 유력한 참조점이 될 수 있다는 점에서 주목된다. "무드렁 사려 굴뚝 쑤시려 여 생선 사려 / 말라깽이 모던보이 굿모닝 / 호박 같은 저 아가씨 굿모닝 / 아침 햇발 서려 있는 들창 밑에서 / 헬로 헬로 헬로 헬로 여기는 우리들의 청춘삘딍(1절) // 배불뚝이 월급쟁이 굿모닝 / 안쫑다리 마네킹걸 굿모닝 / 굿모닝 굿모닝 굿모닝 굿모닝 다 같이 굿모닝 / 카나리아 조잘대는 새장 밑에서 / 헬로 헬로 헬로 헬로 여기는 우리들의 유토피아(2절)." 이영미, 『광화문 연가』, 예담, 2008, 40쪽.

이제 "四角^{사각}이난케-스가걷기始作^{시작}이다"와 "라지에-타의近傍^{근방}에서昇天^{승천}하는꾼^{빠이}"라는 표현이 무엇을 비유한 것인지 추론해 보자. 여기에서 "라지에-타의近傍^{근방}에서昇天^{승천}하는꾼^{빠이}"라는 언표가 '엘리베이터〔승강기(昇降機)〕'를 비유한다고 추론하는 일은 그리 어려워 보이지 않는다. 여기에서 추론의 핵심이 되는 언표는 하늘로 올라간다는 뜻인 "昇天^{승천}"이다. 당대의 백화점, 특히 이 텍스트의 배경이 된 것으로 추정되는 미쓰꼬시 백화점에 "屋上庭園^{옥상정원}"으로 오르는 엘리베이터가 설치되어 있었다는 사실과[384] 384) 경성부 본정(本町) 1정목 52번지에 위치한 미쓰코시 백화점은 총연평 2,252평 건평 435평에 근대 부흥식(르네상스식)으로 건설되었다. 1929년 3월 17일에 토목 공사에 착수하여 1930년 10월 21일에 준공되었다. 연인원이 7만 5,496명에 달하는 대규모 공사였다. 지하층에서 지상 6층에 이르는 이 건물은, 5층에 옥상정원, 갤러리, 사진실, 대합실, 다실, 엘리베이터실 등을 두었고, 6층에는 전망대와 엘리베이터실 등이 있었다. 「미쓰코시 경성 지점 신축 공사 개요」, 이경훈 역, 『이상 리뷰』 3호, 역락, 2004, 158-165쪽.

이 엘리베이터가 1930년대 경성의 하쿠라이 체험의 대표적인 오브제로서 대중의 상당한 관심사가 되었다는 사실, 특히 대중이 엘리베이터(승강기)와 관련한 체험을 하늘나라로 올라간다는 뜻으로 '천국(天國)' 체험에 자주 비유하곤 하였던 사실은 이 해석과 관련하여 시사하는 바가 크다 하겠다.[385] 385) "그러나 다른 곳은 다 흥정이 없이도 가을이 되면 백화점이 더 한창이다. 사서들고 나오는 것은 안사도 좋을 것 같은 것을 보아서 아직도 돈이 없단 타령하고는 딴판인지 모르나, 백화점 승강기(昇降機) 바람에 어깨가 으쓱하니 백화점 출근을 하는 것인지 자식새끼는 겨울이라고 배때기를 내놓고 다니게 하고 코하나 씻기지 않으면서 주렁주렁 사들고 다니는 것이 무언고 승강기에 미쳤거든 아주 천국으로 이사를 가든지 백화점 상층 식당에서야만 애인을 만날테면 천국에서 사랑을 맺든지." 《朝鮮日報^{조선일보}》, 1933. 10. 29.

이 때 시선의 주체가 되고 있는 시적 화자는 엘리베이터라는 사물을 "꾿빠이"라는 언표로 대체함으로써, 식민지 경성의 모더니티의 환상의 오브제에 대한 아이러니적 거리 감각을 단적으로 노출하고 있다.[386] 386) 이상이 사용하는 "꾿빠이"라는 언표는 작별 인사와 같은 사전적 의미로 사용된다기보다는, 대상에 대해 취하고 있는 주체의 거리 감각을 표시하는 '태도'의 언표로 읽어야 한다. 이 언표에 담긴 주체의 태도를 짐작해 볼 수 있는 가장 적절한 실례로는, 「날개」의 프롤로그에 해당하는 다음과 같은 언술이 있다. "나는 또 여인과 생활을 설계하오. 연애기법에마저 서먹서먹해진, 지성의 극치를 홀깃 좀 들여다본 일이 있는, 말하자면 일종의 정신분일자(精

神奔逸者)말이오. 이런 여인의 반—그것은 온갖 것의 반이오—만을 영수(領受)하는 생활을 설계한단 말이오. 그런 생활 속에 한 발만 들여놓고 흡사 두 개의 태양처럼 마주 쳐다보면서 껄껄거리는 것이오. 나는 아마 어지간히 인생의 제행(諸行)이 싱거워서 견딜 수가 없게끔 되고 그만둔 모양이오. 굿바이." 이상, 「날개」, 『이상 전집 2』 권영민 편, 76쪽.

비유의 대상이 무엇인지 논란이 계속 되고 있는 것은 "四角사각이난케-스가걷기始作시작이다"라는 표현이다. 이에 대해서는 지금까지 대체로 ㉠ 백화점 바깥에서 지나가는 자동차를 묘사한 것이라는 해석[387] 387) 이승훈, 『이상 문학 전집 1』, 이승훈 편, 170쪽 ; 조영복, 『1930년대 문학에 나타난 근대성의 담론 연구』, 서울대대학원 박사학위 논문, 1995, 65쪽. , ㉡ 백화점에서 상자로 포장된 물건을 분주히 나르는 장면에 대한 묘사라는 해석[388] 388) 권영민, 『이상 텍스트 연구』, 214-215쪽. , ㉢ 사각형의 엘리베이터가 움직이는 모습이라는 해석[389] 389) 조해옥, 『이상 시의 근대성 연구』, 99쪽. 등이 존재해 왔다. 그런데 ㉠과 ㉡의 경우 시적 화자의 위치 또는 시선의 이동에 따라 전개되는 이 시의 흐름상 자연스럽지 않다는 문제를 제기할 수 있다. 이 시의 전개는 백화점 내외의 풍경을 주시하는 시적 화자의 시선의 방향에 따라, 백화점의 전체적 구조→백화점의 내부→옥상정원에서 바라본 백화점의 외부→백화점의 내부→백화점의 외부로 변화한다. 그런데 여기에서 백화점의 내부에 있던 시선이 마지막으로 외부로 다시 전환되고 있음을 환기하는 언술이 바로 "바깥은雨中우중"이라는 언술이다. 이 때 "바깥은"에서 "은"이라는 조사는 '바깥이'처럼 단순히 "바깥"의 문장 성분을 주어로 구성하는 조사가 아니라, "바깥"이라는 단어를 한정해 주는 기능을 지닌 보조사의 역할을 수행하고 있다. 바꿔 말해, "바깥은"이라는 언표 '이전'의 언술은 '바깥이 아닌' '안'의 풍경에 대한 묘사일 가능성이 크다는 뜻이다. 이 중에서 특히 ㉠의 경우에는 "바깥은雨中^{우중}. 發光魚類^{발광어류}의群集移動^{군집이동}"이라는 표현이 비내리는 밤거리에서 헤드라이트를 켠 자동차의 풍경을 묘사한 것일 가능성이 크다는 점에서, 바로 밑에서 풍경의 오브제를 중복 표현했을 개연성이 크지 않다는 점과도 맞물려 해석의 신빙성은 더 떨어지는 것으로 판단된다. ㉢은 지금까지 이루어진 이 표현에 대한 해석에서 상대적으로 신빙성이 높은 해석으로 보인다. "四角^{사각}이난케-스"가 엘리베이터에 대한 비유라고 할 때, 이것은 사각형으로 이루어진 엘리베이터의 외형에 대한 직관적 묘사로 보이기도 하고, 시선이 백화점 내부에 있는 풍경이기도 하며, 백화점을 사각형이 중첩된 기하학적 구조로 보는 시선의 주체의 관점에서도 일관성이 있는 해석이라고 할 수 있다. 이 해석을 취할 경우, "四角^{사각}이난케-스가걷기始作^{시작}이다"라는 표현은 바로 밑에 있는 "라지에-타의近傍^{근방}에서昇天^{승천}하는꼰빠이"라는 표현과 붙어서 엘리베이터라고 하는 하나의 대상을 묘사하고 있는 표현이 되는 셈이다. 그런데 이 경우 의문스러운 것은, "四角^{사각}이난케-스"라는 주어가 아니라 오히려 주어의 운동 방식을 드러내는 서술어이다. "四角^{사각}이난케-스", 즉 하늘로 올라가는 엘리베이터를 "걷기始作^{시작}이다"라는 횡적 운동의 방식으로 서술하는 것이 과연 비유를 만드는 자연스러운 연상의 방식인가 하는 의문이 들기 때문이다. 이는 바로 밑에서 엘리베이터를 "昇天^{승천}하는꼰빠이"라고 수직(종적) 운동으로 표현한 것과 논리적으로도 상충하는 비유처럼 보인다.

이러한 해석적 판단 하에 이 책은 다른 차원의 해석 방식을 제안하고자 한다. "四角^{사각}이난케-스가걷기始作^{시작}이다"에서 "四角^{사각}"을 이미 존재하는 백화점 내부의 고형화된 오브제 속에서 찾을 것이 아니라, 이를 어떤 순간적인 이미지의 추상화된 기하학적 변형으로 이해할 수도 있다는 것이다. 이러한 해석 방향에서 눈에 띄는 것은, 이 언술의 다음 언술이 아니라 오히려 앞에 붙은 언술인 "저여자의下半^{하반}은저남자의上半^{상반}에恰似^{흡사}하다"라는 언술이다. 즉 "四角^{사각}이난케-스가걷기始作^{시작}이다"라는 언술이 지시하는 풍경이 "저여자의下半^{하반}은저남자의上半^{상반}에恰似^{흡사}하다"라는 언술이 지시하는 풍경과 한 묶음이라는 가정을 해 볼 수 있다. 그런데 "저여자의下半^{하반}은저남자의上半^{상반}에恰似^{흡사}하다"라는 언술이 지시하는 풍경은 다시 "위에서내려오고밑에서올라가고위에서내려오고밑에서올라간사람은밑에서올라가지아니한위에서내려오지아니한밑에서올라가지아니한위에서내려오지아니한사람"이라는 언술의 풍경에 붙어 있는 것으로서, 이는 서로 다른 엘리베이터를 타고 위아래로 올라가는 각각의 남녀가 엇갈리는 순간을 기하학적으로 포착한 장면이라고 해석해 볼 수 있다. 시적 화자의 시선에 이렇게 순간적으로 포착된 이미지의 묘사에는, "저여자의下半^{하반}"과 "저남자의上半^{상반}"을 그들의 유기적 신체 구조에서 따로 떼어 놓고 바라보는 근대의 해부학적(과학적·의학적) 무의식이 투사되어 있다고 볼 수 있다.[390]

[390] "저여자의下半^{하반}은저남자의上半^{상반}에恰似^{흡사}하다"라는 언술에 당대 진보적 사상이자 이념으로 소개·수입되던 서구의 현대 과학, 특히 의학적·우생학적 모티프가 숨겨져 있다고 보는 주현진의 해석은 또 다른 차원에서 시선을 끈다. 이 해석에 따르면, 전통 사회와의 분리 열망과 현대 사회의 수용 의지를 표출하기 위해 이상의 문학은 의학과 우생학적 시선을 흡수한다. 이상 문학 도처에 나타나는 수식과 기호, 의학적 용어들은 이에 대한 이상의 욕망의 표현이다. 모더니티에 대한 포스트모던적 비판 의식이 존재하지 않았던 이상의 시대에, 의학과 우생학은 새로운 세계관의 형성과 미래를 향한 전진이라는 개념으로 수용되었다는 점에서 '모던 보이' 이상에게 이러한 욕망은 자연스러운 일이었다고 할 수 있다. 이러한 관점으로 이 부분을 해석하면, "저여자의下半^{하반}은저남자의上半^{상반}에恰似^{흡사}하다 / 四角^{사각}이난케-스가걷기始作^{시작}이다"라는 표현은 여

자의 몸 일부와 남자의 몸 일부를 유기적 신체에서 분리해서 바라보고, 이를 다시 기계적으로 조합하여 신체 변형을 추구하는 우생학적 무의식이 투사된 것으로 이해될 수 있다.("四角사각이난케-스가걷기始作시작이다"라는 언술에 대해서 주현진의 논문은 별다른 해석을 붙이고 있지 않으나, 논문의 문맥을 추론해 볼 때 "동체 이분법을 통해서 실용적인 조합을 이뤄 내는" 우생학의 신체 변형 이미지로 해석될 수 있는 가능성을 시사하고 있다.) 주현진, 「이상 문학의 근대성 : '의학-육체-개인'」, 『한국시학연구』, 한국시학회, 2008, 397-399쪽 ; 411쪽.

그런데 여기에서 파편적인 것으로 드러나는 것은 이들의 신체뿐만 아니라 도시의 군중 체험의 일부로만 존재하는 "저여자"와 "저남자"의 "邂逅해후"의 의미이다. 이 장면에서 시각적 의미의 "邂逅해후"는 문자 그대로 두 사람이 만나는 것으로서, "恰似흡사"한 "저여자下半하반"과 "저남자의上半상반"이라는 잘린 신체가 두 개의 엘리베이터 내부에서 서로 엇갈리며 만나는 장면으로 가시화된다. 그리고 이 때 "恰似흡사"하게 잘린 부분적 신체들의 "下半하반"과 "上半상반"의 "邂逅해후"가 기하학적 이미지로 드러나는 것이 바로 "四角사각이난케-스"라고 해석할 수 있다.[391]

[391] "四角사각이난케-스"에 대한 이 책의 해석은 "저여자의下半하반은저남자의上半상반에恰似흡사하다"는 대목에서 화자의 시선에 내재된 우생학적(해부학적/의학적) 무의식을 읽어 낸 주현진의 글(「이상 문학의 근대성 : '의학-육체-개인'」)에서 암시받았음을 밝혀 둔다. 주현진은 이 논문에서 "四角사각이난케-스가걷기始作시작이다"라는 표현에 대해서는 적극적인 해석을 시도하지 않았으나, 이 표현을 "라지에-타의近傍근방에서昇天승천하는꾼빠이"라는 표현과의 연관성 속에서 해석하던 일반적 관례와는 달리, "저여자의下半하반은저남자의上半상반에恰似흡사하다"는 표현과의 연장선상에서 이해할 수 있다는 가능성을 시사했다. ; 한편 "저여자의下半하반은저남자의上半상반에恰似흡사하다(나는哀憐애린한邂逅해후에哀憐애린하는나)"에서, 이 책의 관점과 비슷하게 도시적 만남의 의미가 지닌 파편성 또는 순간성에 주목한 논의로는 조해옥의 연구가 있다. 조해옥, 『이상 시의 근대성 연구』, 98-99쪽.

이런 해석을 수용하게 되면, "四角사각이난케-스"가 "걷기始作시작"한다는 표현은 그것이 사각형 엘리베이터 내부의 엇갈리는 '사람(의 만남)'이라는 점에서 자연스러운 표현으로 이해될 수 있다.

"라지에-타의近傍근방에서昇天승천하는꼰빠이"라는 다음 언술이 엘리베이터에 대한 묘사이고 "꼰빠이"라는 인사(만남)를 담고 있다는 점을 감안하면, 이러한 해석의 설득력은 좀 더 높아진다. 이 때 "始作시작"은 이 "邂逅해후"가 바로 위의 언술 상황에서 곧바로 "始作시작"되었다는 사실을 가리키는 상황적 언표라고 볼 수 있다. 그러나 이 걸음은 시선의 주체인 시적 화자가 보기에는 "소름끼치는일이다". 왜냐하면 "四角사각이난케-스"란 결국 조각난 신체, 파편화된 도시적 "邂逅해후"의 산물이기 때문이다. 이렇게 볼 때 걷고 있는 "四角사각"이란 온전하게 실현되지 못하는 만남의 불가능성(라캉 식으로 표현하면 '성관계란 없다'), 현대적 삶의 파편성과 불완정성, 모더니티의 균열을 드러내는 증상적 표지라고 해야 하지 않을까. 물론 이상 텍스트의 전체적 맥락에서 이것은 '두 발이 맞지 않는 절름발이 부부'와 같은 의미의 언표일 수 있는 것이다.

결론적으로 볼 때 ⑬의 대상인 "平行四邊形對角線方向평행사변형대각선방향을推進추진하는莫大막대한重量중량", "彎曲만곡된直線직선을直線직선으로疾走질주하는落體公式낙체공식", "도아-의內部내부의도아-의內部내부의鳥籠조롱의內部내부의카나리야의內部내부의嵌殺門戶감살문호의內部내부의인사", "四角사각이난케-스가걷기始作시작이다", "라지에-타의近傍근방에서昇天승천하는꼰빠이" 등에도 역시 시적 화자의 아이러니적 시선이 투사되어 있음을 확인할 수 있다. 한편 여기에서 또 하나 눈여겨볼 점은 기하학적 이미지로 추상화된 이 형상들이 사실은 이 텍스트의 처음 부분에서 백화점 전체의 외형적 건축 구조를 기하학적으로 추상화시킨 두 표현인, "四角形사각형의內部내부의四角形사각형의內部내부의四角形사각형의內部내부의四角形사각형의內部내부의四角形사각형"과 "四角사각이난圓運動원운동의四角사각이난圓運動원운동의 四角사각 이 난 圓원"을 부분적으로 구체화하고 있는 형상이라는 사실이다. "平行四邊形對角線方向평행사변형대각선방향을推進추진하는" 운동이란 "四角形사각형의內部내부"의 운동의 일종이며, "彎曲만곡된直線직선을直線직선으로疾走질주하는落體公式낙체공식"이란 직선 운동으로 이루어지는 원운동 또는 원운동의 내부를 쪼개는 직선 운동이라는 점에서 "四角사각이난圓運動원운동"이라고 할 수 있다. 또 "도아-의內部내부의도아-의內部내부의鳥籠조롱의內部내부의카나리야의內部내부의嵌殺門戶감살문호의內部내부"는, "四角形사각형의內部내부의四角形사각형의內部내부의四角形사각형의內部내부"와 매우 유사한 기하학적 구조를 지니고 있음을 확인할 수 있다. "四角사각이난케-스"와 "昇天승천하는꼰빠이"는 사각형이라는 점에서 "四角形사각형의內部내부의四角形사각형"인 셈이다. 결국 백화점은 기하학적 이미지로 표현된 이 대상들에 의해 구축되는 세계라는 사실을 확인하게 된다. 그렇다면 백화점은 이 대상들을 자기의 내부로 거느리지만 이 대상들에 의해 구성되고 규정된다는 차원에서, "地球지구"(백화점이라는 세계)를 "模型모형으로하여만들어진" "地球儀지구의"(백화점의 오브제)"들을 "模型모형으로하여만들어진地球지구"라고 할 수도 있을 것이다. 이는 시적 화자가 이러한 무한 사각형의 패러독스를 "地球지구"를 자신의 "內部내부"에 백화점과 같은 의사 사각형("地球儀지구의")을 무수히 품고 있으며, 그것에 의해 재규정되는 거대한 의사 사각형의 논리로 인식하고 있음을 보여 주는 것이기도 하다. 그런 점에서 이상에게 "四角形사각형"이라는 언표는 모더니티의 균열이 노출되는 증상적 언표이자, 증상으로서의 "四角形사각형"을 "內部내부"로 가지는 것이 '四角形사각형-모더니티'의 본질이기도 하다는 인식이 투사된 비전체(pas-tout)의 증후적 표지라고 할 수 있다.

여덟.

이상, 식민지 모더니티의 시적 증상

4. 백화점이라는 이름의 도시

4) 군중 속의 시적 화자와 미적 증후의 윤리학

마지막으로 ③ **백화점에서 목격된 거리 풍경**을 살펴보도록 하자. 이에 해당하는 언술은 "食堂식당의門문깐에方今到達방금도달한雌雄자웅과같은朋友붕우가헤여진다", "검은잉크가엎질러진角雪糖각설탕이三輪車삼륜차에積荷적하되다", "名銜명함을짓밟는軍用長靴군용장화. 街衢가구를疾驅질구하는造조花화金금蓮련", "發光魚類발광어류의群集移動군집이동" 등이다. 아마도 "屋上庭園옥상정원"에 위치한 시적 화자의 시선으로 포착되었음직한 이 풍경은, 시인의 눈으로 '조감(鳥瞰)'된 당대의 증후적 풍경일 수 있다는 점에서 주목을 요한다. 일단 "검은잉크가엎질러진角雪糖각설탕이三輪車삼륜차에積荷적하"하는 풍경을 시선의 단순하고 직접적인 묘사로 읽으면 "三輪車삼륜차"에 검은색 상자를 싣는 풍경이라고 추측할 수 있다.392) 392) 권영민, 『이상 텍스트 연구』, 213쪽. 여기에서 눈에 띄는 것은 "검은잉크"라는 언표이다. 이는 이상의 텍스트에서 세계의 비유로 자주 등장하는 '책'과의 연관성을 자연스럽게 떠올리게 한다. 이상에게서 '책'은 문자·기호로 구축된 지식·규칙의 체계·질서를 뜻한다.393) 393) 임명섭, 「이상 문학에 나타난 책과 독서의 은유」, 『이상 문학 전집 5』, 김윤식 편 참고. 그러므로 여기에서 "엎질러진"이라는 언표를 단순히 사물에 대한 사실을 묘사하는 언표로 읽지 않고, 화자의 부정적 태도가 담긴 심리적 언

표로 읽는다면, "검은잉크가엎질러진角雪糖각설탕이三輪車삼륜차에積荷적하"되는 풍경이란, 문자·기호로 구축된 지식의 질서·규칙·제도의 세계를 혼란된 것으로 바라보는 시적 화자의 무의식적 불신이 투사되어 있는 풍경이라고 해석할 수 있다. 이러한 관점에서 이해할 수 있는 언표가 "名銜명함을짓밟는軍用長靴군용장화"이다. 이상의 다른 시에서도 등장하는 "軍用長靴군용장화"라는 언표도 눈에 띄지만,[394] 394) 이 책 〈넷. | 겨울 ; 주체라는 이름의 증상 | 4. 죄의식과 물음 형식으로서의 시적 아이러니〉의 「鳥瞰圖오감도 ; 詩第十五號시제십오호」에 대한 해석 참고.

"軍用長靴군용장화"가 "짓밟는" 대상이 "名銜명함"이라는 사실은 그것이 사람의 정체성을 표기하는 대상이라는 점에서 훨씬 더 의미심장하다. 여기에서 "짓밟는"이라는 언표는 단순히 "밟는"이 아니라, "짓"이라는 강세형 접두사를 사용함으로써 "軍用長靴군용장화"의 폭력성을 확실히 강조하고 있다. 그러므로 이 언표는 시적 화자가 자신의 시대를 사람의 존엄성이 상실된 시대로 인식하고 있음을 무의식적으로 보여 주는 표지라고 할 수 있다.

"街衢가구를疾驅질구하는造조花화金금蓮련"은 거리를 활보하는 여인("金蓮금련")에 대한 묘사라고 할 수 있다.[395] 395) 김주현,『이상 문학 전집 3』, 김주현 편, 68쪽 ; 권영민,『이상 텍스트 연구』, 213-214쪽. 그러나 여기에서도 "金금蓮련" 앞에 "造조花화"라는 말을 수식함으로써, "金금蓮련"의 의사 이미지를 강조하면서 시적 화자의 비평적 시선을 드러내고 있다. "發光魚類발광어류의群集移動군집이동"은 "바깥은雨中우중"이라는 정황적 언표가 배치되어 있기 때문에, 비오는 거리에서 라이트를 켜고 이동하는 자동차들의 모습이라는 사실을 비교적 쉽게 짐작할 수 있는 언표이다. 그런데 여기에서도 예사롭지 않은 것은, 문명의 이기에 대한 묘사를 하면서 본능적인 자연 대상에 이를 비유하고 있다는 사실이며, 특히 "群集移動군집이동"이라는 어휘에서는 도시적 일상에 나타나는 익명성과 관성적·본능적 삶에 대한 시적 화자의 피로감이 느껴진다는 사실이다. 이렇게 볼 때, 전체적으로 이러한 묘사들은 사실 명제에 속한 것이라기보다는 시적 화자의 비평적 가치 판단이 내재해 있는 아이러니적 언술에 가깝다는 사실을 짐작해 볼 수 있다.

여기에서 각별히 주목되는 풍경은 "食堂식당의門문깐에方今到達방금도달한雌雄자웅과같은朋友붕우가헤여진다"는 언술이다. "食堂식당의門문깐에方今到達방금도달한雌雄자웅과같은朋友붕우가헤어"지는 풍경을 특별히 주목하는 까닭은 이 풍경이 사실적 풍경을 단순하게 제시하고 있는 듯이 보이지만, 실은 도시적 모더니티에 대한 지극히 비평적 시선을 담고 있다고 생각되기 때문이다. 이상에게서 지극히 단순한 사실을 제시하는 것처럼 보이는 언술들에 언제나 보다 깊은 성찰적 시선이 투사되어 있었음을 이 대목에서 다시 상기해 볼 필요가 있다. 이 풍경에서 특별히 주목할 대목은 "雌雄자웅과같은朋友붕우"가 "方今到達방금도달"했음에도 불구하고 바로 헤어지고 있다는 사실이다. 이는 화자의 시선 속에서 도시의 만남이 가장 친구 사이에서조차 일시적이고 찰나적인 것으로 인식·포착되고 있음을 암시한다. 이러한 비평적 시선은 백화점 바깥뿐만 아니라 백화점의 내부를 바라보는 시선에서도 그대로 노출된다. "위에서내려오고밑에서올라가고위에서내려오고밑에서올라간사람은밑에서올라가지아니한위에서내려오지아니한밑에서올라가지아니한위에서내려오지아니한사람"을 바라보면서, 이를 "저여자의下半하반은저남자의上半상반에恰似흡사하다.(나는哀憐애련한邂逅해후에哀憐애련하는나)"라고 진술하는 대목이 그러하다. 이 때 "저여자의下半^{하반}은저남자의上半^{상반}에恰似^{흡사}하다"는 언술은 각각 여자와 남자가 탄 두 개의 엘리베이터가 위아래로 오가면서 엇갈리는 순간을 스냅 사진처럼 포착한 것이라고 볼 수 있다. 이 장면에서 시적 화자는 이 텍스트의 행간에서 유일하게 스스로를 시적 주체인 '나'로 드러내면서, 괄호 표시 안에 들어 있는 "나는哀憐^{애련}한邂逅^{해후}에哀憐^{애련}하는나"라는 진술을 통해 자신의 태도를 명시하고 있다. 이 진술에는 근대 도시의 문제와 관련하여 시적 화자의 두 가지 태도가 분명히 드러나는데, 이 책이 모더니티 또는 미적 모더니티의 문제와 관련하여 이상 시의 가장 문제적인 지점 중 하나로 이해하는 대목이 바로 이 지점이다.

첫째, 이 대목의 문제성은 시선의 주체인 시적 화자 '나'가 백화점 내부에서 목격되는 군중의 익명적 엇갈림을, 현대 도시 공간 속에 존재하는 순간적이고 찰나적인 만남의 전형적인 방식에 대한 증후로 인식하고 있다는 사실이다. 여기에서 "저여자의下半^{하반}"과 "恰似^{흡사}"한 "저남자의上半^{상반}"과 "저남자의上半^{상반}"과 "恰似^{흡사}"한 "저여자의下半^{하반}"이란 표현은 그들이 "雌雄^{자웅}"이 될 수도 있는 존재들이라는 사실을 암시하며, "恰似^{흡사}"한 그들의 엇갈림은 그런 점에서 "邂逅^{해후}"의 함의를 지니고 있다고 볼 수 있다. 그러나 어쩌면 "雌雄^{자웅}"이 될 수도 있는(있을) "恰似^{흡사}"한 "저여자"와 "저남자"의 "邂逅^{해후}"는, 익명의 도시 공간 속에서 군중 속의 찰나적 만남으로만 존재했다가 순간적으로 사라지고 만다. 그런 점에서 '나'에게 도시 공간 속의 모든 만남–"邂逅^{해후}"는 본질적으로 "哀憐^{애련}한邂逅^{해후}"로 인식된다. 이런 의미에서 바깥 풍경에서 시적 화자가 목격한 "食堂^{식당}의門^문깐에方今到達^{방금도달}한雌雄^{자웅}과같은朋友^{붕우}가해어"지는 풍경은, 실제의 "雌雄자웅과같은朋友붕우"의 만남과 이별이 아니라, 근대적 도시 공간이 아니었다면 어쩌면 "雌雄자웅과같은朋友붕우"가 되었을지도 모를 존재들의 만남과 이별이라는 점에서, "方今到達방금도달한雌雄자웅과같은朋友붕우"로 표현되었으리라는 추측이 가능하다. 이 때 "方今到達방금도달한"이란 언표는 실제의 현실적 공간에 대한 도달 시간을 의미하는 사실적 정황을 뜻하는 언표인 동시에, 만남의 실존적 가능성에 대한 시적 함의를 담고 있는 언표라는 관점에서는 "雌雄자웅과같은朋友붕우"가 되기에는 너무 늦거나 너무 빨리 도달한 '시간을 잘 맞추지 못하는 만남'이라는 실존적 함의를 담고 있는 언표라고도 읽을 수 있다. 순간적·찰나적 만남의 의미로 전락하는 "邂逅해후"나, 실존적으로 너무 늦거나 너무 빨리 도달한 만남의 의미로서의 "方今到達방금도달"이라는 언표는 그런 점에서 도시적 실존에 대한 아이러니적 인식을 담고 있는 모더니티의 증상적 언표라고 해석될 수도 있는 것이다.[396]

[396] 보들레르의 시 「지나가는 여인에게(A une Passante)」에 대한 벤야민의 해석은 군중 속에서 찰나적으로 이루어지는 도시적 만남의 의미를 이해하는 데에 참고할 만하다. 보들레르의 이 시를 해석하면서 벤야민은 시인이 복잡한 거리에서 마주친 한 여자와의 순간적 시선 교차의 경험을 도시인의 만남의 상처와 관련시킨다. 그에 따르면, 시인이 복잡한 거리에서 마주친 이 시선의 경험은 도시의 군중 속에서 사라지는 시선이라는 점에서 실종되어 따라갈 수 없는 사랑의 경험이다. 그것은 처음 보고 느끼는 사랑이 아니라 마지막으로 보고 느끼는 사랑이다. 여기에서 매혹의 순간과 영원한 작별이 겹쳐진다. 근대의 모든 시인들에게 대도시에서의 사랑의 경험이 불안한 시선 속에서 묘사되는 것은 이 때문이다. 이 사랑은 실현의 좌절이라기보다는 실현될 기회 자체를 갖지 못했다고 하는 게 정확하다. W. Benjamin, 「보들레르의 몇 가지 모티프에 관하여」, 『발터 벤야민 선집 4』, 203-204쪽 ; 황현산에 따르면 근대의 시인은 도시의 군중 체험에서 이루어진 이 상처와 일별의 순간에, 이승과 저승, 전생을 꿰뚫는 시간의 수직적 깊이를 체험한다. 이 시적 서정의 깊이는 바로 도시적 삶이 체험할 수 있는 충격 속에서만 얻어질 수 있는 육체적 감각의 깊이이기도 하다. 황현산, 「모국어와 시간의 깊이」, 『말과 시간의 깊이』, 427쪽.

둘째, 이 언술에서 주목되는 것은 지금까지 텍스트의 행간에 스스로의 위치를 가시적으로 노출시키지 않으면서 백화점의 풍경들을 포착하던 시선의 주체-화자가, '나'라는 언표를 쓰는 순간 그 자신이 백화점 풍경의 한 오브제로 변화한다는 사실이다. "나는哀憐애린한邂逅해후에哀憐애린하는나"라는 언표는 '나'가 "哀憐애린한邂逅해후"라는 풍경 속의 대상인 동시에, 그 "邂逅해후"를 비평하는 풍경 바깥의 시선의 주체라는 사실을 말하고 있는 언술이기 때문이다. 여기에서 시선의 주체로만 존재하던 시적 화자는 풍경 속으로 스스로를 위치시킴으로써 풍경 내부의 '시적 주체'가 된다. 이는 '나'가 아무리 이 군중의 행렬을 "屋上庭園옥상정원"에 올라 '조감(鳥瞰)'하는 시선 속에서 바라본다고 한들, '나' 역시 도시 군중의 일부이며 그 행렬 속에 끼어있는 존재라는 사실에 대한 자각을 암시적으로 드러내는 언술이라는 점에서 주목된다. 이상 시의 아이러니가 모더니티의 문제와 관련하여 특히 의미심장한 실례가 될 수 있는 까닭은, 이러한 장면에서 분명히 목격되는 것처럼 모더니티의 기제들에 대한 그의 비평적 시선에는 그 자신 역시 모더니티의 일부로서 그로부터 면죄부를 받을 수 없다는 괴로운 무의식이 스며 있기 때문이다. 이는 '거울'의 균열상을 목격하고 괴로워 하면서도 균열된 거울을 주체의 유일한 현실로 받아들이는 이상의 다른 텍스트적 정황과도 통하는 면이 있다.

|

이는 미적 모더니티의 원 장면 중 하나라고 할 만한 보들레르의 아이러니가, 도시 공간에 대한 주체의 거리 감각을 유지하면서도 그것이 주체 스스로를 언제나 군중 체험의 일부로 인식하는 전제 하에서만 표출되는 것과 비슷하다. 모더니티의 정의를 자신이 살고 있는 시대의 시간성(모더니티/현대성)이 노

출하는 균열 자체로 규정하고, 그런 점에서 아이러니를 모더니티의 정의와 등가적인 것으로 이해한 마샬 버먼의 관점을 빌리면,[397] [397] M. Berman, 『현대성의 경험』, 136-257쪽. 백화점과 거리의 군중 속에서 그들과 결코 동화되지 못하는 거리 감각을 유지하면서도 그와의 연루를 부정하지도 못하는 이상의 이러한 시적 아이러니는 그 자체로 모더니티의 표지인 동시에 그것의 균열이 노출되는 증상적 표지이다. 아이러니를 모더니티의 표지로 이해하는 또 다른 중요한 논자인 르페브르의 견해를 참고한다면,[398] [398] 르페브르에 따르면 보들레르의 반자연주의는 순수한 인공성과 동일한 의미를 지니는 예술적 창조성에 대한 갈망을 표현한다. 그러나 그의 앞에 놓인 세계는 속물적인 세계, 화류적인 세계, 상류 사회로서만 존재하며, 이것이 세계의 유일한 현실이라는 점에서 그의 당디즘(dandisme)은 힘겨운 투쟁이 될 수밖에 없다. 파리의 유행과 풍속에 대한 그의 시는 이 세계를 그가 유일한 현실로서 받아들이고 있음을 의미하며, 이는 그렇게 함으로써만 그러한 세계를 조롱할 수 있었기 때문이다. 르페브르의 관점에서 보들레르의 모더니티는 총체적 실천이라는 마르크스적 모더니티의 부재와 실패, 허위의 가능성을 폭로한다. H. Lefebvre, 『모더니티 입문』, 245-258쪽.

"나는哀憐애런한邂逅해후에哀憐애런하는나"라는 대목에서 언표되는 이상의 "哀憐애런"은, 백화점이라는 도시적 인공성-모더니티에 대한 매료를 암시하는 동시에[399] [399] 이상의 '성천 체험'에서 분명히 드러나는 반자연주의는 이에 대한 적절한 증거가 된다. 그 앞에 놓인 세계가 지닌 속물성과 도시적 우수에 대한 비평적 인식과 결부된다. 다시 말해, 1930년대 경성의 대표적 판타지의 대상이었던 백화점에서 군중 체험의 일부로 드러나는 "哀憐애런"은, 이상이 자신에게 놓인 시간성(모더니티)을 그 자신의 유일한 현실로 받아들이고 있음을 보여 주는 아이러니한 시적 언표로서, 그의 시를 왜 모더니티의 증상으로 이해해야 하는지를 단적으로 보여 주는 '기분'이다. 시적 아이러니가 미적 모더니티의 핵심적 기제로서 작동할 수 있는 까닭은, 이렇게 그것이 모더니티의 한 속성이자 그 내부에서 그것의 균열을 드러내는 증상이라는 사실에 있다. ③ **백화점에서 목격된 거리 풍경**에 속하는 "검은잉크가엎질러진角雪糖각설탕이三輪車삼륜차에積荷적하된다", "名銜명함을짓밟는軍用長靴군용장화. 街衢가구를疾驅질구하 는 造조 花화 金금 蓮련", "發光魚類발광어류의群集移動군집이동" 등의 풍경이 모두 이 증상적 표지들의 일종이다.

|

이상에게서 이러한 형태의 아이러니는 단지 모더니티의 균열을 드러내는 증상적 표지에 머무르지 않고, 그 증상과 자신의 신체를 분리시키지 않는 '증상과의 동일시(identify with a symptom)'를 통해 시적인 것의 윤리적 가능성을 사색하게 하는 실마리가 된다는 점이 또한 중요하다. 이상의 시적 주체는 현대성이라고 하는 자신의 시대의 시간성과의 연루를 부정하지 않으면서도, 그 시간성의 실체에 의문을 제기함으로써 초월적 시선을 배제하는 방식으로 아이러니의 윤리적 가능성을 탐문한다. 그런 점에서 자신의 시대를 메타적으로 조망하겠다는 의지를 담은 언표로 제목을 붙인 「鳥瞰圖조감도」나 「烏瞰圖오감도」는, 이상에게서는 궁극적으로 실패할 수밖에 없는 시도가 아니었을까. 이 시에서 풍경을 관찰하는 시선의 주체로만 존재하던 시적 화자가 어쩔 수 없이 스스로를 풍경 속의 오브제인 '나'로 위치시키듯이, '조감도'나 '오감도'를 통해 시대를 '진단'하려던 '책임의사' 이상은 그 자신이 또한 시대 속의 병자임을 자인할 수밖에 없었을 것이기 때문이다. 그러나 이 시적 실패는 그의 시가 취할 수 있었던 유일하면서도 탁월한 형식의 윤리적 가능성이 아니었을까. 초월의 시선을 배제한 한 체제 내의 주체란, 결국 체제의 증상을 스스로의 육체로 구현하는 방

식을 통해서만이 체제의 파열을 드러내는 증언자가 될 수 있을 것이기 때문이다.

여덟.

이상, 식민지 모더니티의 시적 증상

5. 나오며

이상은 「建築無限六面角體^{건축무한육면각체} : AU MAGASIN DE NOUVEAUTES」에서 '나'를 "哀憐^{애련}한邂逅^{해후}에哀憐^{애련}하는" 군중 속의 일부로 여김으로써 스스로의 위치를 현대 도시의 바깥에다 놓지 않았다. 「날개」에서 '나'는 "바깥은雨中^{우중}. 發光魚類^{발광어류}의群集移動^{군집이동}"을 "미쓰꼬시 옥상"에서 바라보면서, 거기에서 "피곤한 생활이 똑 금붕어지느러미처럼 흐늑흐늑 허비적거"리고 "눈에 보이지 않는 끈적끈적한 줄에 엉켜서 헤어나지들 못"하는 것을 '조감(鳥瞰)'하지만, 그의 결론은 "나는 피로와 공복 때문에 무너져 들어가는 몸뚱이를 끌고 그 회탁의 거리 속으로 섞여 들어가지 않는 수도 없다"는 것이었다. 이는 이상의 주체가 아이러니를 담보한 주체, 즉 물음만을 가지고 있고 답을 모르는 히스테리적 주체이기 때문에 가능한 일이기도 하다. 식민지 경성의 일상과의 완벽한 단절을 선언할 수도 없고, 그렇다고 그에 전적으로 몸을 내맡길 수도 없는 난처한 자리를 유지한 채 오직 부정적인(negative) 방식으로만 자신의 방향을 선택할 수 있었던 것이 바로 1930년대 이상 텍스트의 주체가 처한 상황이었다.[400] 400) "나서서 나는 또 문득 생각하여 보았다. 이 발길이 지금 어디로 향하여 가는 것인가를……", "그러나 나는 이 발길이 안해에게로 돌아가야 옳은가 이것만은 분간하기가 좀 어려웠다. 가야 하나? 그럼 어디로 가나?" 이상, 「날개」, 『이상전집 2』, 권영민 편, 99쪽, 100쪽.

바꿔 말해, 이는 '모더니스트' 이상이 시적 아이러니의 형태로 돌출되는 증후적 질문의 의미를 스스로도 명확히 인식하지는 못했다는 뜻이기도 하다. 그의 시가 자신의 최후의 생의 순간까지 아이러니적 질문만을 거듭하였다는 사실은, 그가 결코 답을 알지 못하는 히스테리적 주체였다는 사실을 증명한다. 그가 짧은 생애 동안 "女人여인"의 의미에 대해 지속적인 질문을 던졌으나 끝내 그것이 불가해한 타자로 남았던 것과 마찬가지로, 타자로서 그 앞에 섰던 식민지 경성의 모더니티의 기표들에 대해 그는 명확한 답을 가질 수 없었다. 다시 말해 그는 식민지 모더니티라는 사회적 대타자 또는 현대 세계의 헤게모니적 기표들에 대해 시인의 직관으로 모종의 결여를 인식할 수는 있었지만, 그에 대해 명료한 비판적 입장의 근거를 마련할 수는 없었다. 그의 마지막 글쓰기가 식민지 모더니티의 수도라 할 내지(內地) 동경에서 끝났다는 사실은 이런 점에서 시사하는 바가 크다. 이상은 "**不幸불행히―或혹은 多幸다행히** 李箱이상도 이달 下旬頃하순경에 東京동경사람이 될 것이오"[401] 401) 이상, 「私信사신 1」, 『이상 전집 4』, 권영민 편, 321쪽(인용문의 강조는 저자).라고 적었다. 여기에서 주목할 언표는 "**不幸불행히―或혹은 多幸다행히**"라는 언표이다. 이는 최후의 순간에까지 그 스스로가 모더니티에 대해 어떠한 입장을 취해야 할지 확신할 수 없었다는 사실을 보여 주는 아이러니적 언표이기 때문이다. 모더니티의 문제는 이런 점에서 그에게 생애의 끝까지 답할 수 없는 질문의 형식으로 남았다고 할 수 있을 것이다.

그러나 역설적으로 말해 그의 시의 시간은 오직 이 질문을 통해서만이 탄생할 수 있었고 유지될 수 있었다. 히스테리적인 형태의 시적 질문을 통해 당대 헤게모니적 지식·대상들을 탈

이데올로기화하는 '시적인 것'의 '정치성'도 이런 점에서만 생산될 수 있었다. 당대의 통상적 주체들, 심지어는 작가들조차 기지의 현실이라고 믿는 그 현실을 그는 오직 모르는 주체였기 때문에 '현실'이라고 확정하지 못했다. 작가적 현실이 무엇인지 그 내용을 확정하고 규정하는 대신, 이상은 자신이 처해 있던 1930년대 세계의 호명에 응하지 못하는 '모르는 주체(unknowing subject)'의 형식으로 짧은 생을 살아가면서, 부동(浮動)하는 주체의 정념을 의문형으로만 표출하는 일관되고 극단적인 언술 형식을 통해 한국 문학사상 가장 증후적인 형식의 시적 주체를 생산할 수 있었다. 이 증후적인 주체 형식에서 우리는 기지의 현실을 자신의 산 현실로 받아들이는 통상적 의식 형태를 배반하는 특이한 주체의 유형을 발견할 수 있다. 이 주체 유형은 어떠한 완고한 체계도 그가 속한 체계의 주체들을 이데올로기적으로 완전히 통합함으로써 하나의 유기적인 사회체를 구조화하는 일은 불가능하다는 사실을 보여 준다는 점에서 (반)이데올로기적인 효과를 생산하는 것으로 보인다. 다시 말해 이 주체 유형의 존재 자체가 한 사회의 적대가 드러나는 왜상(anamorphorsis)적 지점이다. 다만 이 특이한 주체가 발휘하는 '정치성'은 시적 주체 스스로도 의도하지 않았으며 그 자신도 잘 '모르는 것'이었다고 해야 할 것이다. 1930년대 식민지 경성을 식민지라는 차원에서 규정하든, 현대성이라는 차원에서 규정하든 간에, 이상이라는 이 특이한 '시적인 주체'가 유발한 의도하지 않은 정치적 효과로 인해, 우리는 '시적 주체'가 생산하는 고유한 정치성의 한 유형을 새로운 관점으로 사색해 보는 계기를 갖게 된 것은 아닐까. 현실을 이미 알고 있다고 생각하는 '확실성의 주체'의 실천 전략인 이른바 '리얼리즘'의 시각과는 다른 차원에서 제기되는 '시적인 것의 정치성'에 대한 전혀 다른 차원의 사색의 계기 말이다.

417쪽. 쥘 르나르의 『전원수첩』 속표지에 그려진 이상의 자화상. 부분.
418쪽. 쥘 르나르의 『전원수첩』 속표지에 그려진 이상의 자화상. 부분.
419쪽. 1937년 2월 8일 이상이 여동생 옥희에게 보낸 엽서.
420쪽. 쥘 르나르의 『전원수첩』 속표지에 그려진 이상의 자화상.

어제 동래 이편시로 뵈올소 뵈가 新道
되엿다는 淸息 듯고 저희 반가
모르겟다. 이곳에서는 너는 마음이
편한 날이 업시 집안걱정을 하
하가 치버는 때듣 너에게 不快한 편지
고렷나 이젼는 바음을 불펴한것이
는 家建 보더는
사고의 보로는 못
개는 奉建 보더는 하
는 家 불이 잇다
보요 는 오기날이
하랑을 하는 그를 보가 드러가
개들 정성으로 사래한
어머 드려고 내게

僕はこれ私つきの芸十彼安様
トキドキ人生の檻ヲ脱出スルノデ
園長女さんが心配スルノデアル

부록.

시의 정치화와 시적인 것의 정치성

임화 시의 **확실성의 주체**(the subject of certainty)와
이상 시의 **모르는 주체**(unknowing subject)에
관하여

1. 문학적 현실과 현실의 묘사
2. 임화의 정치시와 시적 현실의 추상성
3. 전지적 화자와 확실성의 주체
4. 이상 시의 아이러니와 히스테리적 주체
5. 앓는 몸의 주체와 '거리-신체'라는 증후로서의 현실
6. 나가며

부록.

시의 정치화와 시적인 것의 정치성

임화 시의 확실성의 주체(the subject of certainty)와
이상 시의 모르는 주체(unknowing subject)에
관하여

1. 문학적 현실과 현실의 묘사

문학에서 흔히 쓰이는 리얼리즘(realism)이라는 말에는 모호한 데가 있다. 여기에서 '리얼(real)'은 '현실/사실'을 말하는 것이고, 리얼리즘은 현실을 분명하게 지각(인식)하여 그것을 생생하게 묘사한다는 뜻인데, 누구도 묘사의 대상인 '현실/사실'이 무엇인가를 구체적으로 한정하기는 쉽지 않기 때문이다. 그렇다고 인간의 지각 자체가 곧 인간의 현실이라고 말할 수도 없다. 인간의 지각 내부에는 자각하지 못하는 무의식이 있을뿐더러, 지각된 현실 자체가 주체의 관점과 그 관점 속에 기입되어 있는 이데올로기적 변형의 결과일 수 있기 때문이다. 문학에 있어 현실주의를 내세우는 모방론(재현론)과 묘사주의를 내세우는 표현론 모두가 현실의 묘사에 있어 일정한 제약을 갖는 것도 그 때문이다. 모방론은 현실과 작품 모두에 동일한 원리를 구성하는 보편적 형식이 있다고 가정하는 반면, 표현론은 상대적으로 문학과 현실의 대립을 강조하면서 인간의 정신 활동에 주목하여 작품의 자족성을 강조한다. 더 이상 보편적 형식의 존재를 믿을 수 없는 현대 세계에서 모방론의 근거가 충분한 설득력을 발휘하기 힘들다고 보는 표현론은, 세계에 대한 정신

의 상대적 자율성을 강조하면서 작가의 주관성을 무의식적 차원에서 객관적 지향성의 상태로 변화시키려고 애쓴다.[402] 402)
김인환, 『상상력과 원근법』, 문학과지성사, 1993, 61-63쪽 참조.

현대 문학사에서 '현실의 묘사'라는 말이 꾸준한 쟁점이 되는 까닭은 이것이 문학 자체의 원리를 환기하는 일 이외에도 '문학의 정치성'이라는 현대 문학사의 오랜 쟁점과도 깊은 관련을 맺고 있기 때문이다. 더구나 한 시대가 민감한 정치적 상황에 놓여 있을 때, 이 문제는 피할 수 없는 작가적 고민으로 다가오게 된다. 하지만 여기에서도 작가적 고민은 전혀 다른 방향 속에서 진행될 수밖에 없는데, 이는 작가에 따라 의미 있는 현실에 대한 규정이 달라질 수밖에 없기 때문이다. 파시즘의 열기가 빠른 속도로 고조되고 있던 1930년대 전후 식민지 조선의 작가적 상황도 마찬가지였다. 한편에서는 식민지화된 조선의 정치적 위기 상황 전반과 관련한 제국주의와 계급 투쟁의 문제가 절박한 문학적 현실의 대상으로 상정되는 반면, 한편에서는 이미 1910년대부터 진행되어 1930년대 경성에서 꽃을 피우기 시작한 모더니티의 스펙터클한 기제들에 대한 도시 체험이 가장 중요한 문학적 현실로 인식되었다.[403] 403) 식민지 도시 공간의 헤게모니적 기제에 대한 연구로는
김백영(『지배와 공간—식민지 도시 경성과 일본 제국』, 문학과지성사, 2009)의 연구를 참고할 것.

만주사변과 중일전쟁, 태평양전쟁으로 이어지는 제국주의와 파시즘의 급박한 확산 상황에도 불구하고, 1930년대 한국 문단에서 다양한 형태의 문학적 실험들과 조류들이 출현할 수 있었던 것은, 문학적 묘사의 대상으로 좀 더 유의미한 '현실'이 무엇인가에 대해 작가들 간에 이렇게 큰 관점 차이가 존재했기 때문이다. 그리고 이 관점의 차이는 작가적 현실

을 어떻게 묘사(반영/표현)할 것인가와 관련하여 전혀 다른 방법론의 차이를 낳을 수밖에 없었다. 이 글은 1930년대 전후 시기 한국 문학사상 '시의 정치화'에 가장 열심이었던 임화와 문학의 정치성 문제에는 극히 무심했던 이상의 텍스트가 유의미하게 상정한 문학적 현실과 그 현실 묘사의 방식의 큰 차이를 그들의 대표 텍스트를 통해 확인해 보면서, 이를 통해 1930년대 한국시의 현실 관계 양상의 특수성과 보편성에 대해 생각해 보는 한편, '시의 정치화'와 '시적인 것의 정치성' 사이에 존재하는 미묘한 긴장 관계를 탐색해 보려는 목적을 지닌다.[404]

[404] 인용된 임화와 이상의 시들은 필자가 한글본 텍스트로 바꾸었다. 필요한 경우 한자를 병기한다. 인용 시의 각주에는 발표된 시기와 최초 발표 지면만을 부기한다.

부록.

시의 정치화와 시적인 것의 정치성

임화 시의 확실성의 주체(the subject of certainty)와
이상 시의 모르는 주체(unknowing subject)에
관하여

2. 임화의 정치시와 시적 현실의 추상성

   그러나 인류의 범죄자 / 역사의 도살자인 / 아메리카-부르주아 정부는
  사랑하는 우리의 동지 / 세계 무산자의 최대의 동무
  사코, 반제티의 목숨을 빼앗았다.
  전기로 —
  (프롤레타리아트의 발전하는 전기로)

   그러나 / 제2인터내셔널은
  드디어 양 동지 구명 아메리카 위원회의 전 세계 노동자의 제너럴 스트라이트의 요망을 모반하였다.
  그들은 이미 우리의 힘이 아니다 / 프롤레타리아의 조직이 아니다
  룸펜 인텔리겐차-의 허울좋은 도피굴이다

   우리들은 새로운 힘과 계획을 가지고 전장에로 가자
  우리는 사코, 반제티를 죽인 전기의 발전가가 아니냐
  우리들은
  세계의 일체를 파괴하고 / 세계의 일체를 건설한다

―「담(曇)―1927―'사코'·'반제티'의 명일(命日)에」[405] 405)《예술운동》창간호, 1927. 11. 부분

임화가 시인으로 본격적으로 세상에 이름을 알린 작품 중 하나인 이 텍스트는 당시 세계적으로 큰 관심을 끌었던 노동 운동의 실제 사례를 시적 모티프로 취하고 있다. 계급 투쟁 출진가(出陣歌)라는 성격이 빚어내는 격렬성과, 신문 기사적인 시행의 대담한 도입, 간결한 시행과 긴 시행의 교차에서 빚어지는 독특한 긴장감과 변화감, 60여 행에 이르는 긴 호흡 등 이 시의 형식적 자질이 1920년대의 문단 상황에서 일으켰을 충격에 대해서는 적절한 지적이 이미 이루어진 바 있다.[406] 406) 유종호, 「사회주의 시인의 탄생」, 『다시 읽는 한국시』, 문학동네, 2002, 28쪽. 이 글의 관점에서 주목되는 점은, 이 텍스트가 세계관에 있어 임화 시의 결정석인 변화를 보여 순다고 평가되어 온 「현해탄」(1938년) 이전 시들의 어떤 측면을 이미 보여 주는 전초적 성격을 지니고 있다는 사실에 있다. 시인이기 이전에 정치적 실천가이기도 했던 임화가 가진 현실 묘사의 열정은, 그가 처음 시를 쓰던 초기부터 일종의 서사 충동에 이끌리는 면이 많았던 것으로 보인다. 물론 이는 시인 개인의 문학적 성향을 넘어서, 혁명적 현실에 대한 총체적 묘사를 확보하고자 하는 프로 문학의 형식적 필요에서 비롯되는 것이기도 할 것이다.[407] 407) 프로 문학의 서사 지향적 성격에 대해서는 정채찬의 「단편 서사시와 서정 정신」(『현대시의 이념과 논리』, 역락, 2007)을 참조할 것.

전체적으로 보면 교술적 성격이 강한 이 텍스트는 시사적 사건의 전후 전개 양상을 골자만 잘라내어 과감하게 기입함으로써, 눈에 띌 만한 정치적 선동 효과를 불러일으킨다. 당대 현실 전체를 압축할 수 있을 만한 사건에 대한 극적 진술

이라는 측면에서 이 시는 시인의 서사 충동이 강하게 녹아든 텍스트라고 볼 수 있을 것이다. 외국의 시사적 사실을 차용한 이 텍스트에는 당대 부르주아적 세계의 위기가 반영되는 한편, 사회주의 진영의 분열상과 계급 혁명 건설의 미래에 대한 시적 화자의 자신감이 동시에 드러나고 있다.

그런데 여기에서 유의할 점은, 이 텍스트에서 정작 식민지 조선의 구체적 현실이라고 할 만한 것은 전혀 나타나지 않는다는 사실이다. 그리고 이러한 상황은 식민지 정치 투쟁의 실천가이기도 했던 임화의 시 텍스트에서 자주 발견되는 바, 「현해탄」 이전의 시 텍스트에서 시적 배경은 조선 바깥의 무대와 결부되어 있는 경우가 많다. 이 시기 임화의 시에서는 제국주의와의 투쟁을 다룰 때 텍스트 내부의 적대적 대상이 이처럼 "아메리카 부르주아 정부"로 나타나곤 하며, 근로 대중의 친구는 '사코'와 '반제티'로, 식민지 해방 투쟁은 식민지 조선 내부 인민의 주체적 싸움이 아니라 러시아 혁명과 같은 타자의 경험이나, "차고의 문을 열고 / 괴물처럼 / 비상한 속력으로 크레믈린을 나"서는 "인터내셔널 탱크"[408] 408) 임화, 「탱크의 출발」, 《프롤레타리아 예술(プロレタリア藝術)》, 1927. 10.로 표현되곤 한다. '단편 서사시' 형식에 접근한 임화의 「우산 받은 요코하마」[409] 409) 《조선지광》, 1929. 9.와 같은 텍스트에서 "너는 이국의 계집애 나는 식민지 사나이"라는 민족적 차이는 "오직 한 가지 이유는 / 너와 나—우리들은 한낱 근로하는 형제"라는 계급주의적 모토 속에서 "사랑"이라는 수사를 통해 해소된다. 임화의 시 텍스트에 나타나는 세계관의 관념성은 이런 부분에서 분명히 나타나는 바, 이른바 임화의 단편 서사시도 창작의 실제에 있어 이런 관념성의 해소와 관련하여 구체적인 문학적 현실을 확보하지 않으면 안

된다는 창작자로서 시인 개인의 절박한 문제 의식이 작용했을 것이다. 임화의 단편 서사시는 당대에 프로문학이 당면한 과제인 계급적 목표와 대중성의 획득이라는 두 가지 목표를 동시에 달성했다는 평가를 받았는데,410) 410) 김기진, 「단편 서사시의 길로—우리 시의 양식 문제에 대하야」, 《중외일보》, 1929. 5. ; 송영, 「수원행—프로연맹 구연기」, 《조선지광》, 1929. 6. ; 김동환, 「임화의 옵바와 화로」, 《삼천리》, 1933. 9. 이를 창작 방법론의 측면에서 이해해 보자면 서사성(이야기)의 도입을 통해 현실 묘사의 핍진성을 확보하려는 현실 전형(ideal type) 창출의 한 방법론이었다고 볼 수 있을 것이다.

네가 지금 간다면, 어디를 간단 말이냐?
그러면, 내 사랑하는 젊은 동무,
너, 내 사랑하는 오직 하나뿐인 누이 동생 순이,
너의 사랑하는 그 귀중한 사내,
근로하는 모든 여자의 연인……
그 청년인 용감한 사내가 어디서 온단 말이냐?

눈바람 찬 불쌍한 도시 종로 복판에 순이야!
너와 나는 지나간 꽃 피는 봄에 사랑하는 한 어머니를
눈물 나는 가난 속에서 여의었지!
그리하여 너는 이 믿지 못할 얼굴 하얀 오빠를 염려하고,
오빠는 가냘핀 너를 근심하는,
서글프고 가난한 그 날 속에서도,
순이야, 너는 마음을 맡길 믿음성 있는 이 곳 청년을 가졌었고,
내 사랑하는 동무는……
청년의 연인 근로하는 여자 너를 가졌었다.

겨울날 찬 눈보라가 유리창에 우는 아픈 그 시절,
기계 소리에 말려 흩어지는 우리들의 참새 너희들의 콧노래와
언 눈길을 걷는 발자국 소리와 더불어 가슴 속으로 스며드는
청년과 너의 따뜻한 귓속 다정한 웃음으로
우리들의 청춘은 참말로 꽃다왔고, / 언 밥이 주림보다 쓰리게
가난한 청춘을 울리는 날,
어머니가 되어 우리를 따뜻한 품 속에 안아 주던 것은
오직 하나 거리에 만나 거리에서 헤어지며,
골목 뒤에서 중얼대고 일터에서 충성되던
꺼질 줄 모르는 청춘의 정열 그것이었다.
비할 데 없는 괴로움 가운데서도
얼마나 큰 즐거움이 우리의 머리 위에 빛났더냐?

그러나 이 가장 귀중한 너 나의 사이에서
한 청년은 대체 어디로 갔느냐?
어찌된 일이냐? / 순이야, 이것은……
너도 잘 알고 나도 잘 아는 멀쩡한 사실이 아니냐?
보아라! 어느 누가 참말로 도적놈이냐?
이 눈물 나는 가난한 젊은 날이 가진
불쌍한 즐거움을 노리는 마음하고,
그 조그만 참말로 풍선보다 엷은 숨을 안 깨치려는 간지런 마음하고,
말하여 보아라, 이 곳에 가득찬 고마운 젊은이들아!

순이야, 누이야!
근로하는 청년, 용감한 사내의 연인아!

생각해보아라, 오늘은 네 귀중한 청년인 용감한 사내가
젊은 날을 부지런한 일에 보내던 그 여윈 손가락으로
지금은 굳은 벽돌담에다 달력을 그리겠구나!
또 이거 보라, 어서.
이 사내도 네 커다란 오빠를……
남은 것이라고는 때 묻은 넥타이 하나뿐이 아니냐!
오오 눈보라는 '트럭'처럼 길거리를 휘몰아간다.

자 좋다, 바로 종로 네거리가 아니냐!
어서 너와 나는 번개처럼 두 손을 잡고,
내일을 위하여 저 골목으로 들어가자.
네 사내를 위하여,
또 근로하는 모든 여자를 위하여……

이것이 너와 나의 행복된 청춘이 아니냐?

—「네거리의 순이」전문[411] 411) 임화,《조선지광》, 1929. ;『현해탄』(1938년) 재수록 수정본.

「**우리 오빠와 화로**」**와 더불어** 임화의 대표적인 단편 서사시 중 하나로 당대에 평가되었으며, 후대에는 그의 삶과 문학이 고비를 맞을 때마다 씌어지는 '원점 회귀 단위'라고 평가되기도 한 「네거리의 순이」의 전문이다.[412] 412) 김윤식,「임화 연구」,『한국 근대 문예 비평사 연구』, 일지사, 1984, 561쪽. 이는 이 텍스트의 배경이 되는 '종로 네거리'가 임화 개인의 정체성 형성과 보존, 삶을 기획하고 실현하는 데 없어서는 안 될 가치의 중심지로 의미화되어 있다는 뜻이다. 임화에게서 '종로'는 시인 개인의 관점에서 "고향의 거리"로 내면화된 사적 장소일 뿐만 아니라, 식민지 경성의 상징적 축도라는 차원에서 공적 공간에서의 투쟁적 거점의 의미를 동시에 가지고 있었다.[413] [413] 최현식,「낭만성, 신념과 성찰의 이중주」,『임화 문학의 재인식』, 소명출판, 2004, 211-212쪽. 이러한 맥락을 지닌 공간을 시적 배경으로 상정하고, 1930년대 전후의 현실과 시인의 정치적 비전을 압축하려는 야심 속에서 창출된 시적 전형이 바로 '나'와 "근로하는 모든 여자의 연인…… / 그 청년"과 그 "청년의 연인 근로하는 여자 너("누이 동생 순이")"이다. 즉 '나', '순이', '청년'은 현실과 작품(묘사) 사이의 괴리를 해소하기 위해 고안된 텍스트 내적 장치인 동시에, 프로 문학의 당파성이 투사된 구체적 개인이자 보편적 개인인 것이다. 주지하다시피, '누이'는 그의 또 다른 대표적 단편 서사시인「우리 오빠와 화로」에도 등장하며, '청년'은 하나의 시적 전형이자 시인 자신의 시적 에고로서 그의 시 창작 기간 내내 그 텍스트 내부의 주인공이 된다. 누이를 향한 호소(도입)→'우리들[나-누이-청년]'의 투쟁 회상(과거)→청년의 투옥 상황(현재)→내일의 투쟁을 위한 독려와 다짐(미래)이라는 4단 구성은 서사적 완결성을 고려한 구성으로서, 단편 서사시가 지닌 드라마틱한 성격을 잘 보여 주고 있다.

카프의 중심 인물이었던 임화의 정치적 신념과 작가로서의 창작 방법론이 고려된 이 텍스트의 주인공들이 이 책의 관점에서 흥미로운 것은, 의외로 이들의 연대를 구성하는 핵심이 어떤 정치적 신념 또는 계급성에 있지 않다는 사실이다. 이 텍스트에서 "사내"를 규정하는 "근로하는 모든 여자의 연인"이라는 수사에서 호소력을 발휘하는 것은 "근로하는"에 있다기보다는 "연인"에 있어 보인다. 그 청년은 "마음을 맡길 믿음성 있는" 청년이기도 하며, 그러므로 "너의 사랑하는 귀중한 사내"가 된다. 이에 대해 "너"의 정체성은 두 가지로 규정된다. 하나는 "청년의 연인 근로하는 여자"이며, "내 사랑하는 오직 하나뿐인 누이 동생 순이"다. 즉, 범상치 않은 호소력과 선동성을 발휘하고 있는 이 시에서 '나'와 '너'와 '청년'을 "우리들"로 묶고 있는 실상에는 계급적 연대가 있다기보다는 '사랑/연인'이라는 정서적 관계, 하나의 "엄마"를 공유하는 오빠와 누이라는 가족 관계가 있다고 할 수 있다. 근로 대중이 연인의 유비를 얻고 가족이라는 혈연성에 근거하여 비유될 때, 이 관계의 천연성이란 이미 일종의 선험성 속에 존재하기 때문에 논리적으로 설명하기 어려우며, 또 어떤 정치적 기투를 통해 확보할 수 있는 것일 수도 없다. 임화에게서 '종로 네거리'가 사적인 기억의 공간이기도 하다는 점을 감안할 때, 여기에는 역사와 현실을 사가화(私家化)하는 시적 주체의 어떤 무의식이 착종되어 있으며, 흔히 지적되는 임화 시의 낭만성의 기원에는 이러한 숨겨진 요인 역시 중요하게 자리하고 있는 게 아닌가 생각된다. 흥미로운 것은 이 텍스트가 카프의 1차 방향 전환, 문학 대중화 논쟁, 예술 운동의 볼셰비키화와 관련된 창작 방법론과 같은 치열한 정치 논쟁 전후 시기에 제출된 임화의 문학적 실천의 결과물이라는 사실이다. 이는 현실에서 고도의 정치적인 입장을 고수한 임화와, 그의 텍스트가 보여 주고 있는 무의식과의 적지 않은 괴리를 반영하는 것이라는 점에서 눈여겨볼 만한 사실이라고 할 수 있다.

이러한 점에서 7연 53행의 텍스트에 나오는 9회의 느낌표와 8회의 물음표는 임화의 시가 현실의 저변으로 내려가 그 현실의 실상을 구체적으로 탐구하고 있지 못하다는 사실에 대한 또

하나의 증거라고 해석될 수 있다. 빈번한 느낌표와 실질적 질문을 수반하지 못하는 호소성 물음표의 반복은 이 텍스트가 현실에 대해 객관적 사실이나 행동을 위한 판단의 근거를 생략한 채, 청자로 하여금 무조건적인 정서적 동조를 요구하고 있다는 사실을 단적으로 보여 준다. 또 함께 했던 정치 투쟁에 대한 회상 장면이 현실의 구체적 고통을 환기하기보다는 청춘의 연가처럼 되어 있고, "가난한"이라는 언표는 4회나 반복되는 "청춘"이나 "젊은 날"과 같은 언표의 수식어로 사용되면서, 무산계급의 궁핍을 핍진하게 드러내는 것이 아니라 오히려 그 궁핍의 현실을 휘발시키고 낭만화하는 데 기여하고 있다는 점도 눈에 띈다. 정치 투쟁이 연인과 가족의 유비를 얻고, "가난"이 청춘의 연가처럼 '추억'될 때, "눈보라"는 "'트럭'처럼 길거리를 휘몰아"가면서 극적인 드라마의 한 장면이 된다. 임화의 이 시적 드라마에서 발견되지 않는 것은 나날의 구체적 삶에 내포된 괴로움과 지속성에 대한 성찰이다. 성찰적 주체가 사라진 자리에서 시적 화자가 "종로 네거리"를 "바로" "예 아니냐"고 말할 때, 여기에는 "종로 네거리"에 대한 기억과 그 기억이 포섭하고 있는 역사의 비전을 '이미' 소유하고 있다는(있다고 믿는) 전지적 화자의 자부심이 숨겨져 있다고 할 것이다. 이 비전을 전유하고 있는 화자가 "자 좋다"라고 청자의 수락을 은연 중 강제하는 정서적 언표를 사용할 때, "너와 나는" 현실에 대한 상황 판단이나 정치적 비전에 대한 자기 점검없이 "어서" "번개처럼 두 손을 잡"을 수밖에 없게 되는데, 정치 선동적 수사법으로는 상당한 호소력을 발휘하는 이 마술적 수사에서 확인하게 되는 것은 역시 어떤 구체적 현실 상황의 생략이다. 정치적 실천과 문학적 실천을 다른 것이 아니라고 본 임화의 작가적 응답의 산물인 이 대표적인 시에서, 정작 그가 묘사하려고 했던 '종로 네거리'로 상징되는 '현실'은 "어서", "번개처럼"이라는 언표와 더불어 작가와 독자 모두에게 그 현실에 대한 구체적 성찰의 여유를 주지 못하고 있는 것이다.

이 지점에서 이 텍스트의 궁극적 시간 의식이 "서글프고 가난한 그 날"(과거)도 아니고 "오늘"(현재)도 아닌 "내일"(미래)에 바쳐지고 있다는 사실을 눈여겨볼 필요가 있다. 하지만 이 "내일을 위하여 저 골목으로 들어가"는 역사적 기투 역시 다시 한 번 "너와 나의 행복된 청춘"이라는 청춘 연가의 유비를 획득함으로써 미래라는 시간이 지닌 불확실성과 불안정성은 정서적 차원에서 마술적으로 제거된다. 이 불확실성과 불안정성이 논리적 설득의 방식이 아니라 정서적인 방식으로 제거된 자리에서 다시 확인하게 되는 것은, '현실'(과거와 현재)뿐만 아니라 미래에 대한 시적 화자의 정치적 비전이 구체적으로 무엇인지 짐작하기가 쉽지 않다는 사실이다.

흔히들 임화 시의 정치적 비전이 흔들리는 시기를 1930년대 중후반의 '내성화' 경향의 시들이 발표되는 시기라고 말하지만, 임화가 시인으로서 절정기를 보내던 시기의 시 텍스트에서조차 '종로 네거리'를 거점으로 삼았던 그의 작가적 현실과 정치적 비전이 무엇인지를 구체적으로 확인할 수 있는 텍스트는 의외로 많지 않다. 여기에서 문제가 되는 것은 박영희의 전향 선언이 지적했던 것처럼 시의 정치화(이데올로기화)가 아니라, 성찰적 주체의 부재라고 할 수 있다. 작품에 있어 '현실'의 구체적인 시적 형상화의 부재란, 곧 묘사의 대상으로서의 현실이 무엇인가에 대한 작가적 성찰의 허약함을 의미하는 일일 수 있기 때문이다. 그리고 이 구체적 성찰의 허약함은 한국 문학사상 시의 정치화를 가장 전면적으로 시도한 1920~30년대 프로 시의 어떤 속성을 잘 보여 주기도 하는데, 여기에서 제기될 수 있는 매우 역설적인 질문은 이러한 시의 정치화가 정치의 장에서만큼이나 '시적으로'도 래디컬한 효과를 생산하고 있는가 하는 질문이다. 이 때 이 문제는 이 텍스트에 대해 임화 스스로가 행한 자기 비판 요소의 골자인 "진실한 생활상이 없는 곳에서 동지만을 부르는 그 자신 훌륭한 일개의 낭만적 관념을 형성하"면서, "프로레타리아의 성장과 결합하지 못"했다는 측면과는 별개의 지점에서 논의되어야 할 필요가 있어 보인다.[414]

414) 임화, 「시인이여! 일보전진하자」, 《조선지광》, 1930. 6., 67쪽.

부록.

시의 정치화와 시적인 것의 정치성

임화 시의 확실성의 주체(the subject of certainty)와
이상 시의 모르는 주체(unknowing subject)에
관하여

3. 전지적 화자와 확실성의 주체

최근의 논의 중에는「네거리의 순이」에 나타난 임화 시의 낭만성을 이후 임화가 사회주의 리얼리즘에 대한 논의를 전개해 나가면서 전개하던 '낭만(적) 정신', '혁명적 로맨티시즘'과 결부짓는 한편, 이를 서구 낭만주의 고유의 낭만성에서 드러나는 유토피아적 충동의 관점에서 이해하려는 시도가 존재하기도 한다. 즉 '낭만 정신(로만 정신)'을 "미래에의 지향"을 지니고 있는 "창조하는 몽상"과 "진실한 꿈"으로 규정하고, 문학을 "현실과 이상-꿈이 모순하고 조화하지 않는 가운데서 그것을 통일 조화시키려는 치열한 행위적 의욕의 표현"이라고 한 임화의 관점이[415] 415) 임화,「당래할 조선 문학을 위한 신제창 : 위대한 로만적 정신」,《동아일보》, 1936. 1. 1.~4. 이러한 시들의 낭만성에 이미 반영되어 있으며, 여기에는 낭만성을 단순한 신념이 아니라 삶의 절실한 요구로 구체화하는 동시에 올바른 자기 이해와 지속적인 갱신을 위한 매개적 성격으로 활용하려는 시인의 전략이 있다는 지적이다.[416] 416) 최현식,「낭만성, 신념과 성찰의 이중주」,『임화 문학의 재인식』, 205-215쪽. 이러한 관점이「네거리의 순이」를 비롯한 임화 시 텍스트의 '낭만성'을 새롭게 보게 하는 면이 일부 있는 것도 사

실이지만, 이러한 논의들은 비평가로서의 임화와 정치가로서의 임화의 행적을 너무 많이 고려한 해석인 듯하다. 실제 이러한 관점이 임화의 시 텍스트와 시 바깥의 논리나 행적 사이에 벌어져 있는 모순이나 간극을 충분히 해소시킬 수 있는 설득력 있는 논리로 제시되지는 못하는 듯이 보이기 때문이다.[417]

[417] 임화의 새로운 시들을 '낭만성'에 대한 재해석을 통해 새롭게 이해하려는 시도가 큰 설득력을 지니지 못한다고 보이는 반면, 임화의 시들을 새로운 '감각의 분배'라는 차원에서 해석하는 최현식의 논의는 보다 설득력이 있어 보인다. 그에 따르면 임화 시의 정치성은 당파성의 선명한 구현만으로 획득된 것이 아니라 대중과의 소통을 목적으로 하는 언어 수행 양식과 개입 방법이 매우 참신했다. 최현식, 「노동의 시, 시의 노동」, 『우리는 매일매일』, 문학과지성사, 2011 참조.

이 문제를 다시 임화의 이 텍스트로 돌아가서 생각해 볼 때
눈여겨볼 만한 사실은 현실을 추상적으로 형상화하거나 쉽게 ("어서") 건너뛰고서 "내일"의 시간으로 기투를 호소하는 이 시적 화자의 선동적 화법 속에는, '현실'을 이미 다 알고 있거나 알고 있다고 생각하는 자의 자부심이 은연중 전제되어 있다는 사실이다. 이 시가 프로문학이라는 점을 감안한다 할지라도, 시적 화자가 식민지 현실을 구성하는 인민의 복잡다기한 인적 구성을 '근로 대중'이라는 단일한 이름으로 묶고서, 이 '근로 대중'을 연인과 가족이라는 선험적이고 갈등 없는 정서적인 유비 관계로 환원할 때, 또 공적 상징성이 뚜렷한 장소인 식민지의 "종로 네거리"를 "자 좋다", "바로" "예 아니냐!"고 표현할 때, 시인의 기억을 통해 사유화된 "종로 네거리"는 화자에게 이미 그 자신만의 자명한 역사적 사실로서 확보되어 있는 듯이 보인다. 하지만 정작 "종로 네거리"를 앞뒤에서 수식하고 있는 "자 좋다"와 "예 아니냐" 사이에는 "종로 네거리"의 성격을 설명하는 역사적 기억과 정치적 비전에 대한 구체적 설명이 생략되어 있음으로 인해서, 그 곳은 3연의 '꽃다운 청춘'의 거리라는 수사적 의미 외에 어떤 구체적 실감을 획득하지 못한다.

"바로" "예 아니냐"는 언술은 질문의 형식이 아니라, 이미 확보되어 있는 자명한 사실에 대한 시적 화자의 확인이며, 시적 화자는 이러한 상황 속에서 더 이상 현실에 대해 물어볼 필요가 없기에 행동은 "내일"을 향해 이루어지고, 이 때 "너와 나는 번개처럼 두 손을 잡"는 청자의 동의는 당연한 것으로 받아들여진다. 이는 정치적 공간을 토론 불가능한 것으로 만드는 마술적 수사라고 지적할 수 있다. 사실 이 시는 정치적 격문시의 과격한 외향을 띠고 있지만 시적 화자의 이러한 태도로 인하여 정작 텍스트 내부의 갈등(불안정성)은 소거되어 있는 '안정적인' 에너지 준위를 지닌 시라고 볼 수 있다. 이 "내일을 위하여 저 골목으로 들어가"는 일이 "너와 나의 행복된 청춘"이라고 규정될 때, 이 정치적 기투에서 제거되어 있는 것 역시 미지의 시간에 내포되어 있는 불안정성이라는 점에서, 이 기투는 전위적인 시에 내재되어 있는 급진성과도 성격이 다른 것이라고 생각된다. 임화의 가장 격정적인 정치시에 내포되어 있는 이러한 숨겨진 '안정성(비급진성)'은 '시의 정치화'와 '시적인 것의 정치성'이 조금은 다른 지점에 놓여 있는 게 아닐까 하는 생각을 하게 한다.

이 점에서 임화가 탄생시킨 단편 서사시의 서사적 성격은 시사하는 바가 있다. 도입과 전개와 결말이 분명한 서사적 완결성을 통해 시를 구축한다는 것은, 시의 화자가 실질적인 시적 주체로 시 내부의 삶을 살고 있지 않다는 것을 뜻한다. 화자는 드라마의 전체를 관장하는 자로서 텍스트 내부에서 제한된 시점을 가진 서사의 한 주인공이나 시적 주체가 아니라, 텍스트 바깥에서 전지적 시점을 가지고 텍스트의 시간(서사) 전체에 관여하는 '확실성의 주체(the subject of certainty)'다. 시인은 시 내부의 삶을 사는 게 아니라 시적 현실의 외부에서 이미 그 전개를 다 알고 있는 시의 서사(시간)를 조망한다. 이러한 시들에서 '현실'이 무엇인가 하는 회의적 질문이 소거되어 있는 것은 시의 화자가 제한된 시점을 가지고 텍스트 내부의 삶을 살고 있는 실질적인 '시적 주체'가 아니기 때문이다. 혁명의 열정에 불타 있는 임화의 시에서 '현실'은 거의 언제나 시적 화자의 기지(既知)의 것이지 미지(未知)의 것이 아니었다. 이런 점에서 임화의 시에서 인식과 감각, 현실과 묘사, 정치와 문학, 실제적 삶과 역사의 비전 사이에 벌어진 간극에 대한 긴장된 인식, 즉 아이러니를 거의 찾아볼 수 없다는 사실은 시사적이다. 이러한 사실은 카프의 해체와 일본 제국주의의 파시즘 강화·확산 상황 속에서 임화의 시가 절망적 상황에 대한 시적 변동으로 자기 성찰적인 시, 흔히들 '내성화(內省化)'된 시로 변모했다고 평가되는 1930년대 중후반 이후의 시들에서도 크게 차이가 나지 않는 것으로 보인다.

그러면 벌써 나의 배는 파선하고 마는 것일까?
한 조각의 썩은 널조차 나를 돌보지 않고,
그것 없이는, 정말로 그것 없이는,
평탄한 뭍에서도 온전히 그 길을 찾을 수 없는
진리에로 향한 한 오리 가는 생명의 줄까지도
인제는 정말로 끊어져,
손을 들어 최후의 인사를 고하려는가?
오오, 한 줌의 초라한 내 머리를 실어 오랜 동안,
한 마디 군소리도 없이 오직 나를 위하여 충실하던 내 조그만 베개

반딧불만한 희망의 빛깔에도 불길처럼 타오르고,

풀잎 하나 그 앞을 가리어도 천 오리 머리털이 활줄같이 울던

청년의 마음을 실은 내 탐탁한 거루인 네가

이제는 저무는 가을의 지는 잎 되어 거친 파도 가운데 엎드러지면서,

그 최후의 인사에 공손히 대답하려는가?

〔… 중략 …〕

지금 / 우리들 청년의 세대의 괴롭고 긴 역사의 밤,

검은 구름이 비바람 몰고 노한 물결은 산더미 되어,

비극의 검은 바다 위를 달리는 오늘

그 미덥던 너도 돛을 버리고 닻줄을 끊어,

오직 하늘과 땅으로 소리도 없는 절망의 노래를 뜯어,

가만히 내 귓전을 울린다.

오오, 이것이 청년인 내 주검의 자장가인가?

― 「옛 책」 부분[418)] 418) 임화, 《신동아》, 1935. 9.

임화의 이 시기 시들에서 빈번하게 나타나는 이미지들은 "암흑", "폭풍", "북국의 어두운 밤", "멸망의 바람", "눈물", "고향", "청년" 등이다. 1930년대 중반 이후 임화 시의 변모된 외적 성격을 단적으로 보여 주는 이 텍스트에서도 "파선", "최후의 인사", "괴롭고 긴 역사의 밤", "검은 구름", "비극의 검은 바다", "비바람", "절망의 노래", "주검의 자장가" 등의 언표들이 눈에 띈다. 이 시기의 시들을 자기 성찰적(내성적) 시들이

라고 말할 때, 이는 광포해지는 억압적 현실에 직면한 그의 시가 묘사의 대상을 이전의 정치적 현실과 프로 정신의 고취·선동으로부터 자기 내부의 심리적 상황으로 옮겼다는 뜻이다. 이 시기의 시들에 대해 시인을 실천적 전위에 몸담게 했던 확연한 정치적 전망이 사라진 자리에서 청년의 기상과 격정으로 돌파하려는 새로운 주체 재건의 의지로 읽는 평가도 근래 제시되고는 있지만,[419] 419) 유성호, 「'청년'과 '적'의 대위법—1930년대 중반의 임화의 시」, 『임화 문학 연구』, 소명출판, 2009, 87쪽. 화자가 내상을 다루는 데에 있어 객관성을 가지지 못하고, 자신의 내적인 목소리에 이끌려 그 신념을 정당화하지 못함으로써 결과적으로는 현실 상황에 대한 주관적 과장에 빠져 있다는 해석들 역시 적지 않다.[420] 420) 김정훈, 『임화 시 연구』, 국학자료원, 2001, 155-156쪽.

이 책의 논지와 관련하여 주목할 점은 이 시기 그의 텍스트에는 시적 화자가 자신에게 직면한 현실을 손쉽게 수락하거나 과장하는 상황 논리적 태도가 매우 많다는 사실이다. 이는 이 시기 그의 시론이 문학을 현실의 수락이나 긍정이 아니라 꿈과 현실의 모순으로 받아들이고, 하나의 당파성 속에 몸을 던지며, 이를 '사회주의적 리얼리즘'이라고 명명한 것과는 배치되는 일이라고 할 수 있다.[421] 421) 임화, 「당래할 조선 문학을 위한 신제창 : 위대한 로만적 정신」, 《동아일보》, 1936. 1. 1.~4. 이 시에서도 확인할 수 있는 것은 "오늘"의 현실을 "벌써" "나의 배"를 "파선"의 운명 속에 가두어 두고, "검은 구름이 비바람 몰고 노한 구름은 산더미 되어 / 비극의 검은 바다 위를 달리는" 상황으로 묘사하고 있다는 사실이다. 임화의 초기 시에서 제 나라의 현실을 타자의 경험으로 대치하거나 지나치게 추상화하는 일이 눈에 많이 띈다면, 이 시기 시들에서는 상투적 이미지와 불필요한 감정적 수사의 잦은 반복을 통해 현실을 과장하는 일이 많이 보인다.「네 거리의 순이」에서 '종로 네거리'의 공적 기억이 청춘의 연가와 가족적 친연성 속에서 사가화(私家化)하는 어떤 욕망의 무의식적인 착종 현상을 읽을 수 있었다면, 이 시기 시들에서 "나의 배"가 떠 있는 시적 주체의 현실은 "우리들 청년의 세대의 괴롭고 긴 역사의 밤"으로 등치된다. 시적 화자 개인의 현실 인식에 불과한 것일 수도 있는 것이, 감정적으로 과장된 이미지를 통해 객관적인 공동의 역사 체험으로 바뀌어 버리는 일이 발생하는 것이다. 이러한 이미지가 보이는 텍스트의 무의식에는 시적 화자의 부분적 관점에 스스로 과도한 자기 확실성을 부여하고, 시적 화자 자신을 역사의 주인공으로 생각하는 어떤 영웅주의 같은 것이 내재해 있다고 해석해 볼 수 있다.[422] 422) 이 시기를 전후한 임화의 다음과 같은 발언은 이런 점에서 시사적이다. "운명이란 언제나 스스로 적을 골라 내는 성찰 있는 사람의 생애를 형용하는 말이다. 적을 골라 낸다는 것은 적과 나 사이에 있는 많은 매개물을 초월함을 의미한다. 우리는 적과 만나기 전에 대개는 이 중간의 매개물과의 마찰에서 정력을 탕진한다. 그러므로 우리에게는 운명이란 것이 없다. 생애는 자연적인 것이다. 역사적으로 사는 사람(혹은 민족)만이 운명적이다. 운명을 갖는다는 것은 대하든 소하든 영웅적이다."(임화,「잡록(雜錄)」,《청색지》5호, 1939. 5., 43-44쪽. 개인의 부분적인 현실 인식을 공동의 역사 인식이나 돌이킬 수 없는 객관적 사실로 환치하는 이러한 태도 속에서 진정한 현실이 무엇인가에 대한 구체적인 시적 탐구는 들어서기 어렵다. 이 시가 감정적 수사와 추상적 이미지들만을 나열하다가, "오오, 이것이 청년인 내 주검의 자장가인가?"라는 절망적 상황의 수락으로 이어지는 것은, 그런 점에서 텍스트 내적인 필연성을 지니고 있다고 볼 수 있을 것이다.

시의 정치화에 있어 가장 성공적인 것으로 평가되기도 한 임화의 정치시가 당대 정치의 장에서 생산한 정치적 효과와는 별도로, 정치의 장에서 만큼이나 그 시 자체가 긴장된 '시적 정치성'을 생산하는 텍스트라고 할 수 있을 것인가에 대해서 새로운 방식의 질문이 제기될 필요가 있는 것은 이런 해석적 판단 때문이다. 그러나 이러한 질문은 임화라는 특정 개인의 텍스트를 넘어서 시가 가지고 있는 특이한 정치성에 대한 별도의 고도의 문학적 성찰이 요구되는 까다로운 문제라고 할 수 있다. 다만 정치성의 핵심에 언어가 내포하는 이데올로기의 외부를 사유하는 것에 대한 요구가 있다고 할 때, 말에 새겨진 이데올로기를 문제 삼는 시 속의 어떤 핵심적 성격을 잠정적으로나마 '시적인 것(시적인 어떤 요소)'이라고 규정하고, 이를 정치성의 문제와 매개할 수 있는 가능성을 찾아보는 일은 필요할 듯하다. 한국 문학사상 시의 정치화에 가장 예민했던 임화의 대척점에서, 시의 정치화에 관한 한 극히 무심했던 이상의 텍스트가 지닌 어떤 시적인 특이성을 그런 가능성 탐색의 한 예로 읽어 보는 일은 흥미로운 일인 동시에, 임화의 시가 시도한 시의 정치화를 평가하는 우회적인 독법이 될 수도 있지 않을까 싶다. 아직까지 설득력 있는 해석이 제출되지 못해 여전히 그의 대표적인 난해시로 평가되고 있지만, 이상의 현실 인식과 시작 방법론을 잘 보여 주는 것으로 보이는 「街外街傳가외가전」에 대한 해석을 중심으로 이 문제를 살펴보고자 한다.

부록.

시의 정치화와 시적인 것의 정치성

임화 시의 확실성의 주체(the subject of certainty)와
이상 시의 모르는 주체(unknowing subject)에
관하여

4. 이상 시의 아이러니와 히스테리적 주체

낙산에서 태어나 보성학교를 다녔던 임화의 정치적·문학적 거점이 '종로 네거리'였던 것과 마찬가지로, 경성부 북부 순화동에서 태어나서 신명학교와 동광학교를 거쳐 경성고등공업학교를 다닌 이상의 삶과 문학적 거점도 사대문 안의 경성 거리였다. 그의 소설「날개」의 주인공은 교환 가치 중심으로 구축된 식민지 근대의 사회적 메커니즘으로부터 배제된 무능한 존재였지만, 그는 출타할 때마다 경성역의 시계를 강박적으로 의식했으며, 그 주인공이 부활의 날개를 퍼덕이다가 다시 스며들어간 "회탁의 거리"는 본정통(명동)의 미쓰꼬시 백화점 옥상과 그 앞의 거리였다.「鳥瞰圖조감도 ; 運動운동」이라는 시에서 시적 주체는 "옥상정원"에 올라가 사방을 휘둘러보고선 "아무것도없"다고 말하는 데, 이 때 그가 올라간 "옥상정원"이 역시 미쓰꼬시 백화점이었으며, 그가 둘러본 "사방(四方)"은 조선은행과 경성부청과 조선우체국처럼 1930년대 식민지 경성의 랜드마크가 줄지어 서 있던 선은전광장(한국은행 앞)이었다. 그는 식민지 정치 권력의 핵심 공간이었던 광화문 근처에서 태어나, 식민지 고등 교육의 전초 기지가 된 동숭동을 오가며 학교

를 다녔다. 다시 말해 이상에게서 도시는 병(病)과 성(性)과 과학과 더불어 그 시의 가장 중요한 모티프를 이루는 작가적 경험의 원천이었다.

이상은 도시와 병과 성과 과학이라는 현대 문학의 모티프 모두를 작품의 본격적 주제로 다룬 최초의 한국 시인이었음에도 불구하고, 계급 투쟁과 제국주의라고 하는 보다 직접적인 정치적 현실을 문학적 현실로 포섭하지는 못했다.[423] 423) 김인환, 「이상 시의 계보」, 『기억의 계단』, 민음사, 2001, 291-294쪽. 하지만 흥미로운 사실은 시의 정치화에 가장 앞장섰던 임화조차도 황군작가위문단의 실행 위원으로 참여하게 되는 정치적 상황(1939)이 전개되는 1930년대의 상황 속에서도 이상은 단 한 편의 친일시를 남기지 않았다는 사실이며, 그의 시에 표현된 1930년대 경성이 매우 황폐한 이미지들로 표현되고 있다는 사실이다. 눈여겨볼 점은 그의 시에서 도시에 대한 공포나 불안은 항상 도시에 대한 매혹을 동반하는 것이기도 했다는 사실이다. 이것은 이상의 시적 주체가 당대적 현실에서 직면하고 있던 인식론적 난처함과 욕망의 양가성을 확인하게 하는 바, 이는 그에게서 도시로 상징되는 '모던'이란 이데올로기적 환상의 대상인 동시에 전적으로 그 환상에 주체의 몸을 맡기게 하지도 못하는 불완전한 대상이었다는 사실을 뜻한다.[424] 424) 라캉에 따르면 상징계(le symbolique)라고 하는 문화적 장은 존재론적 결여(manque-à-être)를 기반으로 하고 있다. 결여는 결코 채워질 수 없다는 뜻이다. 그러나 이 결여로 인하여 주체는 그 결여를 채우고자 하는 욕망(désir)하는 주체로 만들어진다. 주체로 하여금 이 결여가 채워질 수 있다고 믿게 하는 것, 다시 말해 상징계의 결여를 은폐하는 작인이 바로 환상(fantasy)이라는 베일이다. 슬라보예 지젝은 이 환상이 사회의 적대(antagonism)를 은폐하는 상징계 내부의 메커니즘이라는 점에서 이를 사회적이고 이데올로기적인 환상과 다른 것이 아니라고 해석한다. 다시 말해 사회적이고 이데올로기적인 환상의 목적은 적대 관계에 의해 분할되지 않는 유기적이고 상보적인 사회에 대한 비전을 구축하는 것이다. S.

Zizek, 『이데올로기라는 숭고한 대상』, 이수련 역, 인간사랑, 2002, 194-223쪽.

세계에 대한 명확한 판단을 내릴 수 없는 시적 주체의 이러한 인식론적 모호함 속에서 이상은 자신이 처한 진정한 작가적 현실이 무엇인지를 의식적으로 묘사하기를 포기했는데, 이에 대해 그가 취한 시적 진술의 방식은 세계에 대한 분명한 판단을 중지하고 모순과 균열로 요동치는 시적 주체의 정념 그 자체를 부동(浮動)하는 질문의 형식으로 표출하는 일이었다. 질문 자체가 시가 되는 이 회의적 언술 방식은 확실한 지식을 확보하기 위한 기획 속에서 이루어지는 회의의 형식이 아니라는 점에서 데카르트적 회의와는 본질적으로 다른 것이었는데, 낭만주의자들이 현대시의 본질이라고 말하고 일련의 연구자들이 현대성의 증후라고 해석하는 아이러니(irony)는 1930년대 식민지 경성에 대한 이상의 시에서 구체적이면서도 특별한 정치성의 한 형식을 부여받는다. 이 특별한 정치성의 한 형식이란 아이러니를 담보한 이상 시의 주체가 지닌 히스테리적 성격과 관련한 것으로서, 기지(既知)의 현실을 자신의 참된 현실로 받아들일 수 없는 회의적 주체의 존재 형식 자체가 식민지 이데올로기적 환상에 대한 파열의 증후로 드러난다는 사실과 관련된다. 이 문제와 관련하여서는 이미 이 책에서 자세한 논의가 이루어졌으나 이 글의 논의 전개와 관련하여 필요한 몇 가지 사항을 확인·보론하면 다음과 같다.

이상의 시에 광범위하게 나타나는 대상·상황에 대한 주체의 거리 감각 또는 판단의 모호성의 문제는 시적 주체의 인식론-수사학의 차원에서 보면 아이러니의 형식으로 드러난다. 예컨대 그의 시에 대표적으로 나타나는 오브제인 '시계'가 거꾸로 가거나 정물을 살해하는 것으로 나타나거나 모조 이미지로 나타나는 것들이 모두 그러한 아이러니의 형식들이다. 이는 이상의 시적 주체가 시계로 상징되는 당대성(당대적 '현실'이라는 시간)에 대해 어떤 어긋남에 대한 의식을 지니고 있었다는 뜻이며, 당대의 시간성을 수긍할 수 없음으로 인해 그것을 시적 주체 개인의 시간으로 명백히 통합하기 어려웠음을 의미한다. 다음과 같은 간단한 텍스트에서 나타나는 시계의 이미지와 그 이미지에 내포된 시적 화자의 무의식은 단적인 예가 될 수 있다.

時計^{시계}가뻐꾸기처럼뻐꾹거리길래쳐다보니木造^{목조}뻐꾸기하나가와서모으로앉는다그럼저게울었을理^리도없고제법울까싶지도못하고그럼아까운뻐꾸기는날아갔나

— 「正式^{정식} VI」⁴²⁵⁾ 425) 《가톨릭청년》, 1935. 4. 전문

이 시계의 이미지에서 주목할 점은 이 시계가 "木造^{목조}뻐꾸기"라고 하는 '가짜' 즉 '의심'의 대상으로 제시된다는 사실이다. "그럼저게울었을理^리도없고제법울까싶지도못하고그럼아까운뻐꾸기는날아갔나"라는 화자의 의문은 시계라는 대상에 대한 화자의 불신이 야기한 판단 유보의 상태를 잘 보여 주고 있다. 수사학적인 차원에서 이를 아이러니라고 간단히 말할 수도 있겠지만, 이 글의 목적과 관련하여 주목할 점은, 이러한 아이러니의 담지자가 되고 있는 시적 주체(화자)의 무의식이 어떤 것인가 하는 것이며, 이러한 시적 주체의 무의식이 문학 작품이 발휘하는 특이한 정치적 증후(symptom)의 한 형식으로 해석될 수 있다는 사실이다. 정신 분석의 관점을 참조한다면 시계(시간성)에 대한 이러한 시적 주체의 의심은 대상과 주체의

통합(욕망)이 실패하는 현장이라는 점에서 시적 주체의 환상(fantasy)이 실패하는 현장이라는 관점으로 해석될 수 있다. 의심의 대상이 되는 '木造^{목조}뻐꾸기 시계'란 시적 주체에게 그 실체성이 허구적인 것으로 인식되는 대상이라는 점에서, 이는 그 시계가 주체에게 충만한 의미의 대상이 되지 못하고 있다는 사실을 보여 준다. 그러므로 시계가 지시하는 시간성을 시적 화자는 그 자신의 온전한 현실로 받아들이지 못한다. 환상의 문제를 사회적이고 이데올로기적인 차원에서 해석하는 지젝의 관점을 참조한다면, 자신이 살고 있는 시대의 시간과 화해하지 못하는 이러한 주체의 환상의 실패는, 한 사회가 부여하는 호명(interpellation)을 통해 사회의 시간을 제 자신의 참된 현실로 받아들이지 못하는 주체의 균열, 주체의 실패가 일어나는 현장이라는 점에서 이데올로기적 환상(호명)이 실패하는 지점이며, 그런 점에서 이 주체의 형식을 '히스테리적' 질문을 제기하는 주체라고 해석할 수 있을 것이다.426) 426) 지젝에 따르면 히스테리적 주체는 대타자(l'Autre / 사회)의 물음인 '너는 무엇을 원하는가'(Che Vuoi?)라는 물음에 대해 답을 할 수 없는 주체이다. 정신 분석의 관점에서 주체는 대타자의 욕망을 자신의 욕망으로 통합함으로써 구성되는데, 히스테리적 주체는 대타자의 욕망이 무엇인지, 대타자가 내게 무엇을 요구하는지를 모르기 때문이다. 지젝은 이를 알튀세의 호명 이론과 관련하여 '나는 왜 당신이 말하는 그가 되는가?'라고 반문하는 주체, 대타자의 호명을 수락할 수 없는 주체의 형식이라고 해석한다. S. Zizek, 『이데올로기라는 숭고한 대상』, 194-199쪽 ; 이러한 관점으로 「正式^{정식} VI」에 대해 본격적인 차원의 증후적 해석을 시도한 것으로 이 책의 〈여덟. | 이상, 식민지 모더니티의 시적 증상 | 3. 이상한 시계와 일치하지 않는 시간 | 1) 모조 시계와 살해하는 시계〉를 참조할 것.

|

임화의 정치시의 주체가 현실의 시간을 명백히 알 뿐만 아니라 미래의 시간 역시 이미 알고 있는 '확실성의 주체' 또는 '알고 있는(안다고 가정된) 주체'라면, 이상의 시적 주체는 "십구세

기와 이십세기 틈사구니에 끼워 졸도하려 드는 무뢰한"[427)] [427)] 이상,「사신(私信) 6」,『이상 전집 4』, 329쪽. 인 강박증적인 주체일 뿐만 아니라, "시계를보면 아무리하여도 일치하는 시일을 유인(誘引)할수 없"[428)] [428) 이상,「무제(無題)」,《맥(貘)》제4호, 1938. 12., 1쪽.] 는, 즉 그 자신이 살고 있는 시대의 시간성 또는 '현실'이 무엇인 지를 분명히 확정할 수 없어 끊임없이 의심하는 '모르는 주체 (unknowing subject)'의 유형을 지니고 있다. 이러한 형식의 주 체가 정치성을 지닐 수 있는 까닭은 사회의 시간과 동일시(통합)에 실패하는 이 주체 형식의 존재 자체가 한 사회의 유기적 통합의 불가능성, 유기적 사회의 실패를 보여 주는 균열의 증후가 되기 때문이다.[429)] [429) 라클라우와 지젝은 유기적 전체의 불가능성(pas-tout)을 강조한 라캉의 견해를 전유하여, 이를 하나의 유기적 사회란 불가능하다는 진실('사회는 없다')에 대한 증후로 해석하는데, 히스테리적 주체의 유형은 그러한 증후의 적절한 예가 된다고 할 수 있다. E. Laclau,「The Impossibility of Society」,『*New Reflection on the Revolution of Our Time*』, Verso, 1990, pp89-92 ; S. Zizek,『이데올로기라는 숭고한 대상』, 216-223쪽.]

1930년대 경성이 폭압적 군사 통치와 더불어 '모던' 과 관련한 여러 헤게모니적 기제들을 통해 인민의 이데올로기적 환상을 구축하는 데에 상당한 정도의 성과를 올리고 있었다 는 사실을 감안한다면,[430)] [430) 김백영의 연구에 따르면, 창경원 나들이는 이미 1917년에 봄철 휴일의 관람자가 1만 명을 넘어섬으로써 신분·계층·민족 차이를 뛰어넘어 군중 스펙터클의 양상을 띤다. 1916부터 시작된 종로 야시(夜市)는 개장 첫 날부터 수만의 인파가 운집한다. 1915년부터 총독부가 주최한 박람회가 시작되면 경성의 인구는 30만에서 100만~200만 명으로 늘어났다. 1916년부터 일본의 대표적 백화점인 미쓰코시 오복점(三越嗚服店)이 본정 오거리에 신축·낙성된다. 1920~30년대 사이에 경성의 도시 공간은 경제와 정치 중심의 분화를 비롯한 도시 공간의 기능적 분화가 본격적으로 이루어지고 완성되며, 이와 관련하여 시가지의 대폭 확장이 이루어지고, 1930년대 경제 공황기를 최고점으로 하여 실업률이 감소하는 경향을 보여 주는데, 이는 도시 이입 인구의 증가로 도시 민민이나 실업 인구의 숫자는 늘어났으나, 산업화로 인해 일자리 또한 상당히 증가하고 있음을 의미한다. 김백영,『지배]

와 공간―식민지 도시 경성과 일본 제국』, 473-490쪽.

이상의 시적 주체가 보여 주는 이러한 히스테리적 성격은 눈여겨볼 만하다. 이상 시의 전반에 드러나는 히스테리적 주체는 임화의 경우처럼 '시의 정치화'에 전혀 무심하지만, 실패한 주체의 존재 형식 자체를 통해 사회가 제시하는 이데올로기적 환상의 불가능성·불완전성을 드러내는 특이한 형식의 정치성을 현시하는 듯이 보이기 때문이다.

부록.

시의 정치화와 시적인 것의 정치성

임화 시의 확실성의 주체(the subject of certainty)와
이상 시의 모르는 주체(unknowing subject)에
관하여

5. 앓는 몸의 주체와 '거리-신체'라는 증후로서의 현실

喧噪^{훤조}때문에磨滅^{마멸}되는몸이다.　모두소년이라고들그리는데老爺^{노야}인기색이많다.　酷刑^{혹형}에씻기워서算盤^{산반}알처럼資格^{자격}너머로튀어오르기쉽다.　그러니까육교위에서또하나의편안한대륙을내려다보고근근히산다.　동갑네가시시거리며떼를지어踏橋^{답교}한다. 그렇지않아도육교는또월광으로충분히천칭처럼제무게에끄덱인다. 타인의그림자는위선넓다.　미미한그림자들이얼떨김에모조리앉아버린다.　앵도가진다.　종자도烟滅^{연멸}한다.　偵探^{정탐}도호지부지―있어야옳을박수가어째서없느냐.　아마아버지를반역한가싶다.　묵묵히―企圖^{기도}를봉쇄한체하고말을하면사투리다.　아니―이無言^{무언}이혼조의사투리리라.　쏟으려는노릇―날카로운身端^{신단}이싱싱한육교그중심한구석을진단하듯어루만지기만한다.　나날이썩으면서가리키는지향으로기적히골목이뚫렸다.　썩는것들이낙차나며골목으로몰린다.　골목안에는치사스러워보이는문이있다.　문안에는금니가있다. 금니안에는추잡한혀가달린肺患^{폐환}이있다.　오―오―.　들어가면나오지못하는타입깊이가臟腑^{장부}를닮는다.　그위로짝바뀐구두가비철거린다.　어느균(菌)이어느아랫배를앓게하는것이다.　질다.〔→ⓐ〕

反芻⁽반추⁾한다. 노파니까. 맞은편平滑⁽평활⁾한유리위에解消⁽해소⁾된政體⁽정체⁾를塗布⁽도포⁾한졸음오는惠澤⁽혜택⁾이뜬다. 꿈—꿈—꿈을짓밟는허망한勞役⁽노역⁾—이세기의困憊⁽곤비⁾와살기가바둑판처럼널리깔렸다. 먹어야사는입술이악의로꾸긴진창위에서슬며시식사흉내를낸다. 아들—여러아들—노파의결혼을걷어차는여러아들들의육중한구두—구두바닥의징이다. 〔→ ⓑ〕

층단을몇벌이고아래로내려가면갈수록우물이드물다. 좀지각해서는텁텁한바람이불고-하면학생들의지도가요일마다채색을고친다. 객지에서도리없어다수굿하던지붕들이어물어물한다. 즉이취락은바로여드름돋는계절이래서으쓱거리다잠꼬대위에더운물을붓기도한다. 渴⁽갈⁾—이갈때문에견디지못하겠다. 〔→ ⓒ〕

태고의호수바탕이던지적地積⁽지적⁾이싸다. 幕⁽막⁾을버틴기둥이濕⁽습⁾해들어온다. 구름이近境⁽근경⁾에오지않고오락없는공기속에서가끔편도선들을앓는다. 화폐의스캔달—발처럼생긴손이염치없이노파의痛苦⁽통고⁾하는손을잡는다. 〔→ ⓓ〕

눈에띄우지않는폭군이잠입하였다는소문이있다. 아기들이번번이애총이되고되고한다. 어디로피해야저어른구두와어른구두가맞부딪는꼴을안볼수있으랴. 한창급한시각이면家家戶戶⁽가가호호⁾들이한데어우러져서멀리砲聲⁽포성⁾과屍班⁽시반⁾이제법은은하다. 〔→ ⓔ〕

여기있는것들은모두가그방대한방을쓸어생긴답답한쓰레기다. 낙뢰심한그방대한방안에는어디로선가窒息⁽질식⁾한비둘기만한까마귀한마리가날아들어왔다. 그러니까강하던것들이역마잡듯픽픽쓰러지면서방은금시폭발할만큼정결하다. 반대로여기있는것들은통요사이의쓰레기다.

간다.'孫子^{손자}'도탑재한客車^{객차}가방을피하나보다. 速記^{속기}를펴놓은상궤위에알뜰한접시가있고접시위에삶은계란한개—포크로터뜨린노란자위겨드랑에서난데없이부화하는훈장형조류—푸드덕거리는바람에방안지가찢어지고빙원위에좌표잃은符牒^{부첩}떼가난무한다. 궐련에피가묻고그날밤에유곽도탔다. 번식한고거짓천사들이하늘을가리고온대로건넌다. 그러나여기있는것들은뜨뜻해지면서한거번에들떠든다. 방대한방은속으로곪아서벽지가가렵다. 쓰레기가막불는다. 〔→ ⓕ〕

— 「街外街傳^{가외가전}」 전문[431]

[431] 《詩子^{시자}와 小說^{소설}》, 1936. 3., 16-19쪽. 각 단락 끝의 대문자 알파벳은 논의의 편의를 위해 저자가 임의로 붙인 것이다.

이상 시의 히스테리적 주체의 형식이 생산하는 시적 정치성을 다른 각도에서 논의해 볼 만한 텍스트가 「街外街傳^{가외가전}」이다. 이상의 대표적인 난해 텍스트로 알려진 이 텍스트에 대해서는 그동안 본격적인 차원의 해석이 시도된 사례가 많지 않으며, 주로 전집 작업 등을 통해 이루어진 주석이 눈에 띤다. 가장 최근에 이루어진 주석으로는 권영민 편의 전집에서 편자가 행한 주석인데, 편자는 이 텍스트를 입에서부터 허파까지 호흡기와 내장 기관을 비유한 텍스트로 보고 있다.[432] [432] 권영민 편, 『이상 전집 1』, 권영민 편, 123-126쪽. 이승훈 편 전집에서는 이 텍스트가 거리 바깥에서 거리를 보면서 한편으로는 자신의 병적 육체를 그 공간 안에서 투사하여 보고 있는 텍스트로 해석한다.[433] [433] 이승훈, 『이상 문학 전집 1』, 이승훈 편, 문학사상사, 1999, 67-70쪽. 이경훈의 연구는 이 텍스트의 제목을 '家外街^{가외가}' 또는 '街外家^{가외가}'의 편(pun)으로 보면서, 이 제목이 매춘 행위의 공간인 유곽을 뜻하며, 이 텍스트의 전체가 매춘 행위와 성병에 대한 묘사라고 해석한다.[434] 434) 이경훈,「가외가전(街外街傳) 주석」,『이상, 철천의 수사학』, 248-263쪽. 그러나 어떠한 주석이든 간에 대체로 해석자의 주관이 과도하게 개입하고 있다는 점이 문제로 지적된다. 특히 이승훈과 권영민의 전집에 붙은 주석은 시의 전체적인 의미 구조가 무엇인지에 대한 유기적이고 논리적인 규명이 생략된 상태에서 개별적 언표들에 대해 해석자의 직관이 지나치게 많이 작용하고 있는 탓에 수긍하기 쉽지 않은 대목이 많아 보인다. 그런 점에서 아직까지 이 텍스트는 부분적인 언표들의 의미는 물론이고 전체적인 내용에서도 무엇을 말하고 있는 텍스트인지 해명되어야 할 과제를 많이 남기고 있는 텍스트라고 할 수 있다. 이 텍스트에 대한 자세한 주석은 별도의 글에서 자세히 다루기로 하고, 이 책에서는 저자의 관점에서 파악된 이 텍스트의 시작 방법과 언표들의 몇 가지 의미를 근거로 이상 시 특유의 주체 형식을 추출하는 한편, 이를 통해 이상 시 특유의 정치성이 드러나는 형식을 간단히 탐색해 보려고 한다.

우선 의미가 모호한 이 텍스트의 제목이 눈에 띈다. '가외가전(街外街傳)'이라는 제목의 의미에 대해서는 '거리 바깥의 거리 이야기'라는 관점(권영민, 이경훈)과 '거리 바깥에서 본 거리 이야기'(이승훈)라는 관점이 대립하고 있다. 지금까지 이 텍스트에 대한 주석들은 이 제목을 일차적으로 한자어 자체의 조어(造語), 즉 문법적 차원에서 우선 규정하고 난 후에 텍스트를 해석하려 하고 있으나 시의 제목이란 시 전체의 의미 속에서 역으로 규정되어야 할 필요가 있으므로, 한자어의 조어 구조 자체를 가지고 제목의 의미를 규정하기는 난망한 문제라고 판단된다. 이 글은 텍스트의 내적 구조를 살핀 후에 제목의 의미를 나중에 추론해 보는 방식으로 논의를 전개하고자 한다. 논의의 편의상 붙여놓은 알파벳 순서를 따라 이 텍스트가 드러내고 있는 풍경을 살펴보면 다음과 같다.

이 풍경이 거리 바깥에서 본 거리의 풍경이든 거리 바깥의 거리에 대한 풍경이든 간에, 결국 이는 시선의 주체인 시적 화자가 바라보고 있는 '거리(街)'가 무엇인가를 드러내는 풍경일 것이다. ⓐ에서 시적 화자는 자신의 몸을 스스로 "마멸되는 몸"이라고 규정하고, "모두소년"이라고 말하지만 실상은 "노야인기색이많"은 몸이라고 말한다. 표면은 젊지만 속으로는 늙은 몸, 즉 "마멸되는 몸"이 화자 스스로가 규정하는 자신의 몸이다. 이 시적 화자는 이 텍스트에서 이 텍스트가 드러내는 시적 풍경, 즉 '거리'를 바라보는 시선의 주체가 된다. 이 시선의 주체가 위치한 곳은 "육교위"다. 그가 육교 위에서 조망하며 "내려다보"는 풍경은 우선 원경(遠境)으로서 "편안한대륙"이다. 물론 텍스트 전체의 내용으로 보아 이 "편안한대륙"은 반어적 언표이다. 이 "편안한대륙"으로서의 거리 풍경은 시선의 주체에 의해 원경에서 점점 더 근경으로 나타나며 마지막에는 대상에 시선이 매우 밀착된 것으로 드러난다. ⓐ를 통해 단적으로 드러난 거리의 풍경은 "미미한그림자들이얼떨김에모조리앉아버"리고, "앵도가"지며 "종자도연멸"하는 것으로 묘사된다. 골목은 썩어있으며, 썩는 것들은 더욱 "골목으로몰린다". 그 "골목안에는치사스러워보이는문이있"고, "문안에는금니가있"으며, "금니안에는추잡한혀가달린폐환이있"다. 화자는 그 폐환을 "들어가면나오지못하는타입깊이가장부를닮는"것으로 파악하며, 이를 "어느균이어느아랫배를앓게하는것"으로 요약한다.

시선의 주체에 의해 드러나는 이런 풍경에서 흥미로운 사실
은, 원경에서 시작하여 근경으로 이어지고 그에 따라 대상에 점점 더 밀착되는 이러한 시선의 이동과 시적 풍경이, 처음에는 거리의 풍경을 드러내는가 싶더니 어느 순간에 육체에 대한 묘사, 신체의 병증에 대한 진단과 겹쳐 나타난다는 사실이다. ⓐ에서 뿐만 아니라 거의 모든 단락에서 나타나는 풍경에 대한 언술들이 육체적 병증에 대한 묘사와 겹친다. 예컨대 ⓑ의 "층단을몇벌이고아래도내려가면갈수록우물이드물다. 좀지각해서는텁텁한바람이불고"라는 표현은 거리 풍경에 대한 것이기도 하지만, 신체 내부의 갈증을 묘사한 상태로 읽을 수도 있으며, ⓒ에서 "태고의 호수바탕이던지적이짜다. 막을버틴기둥이습해들어온다"라는 표현은, 이상의 다른 시들에 나타난 병증에 대한 묘사들을 참조할 때 폐질환을 앓고 있는 시인 자신의 폐에 피가 나거나 문제가 생겼다는 표현으로도 읽히며, ⓔ의 "눈에띄우지않는폭군이잡입하였다는소문이있다"라는 언술이나, ⓕ의 "낙뢰심한그방대한방안에는어디로선가질식한비둘기한까마리가날아들어왔다", "푸드덕거리는바람에방안지가찢어지고빙원위에좌표잃은부첩떼가난문한다. 켤련에피가묻고그날밤에유곽도탔다", "방대한방은속으로곪아서벽지가가렵다.쓰레기가막불는다"는 등의 언술은 단지 거리나 방에 대한 묘사가 아니라, 신체에 침입한 병균과 심한 기침으로 폐가 찢어지고 피가 묻어나는 중증(重症)에 달한 병증에 대한 묘사로도 읽힌다.

결국 이 텍스트에서 거리의 풍경은 곧 신체의 풍경이며, 거리 바깥에("육교위") 서 있는 시선의 주체가 본 거리에 대한 관찰이 곧 거리 바깥에 있는 시선의 주체 자신의 육체적 병에 대한 진단과 다르지 않다는 기묘한 아이러니가 발생하는 것이다. 거리를 세밀하게 관찰하는 시선의 주체는 그러므로 1930년대의 거리와 자신의 신체를 동시에 포개는 시선으로, 정확히 말해서 병증을 앓고 있는 환자의 육체적 감각이기에 지각 가능한 시대의 병증을 감각하고 진단하는 '의사'가 된다. 시인 이상이 「烏瞰圖오감도 ; 詩第四號시제사호」에서 자신을 "환자의용태에관한문제"를 진단하는 "책임의사"라고 스스로 규정하기도 했다는 사실을 상기한다면, 이 시선의 주체가 곧 시인 자신이라는 사실을 짐작하는 일은 어렵지 않을 것이다. 이상에게서 이는 "육교위에서또하나의편안한대륙을내려다보고근근히"사는, 즉 까마귀의 눈으로 세계를 조망하는 '오감도(烏瞰圖)'를 그리며 사는 일과 다르지 않았다. 이 텍스트에서 이 오감도의 풍경을 조망하는 일은 병을 앓고 있는 시선의 주체 자신의 몸의 감각을 통해 신체가 된 거리('거리-신체')라는 환자의 진단서를 끊는 방식으로 이루어지고 있다. 다시 말해 이 '거리-신체'의 풍경은 임화의 주체처럼 '알고 있는 주체'의 이성적인 확신과 분석이라기보다는, 병증을 앓고 있는 환자가 직관적으로 감각하는 육체의 무의식을 통해 드러난 풍경이라고 말할 수 있다. 「烏瞰圖오감도 ; 詩第一號시제일호」에서 그 거리의 풍경이 "무섭다"라는 공포의 감각으로 지각되었다고 한다면, 「街外街傳가외가전」에서 이 거리-신체는 소외("미미한그림자가얼떨결김에모조리앉아버린다"), 생명력의 상실("앵도가진다. 종자도진다"), 삶의 어떤 데카당스한 증후('썩은 것들로 가득한 골목')들로 지각된다.

여기에서 특히 주목할 점은 이 텍스트 속 시선의 주체가 이러한 '거리-신체'의 병증의 핵심에 "금니"로 상징되는 신체-거리의 물신적 타락이 자리하고 있음을 감각적으로 직관하고 있다는 사실이다. "금니안에는추잡한혀가달린폐환"이라는 언술은 이 거리-신체에 대한 시적 화자의 혐오가 신체의 병적인 것에 대한 혐오와 정확히 일치하는 모습을 잘 보여주고 있다. 그러므로 ⓓ에 나오는 "화폐의스캔달"이나 ⓑ의 "이세기의곤비와살기"가 모두 이 "금니" 또는 "추잡한혀가달린폐환"의 다른 표현들이라는 사실을 짐작하는 일은 어렵지 않다. 시선의 주체가 보기에 이 거리-신체의 병증은 "어느균이어느아랫배를앓게하는것"과 같으며, 이는 "들어가면나오지못하는타입"으로 이미 중증의 상황이다. 그런 점에서 "거리-신체"를 "앓게하는" "어느균"의 실체 역시 곧 "금니", "화폐의 스캔들"이 아닌가 하고 추측해 볼 수 있다. ⓔ에서 아기들을 죽이고("아기들이번번이애총이되고되고한다") 거리-신체 전체를 죽음으로 내모는("한창급한시각이면가가호호들이한데어우러져서멀리포성과시반이제법은은하다") "눈에띄우지않는폭군"의 실체 역시 이 '금니-화폐의스캔달'과 관련된 "어느균"의 침입을 의미하는 것이라고 해석해 볼 수 있다. 결국 이 텍스트는 거리의 병을 신체의 질병과 동일시하면서 그 병의 핵심에 물신적(화폐 교환 가치) 세계의 타락상이 있다는 사실을 주체의 신체적 감각을 통해 지각하고 있는 시라고 짐작해 볼 수 있는 것이다. 이런 차원에서 이 글은 이 텍스트에서 다음 두 가지 사실을 확인시키고자 한다.

첫째, 이 텍스트는 전체적으로 시선의 주체인 화자를 통해 거리(ⓐ)→노파(ⓑ)→취락(ⓒ)→노파(ⓓ)→가가호호(ⓔ)→방안(ⓕ)으로 공간에 대한 시선의 이동이 이루어지고 있는 듯이 보이지만, 실은 이 모두가 동시에 병증을 앓고 있는 신체의 이미지에 대한 묘사라는 사실이다. 이는 시선의 주체에게 이 거리의 타락상이 곧 신체의 병과 동일한 것으로 받아들여진다는 것을 의미한다. 이상 시 전체의 맥락에서 볼 때 이 시선의 주체가 시인 자신이라는 사실을 쉽게 짐작할 수 있는데, 이런 차원에서 보면 시선의 주체가 이 거리를 신체화된 거리, 즉 '거리-신체'라는 관점에서 바라보고 그 거리의 풍경이 병적인 증후로서의 이미지들로 드러나는 것은, 의식적인 차원의 세계 분석이라기보다는 앓는 몸의 주체만이 지각할 수 있는 무의식적인 차원의 풍경의 육체화 때문이라고 해석할 수 있을 것이다.

둘째, 이 텍스트에서 일련의 이미지들이 대립적 관계를 형성하면서 충돌 내지는 긴장 관계를 형성하고 있다는 사실에 새삼 주목하게 되는데, '소년/노야'(ⓐ), '아들들/아버지-노파'(ⓐ, ⓑ), '아기들/폭군-어른구두(ⓒ)'의 이미지 대립이 그것이다. "아버지를반역한가싶다"(ⓐ)는 언술이나, "아들-여러아들-노파의결혼을걷어차는여러아들들의육중한구두"(ⓑ), "아기들이 번번이애총이되고한다.   어디로피해야저어른구두와어른구두가맞부딪는꼴을안볼수있으랴"(ⓒ) 등의 언술에서, 후자는 전자를 억압하고 전자는 후자에 희생되거나 그에 대해 반발하는 식의 이미지들을 찾아낼 수 있다. 이 항들의 의미를 무엇이라고 명확히 규정하는 일은 쉽지 않지만, ⓓ에 나타나는 '화폐의 스캔달-노파'의 관련 언술을 보고 추측한다면, '노야-아버지-노파-어른구두'라는 후자가 "화폐의 스캔들"이라는 병증을 앓고 있는 거리-신체와 상당한 연관성을 가지고 있으리라는 점은 짐작해 볼 수 있다. 즉 중증의 병을 앓고 있는 이 거리-신체는 "소년"이 아니라 "노야인기색이많"(ⓐ)은 세계이며, 거리의 타락상을 신체적 병증과 포개어 보는 시선의 주체에게서 이는

"마멸되는 몸"으로서 지각되는 세계일 것이다.

이런 점에서 지금까지 제대로 해명되지 못한 모호하기 짝이 없는 언술인 "훤조때문에마멸되는몸"이라는 의미를 짐작할 수 있는 실마리를 잡을 수 있다. "훤조(喧噪)"란 떠든다는 뜻인데, 이 때 사용되는 신체 기관이 '혀'다. ⓐ에서 "금니안에는추잡한혀"가 있다고 했으니, "훤조때문에마멸되는몸"이란 "금니안에는추잡한혀" 때문에 "마멸되는몸(거리-신체)"이라는 말과 같은 뜻이 되는 것이다. 이것이 이 텍스트의 시선의 주체가 몸으로 지각한 당대의 거리, 즉 1930년대라는 '현실'이었다. 이상의 시적 주체(화자)가 몸으로 지각한 현실이란 건강한 신체가 아니라 "금니안에는추잡한혀가달린폐환"을 지니고 있으며, "들어가면나오지못하는타입"의 중증을 앓고 있는 환자의 몸이었던 것이다. 이런 점에서 이 단락의 모두에서 ⓐ의 첫 언술 "훤조때문에마멸되는몸"을 시적 화자 자신의 몸이라고 설명했던 점은 부분적으로 수정되어야만 한다. 그 병든 몸은 시적 화자의 몸인 동시에 시선의 주체로서 화자가 몸으로 지각한 거리-신체라는 병든 '현실'의 몸이다. 그러므로 이 시의 제목 '가외가전(街外街傳)'은 '거리 바깥에서 본 거리'의 이야기라고 볼 수 있는 동시에, 이 거리의 타락상을 시선의 주체가 거리 바깥("육교위")에서 그 자신이 앓고 있는 신체의 병과 포개어 육체적인 감각으로 지각함으로써 '거리-신체'로 드러내고 있다는 점에서 '거리 바깥에 있는 거리'에 대한 이야기로 볼 수 있을 것이다. 이 때 '거리 바깥의 거리'는 풍경의 대상이 된 앓고 있는 거리가 곧 시선의 주체 자신의 육체이기도 하다는 점에서 시인 자신의 몸을 의미하는 자기 지시적인 언표라고 해석해 볼 만한 여지가 생긴다. 이러한 자기 지시적 언표가 드러내는 아이러니에는 이상의 다른 시 「建築無限六面角體건축무한육면각체」; AU MAGASIN DE NOUVEAUTES」에서 나타나는 것처럼, 시선의 주체가 비판적 인식을 보이는 거리의 풍경에 그 자신 역시 풍경의 일부가 되는 일을 피할 수 없다는 무의식이 개입되어 있다고도 볼 수 있는데, 이러한 이상의 태도는 버먼적인 의미에서 현대성의 결정적인 형식을 획득하는 면이 있다.[435] 435) 마셜 버먼은 풍경을 관장하는 시선의 주체가 풍경의 일부로 편입되는 보들레르의 에세이에 나타난 예술가에 대한 해석을 통해, 이것이야말로 곧 현대성의 본질을 이루는 아이러니라고 말한다. M. Berman, 『현대성의 경험』, 136-257쪽. 이 텍스트에 대한 이러한 해석들을 통해 이상 시가 발휘하는 특이한 시적 특성을 문학의 정치성이라는 관점에서 간단히 이야기해 보면 다음과 같다.

첫째, 「街外街傳가외가전」에서 시선의 주체가 바라보는 거리의 풍경은 병적인 것으로 나타나며, 이 때 이 풍경은 철저히 신체적 병환의 증후와 겹친다. 다시 말해 이 풍경은 이성적이고 의식적인 차원에서 파악된 거리의 풍경이라기보다는 병증을 앓고 있는 시선의 주체가 무의식적이고 감각적으로 지각한 육체화된 '현실'이다. **둘째**, 병증을 앓고 있는 주체의 신체적 감각으로 파악된 '현실'이란 건강하고 유기적인 질서를 가진 사회가 아니다. 라캉의 정신 분석을 사회적이고 이데올로기적인 차원에서 해석하는 지젝의 관점을 전유한다면, 이는 이 텍스트의 시선의 주체가 자신이 속한 사회에 대한 이데올로기적인 환상을 제대로 수행하지 못함으로써, 제 자신의 현실을 참된 현실로 수락하지 못하는 호명(interpellation)에 실패한 주체의 형식을 지니고 있음을 의미한다. 앞서 이 글은 이를 히스테리적 주체의 형식이라고 말한 바 있다. **셋째**, 이러한 주체 형식의 출현은 곧 한 사회가 그 사회에 속한 개인을 '하나의 사회'라는 유기적 전체의 일부로서 통합하는 데 실패했다는 사실을 의미한다. 1930년대의 식민지 사회의 이데올로기적 파열을 드러내는 정치적 균열의 증후라고 해석할 수 있다. 이런 점에서 이 텍스트에서 "아버지를반역한가싶다"라는 언술이나 "아들—여러아들—노파의결혼을걷어차는여러아들들의육중한구두"라는 언술은 그 의미가 여전히 모호하기는 하지만, 시선의 주체가 당대 사회의 현실을 제 자신의 현실로 통합하지 못하고 있다는 사실을 보여주며, 나아가 사회적이고 이데올로기적인 환상이 실패하고 있는 장면과 관련된 증후적 언술이라고 할 수 있을 것이다.

이 텍스트에서처럼 이상의 시에 나타나는 히스테리적인 주체의 형식은 한 사회 내에서 살아가는 통상적인 주체들이 '현실'이라고 인식된 현실을 의문에 붙이거나 어떤 병적인 상태로 지각한다. 수락된 기지(既知)의 삶을 자신의 참된 현실로 수락하지 못하는 이 호명에 실패한 주체의 형식은 바로 이 실패의 지점에서 '시적인 것의 정치성'이라고 불릴 수 있는 어떤 요소와 조우한다고 할 수 있지 않을까. 이 실패의 지점이 곧 이데올로기적인 환상이 파열되는 지점이기 때문이다. 시를 시답게 하는 어떤 요소의 핵심에 일상어에 고착되어 있는 상투적·가상적 의식 형태를 비집고 새로운 의식 형태를 개방하는 것이 속해 있다는 점을 상기할 때, 이 이데올로기적 파열의 지점에서 언어를 매개로 참된 현실이라고 믿었던 기지의 현실은 거짓된 현실로 드러나는 정치적 효과가 발생한다. 정확히 이 지점에서 '시적인 것'은 이데올로기적인 것, 그러므로 '정치적인 것'과 만난다.

부록.

시의 정치화와 시적인 것의 정치성

임화 시의 확실성의 주체(the subject of certainty)와
이상 시의 모르는 주체(unknowing subject)에
관하여

6. 나가며

1930년대를 전후한 시기는 한국 시사에서 매우 중요한 시기라고 할 수 있다. 정치·사회적인 측면에서 이 시기는 제국주의 파시즘이 더욱 강도 높게 확산되는 시기인 한편, 1910년대부터 진행되어 온 식민지 자본주의화가 경성에서 모더니티의 스펙터클한 기제를 통해 꽃을 피움으로써 도시적 모더니티의 한 측면을 완성하는 시기이다. 1930년대 전후 한국 시인들은 이러한 상황 속에서 진정으로 유의미한 작가적 현실이 무엇인지를 고민하며 다양한 시적 경향들을 보여 주었다. 이 '현실'의 문제와 관련하여 극히 다른 태도를 보여 준 것이 임화와 이상이었다. 임화가 제국주의와 계급 투쟁이라는 정치적 현실을 문학적 현실에 직접 담아 '시의 정치화'를 통해 혁명가의 삶과 시인의 삶을 일치시키려는 모방론(재현론)을 대표하는 경향을 보여 주었다면, 이상은 제국주의와 계급 투쟁의 문제를 괄호에 넣고 세계에 대한 정신의 상대적 자율성을 강조하면서 개인적 실존의 문제에 일차적으로 많은 관심을 가지는 표현론의 경향을 대표했다. 시적 주체의 성격을 고찰해 볼 때, 임화의 시적 주체는 혁명의 열정으로 불타는 존재로서 '현실'을 알 뿐만 아니라, 미

래의 역사적 전망까지를 전유하고 있는 '알고 있는 주체', '확실성의 주체'의 형식을 가지고 있다. 반면 이상의 주체는 자신의 현실이 무엇인지 정확히 확정하지 못하며, 끊임없이 제 현실을 의문에 붙이고, 그 현실을 병적인 것으로 감각하는 '모르는 주체'이자 '앓는 주체'의 형식을 보여 준다. 이 글은 임화의 「네거리의 순이」의 주체 형식이, 표면적으로 야기하는 정치적 선동 효과와는 달리 시의 내적인 차원에서 반드시 전위적인 정치성을 띠는 것은 아닐 수 있다는 관점을 제시하는 한편, 이상의 「街外街傳가외가전」에 나타나는 시선의 주체에 의해 드러나는 거리의 풍경은 병적이라는 사실을 논증하면서, 이상 시의 풍경이 사회가 부여하는 이데올로기적인 환상을 수용하지 못하는 히스테리컬한 주체의 형식에서 야기된다고 보았다. 이러한 이상 시의 주체 형식은 임화의 정치시와는 달리 신체성을 담보한 그 병적인 언술 형식 자체가 이데올로기적 환상에 균열을 드러내는 증후라는 점에서, 시가 생산하는 특이한 정치성의 한 형태가 될 수 있는 것으로 보인다.

469쪽. 경성고등공업학교 졸업 앨범(1929년)에 실린 이상의 사진. 부분.
470쪽. 경성고등공업학교 졸업 앨범(1929년)에 실린 이상의 사진. 부분.
471쪽. 《청색지》(1939년 5월)에 실린 이상의 자화상. 부분.
472쪽. 《청색지》(1939년 5월)에 실린 이상의 자화상. 부분.

469

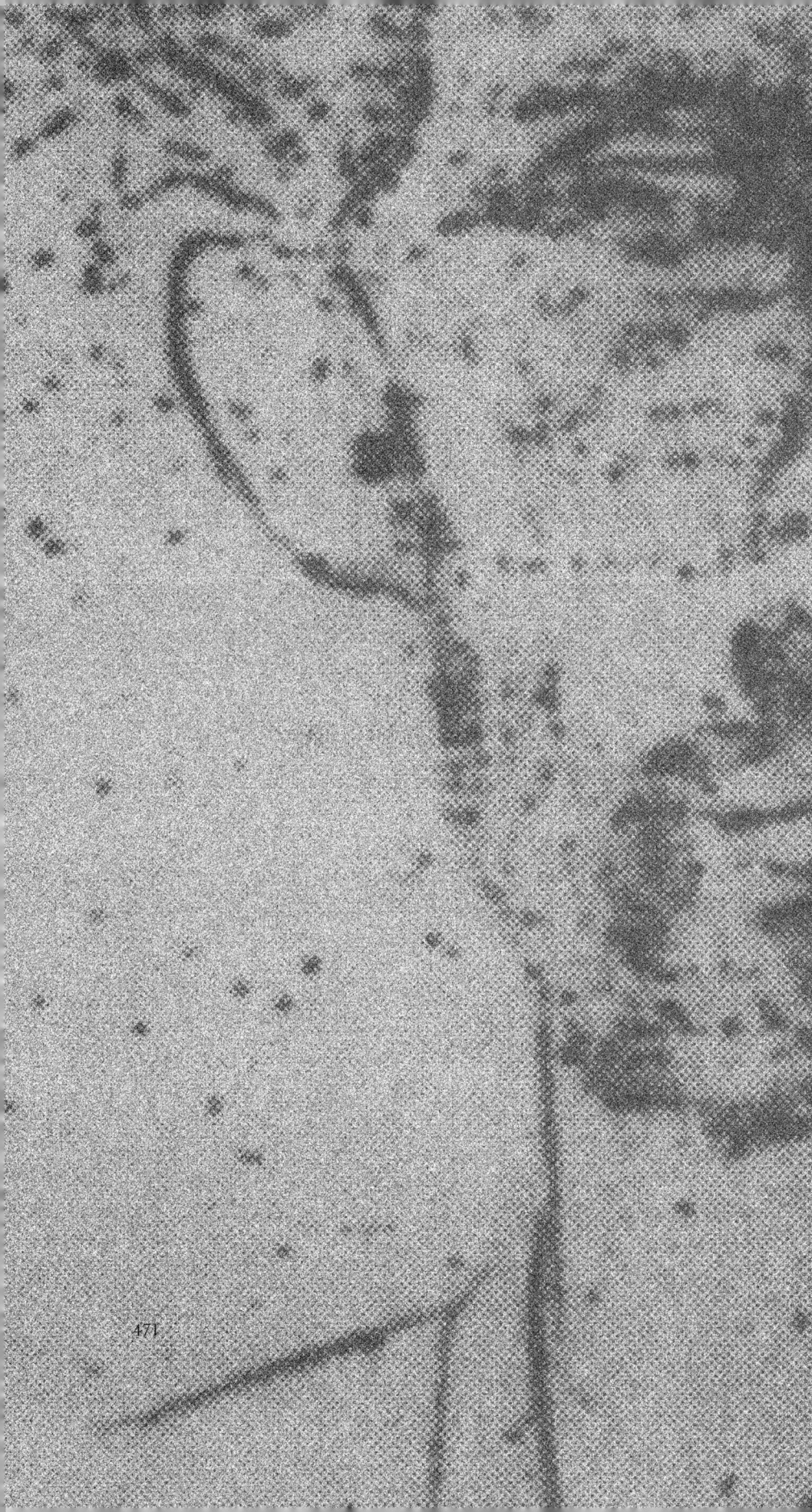

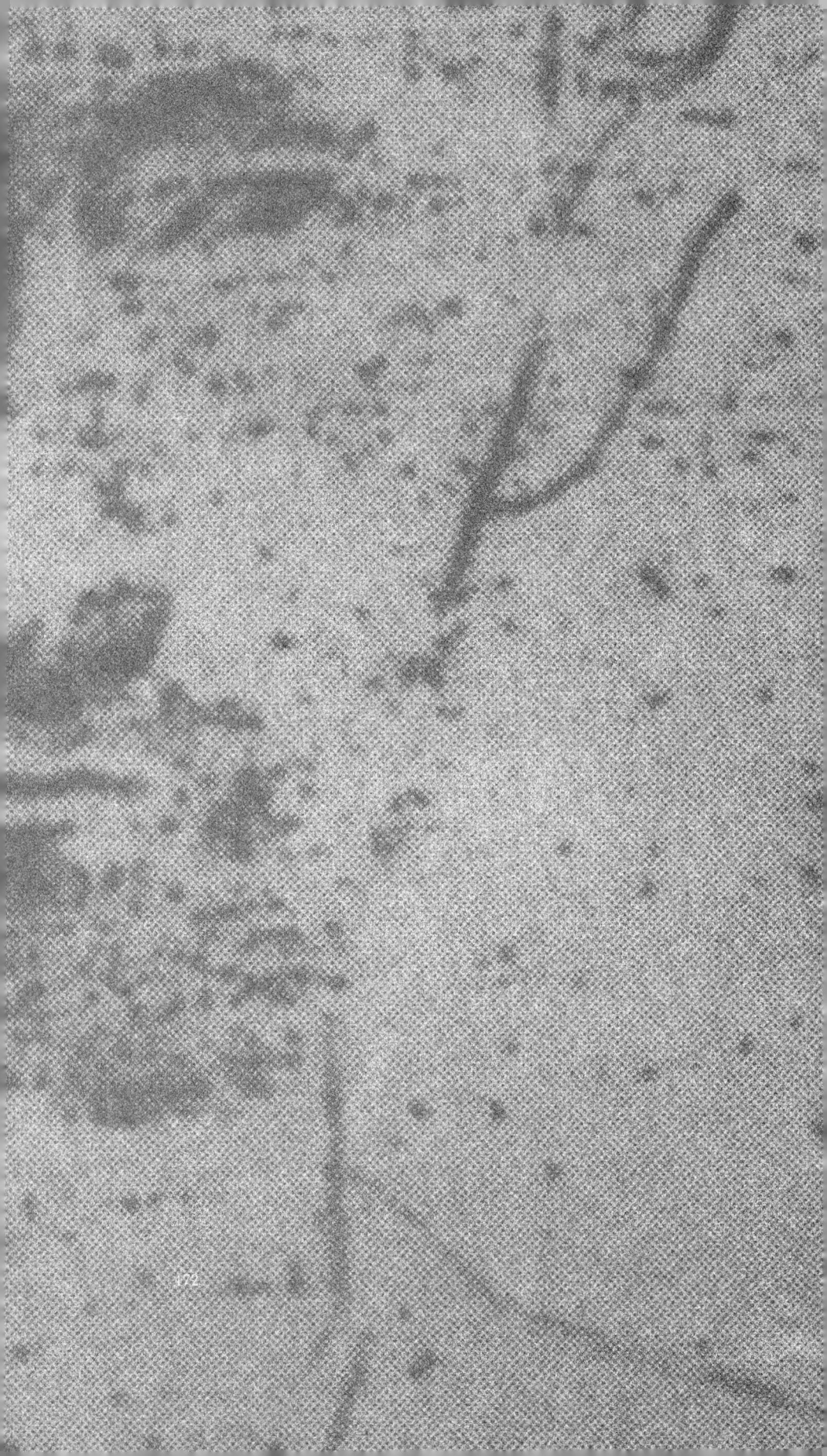

참고 문헌

1. 기본 자료

- 『이상 전집 2』, 임종국 편, 태성사, 1956 ; 개정판 『이상 문학 전집』, 임종국 편, 문성사, 1966.
- 『李箱文學全集』, 이어령 교주, 갑인출판사, 1977.
- 『이상 문학 전집』 1·2·3, 이승훈/김윤식 편, 문학사상사, 1999(1989)/1991/1993.
- 『이상 문학 전집』 1·2·3, 김주현 편, 소명출판, 2005. ; 『증보 정본 이상 문학 전집』 1·2·3, 김주현 편, 소명출판, 2009.
- 『이상 전집』 1·2·3·4, 권영민 편, 뿔, 2009.
- 『거울 속의 나는 외출 중 — 한글판 이상 시 전집』, 오규원 편, 문장, 1981.
- 『날자, 한 번만 더 날자꾸나』, 오규원 편, 1980, 문장 ; 개정판 현대문학, 2006.

- 《가톨릭 靑年》
- 《文學思想》
- 《現代文學》
- 《女性》
- 《子吾線》
- 《朝光》
- 《詩子와 小說》
- 《朝鮮と建築》
- 《朝鮮日報》
- 《朝鮮中央日報》

참고 문헌

2. 이상 시 관련 주요 논문·비평 및 단행본

- **고석규**, 「시인의 역설」, 『여백의 존재성』, 지평, 1990.
- **고석규**, 「반어에 대하여」, 『이상 문학 전집 4』, 김윤식 편, 문학사상사, 1996.
- **고은**, 『이상 평전』, 민음사, 1974.
- **권영민**, 『이상 텍스트 연구』, 뿔, 2009.
- **김명환**, 「이상의 시에 나타나는 수학 기호와 수식의 의미」, 『이상 문학 연구 60년』, 권영민 편, 문학사상사, 1998.
- **김면수**, 「결핵의 수사와 임상적 상상력 — 이상 시 소고」, 《민족문학사 연구》, 민족문학사학회, 2001.
- **김민수**, 「시각 예술의 관점에서 본 이상 시의 혁명성」, 『이상 문학 연구 60년』, 권영민 편, 문학사상사, 1998.
- **김상환**, 「이상 문학의 존재론적 이해」, 『이상 문학 연구 60년』, 권영민 편, 문학사상사, 1998.
- **김성수**, 「이상 문학에 나타난 화폐 물신성과 감각의 모더니티」, 《국제어문》 제46집, 국제어문학회, 2009. 8.
- **김수이**, 「'거울'에 대한 방법론적 고찰」, 《고봉논집》 제16집, 경희대대학원, 1995.
- **김수이**, 「모더니즘 글쓰기 주체의 시각 중심주의 고찰」, 《한국문예창작》 제6권 제1호(통권 11호), 한국문예창작학회, 2006.
- **김승구**, 『이상, 욕망의 기호』, 월인, 2004.
- **김승희**, 『이상 시 연구 — 말하는 주체와 기호성의 의미 작용을 중심으로』, 서강대대학원 박사학위 논문, 1991.
- **김승희**, 「이상 평전」, 『이상』, 김승희 편, 문학세계사, 1982.
- **김영수**, 「진단서로 표출된 이상 문학」, 《현대문학》, 1975. 7.
- **김옥순**, 『은유 구조론 — 이상의 작품을 모형으로』, 서울대대학원 박사학위 논문, 1989.
- **김용섭**, 「이상 시의 건축 공간화」, 《이상리뷰》 창간호, 이상문학회 편, 2001.
- **김용운**, 「이상 문학에 있어서의 수학」, 『이상 문학 전집 4』, 김윤식 편, 문학사상사, 1995.
- **김용직**, 「극렬 시학의 세계 — 이상론」, 《현대시》, 1992. 6.-8.
- **김우종**, 「이상론」, 《현대문학》, 1958. 5.
- **김유중**, 『1930년대 후반기 한국 모더니즘 문학의 세계관 연구』, 서울대대학원 박사학위 논문, 1994.

- **김윤식**, 『이상 연구』, 문학사상사, 1987.
- **김은영**, 「이상 시에 나타난 아이러니와 자의식의 분열 양상」, 《사림어문연구》 11집, 사림어문학회, 1998.
- **김인환**, 「반어의 의미」, 『비평의 원리』, 나남, 1999.
- **김인환**, 「이상 시의 계보」, 『기억의 계단』, 민음사, 2001.
- **김정란**, 「몽환적 실존 — 이상 시 다시 읽기」, 『이상 문학 연구 60년』, 권영민 편, 문학사상사, 1998. 2001.
- **김정은**, 「〈오감도〉의 시적 구조 — 이상 시의 기호문체적 연구 서설」, 서강대대학원 석사학위 논문, 1981.
- **김종은**, 「이상의 이상(理想)과 이상(異常)」, 《문학사상》, 1973. 9.
- **김종훈**, 「이상 시에 나타난 '나'의 유형 연구」, 고려대대학원 석사학위 논문, 2001.
- **김주현**, 「이상 시의 상호 텍스트적 분석」, 《관악어문연구》 제21집, 관악어문학회, 1996.
- **김주현**, 「이상 문학의 텍스트 확정을 위한 고찰 — 일문시의 한글 번역본을 중심으로」, 『이상 문학 전집 5』, 김윤식 편, 2001.
- **김지녀**, 「이상 시의 아이러니 연구」, 고려대대학원 석사학위논문, 2004.
- **김창원**, 「한국 현대시에 나타난 아이러니에 관한 연구 — 이상 시와 김수영 시를 중심으로」, 서울대대학원 석사학위 논문, 1987.
- **김초희**, 「이상 시에 나타난 고고학적 사유 연구」, 『이상 문학 연구의 새로운 지평』, 신범순 외, 신구문화사, 2006.
- **김태화**, 「2분법 사고에서 3분법으로」, 《이상리뷰》 창간호, 이상문학회 편, 2001.
- **김현**, 「이상에 나타난 '만남'의 문제」, 『이상 문학 전집 4』, 김윤식 편, 문학사상사, 2001.
- **김현호**, 「이상 시 연구 — 이상의 해체 의식과 그의 시에 나타난 포스트 모더니즘적 특성을 중심으로」, 중앙대대학원 석사논문, 1992.
- **류광우**, 『이상 문학 연구』, 충남대출판부, 1993.
- **박선경**, 「의식·자의식의 이원적 담론」, 《한국언어문학》 46집, 한국언어문학회, 2001.
- **박슬기**, 「'질주'의 이중적 계보학」, 『이상 문학 연구의 새로운 지평』, 역락, 신범순 외, 2006.

- **박의상**,「만해 시와 이상 시의 아이러니 연구」, 인하대 대학원 석사 학위 논문, 1985.
- **박인기**,『한국 현대시의 모더니즘 수용 연구』, 서울대 대학원 박사 학위 논문, 1987.
- **박진임**,「이상 시의 페미니즘적 연구」, 서울대 대학원 석사 학위 논문, 1991.
- **박진환**,『정신 분석으로 심층 해부한 이상 문학 연구』, 조선문화사, 1998.
- **박현수**,「이상 시학과 〈전원수첩〉의 시학」,『이상 문학 전집 5』, 김윤식 편, 문학사상사, 2001.
- **박현수**,「이상 시의 수사학적 연구』, 서울대 대학원 박사 학위 논문, 2002.
- **박현수**,「이상의 아방가르드 시학과 백화점의 문화 기호학」,『이상 문학 연구의 새로운 지평』, 신범순 외, 역락, 2006.
- **석연경**,「이상 시의 환상성 연구」, 전남대 대학원 석사 학위 논문, 2008.
- **송민호**,「〈서에관한각서〉에 나타난 시공간 차원과 분신의 주제」,『이상 문학 연구의 새로운 지평』, 신범순 외, 역락, 2006.
- **송하춘**,「이상과 박태원의 자의식」,『탐구로서의 소설 독법』, 고려대학교출판부, 1996.
- **신범순**,『이상의 무한정원 삼차각나비』, 현암사, 2007.
- **신범순**,「이상 문학에 있어서의 분열증적 욕망과 우화」,《국어국문학》103집, 국어국문학회, 1988. 5.
- **신범순**,「실낙원의 산보로 혹은 산책의 지형도」,『이상 문학 연구의 새로운 지평』, 신범순 외, 신구문화사, 2006.
- **신주철**,『이상 시와 김수영 시의 아이러니』, 박이정, 2003.
- **신형철**,「이상 시에 나타난 시선의 정치학과 거울의 주체론」,『이상 문학 연구의 새로운 지평』, 신범순 외, 신구문화사, 2006.
- **오규원**,「이상의 생애・이상의 일화・이상의 연인들」,『날자, 한 번만 더 날자꾸나』, 오규원 편, 문장사, 1980.
- **오규원**,「이상시와 그의 생애와의 관계」,『거울 속의 나는 외출중 — 이상 시 전집』, 오규원 편, 문장사, 1981 ; 개정판 현대문학, 2006.
- **오생근**,「동물의 이미지를 통한 이상의 상상적 세계」,《신동아》, 1970. 2.
- **오주리**,「이상 시의 '사랑의 진실' 연구」,『이상의 사상과 예술』, 신범순 외, 신구문화사, 2007.

- **우재학**, 『이상 시 연구 — 탈근대성을 중심으로』, 전남대 대학원 박사 학위 논문, 1998.
- **우정권**, 「이상의 글쓰기 양상」, 서울대 대학원 석사 학위 논문, 1996.
- **원명수**, 「이상 시의 형식에 대한 재검토」, 《한국학논집》 13호, 중앙대, 1978. 12.
- **유원춘**, 「이상 시의 은유 연구」, 서울대 대학원 석사 학위 논문, 1991.
- **윤수하**, 『이상 시의 상호 매체성 연구』, 전북대 대학원 박사 학위 논문, 2009.
- **윤태영**, 「이상의 생애」, 송민호·윤태영 공저, 『절망은 기교를 낳고』, 교학사, 1968.
- **이강수**, 「이상 텍스트 생산 과정 연구」, 서울대 대학원 석사 학위 논문, 1996.
- **이건제**, 『이상 시의 텍스트와 시의식 연구』, 고려대 대학원 박사 학위 논문, 2002.
- **이경훈**, 「가외가전(街外街傳) 주석」, 『이상, 철천의 수사학』, 소명출판, 2000.
- **이규동**, 「이상의 정신 세계와 작품」, 《월간조선》, 1981. 6.
- **이보영**, 『이상의 세계』, 금문서적, 1998.
- **이복숙**, 『이상 시의 모더니티 연구』, 경희대 대학원 박사 학위 논문, 1988.
- **이성혁**, 「이상 시문학의 미적 근대성 연구」, 한국외국어대 대학원 석사 학위 논문, 1996.
- **이승훈**, 『이상시 연구 — 자아의 시적 변용』, 연세대 대학원 박사 학위 논문, 1983.
- **이승훈**, 「이상 시의 기법 분석」, 《한국학논집》 13호, 한양대 한국학연구소, 1989.
- **이승훈**, 『이상 — 식민지 시대의 모더니스트』, 건국대 출판부, 1997.
- **이어령**, 「이상론」, 『이상 문학 전집 4』, 김윤식 편, 문학사상사, 1996.
- **이원도**, 『이상 문학의 해체성 연구』, 동의대 대학원 박사 학위 논문, 2007.
- **이윤경**, 『이상 시의 변형 세계 연구』, 국민대 대학원 박사 학위 논문, 2003.
- **이정호**, 「〈오감도〉에 나타난 기호의 질주 — 라캉의 정신 분석을 원용한 〈오감도〉 읽기」, 『이상 문학 연구 60년』, 권영민 편, 문학사상사, 2001.
- **이태동**, 「이상의 시와 반어적 의미」, 《문학사상》, 1997. 10.
- **이혜원**, 「이상과 윤동주 시에 나타나는 주체 형성의 양상」, 《우리어문연구》 16집, 우리어문학회, 2001.
- **이화경**, 『이상 문학에 나타난 주체와 욕망에 관한 연구』, 한국학술정보, 2007.
- **임명섭**, 「이상 문학에 나타난 책과 독서의 은유」, 『이상 문학 전집 5』, 김윤식 편, 문학사상사, 2001.

- **임명숙**, 「이상 시에 드러난 여성의 이미지, 혹은 '몸' 읽기」, 《겨레어문학》 29집, 2002.
- **임종국**, 「이상 문학의 본질」, 『이상 문학 전집』, 임종국 편, 문성사, 1966.
- **임종국**, 「이상의 생애와 일화」, 『이상 문학 전집』, 임종국 편, 문성사, 1966.
- **정귀영**, 「이상 문학의 초의식 심리학」, 《현대문학》, 1973. 7.-9.
- **정주아**, 「평면으로부터의 탈주와 반원근법의 설계도」, 『이상의 사상과 예술』, 신구문화사, 2007.
- **정하늬**, 「이상 문학에 나타난 '길'의 의미 고찰」, 『이상의 사상과 예술』, 신범순 외, 신구문화사, 2007.
- **조규갑**, 「이상 문학에 나타난 '반지'와 '원시성의 힘'의 의미」, 『이상의 사상과 예술』, 신범순 외, 신구문화사, 2007.
- **조두영**, 「이상 초기 작품의 정신 분석」, 《신경정신의학》, 1972. 2.
- **조두영**, 「정신 의학에서 바라본 이상」, 『이상 문학 연구 60년』, 권영민 편, 문학사상사, 2001.
- **조영복**, 『1930년대 문학에 나타난 근대성의 담론 연구』, 서울대 대학원 박사 학위 논문, 1995.
- **조윤정**, 「이상 문학에 나타난 '모조' 이미지 연구」, 『이상의 사상과 예술』, 신범순 외, 신구문화사, 2007.
- **조은주**, 「이상의 〈獚〉 연작시와 '개' 이미지」, 『이상의 사상과 예술』, 신범순 외, 신구문화사, 2007.
- **조해옥**, 『이상 시의 근대성 연구』, 소명출판, 2001.
- **주현진**, 「이상 문학의 근대성 : '의학-육체-개인'」, 『한국시학연구』, 한국시학회, 2008.
- **최진옥**, 「이상 문학에 나타난 성천 체험의 의미」, 『이상의 사상과 예술』, 신범순 외, 신구문화사, 2007.
- **최미숙**, 『한국 모더니즘 시의 글쓰기 방식에 관한 연구』, 서울대 대학원 박사 학위 논문, 1997.
- **최미숙**, 「이상 시의 심미성에 관한 연구」, 《국어교육》 제119집, 국어교육학회, 2006.
- **최현희**, 「이상과 아방가르드」, 『이상의 사상과 예술』, 신범순 외, 신구문화사, 2007.

- **하재연**, 「이상의 연작시 「위독」과 조선어 실험」, 《어문논집》 54호, 민족어문학회, 2006.
- **한상규**, 「1930년대 모더니즘 문학의 미적 자의식」, 『이상 문학 전집 4』, 김윤식 편, 문학사상사, 1996.
- **함돈균**, 「우리의 포스트모던적 모던」, 『얼굴 없는 노래』, 문학과지성사, 2009.
- **황현산**, 「모국어와 시간의 깊이」, 『현대 한국 문학 100년』, 민음사, 1999 ; 『말과 시간의 깊이』, 문학과지성사, 2002. (재수록)

참고 문헌

3. 그 외 논문·비평 및 단행본

- 김기진,「단편 서사시의 길로 — 우리 시의 양식 문제에 대하야」,《중외일보》, 1929. 5.
- 김동환,「임화의 옵바와 화로」,《삼천리》, 1933. 9.
- 김백영,『지배와 공간 — 식민지 도시 경성과 제국 일본』, 문학과지성사, 2009.
- 김상환,「라캉과 데리다」,『라캉의 재탄생』, 창작과비평사, 2002.
- 김윤식,「임화 연구」,『한국 근대 문예 비평사 연구』, 일지사, 1984.
- 김인환,「한국 현대소설의 계보」,『기억의 계단』, 민음사, 2001.
- 김인환,『상상력과 원근법』, 문학과지성사, 1933.
- 김정훈,「임화 시 연구」, 국학자료원, 2001.
- 김진송,『서울에 딴스홀을 허하라』, 현실문화연구, 2003.
- 노희직,「키에르케고르에 있어서의 아이러니 개념」,《독일문학》제88집, 한국독어독문학회, 2003.
- 맹정현,『리비돌로지』, 문학과지성사, 2009.
- 박찬부,「상상계, 이데올로기, 그리고 주체의 문제」,『라캉 : 재현과 그 불만』, 문학과지성사, 2006.
- 박현용,「낭만적 아이러니 개념의 현재적 의미」,《독일문학》제92집, 한국독어독문학회, 2004.
- 서지영,「소비하는 여성들 ; 1920~30년대 경성과 욕망의 경제학」,《한국여성학》제26권, 한국여성학회, 2010.
- 송영,「수원행 — 프로연맹 구연기」,《조선지광》, 1929. 6.
- 신명직,『모던보이 경성을 거닐다』, 현실문화연구, 2003.
- 신형철,「시는 섹스를 한다」,『몰락의 에티카』, 문학동네, 2008.
- 유선영,「근대적 대중의 형성과 문화의 전환」,『언론과 사회』, 성곡언론재단, 2009.
- 유성호,「'청년'과 '적'의 대위법 — 1930년대 중반의 임화의 시」,『임화 문학 연구』, 소명출판, 2009.
- 유종호,「사회주의 시인의 탄생」,『다시 읽는 한국시』, 문학동네, 2002.
- 이경훈 역,「미쓰코시 경성 지점 신축 공사 개요」,《이상 리뷰》3호, 역락, 2004.
- 이영미,『광화문 연가』, 예담, 2008.
- 임화, 김외곤 편,『임화 전집 1』, 박이정, 2000.
- 임화,「시인이여! 일보 전진하자」,《조선지광》, 1930. 6.

- **임화**, 「당래할 조선 문학을 위한 신제창 ; 위대한 로만적 정신」, 《동아일보》, 1936. 1. 1.-4.
- **임화**, 「잡록」, 《청색지》 5호, 1939. 5.
- **정재찬**, 「단편 서사시와 서정 정신」, 『현대시의 이념과 논리』, 역락, 2007.
- **진태원**, 「라캉과 알튀세르」, 『라캉의 재탄생』, 창작과비평사, 2002.
- **최현식**, 「낭만성, 신념과 성찰의 이중주」, 『임화 문학의 재인식』, 소명출판, 2004.
- **최현식**, 「노동의 시, 시의 노동」, 『시는 매일매일』, 문학과지성사, 2011.
- **홍준기**, 「라캉과 알튀세르」, 『라캉과 현대 철학』, 문학과지성사, 2003.

- **A. Badiou**, 『Art and Philosophy』, Lacanian Ink 17, 2000 Fall.
- **A. Lemaire**, 『자크 라캉』, 문예출판사, 이미선 역, 1998.
- **B. Fink**, 『라캉과 정신 의학』, 맹정현 역, 민음사, 2003.
- **Ch. Baudelaire**, 『현대적 삶의 화가』, 《세계의 문학》 2002 봄호, 박기현 역.
- **Ch. Mouffe**, 『정치적인 것의 귀환』, 이보경 역, 후마니타스, 2007.
- **D. Evans**, 『정신 분석 사전』, 김종주 외 역, 인간사랑, 1998.
- **De Kesel**, 「Radiant Antigone」, 『Eros and Ethics』, translation by NWO, State University of New York Press, 2009.
- **É. Balibar**, 『스피노자와 정치』, 진태원 역, 이제이북스, 2005.
- **E. E. Behler**, 『아이러니와 모더니티 담론』, 이강훈·신주철 역, 동문선, 2005.
- **E. Laclau**, 「The Impossibility of Society」, 『New Reflection on the Revolution of Our Time』, Verso, 1990.
- **F. Schlegel**, 「Critical Fragments」, 『Philosophical Fragments』, translation by P. Firchow, University of Minnesota Press, 1991.
- **F. Schlegel**, 「Athenaeum Fragments」, 『Philosophical Fragments』.
- **F. Schlegel**, 『Dialogue on Poetry and Literary Aphorisms』, translation by E. Behler & R. Struc, Pennsylvania State University Press, 1968.
- **H. Lefebvre**, 『모더니티 입문』, 이종민 역, 동문선, 1999.
- **H. R. Jauß**, 『도전으로의 문학사』, 장영태 역, 문학과지성사, 1983.
- **H. R. Jauß**, 『미적 현대와 그 이후』, 김경식 역, 문학동네, 1999.
- **I. Berlin**, 『The Roots of Romanticism』, Princeton Univesity Press, 1999.

- **J. Lacan**,「그림이란 무엇인가?」,『정신 분석의 네 가지 근본 개념 ; 세미나 XI』, 맹정현 · 이수련 역, 새물결, 2008.
- **J. Lacan**,「확실성의 주체에 관하여」,『세미나 XI』.
- **J. Lacan**,「주체와 타자 ; 아파니시스」,『세미나 XI』.
- **J. Lacan**,「눈과 응시의 분열」,『세미나 XI』.
- **J. Lacan**,「왜상」,『세미나 XI』.
- **J. Lacan**,「선과 빛」,『세미나 XI』.
- **J. Lacan**,「The Mirror Stage as Formative of the I Function」,『Écrits』, translation by B. Fink, W. W. Norton & Company, 2006.
- **J. Lacan**,「The Subversion of the Subject and the Dialectic of Desire」,『Écrits』.
- **J. Lacan**,「The Instance on the Letter in the Unconscious, or Reason since Freud」,『Écrits』.
- **J. Lacan**,「The Signification of the Phallus」,『Écrits』.
- **J. Lacan**,「Kant with Sade」,『Écrits』.
- **J. Lacan**,「The Topic of the Imaginary」,『The Seminar I』, translation by J. Forrester, W. W. Norton & Company, 1988.
- **J. Lacan**,「Antigone between Two Death」,『The Seminar VII』, translation by D. Porter, W. W. Norton & Company, 1986.
- **J. Lacan**,「The Function of the Written」,『The Seminar XX』, translation by B. Fink, W. W. Norton & Company.
- **J. Lacan**,「To Jakobson」,『The Seminar XX』.
- **J. Lacan**,「God and Woman's Jouissance」,『The Seminar XX』, 1998.
- **J. Laplanche · J.-B. Pontalis**,『정신 분석 사전』, 임진수 역, 열린책들, 2005 ;『Vocabulaire de la Psychanayse』, Puf, 1992.
- **L. Althusser**,「이데올로기와 이데올로기적 국가 장치」,『재생산에 관하여』, 김웅권 역, 동문선, 2007.
- **M. Berman**,『현대성의 경험』, 윤호병 · 이만식 역, 현대미학사, 2004.
- **M. Calinescu**,『모더니티의 다섯 얼굴』, 이영욱 외 역, 시각과언어, 1994.
- **M. Heidegger**,『니체와 니힐리즘』, 박찬국 역, 철학과현실사, 2000.
- **M. Heidegger**,『존재와 시간』, 이기상 역, 까치글방, 1998.
- **M. Heidegger**,『형이상학이란 무엇인가?』, 이기상 역, 서광사, 1995.
- **O. Paz**,『흙의 아이들』, 김은중 역, 솔, 2003.

- P. Kaufmann, 『L'apport Freudien』, Bordas, 1993.
- P. Lacoue-Labarthe and Jean-Luc Nancy, 『The Literary Absolute ; the Theory of Literature in German Romanticism』, translation by P. Barnard and Ch. Lester.
- R. Rotty, 『우연성, 아이러니, 연대성』, 김동식·이유선 역, 민음사, 1996.
- Paul de man, 『Literary History and Literary Modernity』, Methuen & Co. LTD, 1983.
- P. Widmer, 『욕망의 전복』, 홍준기·이승미 역, 2000.
- S. Homer, 『라캉 읽기』, 김서영 역, 은행나무, 2005.
- S. Kierkegaard, 『The concept of Irony』, translation by Lee M. Capel, Indiana University Press, 1965.
- S. Žižek, 『삐딱하게 보기』, 김소희·유재희 역, 시각과 언어, 1995.
- S. Žižek, 『이데올로기라는 숭고한 대상』, 이수련 역, 인간사랑, 2002.
- S. Žižek, 『그들은 자기가 하는 일을 알지 못하나이다』, 인간사랑, 박정수 역, 2007.
- S. Žižek, 『죽은 신을 위하여』, 김정아 역, 길, 2007.
- S. Žižek, 『시차적 관점』, 김서영 역, 마티, 2009.
- S. Žižek, 「Kant with(or against) Sade」, 『Žižek Reader』 edited by Elizabeth Wright and Edmond Wright, Blackwell Publishers, 1999.
- S. Žižek, · E. Laclau · J. Buter, 『우연성, 헤게모니, 보편성』, 박대진·박미선 역, 도서출판b, 2009.
- W. Benjamin, 「보들레르의 작품에 나타난 제2제정기의 파리」, 『발터 벤야민 선집 4』, 김영옥·황현산 역, 도서출판 길, 2010.
- W. Benjamin, 「보들레르의 몇 가지 모티프에 관하여」, 『발터 벤야민 선집 4』.
- W. Benjamin, 『아케이드 프로젝트』, 조형준 역, 새물결, 2005.
- W. Benjamin, 『독일 비애극의 기원』, 조만영 역, 새물결, 2008.
- W. Welsch, 『우리의 포스트모던적 모던 1, 2』, 박민수 역, 책세상, 2001.

485p. 창문사 시절의 이상.
486~487p. 1937년 《조광》에 실린 「종생기」의 삽화. 부분.
488p. 1937년 《조광》에 실린 「종생기」의 삽화. 부분.

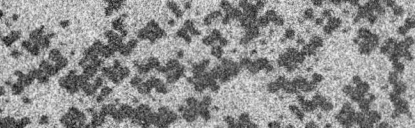

486

에필로그.

텍스트로서의 이상과 해석이라는 운명

문학 작품에 대한 해석은 반역이라고 주장하는 사람들이 있다는 사실을 잘 알고 있다. 그러나 해석은 불가피하다. 문학 작품에 가장 명백한 운명이 있다면, 그것은 아마 작품은 텍스트(text)가 될 수밖에 없다는 운명, 즉 작품의 출현이란 곧 사후적 해석의 발생을 부르는 사건일 수밖에 없다는 운명이 아닐까. 물론 해석은 완결될 수 없다. 해석은 작품을 종결시키지 못한다. 해석은 오히려 작품으로부터 특이한 형태의 잉여를 생산한다. 해석은 문학 작품의 사후에 다른 누군가에 의해 생산된 잉여지만, 작가로부터 출현한 작품이 단지 그의 것이 아니며, 작품은 아직 완성되지 않았다는 사실을 확인시킨다. 해석은 이 작품에 '어떤 것'이 존재한다는 사실과 더불어 아직도 작품이 '무언가'를 계속 생산 중이라는 사실을 알려 준다. 텍스트가 될 운명을 피할 수 없는 문학 작품이 작가 고유의 소유일 수 없다면, 해석 역시 마찬가지 이유로 해석자의 것일 수 없다. 해석은 해석자에게 속하는 게 아니라, 작품 자체의 불가피한 운명에 속하는 일이다.

아주 드물게 해석을 향한 부단한 욕망을 불러일으키는 텍스트가 있다. 그러한 텍스트는 해석의 잉여로 사후적으로 더 충만하다. 그러나 이것을 항상 축복이라고만 말할 수 있을까. 해석은 작품이라는 은밀한 공간을 개방할 수도 있지만, 많은 경우 그 공간으로의 진입로를 폐쇄하기도 하기 때문이다. 이 경우 작품은 해석과 더불어 스캔들이 된다. 그러나 이것 역시 그 작품 고유의 운명에 속하는 일이라고 해야 할 것이다. 주목할 점은 종종 이 해석적 스캔들이, 작품이 사후적으로 생산한 왜상(歪像, anamorphosis)적 지점이 되는 경우가 있다는 사실이다. 그것은 2차원으로 전개된 종래의 해석적 투시도를 구김으로써 텍스트(로 접근하는 종래의 통로)를 비틀어 놓는다. 여전히 여기서도 텍스트의 내부는 제대로 보이지 않지만, 2차원 평면도는 최소한 구겨지고 비틀림으로써 다른 차원으로 도약하는 공간적 접근로를 연다. 해석의 운명이 작품의 운명과 동일한 것이라면, 왜상적 지점을 생산하는 해석이란 곧 작품에 출현한 사후적 왜상과 다른 것이 아니다. 이상이라는 '기이한' 텍스트에 대한 이 책의 해석은 그러한 열망으로부터 출발했다. 사후적으로 출현한 의미의 잉여가 텍스트를 완성하는 것이 아니라, 오히려 텍스트에 느닷없이 출현한 지워지지 않는 얼룩이 되는 것. 이 얼룩을 지우기(덮기) 위해 또 다른 사후적 스캔들을 불러일으키는 것.

하지만 이 책을 마무리하는 이 시점에서 무엇보다도 나를 새삼 놀라게 하는 사실은, 이상이라는 텍스트가 세계의 왜상 그 자체라는 사실이다. 이상의 텍스트는 그 존재 형식 자체로 세계의 어긋남, 사물의 어떤 공백, 삶에 내재한 비틀린 언어적 진실을 현시한다. 그 존재 형식은 세계의 '진실'이 어떤 평면적 축도를 통해서는 결코 드러날 수 없다는 사실을 시사하고 있다. 모종의 구겨짐과 과잉, 불가능성의 주위를 선회하는 실패의 반복. 이상은 바로 세계가, 우리 삶이, 가장 좁게 말해서는 현대성이 그러한 것 위에 서 있는 어떤 봉합 불가능한 간극 그 자체라는 사실을 드러내는 왜상이다. 그러나 왜상으로서의 이 존재 형식이야말로 세계가 완전히 닫혀 있지 않다는 사실을 증거하고 있는 것은 아닌가. 죽을 때까지 그 자신이 무엇인지 몰랐던 이상처럼, 우리 역시 이 존재의 개방성이 지닌 의미가 무엇인지 잘 모르지만 말이다.

|

이렇게 구멍이 많은 글에 이렇게 멋진 집이라니! 수류산방에서 이 책이 나오게 된 것은 특별한 인연에 깃든 신비다. 궁극적으로 이 신비의 한 가운데에는, 문학이라는 특이한 존재 지평으로 나를 이끌어 주신 스승 김인환 선생님이 계시다. 선생님은 문학이 그저 있음이 아니라, 넘어서서 있음이라고 가르치셨다. 이상에서 내가 본 세계의 어떤 공백, 삶을 초과하는(초월이 아니라) 어떤 것들에 대한 예감은, 어쩌면 선생님께서 일찍이 가르쳐 주신 존재의 무한한 열림으로서의 문학이라는 지평, 그것 외에 아무 것도 아닐런지 모른다. 선생님께 깊은 감사의 말씀을 올린다.

|

함돈균

함돈균 | 중고등학생 때나 대학생 때나 문청(文靑)이었던 적은 없었다. 문학에 많은 관심을 가지고 있었으나, 그보다 더 많은 시간을 여타의 인문·사회 과학 서적들을 읽으며 보냈다. 대학원에 들어와 문학적 사유와 철학적 사유의 유사성과 차이에 주목하게 되었고, 그를 통해 정치적 실천의 새로운 가능성을 탐색하는 일에 특별한 관심을 갖게 되었다. 이상 시의 미적 전위성을 윤리적이고 정치적인 차원에서 해석하는 논문으로 고려대 대학원에서 박사 학위를 받았다. 2006년《문예중앙》에 시론을 발표하면서 문학 평론가로 등단하였고, 이후 한국 문학 현장의 역동성에 매료되어 괴롭고도 즐거운 글쓰기를 하며 살고 있다. 2009년 비평집『얼굴 없는 노래』를 출간하였고, 같은 해 이 책으로 '김달진문학상 젊은평론가상'을 받았다. 경희대, 고려대, 동덕여대, 서울과학기술대, 숙명여대, 한양여대, 협성대 등에서 강의했으며, 현재 고려대학교 민족문화연구원 HK 연구교수로 있다.

| **시는 아무 것도 모른다** 이상, 시적 주체의 윤리학 ⓒ **함돈균** 지음 | 수류산방 樹流山房 펴냄 | 초판 1쇄 2012년 01월 12일 | **수류산방** 樹流山房 | 등록 2004년 11월 5일(제300-2004-173호) | 주소 | 서울 종로구 청운동 57-51 | 전화 02 735 1085 | 팩스 02 735 1089 | mindmedia@nate.com | 프로듀서 박상일 | **발행인 및 편집장** 심세중 | **크리에이티브 디렉터** 朴宰成 | **편집팀** 김희선 | **디자인팀** 이숙기 | **출력·인쇄** 화신문화주식회사 (T. 02 2277 0624) | 값 25,000원 | ISBN 978-89-91555-28-0 03810 |

| Irony in Yi Sang's Poetry and Ethics of Aesthetic Subject ⓒ Hahm Donkyoon | Published by **Suryusanbang**, 2012 | A. Suryusanbang, 57-51, Cheongun-dong, Jongno-ku, Seoul, Korea | T. 82 2 735 1085 | F. 82 2 735 1089 | mindmedia@nate.com | Producer Park, Sangil | Publisher & Editor in Chief, Shim Sejoong | Creative Director, Park Jasohn | Editing Team, Kim Heesun | Design Team, Lee Sookkie | Processing & Printing, Hwasin Munhwa Co.,Ltd | ISBN 978-89-91555-28-0 03810 | Printed in Korea, 2012 |